네트워크 프로그래밍과 취약점 진단도구 활용

박진섭 · 안성진 공저

홍릉과학출판사

머 리 말

오늘날 모든 분야에 IT 기술이 접목되면서 IT 의존도가 점점 높아지고 있다. 특히 컴퓨터 네트워크를 통한 정보의 교환, 정보의 수집, 정보의 제공, 시스템의 통제 등이 보편화 되고 있다. 이와 같은 네트워크 환경에서 필요한 기본기술이 네트워크 프로그래밍이다.

네트워크 프로그래밍 기술을 습득해야만 업무에서 발생하는 많은 문제를 해결할 수 있다. 또한 모바일 프로그래밍, 게임 프로그래밍, 보안 프로그래밍, DB 프로그래밍, XML 프로그래밍, 웹 프로그래밍, 각종 인터페이스 프로그래밍 등을 위한 기반이 네트워크 프로그래밍이다.

본 책의 독자는 기본적으로 C, C++ 등의 프로그래밍을 이해하고 있다는 전제로 집필되었으며, 네트워크의 이론적 강의를 수강한 경우에 쉽게 접근할 수 있도록 집필되었다. 본 책의 특징을 대학에서 16주 강의계획에 맞도록 구성하여 매주 단계별 실습을 통해 학습능력을 배양하도록 하였다. 특히 각 실습마다 실습의 목표와 선수학습, 관련 주요 함수, 예제 프로그램을 제시함으로써 학습 이해를 돕도록 구성하였다. 또한 각 장마다의 실습 이해를 돕기 위해 관련 함수의 해설과 그 함수의 사용예제를 수록하였으며, 동작원리, 함수 호출 순서 등을 나타내었다.

아무쪼록 네트워크 프로그래밍 기술 습득이 본 책을 통하여 향상되기를 기원하며, 본 책이 출판되기까지 헌신적 노력을 해준 실험실 연구원들께 감사를 표합니다.

용운골에서 저자 씀

목 차

Part I 윈도우 기반 네트워크 프로그래밍

CHAPTER 01 윈도우즈 소켓

CHAPTER 02 소켓 주소 구조체

CHAPTER 03 TCP 서버/클라이언트

CHAPTER 04 UDP 서버/클라이언트

CHAPTER 05 멀티 스레드

CHAPTER 06 스레드 동기화

CHAPTER 07 MFC 소켓 프로그래밍(1)

Part II Ubuntu 기반 네트워크 취약점 진단도구 활용

CHAPTER 01 소개

CHAPTER 02 Ubuntu

CHAPTER 03 시스템 설정

CHAPTER 04 정보보호 도구

Part I

윈도우 기반 네트워크 프로그래밍

CHAPTER

01 윈도우즈 소켓

1.1 네트워크 프로그래밍

1.2 소켓에 대한 이해

1.3 소켓에 대한 개념적 해설

1.4 윈도우즈 소켓

1.5 윈속 초기화와 종료

1.6 윈속 초기화와 종료 프로그램 작성

1.7 소켓 생성과 닫기

1.8 소켓 생성과 닫기 프로그램 작성

학습 목표

- 소켓의 개념을 이해한다.
- 윈도우즈 소켓에 대하여 이해한다.
- 윈도우즈 소켓 프로그램 작성 능력을 배양한다.

선수 학습

- 네트워크 이론-TCP/IP 프로토콜의 구조
- Visual Studio 7.0 툴 사용법

함수 및 구조체

- WSAStartup(WORD, LPWSADATA)
- WSACleanup(void)
- WSADATA 구조체
- WSAGetLastError(void)
- socket(int, int, int)
- closesocket(SOCKET)

예제

1. 윈속 초기화 프로그램
   - WSAStartup()을 이용한 윈속 라이블리 초기화
   - socket()을 이용한 소켓 생성
   - WSACleanup()을 이용한 윈속 라이브러리 해제

학습 후 점검 사항

- 소켓에 대해 이해하고 있는가?
- 윈도우즈 소켓을 생성할 수 있는가?

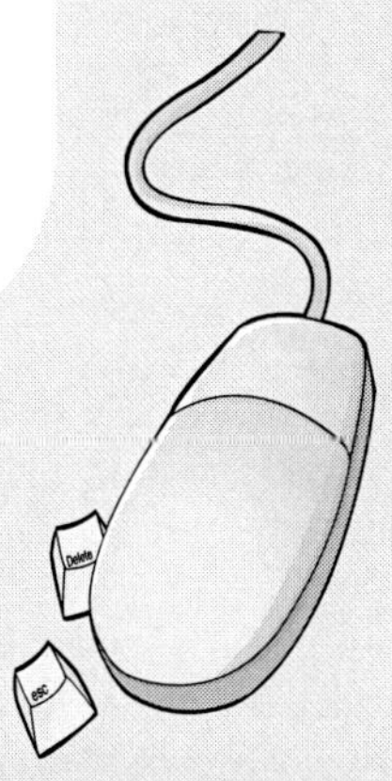

1.1 네트워크 프로그래밍

흔히 네트워크라 하면, 하나의 컴퓨터가 프린터, 스캐너와 같은 장치와 연결되거나 데이터를 공유하는 형태를 말한다. 또한 사무실 내, 건물과 건물사이, 광범위한 범위의 여러 건물 사이에 분산되어 있는 모든 컴퓨터 장치를 포함할 수 있다. 이러한 다수의 네트워크를 연결함으로써 음성, 오디오, 비디오 등 각종 정보를 공유하고 전송하는 기능이 가능해졌다.

이러한 개념을 바탕으로 네트워크 프로그래밍의 정의를 내려보면, 멀리 떨어져 있는 장치(호스트)들이 서로 데이터를 공유할 수 있도록 하기 위한 프로그램을 구현하는 것을 말한다.

논리적인 연결을 통하여 호스트들의 장치를 연결하고 연결된 장치를 통해 공유하기 위한 데이터가 전송되는 것이다. 이러한 역할을 해주는 장치를 소켓(socket)이라 한다.

따라서 일반적으로 소켓 프로그래밍은 네트워크 프로그래밍이라는 용어와 같은 의미로 사용되며, 이러한 소켓을 이용하여 네트워크상에 데이터를 주고받는 프로그래밍을 네트워크 프로그래밍이라 한다.

1.2 소켓에 대한 이해

네트워크 프로그래밍을 이해하기 위해서는 소켓에 대한 이해가 우선적으로 이루어져야 한다. 소켓은 눈에 보이지 않는 논리적인 연결고리로 너무 추상적일 수 있다.

쉽게 설명하면, 소켓은 공간상으로 멀리 떨어져 있는 누군가에게 전화를 하고자 할 때 필요한 물건이다. 즉, 멀리 떨어져 있는 두 개체를 논리적으로 연결시켜주는 도구라고 할 수 있다.

이해를 돕기 위해 서버(server)/클라이언트(client)에 대한 개념을 먼저 이해해야 한다. 어떤 다른 프로그램이 접속하기를 기다리고, 프로그램의 요구를 수행하는 프로그램을 서버(server)라 한다. 클라이언트는 서버가 대기하는 포트를 통해

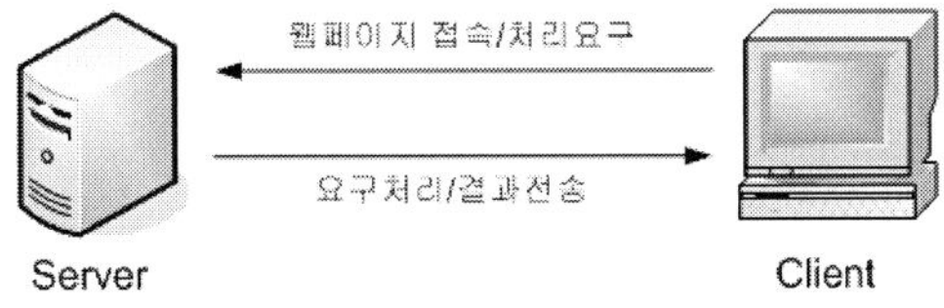

그림 1.1 서버/클라이언트 구조

서버에 특정 작업을 요구하게 된다. 서버는 특정 포트를 열고, 그 포트를 통해서 클라이언트의 접속을 기다리게 된다. 따라서 서버는 항상 클라이언트의 요청을 받아들일 준비가 되어 있어야 하며, 클라이언트는 서버에게 접속을 요청하여 필요한 정보를 전송 받을 수 있게 된다.

예를 들어, 사용자 A(client)가 웹 서버에 접속하여 홈페이지를 요구하기 위해, 80번 포트에 접속하면, 웹 서버는 이 홈페이지를 사용자 A에게 전달하게 된다.

소켓 프로그램(네트워크 프로그램)은 이러한 서버/클라이언트 구조를 기본 개념으로 하여 항상 대기하는 호스트와 요청하는 호스트를 두어 해당 프로그램을 작성하도록 한다.

이러한 개념을 전화기에 비유하여 설명할 수 있는데 공간상으로 멀리 떨어진 사람에게 전화를 이용할 때 통화하고 싶은 사람의 전화번호를 알고 있으면 된다. 전화기의 구조나 전화선의 구성형태, 어떠한 형식으로 음성데이터가 전송되는지에 대한 것은 모르고 있다.

단지, 전화기의 숫자 버튼만을 누르는 것으로 전화 통화를 하면서 음성데이터를 전송할 수 있게 된다. 이러한 구성과 마찬가지로 소켓은 네트워크에 대한 자세한 지식이 없더라도 데이터를 쉽게 송수신할 수 있게 도와주는 역할을 한다.

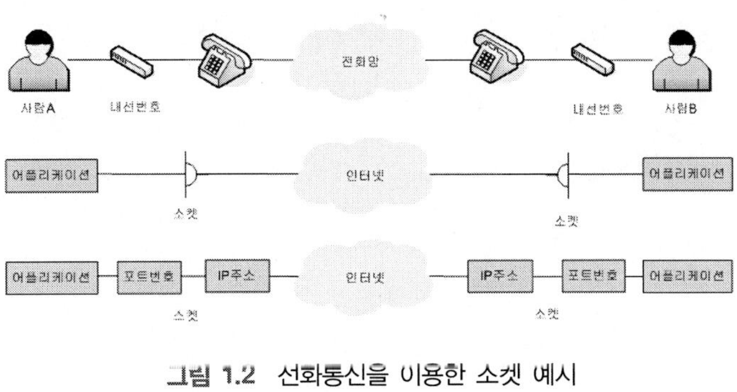

그림 1.2 전화통신을 이용한 소켓 예시

표 1.1 전화와 소켓의 통신 과정 3단계 비교

전화	소켓
1. 한쪽에서 연결을 시도하고, 다른 쪽에서는 연결을 대기한다.	1. 한쪽에서는 연결을 시도하고, 다른 쪽에서는 연결을 받아들인다.
2. 연결이 이루어진 후 통화를 한다.	2. 데이터 통신을 한다.
3. 연결을 종료한다.	3. 통신을 끊는다.

위의 과정과 소켓을 통한 데이터 통신 과정의 3단계를 비교해 보면 표 1.1과 같다.

1.3 소켓에 대한 개념적 해설

우리는 소켓의 개념을 다음과 같이 세 가지 관점에서 생각해 볼 수 있다.

1.3.1 데이터 타입으로서의 소켓

소켓에 대한 개념은 앞에서 설명하였듯이 간단히 말해 "프로그래머가 네트워크 프로그램을 좀 더 쉽게 작성할 수 있도록 도와주기 위한 도구(API)"인데, 소켓은 파일 디스크립터(file descriptor), 혹은 핸들(handle)과 유사한 개념으로 운영체제로 하여금 통신을 위해 관리하는 데이터를 간접적으로 참조할 수 있도록 만든 것이다.

다음의 코드를 비교해보자.

파일 생성

```
int fd = open("filename", ···); // 파일 생성
  ···
  read(fd, ···)  // 읽기
  write(fd, ···) // 쓰기
```

첫 번째 코드는 파일을 생성하여 파일에 읽고 쓰기 위한 프로그램이다. open()

이란 함수를 통해 파일 디스크립터 fd를 생성하게 된다. 이 파일 디스크립터에는 생성된 파일을 참조하기 위한 값이 들어 있다. 이 값을 가지고 파일에 접근하여 읽고 쓰기 위한 작업을 수행한다.

소켓 생성

```
SOCKET sock = socket(· · ·); // 소켓 생성
  · · ·
  recv(sock, · · ·) // 받기
  send(sock, · · ·) // 보내기
```

두 번째 코드는 소켓을 생성하여 데이터를 보내고 받기 위한 프로그램이다. 차후에 설명하겠지만 소켓은 socket()이란 함수를 통하여 소켓 핸들을 작성하게 된다.

첫줄의 SOCKET은 하나의 데이터형으로써 unsigned int형의 값을 갖게 된다.

이러한 두 가지 코드를 비교해 보면 파일 입출력 코드와 소켓 입출력 코드가 비슷한 형태임을 알 수 있다. 프로그래머 관점에서 본다면 소켓은 생성과 설정 과정이 끝나면 이를 이용하여 통신과 관련된 다양한 작업을 할 수 있는 간편한 데이터 타입인 것이다.

1.3.2 논리적인 접속점으로서의 소켓

TCP/IP 프로토콜을 이용하여 어플리케이션이 통신을 하기 위해서는 다음과 같은 다섯 가지 요소가 결정되어야 한다.

- 사용할 프로토콜(TCP/IP, UDP/IP, …)
- 송신측 IP 주소
- 송신측 포트번호
- 수신측 IP 주소
- 수신측 포트번호

소켓은 위의 다섯 가지 요소들과 같이 통신을 하기 위한 정보의 집합체로써, 어플리케이션 관점에서 본다면 통신 종단점, 즉 통신 대상이 되는 호스트들을 연결하기 위한 접속점이라 할 수 있다.

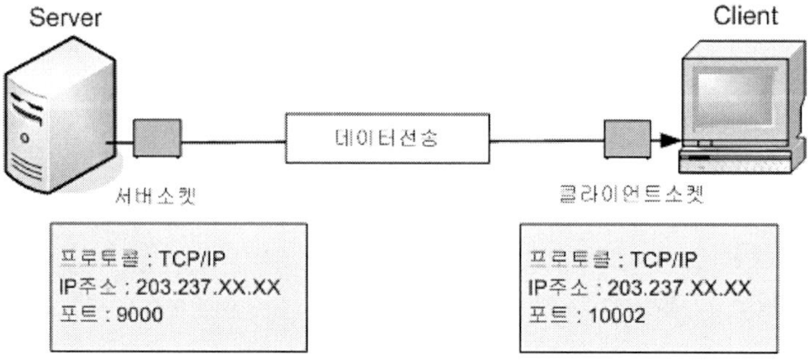

그림 1.3 소켓통신 종단점

그림 1.3은 클라이언트가 서버에 데이터를 보내는 경우를 가정한 것이다. 클라이언트가 서버와의 통신을 위해 소켓을 생성하여 연결하고, 차후에 설명될 send() 함수와 client() 함수를 통하여 데이터를 전송하게 된다.

즉, 클라이언트는 send() 함수를 호출하여 데이터를 보내고, 서버 역시 자신의 소켓이 클라이언트측 소켓과 연결된 것으로 생각하고 recv() 함수를 호출하여 클라이언트가 보낸 데이터를 받을 수 있다. 서버가 클라이언트에 데이터를 보내는 경우도 이와 동일한 원리로 생각할 수 있다.

1.3.3 네트워크 프로그래밍 인터페이스로서의 소켓

TCP/IP 프로토콜을 이용하는 네트워크 프로그램을 개발하기 위한 인터페이스를 소켓이라 한다. 즉, 응용 프로그램은 소켓을 이용하여 서로간의 통신 기능을 이용할 수 있다.

TCP/IP 프로토콜의 관점에서 소켓은 하나의 네트워크 프로그래밍 인터페이스에 불과하다. 따라서 어플리케이션이 통신을 하기 위해서 양쪽 모두 소켓을 사용해야 하는 것은 아니다. 단지 양쪽 모두 동일한 프로토콜을 사용하고, 정해진 형태와 절차에 따라 데이터를 주고받으면 되는 것이다.

TCP/IP 프로토콜 구조에서 소켓은 일반적으로 어플리케이션계층과 전송계층 사이에 위치하는 것으로 간주한다. 그러나 그림 1.4에서 보는 바와 같이 전송계층을 건너뛰고 곧바로 인터넷계층과 연결하는 것도 가능하다.

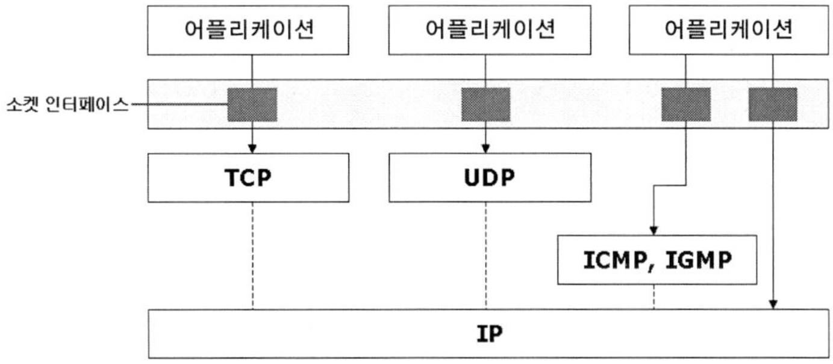

그림 1.4 소켓 프로그래밍 인터페이스

1.4 윈도우즈 소켓

소켓은 원래 버클리 유닉스(berkeley software distribution UNIX)에서 사용한 네트워크 프로그래밍 인터페이스이다. 인터넷이 확산되면서 개인 사용자들의 윈도우즈 환경에서도 소켓 인터페이스가 필요하게 되었고, 윈도우즈 3.1부터 소켓 인터페이스를 제공하기 시작했다.

이를 기본으로 하여 윈도우즈 환경에서 사용할 수 있도록 한 것을 윈도우즈 소켓(windows sockets, 줄여서 윈속(winsock)이라 부름)이라 부르며, 윈도우즈 95 버전부터 API(application programming interface)에 정식으로 포함하여 제공하고 있다. 윈도우즈 소켓은 상당 부분 BSD 계열 유닉스 소켓을 참고로 하여 설계되었다. 따라서 많은 부분이 Linux 소켓과 유사하기 때문에, Linux 기반으로 작성한 프로그램에서 윈도우즈 기반으로 돌아가는 경우가 종종 있다.

현재 가장 많이 사용되고 있는 윈도우즈 시스템은 모두 윈도우즈 소켓 2.2를 탑재하고 있다. 그러나 동일 버전의 윈도우즈 소켓도 운영체제의 지원이 필요한 부분이 있기 때문에 윈도우즈 운영체제에 따라 동일하지는 않다. 가장 풍부한 기능을 제공하는 윈도우즈 소켓은 윈도우즈 2000/XP/2003의 윈속 2.2 버전이다.

윈속은 DLL(dynamic link library : 동적연결 라이브러리) 형태를 지원하도록 하고 있는데, 이는 컴파일 때가 아니라 동작할 때에 라이브러리를 결합하는 것이다. 이렇게 함으로써, 여러 개발자들이 하부 프로토콜의 특성에 맞는 별도의 DLL 파일을 제공하여 사용할 수 있도록 하고 있다.

표 1.2 윈도우즈 운영체제에서 지원하는 윈속 버전

운영체제	윈속 버전
윈도우즈 95	1.1(2.2)
윈도우즈 98/Me, 윈도우 NT/2000/XP/2003	2.2
윈도우즈 CE	1.1(2.2)

현재 윈도우즈 운영체제에서 지원하는 윈속 버전은 표 1.2와 같다.

윈속 1.X 버전은 유닉스 소켓과 호환성을 제공하면서 TCP/IP 프로토콜을 지원하는 것을 목표로 설계 되었다. 그러나 2.X 버전부터는 다양한 종류의 프로토콜을 지원하도록 구조를 변경하고 함수를 추가하였다. 현재 윈속 2.X 버전에서 지원하는 프로토콜은 다음과 같다.

> TCP/IP, IPv6(윈도우즈 XP 이상), IrDA(윈도우즈 98 이상), Bluetooth(윈도우즈 XP SP2 이상), IPX/SPX, ATM, DECNet, TP4(윈도우즈 2000부터 지원하지 않음), DLC(윈도우즈 XP부터 지원하지 않음), NetBEUI(윈도우즈 XP부터 지원하지 않음)

1.4.1 유닉스 BSD 소켓과 윈도우즈 소켓의 차이

윈도우즈 소켓은 유닉스 BSD 소켓을 모델로 구현하였으므로 함수 이름이나 인자 전달 방식 등에서 두 소켓 인터페이스는 많은 부분이 유사하다. 그러나 윈도우즈 소켓이 처음 설계된 윈도우즈 3.1은 선점형 멀티 태스킹을 지원하지 않는 환경이었으므로 유닉스의 소켓 인터페이스 구조를 그대로 사용할 수 없었다. 그래서 윈도우즈 환경에 적합하도록 많은 부분이 수정되었다.

따라서 유닉스 BSD 소켓 어플리케이션과 윈도우즈 소켓 어플리케이션은 함수 이름이나 인자 전달 방식은 유사하지만 소스 수준에서 완전한 호환성을 가지지는 않는다.

윈도우즈 소켓의 가장 큰 특징을 두 가지로 나누어 볼 수 있다.

첫째, 윈도우즈 메시지를 이용한 비동기 모드를 지원한다. 윈도우즈 3.1은 선점형 멀티태스킹을 지원하지 않았으므로 전통적인 유닉스 BSD 소켓 처리 모드인 블러킹 모드만으로는 네트워크 어플리케이션을 구현할 수 없었다. 그래서 윈도우즈 소켓은 윈도우즈 메시지를 이용한 비동기 모드를 지원하게 되었고, 이후 현재의 소켓은 윈도우즈 메시지를 이용한 비동기 모드에 event-select, overlapped, IOCP 모드를 추가적으로 지원한다.

둘째, 다른 윈도우즈 서비스 인터페이스와 유사하게 소켓 인터페이스를 DLL 형태로 제공한다. 따라서 윈도우즈 소켓 인터페이스는 여러 어플리케이션에서 동일 DLL을 공유하게 된다. DLL 형태로 제공되는 윈도우즈 소켓은 버전에 따라 다양한 이름을 갖는데, 윈도우즈 3.1의 윈도우즈 소켓 1.1 버전은 WINSOCK.DLL, 윈도우즈 95의 윈도우즈 소켓 1.1 버전은 WSOCK32. DLL, 윈도우즈 소켓 2.2 버전은 WS2_32.DLL이라는 이름을 갖는다.

윈도우즈 소켓이 유닉스 소켓과 다른 점은 다음과 같다.

- 윈도우즈 소켓은 DLL을 통해 대부분의 기능이 제공된다. 따라서 DLL 초기화와 종료 작업을 위한 함수가 필요하다.
- 윈도우즈 어플리케이션은 대부분 그래픽 사용자 인터페이스(GUI, graphical user interface)를 기반으로 하며, 메시지 구동 방식으로 동작하므로 이를 위한 확장 함수가 존재한다.
- 윈도우즈는 운영체제 차원에서 멀티스레드(multithread)를 지원하므로 멀티스레드 환경에서 안정적으로 동작하기 위한 구조와 이를 위한 함수가 필요하다.
- 소켓이 유닉스 환경에서 절차적인 언어로서 개발된 반면, 윈속은 윈도우즈 환경에서 사건 구동(event-driven) 방식에 적합하도록 만들어졌다.
- 기타
  - 소켓 식별자로 표준 소켓에서는 정수(integer)를 사용하고 있으나, 윈속에서는 'SOCKET'이라는 새로 정의된 형을 사용한다.
  - 오류처리를 위한 errno 대신에 WSAGetLastError()를 사용한다.
  - ioctl() 대신에 ioctlsocket()을 사용한다.
  - close() 대신에 closesocket()을 사용한다.

윈속을 이용하여 네트워크 프로그래밍을 하면 다음과 같은 장점이 있다.

- 유닉스 소켓과 소스 코드 수준에서 호환성이 높아 기존 프로그램 포팅이 쉽다.

• 가장 널리 쓰이는 네트워크 프로그래밍 인터페이스로 여러 환경(윈도우즈, 유닉스 등)에서 사용할 수 있다.
• TCP/IP 외에도 다양한 종류의 프로토콜을 지원하므로 최소한의 코드 수정으로 어플리케이션에서 사용할 프로토콜을 변경할 수 있다.
• 비교적 저수준(low-level, 혹은 mid-level)의 프로그래밍 인터페이스로, 세부적인 제어가 가능하므로 고성능의 네트워크 어플리케이션을 개발할 수 있다.

그러나 다음과 같은 단점도 있다.

• 어플리케이션 수준의 프로토콜을 프로그래머가 직접 설계해야 한다. 즉, 데이터 포맷이나 전송 절차 등을 고려하여 프로그래밍해야 한다. 따라서 프로토콜을 변경할 경우 코드 수정이 이루어져야 한다.
• 서로 다른 바이트 정렬(byte ordering) 방식을 사용하거나 데이터 처리 단위(32비트, 64비트 등)가 서로 다른 종단 시스템간 통신을 할 경우, 어플리케이션 수준에서 데이터 변환을 처리해야 한다.

1.4.2 구조

윈도우즈는 윈속 어플리케이션을 위해 그림 1.5와 같은 구조를 지원한다. 윈속이 지원하는 대부분의 기능은 WS2_32.DLL로 제공되며, 윈속 1.x 어플리케이션은 WINSOCK.DLL이나 WSOCK32.DLL을 통해 WS2_32.DLL의 기능을 궁극적으로 사용하게 된다.

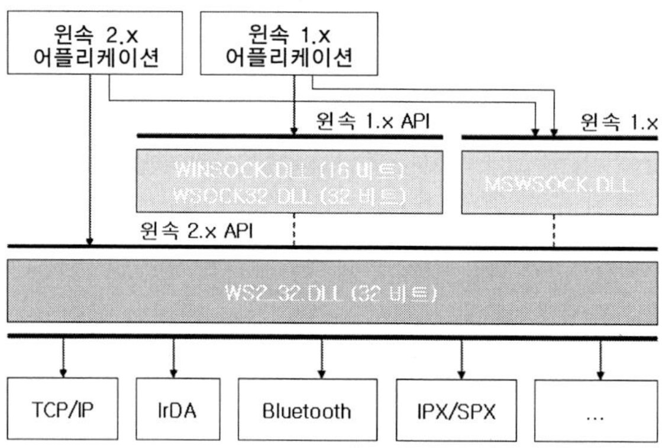

그림 1.5 윈도우즈 소켓 구조

표준 윈속 API 외에도 마이크로소프트에서 확장한 API가 존재하며 MSWSOCK.DLL로 제공된다. 궁극적인 네트워크 어플리케이션의 창구 역할을 하는 것은 WS2_32.DLL이다. WS2_32.DLL 하위에 여러 개의 계층이 있지만 어플리케이션은 유일하게 WS2_32.DLL하고만 인터페이스한다.

1.5 윈속 초기화와 종료

1.5.1 헤더 파일 추가

이제 윈도우즈 소켓을 실제 윈도우즈 어플리케이션에서 사용하는 방법에 대해서 알아보도록 하겠다. 먼저 윈도우즈 소켓을 사용하는 어플리케이션은 소켓 함수들을 호출해야 하므로 소켓 함수에 대한 원형이 필요하다.

윈도우즈 소켓은 소켓 함수의 원형을 잘 정리된 헤더 파일 형식으로 제공하는데, 어플리케이션은 이것을 단순히 소스에 포함시켜(include) 사용하면 된다.

헤더 파일의 이름은 윈도우즈 소켓 2의 경우 winsock2.h이다.

```
#include<winsock2.h>
.
.
```

MFC의 경우 소켓 클래스를 사용하지 않고, 순수하게 윈도우즈 소켓 함수만을 사용할 경우 위와 같이 구현하면 컴파일이 되지 않는다. 그러나 MFC의 소켓 클래스를 어플리케이션 내에서 사용하고자 한다면, winsock2.h 헤더 파일 대신에 afxsock.h 헤더 파일을 소스에 포함해야 한다.

1.5.2 DLL 추가

앞에서 윈도우즈 소켓은 DLL 형태로 제공된다고 설명하였다. DLL을 사용하기 위해 DLL과 어플리케이션을 서로 링크해야 한다. DLL을 어플리케이션과 링크할 때는 DLL을 직접적으로 어플리케이션에 링크하지 않고, DLL의 임포트 라이브러리를 이용하여 어플리케이션과 링크한다.

WS2_32.DLL의 임포트 라이브러리는 WS2_32.LIB이므로 이것을 어플리케이션의 링크 옵션에서 링크해야 한다.

1.5.3 소켓 초기화 및 해제

전통적인 유닉스 BSD 소켓과는 달리 모든 윈속 프로그램에서 소켓 API를 호출하기 전에는 반드시 초기화 되어야 한다. 윈도우즈 소켓이 어플리케이션에서 초기화 없이 사용된다면 소켓 함수에 대한 모든 호출은 실패할 것이므로 윈도우즈 소켓을 사용하기 전에 초기화 하는 것을 기억해야 한다. 그리고 더 이상 소켓이 필요하지 않을 때는 윈도우즈 소켓의 초기화를 해제해 주어야 한다.

1) WSAStartup() 함수

우선 윈속 초기화 함수인 WSAStartup() 함수를 제일 먼저 호출해야 한다. WSAStartup() 함수는 프로그램에서 사용할 윈속 버전을 요청함으로써 윈속 라이브러리(WS2_32.DLL)를 초기화 하는 작업을 진행한다. 쉽게 말해서 윈도우즈 소켓을 이용하여 네트워크를 사용하겠다는 것을 윈도우즈 운영체제에게 알려주는 역할을 하는 것이다.

구체적인 함수의 원형은 다음과 같다.

```
int  WSAStartup(
    WORD wVersionRequested,
    LPWSADATA lpWSAData
);
```

① wVersionRequested : 어플리케이션이 사용하기 원하는 윈도우즈 소켓 버전을 넘겨주기 위한 인자이다. WORD 형식으로 넘겨주어야 하는데 이것을 구성하기 위하여 MAKEWORD 매크로를 사용할 수 있다. 현재 버전 2.2를 사용하므로 MAKEWORD(2,2)로 사용할 수 있다.

② lpWSAData : 출력인자로서 WSADATA 구조체 포인터를 넘겨준다. 이를 통해 시스템에서 제공하는 윈속 구현에 대한 세부사항을 얻을 수 있다.

WSAStartup() 함수의 호출이 성공할 경우 WSAStartup() 함수는 **0을 반환**하고, 실패하였을 경우에 표 1.3에 나열되어 있는 에러코드 중 하나를 반환한다.

표 1.3 WSAStartup() 함수 에러코드

에러코드	의 미
WSASYSNOTREADY	하부 네트워크 서브시스템이 아직 준비되지 않음
WSAVERNOTSUPPORTED	요청한 윈도즈 소켓 버전이 현재 윈도즈 소켓 시스템에서 지원하지 않음
WSAEINPROGRESS	블러킹 윈속 1.10이 현재 진행 중
WSAEPROCLIM	윈속이 지원하는 최대 태스크의 수치가 한계에 도달했음
WSAEFAULT	1pWSAData 매개변수가 적절한 포인터가 아님

WSAStartup() 함수의 호출이 실패할 경우 WS2_32.DLL이 메모리에 로드되지 않는다. 이 경우에는 WSAGetLastError() 함수가 반환하는 오류 코드는 부정확하므로 WSAStartup() 함수가 직접 오류 코드를 반환한다.

2) WSACleanup() 함수

네트워크 프로그램을 시작할 때는 WSAStartup() 함수로 윈도우즈 소켓을 이용하여 네트워크를 사용하겠다는 것을 윈도우즈 운영체제에게 알린다. 반면 종료할 때는 WSACleanup() 함수를 이용하여 윈도우즈 소켓 즉, 윈속 사용의 중지를 윈도우즈 운영체제에게 알리고 관련 리소스를 반환하는 역할을 한다.

WSACleanup() 함수는 프로그램이 종료하면 자동으로 호출되어지므로 꼭 적어줄 필요는 없다. 하지만 소켓을 어떤 한 순간에만 사용하는 경우 WSACleanup() 함수를 호출하지 않는다면 소켓이 내부적으로 할당한 자원은 어플리케이션이 종료될 때까지 해제되지 않을 것이다. 구체적인 함수의 원형은 다음과 같다.

```
int WSACleanup(void);
```

WSACleanup() 함수의 호출이 성공할 경우 WSACleanup() 함수는 0을 반환하고, 실패하였을 경우에는 WSAGetLastError() 함수를 호출함으로써 구체적인 오류 코드를 얻을 수 있다(SOCKET_ERROR을 반환).

3) WSAStartup() 함수와 WSACleanup() 함수의 일반적인 사용형식 예

```
WSADATA wsaData;
```

```
WORD wVersionRequested = MAKEWORD(1,1);
int nResult = WSAStartup(wVersionRequested, &wsaData);
if(nResult == SOCKET_ERROR)
return 0;
..
..
WSACleanup();
```

1.6 윈속 초기화와 종료 프로그램 작성

❶ [시작] → [모든 프로그램] → [Microsoft Visual Studio .NET 2003] 실행 → [파일] → [새로 만들기] → [프로젝트] 메뉴 선택

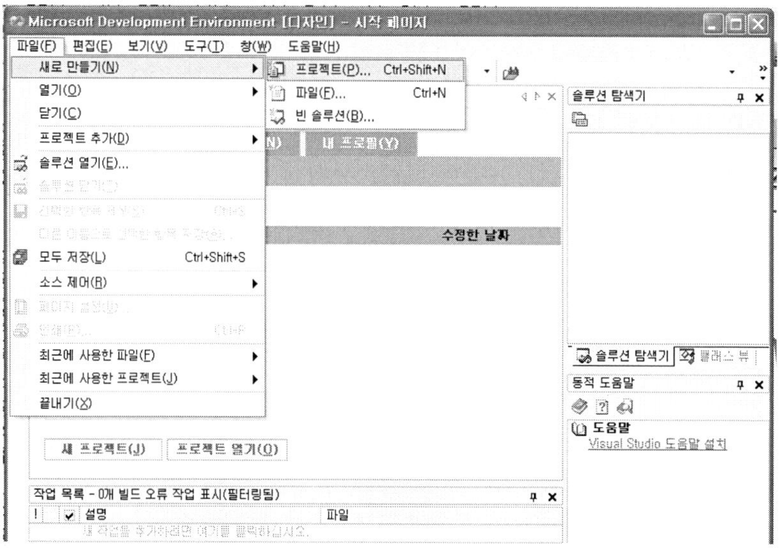

그림 1.6 Microsoft Visual Studio .NET 2003의 실행

❷ [Visual C++ 프로젝트] 선택 후 우측 메뉴에서 [빈 프로젝트 (.NET)] 선택. [이름]란에 프로젝트명 InitWinsock을 입력 후 확인 버튼을 누름

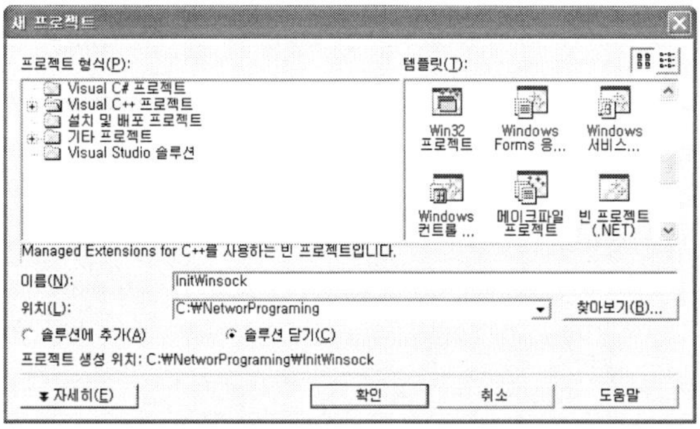

그림 1.7 프로젝트의 생성

❸ 우측의 솔루션 탐색기에서 [소스] 폴더를 마우스 오른쪽 버튼을 클릭 후 나타나는 메뉴에서 [추가] → [새 항목 추가] 메뉴를 선택

그림 1.8 새 항목 추가

❹ [새 항목 추가]의 우측 템플릿에서 C++ 파일(.cpp)를 선택한다. [이름]란에 파일명을 입력한 후 [열기] 버튼을 누름

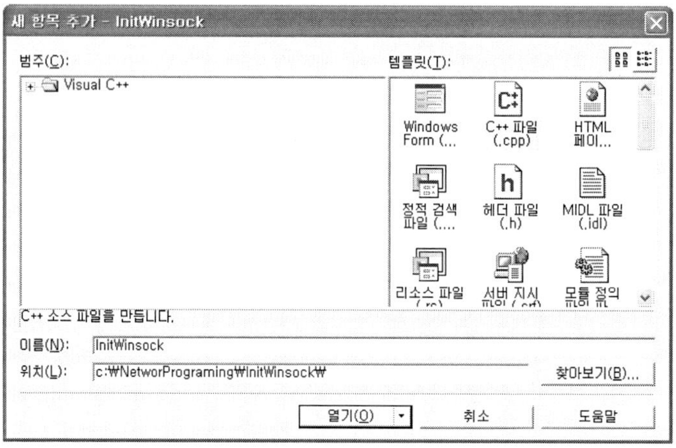

그림 1.9 .cpp 파일의 생성

❺ 윈속 초기화와 종료를 위한 소스 작성. 소스 작성 후 라이브러리 파일을 링크시켜주기 위하여 [솔루션 탐색기] → [InitWinsock]에 마우스 오른쪽 버튼을 클릭 후 [속성]을 선택

그림 1.10 프로그램 소스 작성

예제 1.1 InitWinsock.cpp

```
01    #include <winsock2.h>
02
03    int main(int argc, char* argv[])
04    {
05       //윈속 초기화
06       WSADATA wsa
07       if(WSAStartup(MAKEWORD(2,2), &wsa) != 0)
08          return -1;
09    MessageBox(NULL, "윈속초기화 성공", "성공", MB_OK);
10
11       //윈속 종료
12       WSACleanup();
13       return 0;
14    }
```

① 06 ~ 08 : 윈속 초기화하기 위한 루틴. WSADATA 타입 변수의 주소를 WSAStartup() 함수에 전달하여 이를 통해 시스템에서 제공하는 윈속 구현에 대한 세부사항을 얻음. MAKEWORD는 운영체제에 어떠한 버전의 윈속을 사용할 것인가를 알려줌(버전 2.2를 사용). WSAStartup() 함수는 성공했을 시 0을 반환하는데 만일 실패하면 표 1.3에 나열된 에러 코드 중 하나를 운영체제로 반환

② 09 : MessageBox로 윈속 초기화가 성공하였음을 알림

③ 12 : 윈속 사용 중지를 운영체제로 알리고 관련 리소스를 반환

❻ [InitWinsock 속성 페이지]에서 [구성 속성] → [링커] → [입력] 선택 우측 메뉴에 나타나는 [추가 종속성] 부분에 [ws2_32.lib]를 추가 후 확인 버튼을 누름

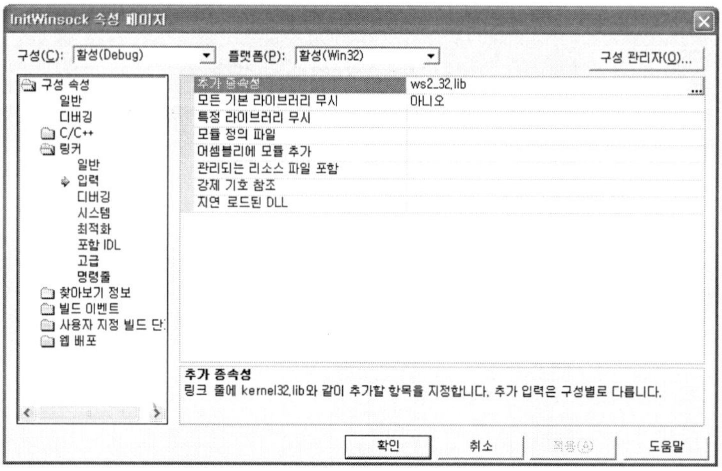

그림 1.11 윈속 라이브러리 추가

❼ [빌드] → [솔루션 빌드]를 하여 컴파일한다. 컴파일 후 오류가 없다면 [디버그] → [디버깅하지 않고 시작]을 선택하여 작성한 프로그램을 실행. 컴파일 후 실행결과는 다음과 같다.

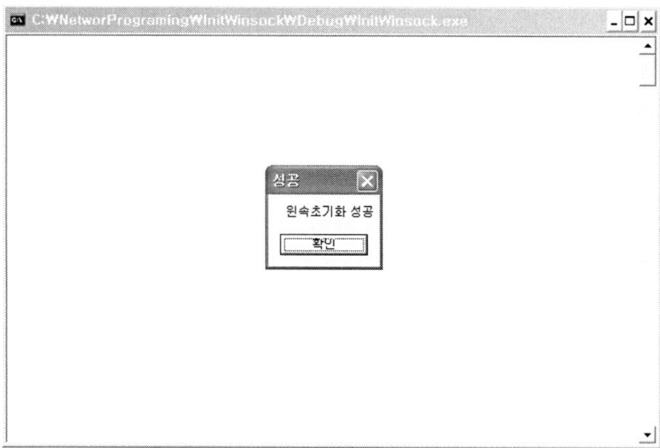

그림 1.12 윈속 초기화 실행

1.7 소켓 생성과 닫기

윈속의 초기화 후 서버/클라이언트간의 통신을 위해 가장 먼저 어플리케이션이 사용하기 위한 소켓을 생성한다. 이후 통신이 끝나면 소켓을 닫아야 한다. 이 절에서는 소켓을 생성하고 닫는 과정에 대해서 살펴보고 마지막으로 지금까지 학습한 내용을 토대로 하여 윈속의 초기화와 종료 및 소켓의 생성과 닫기를 실습한다.

1.7.1 소켓의 생성(socket())

소켓을 이용하여 통신을 하기 위해서는 통신 양단이 동일한 프로토콜을 사용해야 한다. 예를 들어, 통신 양단에서 TCP를 사용할 것인지 아니면 UDP를 사용할 것인지를 미리 정해 놓아야 한다.

1) socket() 함수

socket() 함수는 사용자가 네트워크 통신을 하기 위해 필요한 소켓을 만드는 함수이다. 사용자가 요청한 프로토콜을 이용하여 통신할 수 있도록 내부적으로 리소스를 할당하고, 이를 접근할 수 있는 일종의 핸들값(SOCKET 타입, 32비트 정수)을 반환한다.

이 값을 소켓 디스크립터(socket descriptor)라 부르며, 각종 소켓 함수를 호출할 때 인자로 전달하여 사용하게 된다. socket() 함수의 원형은 다음과 같다.

```
SOCKET socket(
    int af,
    int type,
    int protocol
);
```

① af : 주소 체계를 지정한다.

② type : 소켓 타입을 지정한다. SOCK_STREAM 또는 SOCK_DGRAM을 사용한다.

③ protocol : 사용할 프로토콜을 지정한다.

socket() 함수의 각 인자의 의미를 세부적으로 살펴보면 다음과 같다.

2) 주소 체계

AF(address family)란 통신을 하기 위해서는 통신상대를 유일하게 지정할 수 있는 주소가 필요한데 이러한 주소지정 방법을 지칭하는 것이 주소 체계이다. 주소 체계는 네트워크 프로토콜의 종류에 따라 달라지므로, 주소 체계를 지정하는 것은 자신이 사용할 프로토콜을 선택하기 위한 첫 관문이 된다.

winsock2.h 파일을 찾아보면 다음과 같이 AF_로 시작하는 상수값을 찾을 수 있으며, 이중 자신이 사용할 프로토콜에 해당하는 값을 선택하여 socket() 함수의 첫 번째 인자에 전달하면 된다. 예를 들어, TCP나 UDP를 사용하고자 한다면 AF_INET을 주소 체계로 사용하면 된다.

```
#define AF_UNIX     1  /* local to host (pipes, portals) */
#define AF_INET     2  /* internetwork: UDP, TCP, etc. */
#define AF_IMPLINK 3  /* arpanet imp addresses */
#define AF_PUP      4  /* pup protocols: e.g. BSP */
...
```

주소 체계로 AF_ 대신 PF_(protocol family)로 시작하는 상수값을 사용할 수도 있다. 예를 들면, AF_INET 대신 PF_INET을 사용하는 것이다. 역사적인 이유로 인해 PF_를 사용하자는 경우가 가끔 있지만, 현재는 주로 AF_ 형태를 사용하므로 본문에서도 이를 따를 것이다. 또한 Platform SDK 문서에서도 AF_ 형태만을 사용한다.

3) 소켓 타입

소켓 타입은 네트워크 통신에서 사용하게 될 프로토콜의 특성을 나타내는 값이다. 이 중 자주 사용 되어지는 것을 요약하면 표 1.4와 같다.

표 1.4 소켓 타입

소켓 타입	특성
SOCK_STREAM	신뢰성 있는 데이터 전송 기능 제공, 연결형 프로토콜
SOCK_DGRAM	비신뢰적인 데이터 전송 기능 제공, 비연결형 프로토콜

소켓 타입은 네트워크 프로토콜의 종류에 따라 달라지므로, 소켓 타입을 지정하는 것은 자신이 사용할 프로토콜을 선택하는 것이다. 이것은 TCP를 사용하는 소켓을 만들지, 아니면 UDP를 사용하는 소켓을 만들 것인지를 정하는 것이다.

다음은 소켓의 타입에 따른 몇 가지 특징을 나열하여 보았다.

① SOCK_STREAM
- 에러나 데이터의 손실없이 무사히 전달된다.
- 전송하는 순서대로 데이터가 전달된다.

② SOCK_DGRAM
- 전송되는 순서에 상관없이 가장 빠른 전송을 지향한다.
- 전송되는 데이터는 손실될 수도 있고, 에러가 발생할 수 있다.
- 한 번에 전송되는 데이터의 크기는 제한된다.

4) 프로토콜

일반적으로 주소 체계와 소켓 타입이 같더라도 이에 해당하는 프로토콜이 두 개 이상 존재할 수 있다. 따라서 이 경우에는 프로토콜을 명시적으로 지정해야 하는데 이것이 socket() 함수의 세 번째 인자이다.

프로토콜은 Address Family에 속한 프로토콜을 선택하게 되는데 TCP를 위해서는 IPPROTO_TCP를 UDP를 위해서는 IPPROTO_UDP를 선택하면 된다. 하지만 0을 선택하면 지정한 주소 체계와 소켓 타입에 적절한 기본값을 선택하게 된다.

표 1.5 TCP와 UDP 프로토콜 설정

사용할 프로토콜	주소 체계	소켓 타입	프로토콜
TCP	AF_INET	SOCK_STREAM	IPPROTO_TCP(0)
UDP	AF_INET	SOCK_DGRAM	IPPROTO_UDP(0)

1.7.2 소켓 닫기

1) closesocket() 함수

closesocket() 함수는 소켓을 이용한 모든 데이터 전송이 종료되고 서버와 클라이언트의 접속을 끊는 역할을 하는 함수이다. 통신이 끝난 후 통신에 사용한 생성된 소켓을 닫고 관련 리소스를 반환한다.

```
int closesocket(
    SOCKET s
);
```

s에 사용자가 생성하여 사용하던 소켓이 들어가게 된다. 만일 닫지 않더라도 프로세서가 종료하면서 자동으로 열린 소켓을 닫아 주게 된다.

1.8 소켓 생성과 닫기 프로그램 작성

❶ 이전 예제와 같은 방법으로 프로젝트와 .cpp 파일을 생성한 후(프로젝트 및 파일의 이름은 InitWinsock_2이다.) 생성된 프로젝트에 예제 1.2와 같이 코드를 작성한다.

❷ 코드 작성 후에는 윈속 라이브러리(ws2_32.lib)를 링크시켜 준다.

예제 1.2 InitWinsock_2.cpp

```
#include <winsock2.h>
#include <windows.h>
#include <stdio.h>

int main()
{
    SOCKET tcp_sock;
    WSADATA wsa;
    if(WSAStartup(MAKEWORD(2,2), &wsa) !=0)
        return -1;
    MessageBox(NULL,"윈속 초기화 성공","성공", MB_OK);

    tcp_sock = socket(AF_INET, SOCK_STREAM, 0);

    if(tcp_sock == INVALID_SOCKET)
        printf("socket()");
    MessageBox(NULL, "TCP 소켓 생성 성공", "성공", MB_OK);
```

```
18
19        closesocket(tcp_sock);
20
21        closesocket(tcp_sock);
22        return 0;
23    }
```

① 07 : SOCKET이라는 타입의 변수를 이용해서 socket() 함수로부터 반환되는 값을 받기 위함. SOCKET 구조체는 실제로는 unsigned int형이다.

② 13 : socket() 함수를 이용하여 소켓을 생성 첫 번째 인자값은 주소 체계 즉, TCP 또는 UDP를 사용하겠다는 의미이고, 두 번째 소켓 타입 SOCK_STREAM은 TCP를 사용하겠다는 의미이며, 세 번째 인자인 프로토콜이 앞서 두 인자에 의해 TCP로 결정되었으므로 0을 사용하면 앞서 두 인자로 인해 정해진 프로토콜을 사용하겠다는 의미이다.

③ 19 : closesocket() 함수를 사용하여 socket() 함수로 생성하였던 소켓을 다시 종료시켜 내부적으로 할당된 리소스를 반환한다.

❸ [빌드] → [솔루션 빌드]를 하여 컴파일한다. 컴파일 후 오류가 없다면 [디버그] → [디버깅하지 않고 시작]을 선택하여 작성한 프로그램을 실행한다. 컴파일 후 실행결과는 다음과 같다.

그림 1.13 소켓 생성 실행화면

CHAPTER

02 소켓 주소 구조체

2.1 소켓 주소 구조체

2.2 바이트 정렬

2.3 IP 주소 변환 함수

2.4 도메인 이름 시스템과 이름 변환 함수

학습 목표

- 소켓 주소 구조체에 대하여 이해한다.
- 바이트 정렬에 대하여 이해한다.
- 도메인 이름과 IP 주소의 변환 방법을 익힌다.

선수 학습

- IP와 Port number에 대한 이해
- Visual Studio 7.0 툴 사용법

함수 및 구조체

- struct sockaddr, struct sockaddr_in, in_addr 구조체
- inet addr(const char*), inet ntoa(struct in addr)
- htons(u_short), htonl(u_long), ntohs(u_short), ntohl(u_long)
- struct hostent 구조체
- gethostbyname(const char*), gethostbyaddr(const char*, int, int)

예제

1. 주소 변환 프로그램
   - inet_addr(...), inet_ntoa(...)를 이용한 주소 변환
2. 바이트 순서 변환 프로그램
   - htons(...), htonl(,,,), ntohs(...), ntohl(,,,)를 이용한 바이트 순서 변환
3. 도메인 이름과 IP 주소를 이용한 도메인 정보 얻기 프로그램
   - gethostbyname(...), gethostbyaddr(...)를 이용하여 hostent 구조체를 얻는다.
   - hostent 구조체의 IP, Domain 정보 출력

학습 후 점검 사항

- 소켓에 대해 이해하고 있는가?
- 윈도우즈 소켓을 생성할 수 있는가?

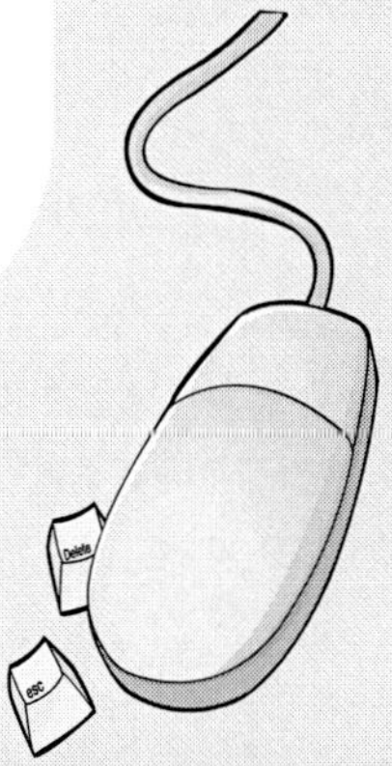

2.1 소켓 주소 구조체(Socket Address Structures)

소켓이 생성된 이후에 여러 가지 상황 즉, 예를 들어 데이터를 전송하고 수신하는 경우에 소켓의 주소가 필요하게 된다. 따라서 UNIX BSD 소켓을 포함하여 윈도우즈 소켓은 주소가 필요한 상황에서 주소를 표현하기 위해 소켓의 주소 정보를 담고 있는 구조체를 사용한다.

소켓 주소 구조체를 사용하기 위해 sockaddr 구조체를 사용한다.

```
struct sockaddr {
    u_short sa_family;
    char    sa_data[14];
};
typedef struct sockaddr SOCKADDR;
```

위의 구조체는 네트워크 프로그램에서 필요로 하는 소켓 주소 정보를 담고 있는 구조체로, 다양한 소켓 함수의 인자로 사용한다. 주소 체계에 따라 다양한 형태가 존재하며, 여러 소켓 주소 구조체 중 가장 기본이 되는 것은 sockaddr이다.

소켓 주소 구조체(sockaddr)는 16byte 크기의 구조체이므로 소켓 함수가 사용하는 주소 크기는 모두 16byte이다.

각 멤버의 의미는 다음과 같다.

1) sa_family

주소 체계를 설정하는 멤버로서 AF_로 시작하는 상수값을 갖는다. 이 멤버는 부호없는 16비트 정수값을 사용하고, TCP/IP 프로토콜을 사용한다면 이 값은 AF_INET이 된다.

2) sa_data[14]

실제 해당 주소 체계에서 사용하는 주소 정보를 담고 있다. 주소 체계에 따라 필요한 정보가 다르므로 가장 일반적인 형태인 바이트 배열로 선언한 것이다. TCP/IP의 경우 두 번째 멤버의 2byte는 포트번호를 위해, 다음 4byte는 IP 주소를 위해 사용되며, 나머지 8byte는 사용되지 않는다.

실제 프로그래밍에서는 어플리케이션이 사용할 프로토콜의 종류에 맞는 소켓 주소 구조체를 사용한다. 예를 들어, TCP/IP에서는 SOCKADDR_IN, IrDA에서는 SOCKADDR_IRDA를 사용한다. 본문에서 주로 사용할 TCP/IP 프로토콜(IPv4)을 위한 소켓 주소 구조체 정의는 다음과 같다.

```
struct sockaddr_in {
   short            sin_family;
   u_short          sin_port;
   struct           in_addr sin_addr;
   char             sin_zero[8];
};
typedef struct sockaddr_in SOCKADDR_IN;
```

위의 sockaddr_in은 sockaddr 구조체와 동일한 크기를 갖지만 TCP/IP 전용 주소 구조체로써 SOCKADDR 구조체를 좀 더 세분화 시켰다고 볼 수 있다.

각 멤버의 의미는 다음과 같다.

1) sin_family

주소 체계를 나타내며, 부호 있는 16비트 정수값을 사용하고, TCP/IP용으로만 사용되므로 무조건 AF_INET을 주로 사용한다.

2) sin_port

사용할 포트번호를 나타내며, 부호 없는 16비트(2byte) 정수값을 사용한다.

3) sin_addr

IP 주소를 기술하기 위한 또 다른 구조체 멤버이다. IP를 기술하기 위해서는 32비트를 사용하기 위해 char[4]라고 선언할 수 있지만, IP를 기술하는 방법에

표 2.1 주소 체계 및 프로토콜

주소 체계	프로토콜
AF_INET	IPv4
AF_INET6	IPv6
AF_LOCAL	Local통신을 위한 UNIX 프로토콜

융통성을 갖기 위해 또 다른 4byte 구조체(in_addr)로 구현해 두고 있다.

이러한 주소 구조체가 in_addr 구조체이다.

```
struct in_addr {
      union{
           struct{u_char s_b1,s_b2, s_b3, s_b4;}S_un_b;
           struct{u_short s_w1, s_w2;}S_un_w;
           u_long S_addr;
      }S_un;
    }in_addr;
    typedef struct in_addr IN_ADDR;
```

앞의 in_addr 구조체를 보면 4byte의 공용체로 구성되어 있음을 알 수 있다. 공용체 내부의 s_addr은 IP 주소를 4byte씩 기술할 때 사용되며 s_w1, s_w2는 2byte씩 기술할 때, s_b1, s_b2, s_b3, s_b4는 1byte씩 기술할 때 사용된다.

이렇게 공용체가 사용되기 때문에 IP를 기술하는 것에는 융통성이 생기지만 IP를 기술하기 위해서 소스가 장황하게 나열되기도 한다. 이런 상황을 방지하기 위해 소켓 헤더는 몇몇 상수를 추가로 정의해 두고 있는데, 이를 이용하면 좀 더 간단하게 IP를 기술할 수 있다.

4) sin_zero

실제로 사용하지는 않으나 항상 0으로 채운다.

지금까지 살펴본 SOCKADDR과 SOCKADDR_IN 구조체를 각 필드의 크기를 기준으로 비교하면 그림 2.1과 같다. SOCKADDR_IN은 SOCKADDR 구조체와 같은 크기가 되도록 패딩 바이트(padding bytes)를 사용하는 경우이다.

다음으로 주소 구조체를 사용할 때 있어서 주의할 사항이 하나 있다.

소켓은 소켓 주소 구조체로 sockaddr을 근본 주소 타입으로 본다. 앞에서 이야기한 것과 같이 sockaddr_in은 TCP/IP만을 위한 주소 구조체이다. 원래 소켓은 여러 프로토콜에 사용될 수 있도록 설계되었기 때문에 실제 주소 구조체를 인자로 받아들이는 함수들은 근본 타입인 sockaddr로 주소를 받아들여야 한다.

따라서 실제 사용하는 타입은 sockaddr_in이라고 하더라도 실제 소켓 함수의 인자로 넘길 때는 sockaddr 타입으로 반드시 형변환해서 넘겨야 한다.

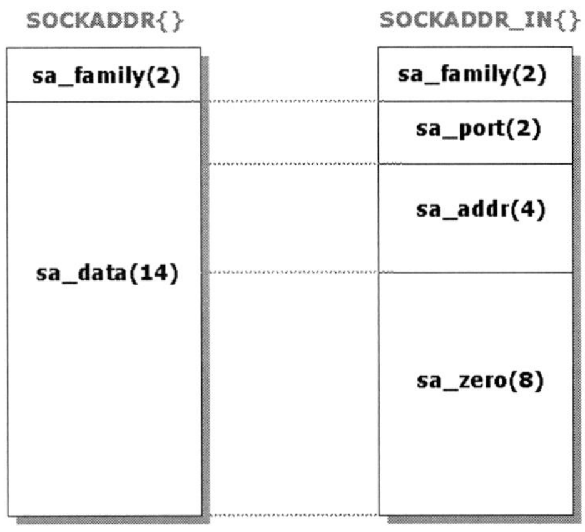

그림 2.1 소켓 주소 구조체 비교

```
sockaddr_in addr;
...
...
bind(sock, (sockaddr*)&addr, sizeof(addr));
```

2.2 바이트 정렬(Byte Ordering)

바이트 정렬이란 메모리에 데이터를 저장할 때 바이트 순서를 나타내는 용어로, 빅 엔디안(big-endian)과 리틀 엔디안(little-endian) 방식이 있다. 빅 엔디안은 최상위 바이트(MSB, most significant byte)부터 차례로 저장되는 방식이며, 리틀 엔디안은 최하위 바이트(LSB, least significant byte)부터 차례대로 저장되는 방식이다.

그림 2.2는 16진수를 메모리에 저장할 때 두 바이트 정렬 방식의 차이를 보여주는 예이다. 빅 엔디안은 상위 바이트 값이 메모리상에 먼저 표시하는 방식으로 기본 방식이고, 리틀 엔디안은 최하위 바이트 값이 메모리상에 먼저 표시되는 것을 알 수 있다.

그림 2.2 바이트 정렬 방식

네트워크 어플리케이션에서 바이트 정렬 방식을 고려해야 하는 경우는 다음과 같다.

- 프로토콜 구현을 위해 필요한 정보
  - IP 주소 : 빅 엔디안
  - 포트번호 : 빅 엔디안
- 어플리케이션이 주고 받는 데이터
  - 빅 엔디안 또는 리틀 엔디안으로 통일

이러한 바이트 정렬 방식은 CPU에 따라 다르며, 일반적으로 Intel 프로세스 계열은 리틀 엔디안 방식을, RISC 프로세스 계열은 빅 엔디안 정렬 방식을 따르고 있다. 따라서 데이터 저장 방식이 다른 컴퓨터 간 통신을 할 때에는 이러한 바이트 정렬 방식을 잘 고려해야 한다.

이는 리틀 엔디안 방식으로 저장한 데이터를 빅 엔디안 방식으로 읽는 경우 또는 그 반대의 경우, 저장해둔 내용을 완전히 다른 내용으로 해석하므로 문제가 되기 때문이다.

이러한 문제점을 막기 위해 IP 주소와 포트번호의 바이트 정렬 방식은 빅 엔디안으로 통일하여 사용하도록 되어 있다. 네트워크 용어로 빅 엔디안을 네트워크 바이트 정렬(network byte ordering)이라고 부른다. 반면, 종단 시스템이 사용하고 있는 고유한 바이트 정렬 방식을 호스트 바이트 정렬(host byte ordering)이라고 부른다.

일반적으로 네트워크 어플리케이션에서 데이터를 네트워크로 흘려 보낼 경우에는 네트워크 바이트 정렬 방식(빅 엔디안)을 따르고 있고, 데이터를 받는 측은 호스트 바이트 정렬 방식(시스템에 따라 다름)을 따르게 된다.

다음은 바이트 정렬을 바꿔주는 함수들이다.

```
호스트오더를 네트워크 오더로
u_short htons(u_short hostshort); // host-to-network-short
u_long  htonl(u_long hostlong);   // host-to-network-long

네트워크 오더를 호스트 오더로
u_short ntohs(u_short netshort);  // network-to-host-short
u_long  ntohl(u_long  netlong);   // network-to-host-long
```

hton*() 함수는 호스트 바이트 정렬로 저장된 값을 입력으로 받아서 네트워크 바이트 정렬로 변환한 값을 반환한다. 반대로 ntoh*() 함수는 네트워크 바이트 정렬로 저장된 값을 입력으로 받아서 호스트 바이트 정렬로 변환한 값을 반환한다.

일반적으로 hton*() 함수는 어플리케이션이 소켓 함수에 값을 넘겨주기 전에 호출하며, ntoh*() 함수는 소켓 함수가 결과로 전달한 값을 어플리케이션에서 출력 등의 목적으로 사용하기 전에 호출한다.

예제 2.1 ByteOrder.cpp

```
#include <winsock2.h>
#include <stdio.h>

int main()
{
    // 윈속 초기화
    WSADATA wsa;
    if(WSAStartup(MAKEWORD(2,2), &wsa) != 0)
        return -1;
    u_short x = 0x1234;
    u_long y = 0x12345678;
    u_short x2;
    u_long y2;

    // 호스트 바이트 -> 네트워크 바이트
    printf("호스트 바이트 -> 네트워크 바이트\n");
    printf("0x%x -> 0x%x\n", x, x2 = htons(x));
    printf("0x%x -> 0x%x\n", y, y2 = htonl(y));

    // 네트워크 바이트 -> 호스트 바이트
    printf("네트워크 바이트 - >호스트 바이트\n");
```

```
22      printf("0x%x -> 0x%x\n", x2 , ntohs(x2));
23      printf("0x%x -> 0x%x\n", y2 , ntohl(y2));
24
25      WSACleanup();
26      return 0;
27  }
```

① 07 : 윈속의 형태를 갖는 변수를 선언한다.

② 08 : 윈속 변수를 이용, 버전 2.2의 형태로 초기화한다.

③ 17 : Host To Network Short를 이용, short형 데이터를 네트워크 바이트로 변환한다.

④ 18 : Host To Network Long을 이용, long형 데이터를 네트워크 바이트로 변환한다.

⑤ 22 : Network To Host Short를 이용, short형 데이터를 호스트 바이트로 변환한다.

⑥ 23 : Network To Host Long을 이용, long형 데이터를 호스트 바이트로 변환한다.

⑦ 25 : 사용한 윈속을 종료한다.

그림 2.3 ByteOrder 실행 화면

2.3 IP 주소 변환 함수

IP 주소의 표현은 문자열로 표현하거나 32비트 숫자로 표현한다. 네트워크로 데이터를 전송할 때에는 문자열 형태의 IP 주소를 32비트 숫자로 변환하여 사용하며, 이와 반대로 네트워크에서 들어오는 IP 주소값을 로컬에서 사용할 때에는

32비트 숫자의 IP 주소를 문자열 형태로 변환하여 사용한다.

윈속에서는 IP 주소 변환을 위해 다음과 같은 유틸리티 함수를 지원한다.

```
unsigned long inet_addr(const char* cp);
char* FAR inet_ntoa(struct in_addr in); // network-to-ascii
```

inet_addr() 함수는 문자열 형태로 IP 주소를 입력받아 32비트 숫자(네트워크 바이트 정렬)로 반환한다. inet_ntoa() 함수는 32비트 숫자(네트워크 바이트 정렬)로 IP 주소를 입력받아 문자열 형태로 반환한다.

지금까지 학습해 온 바이트 정렬 함수와 IP 주소 변환 함수를 SOCKADDR_IN 구조체에 적용하는 예는 다음과 같다.

1) 문자열 주소값을 32비트 숫자로 변환 예

```
// 소켓 주소 구조체 초기화
SOCKADDR_IN addr;
char *serv_ip ="xxx.xxx.xxx.xxx";  //IP 주소 대입
char *serv_port = "9190";          //port 번호 대입
memset(&addr, 0, sizeof(addr));    //구조체 변수를 0으로 초기화
addr.sin_family = AF_INET;         //주소 체계 설정
//스트링을 네트워크 바이트 순서로 된 32비트 IP값으로 변환해서 대입
addr.sin_addr.s_addr = inet_addr(serv_ip);

//atoi()함수를 사용하여 스트링을 정수값으로 바꾸어주고, 다시 htons 함수
 를 통해 네트워크 바이트 순서로 변환해 줌
addr.sin_port = htons(atoi(serv_port));

// 소켓 함수 호출
if((SOCKADDR*)&addr,...);
```

2) 32비트 주소값을 문자열 주소값으로 변환 예

```
// 소켓 주소 구조체 선언
SOCKADDR_IN addr;
// IP 주소와 포트번호 출력
printf("IP 주소=%s, 포트번호=%d\n",
    inet_ntoa(addr.sin_addr), ntohs(addr.sin_port));
```

예제 2.2 IP_Addr.cpp

```
01  #include <winsock2.h>
02  #include <stdio.h>
03  int main()
04  {
05      WSADATA wsa;
06      if(WSAStartup(MAKEWORD(2,2), &wsa) != 0)
07          return -1;
08
09      //원래의 IP 주소 출력
10      char *servIP = "147.46.114.70";
11      printf("IP주소 = %s\n", servIP);
12
13      //inet_addr() 함수 연습
14      printf("IP주소(변환 후) = 0x%x\n", inet_addr(servIP));
15      //inet_ntoa() 함수 연습
16      IN_ADDR temp;
17      temp.S_un.S_addr = inet_addr(servIP);
18      printf("IP주소(변환 후) = %s\n", inet_ntoa(temp));
19
20      WSACleanup();
21      return 0;
22  }
```

① 05 ~ 07 : 소켓 구조체 형 변수를 만든 후, 소켓을 초기화 한다.

② 10 ~ 11 : 샘플 IP 문자를 받아서 출력한다.

③ 14 : inet_addr() 함수로 문자열을 받아 네트워크 바이트 정렬된 IP 주소를 출력한다.

④ 16 ~ 17 : IN_ADDR형 temp 변수 선언 후 inet_addr() 함수에 의해 변환된 값을 넣는다.

⑤ 18 : inet_ntoa() 함수는 네트워크 바이트의 정렬된 숫자를 입력받아 문자열로 반환한다.

⑥ 20 : 사용한 소켓을 반환한다.

그림 2.4 IPAddr 실행화면

2.4 도메인 이름 시스템과 이름 변환 함수

32비트의 IP 주소를 편의에 따라 www.daum.net과 같은 도메인 네임으로 사용하기 쉽게 만들기도 하고 dotted decimal 표시법 등으로 바꾸어 사용하기도 한다. 도메인 이름은 IP 주소와 대응되는 이름으로 IP 주소는 숫자로 되어 있기 때문에 기억하기 어려우며, IP 주소 대신에 이름을 사용함으로써 기억하기 쉽다.

또한 TCP/IP 프로토콜은 도메인 이름을 인식하지 못하므로 사용자가 입력한 도메인 이름을 반드시 IP 주소로 변환해야 한다.

소켓 프로그램에서는 이들 주소 표현법을 자유롭게 변환할 수 있는 함수가 필요하며 인터넷 주소 표현 방법과 이들을 상호 변환하는데 사용되는 주소 변환 함수가 있다.

도메인 네임으로부터 IP 주소를 알기 위해서 gethostbyname() **함수**를 사용한다.

```
struct hostent* FAR gethostbyname(const char* name);
```

앞에서 gethostbyname() 함수는 도메인 네임(domain name)을 입력 받고 그 이름에 해당하는 호스트의 각종 정보를 가지고 있는 hostent 구조체의 포인터를 반환한다.

도메인 이름을 IP 주소로 변환해주는 gethostbyname() 함수와 IP 주소를 도메인 이름으로 변환해주는 gethostbyaddr() 함수는 HOSTENT형 포인터를 기반으로 만들어진 함수이며, 두 함수 모두 성공하면 TRUE, 실패하면 FALSE를 반환한다.

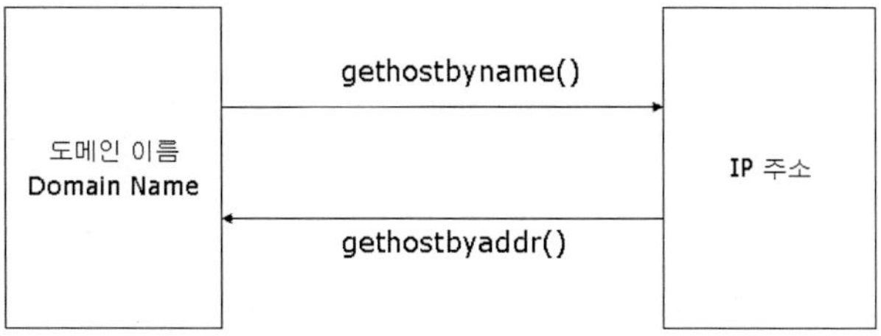

그림 2.5 도메인 이름과 IP 주소 변환 함수

도메인 이름과 IP 주소 사이의 변환 작업을 하기에 앞서 사용할 구조체를 살펴보면, 그 정의는 다음과 같다.

```
typedef struct hostent {
   char FAR* h_name;
   char FAR FAR** h_aliases;
   short h_addrtype;
   short h_length;
   char FAR FAR** h_addr_list;
}hostent;
```

각 멤버의 의미는 다음과 같다.

1) h_name

공식 도메인 이름(official domain name)이다.

2) h_aliases

한 호스트가 공식 도메인 이름 외에 다른 이름들을 가질 수 있으며, 이를 별명(aliases)이라 부른다.

3) h_addrtype

주소 체계를 나타내는 상수값이다. 현재 쓰이는 IPv4의 경우 AF_INET이 된다.

4) h_length

IP 주소의 길이(바이트 단위)를 나타낸다. 현재 쓰이는 IPv4의 경우 4(32비트)가 저장된다.

5) h_addr_list

네트워크 바이트 정렬된 IP 주소를 나타낸다. 한 호스트가 여러 IP 주소를 가진 경우, 이 포인터를 따라가면 모든 IP 주소를 얻을 수 있다. 특정 호스트에 접속할 때는 대개 첫 번째 IP 주소만 이용하므로 h_addr_list[0]를 접근하게 되는데, 매크로를 이용하여 재정의한 h_addr을 사용하면 편리하다.

다음은 gethostbyname() 함수 사용 방법의 예제이다.

```
01    // 도메인 이름 -> IP 주소
02    BOOL GetIPAddr(char *name, IN_ADDR *addr)
03    {
04        HOSTENT *ptr = gethostbyname(name);
05        if(ptr == NULL) {
06            err_display("gethostbyname()");
07            return FALSE;
08        }
09        memcpy(addr, ptr->h_addr, ptr->h_length);
10        return TRUE;
11    }
```

① 04 : gethostbyname() 함수를 호출하여 HOSTENT형 포인터를 얻는다.
② 05 ~ 08 : 오류가 발생하면 오류를 출력하고 FALSE를 반환한다.
③ 09 ~ 10 : IP 주소를 복사한 후 TRUE를 반환한다.

다음은 IP 주소를 도메인 이름으로 바꾸어 주는 함수이다.

```
// IP 주소(네트워크 바이트 정렬) -> 도메인 이름
struct HOSTENT* FAR gethostbyaddr (
    const char* addr,       // 네트워크 바이트 정렬된 IP 주소
    int len,                // IP 주소의 길이 (예 : 4)
    int type                // 주소 체계 (예 : AF_INET)
);
```

다음은 gethostbyaddr() 함수의 사용 방법의 예제이다.

```
// IP 주소 -> 도메인 이름
BOOL GetDomainName(IN_ADDR *addr, char *name)
{
    HOSTENT *ptr = gethostbyaddr((char*)&addr,
          sizeof(addr), AF_INET);
    if(ptr == NULL) {
        err_display("gethostbyaddr()");
        return FALSE;
```

```
08        }
09        strcpy(name, ptr->h_name);
10        return TRUE;
11    }
```

① 04 : gethostbyaddr() 함수를 호출해서 HOSTENT형 포인터를 얻는다.

② 05 ~ 08 : 오류가 발생하면 오류를 출력하고 FALSE를 반환한다.

③ 09 ~ 10 : 도메인 이름을 복사한 후 TRUE를 반환한다.

다음은 이름 변환 함수를 사용할 때 유의할 사항이다.

- 유효한 도메인 이름을 IP 주소로 변환하는 것은 대부분 가능하지만, 유효한 IP 주소를 도메인 이름으로 변환하는 것은 항상 가능하지 않다.
- HOSTENT 구조체는 하나의 스레드 당 하나씩 할당된다. 따라서 변환된 결과를 계속 사용하려면 다른 소켓 함수를 호출하기 전에 IP 주소나 도메인 이름을 따로 복사해 두어야 한다. 위의 예제 역시 이러한 방법을 사용하고 있다.

예제 2.3 name_resolve.cpp

```
#include <winsock2.h>
#include <stdlib.h>
#include <stdio.h>

// 도메인 이름 -> IP 주소
BOOL GetIPAddr(char *name, IN_ADDR *addr)
{
    HOSTENT *ptr = gethostbyname(name);
    if(ptr == NULL){
        return FALSE;
    }
    memcpy(addr, ptr->h_addr, ptr->h_length);
    return TRUE;
}

// IP 주소 -> 도메인 이름
BOOL GetDomain(IN_ADDR addr, char *name)
{
    HOSTENT *ptr = gethostbyaddr((char*)&addr,
```

```
20            sizeof(addr), AF_INET);
21        if(ptr == NULL)
22        {
23            return FALSE;
24        }
25        strcpy(name, ptr->h_name);
26        return TRUE;
27    }
28
29    int main(int argc, char* argv[])
30    {
31        WSADATA wsa;
32        if(WSAStartup(MAKEWORD(2,2), &wsa) != 0)
33            return -1;
34        // 도메인 이름 -> IP 주소
35        IN_ADDR addr;
36        if(GetIPAddr("kr.yahoo.com", &addr))
37        {
38            // 성공이면 결과 출력
39            printf("IP 주소 = %s\n", inet_ntoa(addr));
40
41            // IP 주소 -> 도메인 이름
42            char name[256];
43            if(GetDomain(addr, name))
44            {
45                // 성공이면 결과 출력
46                printf("도메인 이름 = %s\n", name);
47            }
48        }
49
50        WSACleanup();
51        return 0;
52    }
```

① 06 ~ 14 : main() 함수로부터 넘겨받은 도메인 이름을 IP 주소로 변환하고 실패 시 FALSE를 반환한다.

② 17 ~ 27 : main() 함수로부터 넘겨받은 IP 주소를 도메인 이름으로 변환하고 실패 시 FALSE를 반환한다.

도메인 이름 home.vip.krs.yahoo.com을 IP 주소로 변환하여 출력한 후 이를 다시 도메인 이름으로 변환한 결과는 그림 2.6과 같다.

그림 2.6 Name_resolve 실행화면 (1)

만약, 인터넷에 존재하지 않는 도메인 이름을 입력하여 실행했을 경우, 도메인 이름을 찾을 수 없게 되고 그림 2.7과 같은 오류 메시지가 출력되는 결과를 볼 수 있다.

그림 2.7 Name_resolve 실행화면 (2)

CHAPTER

03 TCP 서버/클라이언트

학습 목표

- TCP 서버/클라이언트 모델의 구조를 이해하고 설계능력을 배양한다.
- TCP 서버/클라이언트 프로그램의 작성능력을 배양한다.

선수 학습

- TCP/IP 동작 원리의 이해
- Visual Studio 7.0 툴 사용법

함수 및 구조체

- bind(SOCKET, const struct sockaddr*, int)
- listen(SOCKET, int)
- connect(SOCKET, const struct sockaddr*, int)
- send(SOCKET, const char*, int, int)
- recv(SOCKET, char*, int, int)

예제

1. TCP 서버
   - bind(...)를 이용하여 소켓과 주소 구조체 연결
   - listen(...)을 이용하여 소켓을 listening 상태로 변경
   - accept(...)를 이용하여 연결 요청을 받음
   - send(...), recv(...)를 이용하여 데이터 송수신
2. TCP 클라이언트
   - connect(...)를 이용하여 서버접속
   - send(...), recv(...)를 이용하여 데이터 송수신

학습 후 점검 사항

- TCP 서버/클라이언트 모델을 설계할 수 있는가?
- 설계된 모델을 토대로 프로그래밍 할 수 있는가?

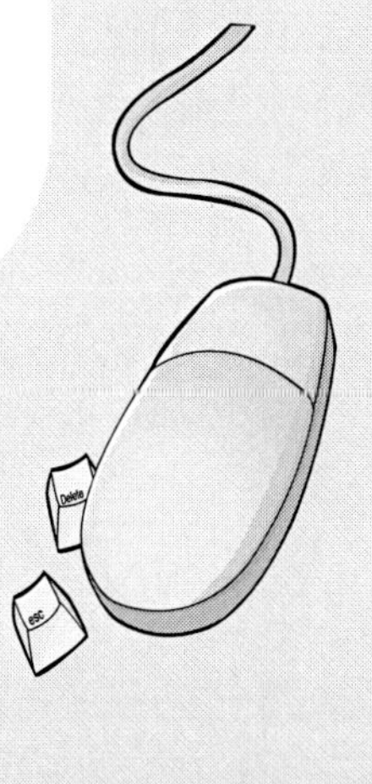

3.1 TCP 서버/클라이언트에 대한 이해

지금까지 1~2장에 걸쳐 소켓에 대한 기본 개념과 소켓 통신시 필요한 기초 함수에 대한 내용을 학습하여 어플리케이션을 위한 기초를 다졌다. 1장에서는 소켓에 대한 이해와 소켓을 초기화하는 방법에 대해 학습하였고, 2장에서는 소켓의 주소 구조체의 내용을 이해하였다.

이장에서는 1~2장에서 배운 내용을 토대로 하여 간단한 TCP 서버/클라이언트를 작성하고, 관련 함수를 공부한다.

3.2 TCP 서버/클라이언트의 동작

서버/클라이언트의 동작 방식은 1장에서 설명하였고, 이번 장에서는 서버/클라이언트 간의 통신을 위한 동작 과정을 이해하고 소켓 통신에 필요한 함수에 대해서 알아본다.

우선 본장에서 설명한 서버/클라이언트는 서로간의 통신을 위해 TCP라는 프로토콜을 사용한다. TCP는 신뢰성 있는 전송을 위해 3-way handshaking 방식을 사용한다. 이러한 동작 과정을 그림으로 나타내면 그림 3.1과 같다.

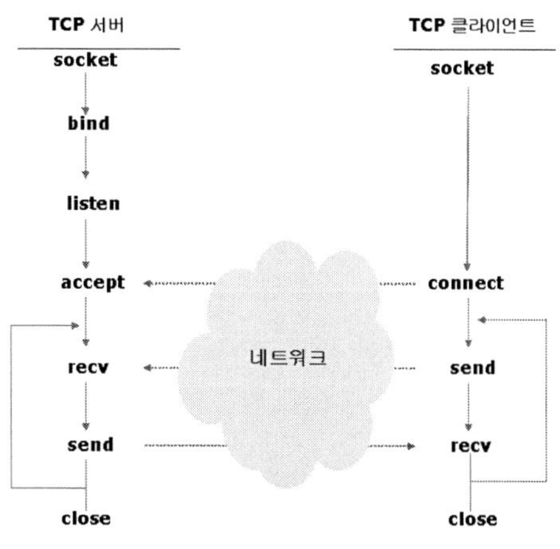

그림 3.1 TCP에서의 서버와 클라이언트의 동작

그림 3.1에서 보는 바와 같이 TCP 서버와 클라이언트는 공통적인 함수를 사용하는 경우도 있고 서버와 클라이언트 각각에서만 사용하는 함수들도 있다.

우선 서버/클라이언트 모두 소켓을 생성하여야 하며, 서버는 클라이언트의 접속을 기다리고 클라이언트는 서버에게 접속함으로써 서버와 클라이언트간의 통신이 이루어지게 된다.

이러한 동작과정을 좀 더 세부적으로 알아보면 다음과 같다.

3.2.1 동작 과정

프로그램이 서버 또는 클라이언트로써 동작을 하는가에 따라서 TCP 소켓 프로그램이 조금 달라지게 된다.

먼저 서버의 경우에는 다음과 같이 6단계의 순서로 동작을 하게 된다. 여기에 미리 TCP 서버/클라이언트 프로그램 작성 시 필요한 소켓 함수들을 표시하였다.

1) 서버 동작 방식 및 함수

1. 서버에서 사용할 소켓을 생성한다. *(socket())*
2. 생성된 소켓에 서버의 지역 IP와 포트를 결정한다. *(bind())*
3. 실행을 하여 자신의 포트에 클라이언트가 접속하기를 기다린다. *(listen())*
4. 클라이언트가 접속을 하면, 접속을 수용한다. *(accept())*
5. 클라이언트와 데이터를 주고받는다. *(send()/recv())*
6. 모든 데이터를 주고받으면 접속을 끊는다. *(closesocket())*

2) 클라이언트 동작 방식 및 함수

1. 먼저 클라이언트가 사용할 소켓을 생성한다. *(socket())*
2. 두 번째로, 클라이언트가 서버에 접속을 요구한다. *(connect())*
3. 세 번째로, 클라이언트는 서버에 접속 후 데이터를 주고받는다. *(send()/recv())*
4. 마지막으로, 모든 데이터를 주고받으면 접속을 끊는다. *(closesocket())*

서버와 클라이언트의 동작을 살펴보면 대부분 비슷하다. 하지만 서버는 클라이언트를 기다리는 역할을 하기 때문에 bind, listen, accept의 과정을 수행하고, 클라이언트는 서버에 접속을 해야 하므로 connect의 과정을 수행하게 된다.

이 때 중요한 것은 서버가 accept 동작을 수행하고 나면 클라이언트가 connect를 요청하기 전까지 멈추게 된다는 것이다. 그런 다음 서버에 connect가 요청이 되면 접속이 이루어지고, 서로 send와 recv를 통해서 데이터를 주고받게 된다.

이제는 TCP 서버/클라이언트의 동작 원리를 소켓 프로그래밍 관점에서 좀 더 구체적으로 살펴보도록 하자.

3.2.2 동작 원리

그림 3.2는 TCP 서버에 TCP 클라이언트가 접속하여 통신하는 과정을 보여준다.

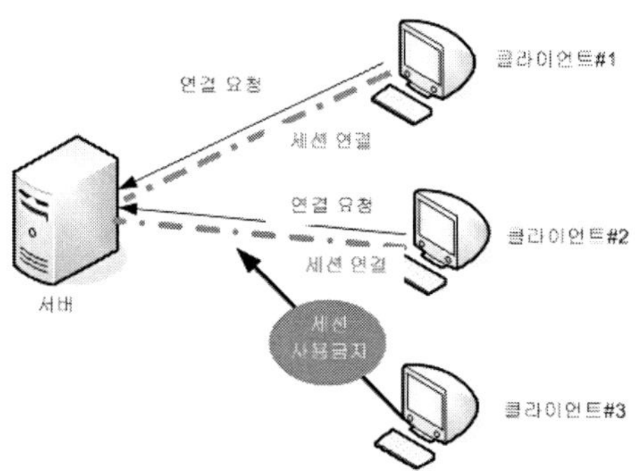

그림 3.2 TCP 서버/클라이언트 동작 원리

위의 그림을 좀 더 자세히 설명하면 다음과 같다.

- 서버는 소켓을 생성한 후 클라이언트가 접속하기를 기다린다. 이때 서버가 사용하는 소켓은 특정 포트번호(예를 들면, 50000과 같은)와 결합되어 있어서 이 포트번호로 접속을 요청하는 클라이언트만이 접속할 수 있다.
- 클라이언트#1이 서버로 접속을 한다. 이때 TCP 수준에서 연결 설정을 위한 패킷의 교환이 이루어진다. 접속한 클라이언트와 서버간에는 세션이 연결되어 데이터를 전송할 수 있도록 한다.
- 클라이언트#2 역시 서버로 접속하게 되면 데이터 전송을 위한 세션이 확립되어진다. 이때 클라이언트#1과 클라이언트#2는 서로 다른 포트로 접근하며, 서로 다른 세션을 사용하여 통신을 하게 된다.

• 만일 클라이언트#3이 클라이언트#2의 세션에 접근하여 사용하고자 할 경우 해당 세션을 사용할 수 없다. 해당 세션은 서버와 연결된 해당 클라이언트 만이 사용할 수 있는 유일한 통로이기 때문이다.

이렇게 각각의 클라이언트에 따라서 구분되어 있는 연결 관리는 서로 다른 클라이언트에서 전송한 패킷이 충돌되는 것을 방지함으로써 인터넷에서 데이터의 전송을 안전하게 보장해 준다.

TCP 서버/클라이언트가 통신하는 상황을 일반적인 형태로 나타내면 그림 3.3과 같다. 서버측 소켓과 클라이언트측 소켓이 1대 1로 대응하는 것을 알 수 있다. TCP 클라이언트 #n의 경우처럼 한 클라이언트가 두 개 이상의 소켓을 사용하여 TCP 서버에 접속하는 것도 가능하다.

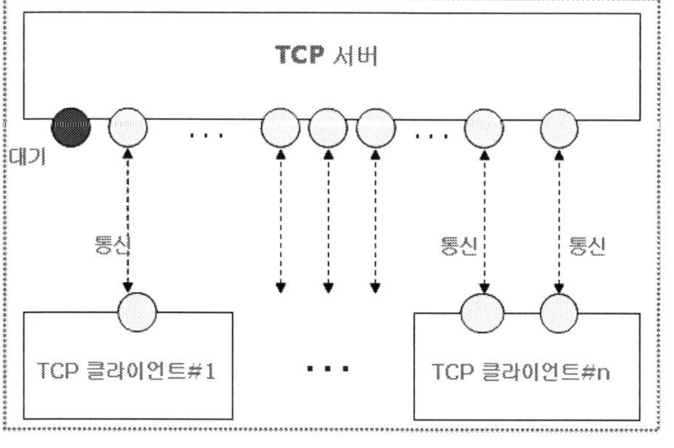

그림 3.3 TCP 서버/클라이언트 통신

3.3 TCP 서버/클라이언트 분석

이 절에서는 TCP 서버/클라이언트에서 사용되는 소켓 관련 함수에 대해 분석하고, 공부할 것이다. 분석에 앞서서 이미 소개한 소켓의 개념을 좀 더 구체적으로 살펴보자.

3.3.1 서버의 기본적인 함수 호출 순서

그림 3.4는 서버 구현을 위한 기본적인 함수 호출 순서를 보여 주고 있다. 거의 모든 TCP 기반의 서버 프로그램은 다음과 같은 순서로 구현이 된다.

① socket() 함수를 이용하여 소켓을 생성한다.

② bind() 함수를 이용하여 지역 IP 주소와 지역 포트번호를 결정한다.

③ listen() 함수를 이용하여 TCP의 상태를 LISTENING으로 변경한다.

④ accept() 함수를 이용하여 자신이 접속한 클라이언트와 통신할 수 있는 새로운 소켓을 생성한다. 이때 원격 IP 주소와 원격 포트번호가 결정된다.

⑤ send(), recv() 등의 데이터 전송 함수를 이용하여 클라이언트와 통신을 수행하고 통신을 마치면 closesocket() 함수를 이용하여 소켓을 닫아 미리 할당되어 있던 자원을 반납한다.

⑥ 새로운 클라이언트의 접속이 요청될 때마다 (4)~(5)의 과정을 반복한다.

다음은 이러한 TCP 서버에서 사용되는 소켓 함수에 대하여 알아보도록 하겠다. TCP 서버/클라이언트 공통 함수(socket(), closesocket(), send(), recv())를 제외한 서버 함수를 차례대로 살펴보도록 하자.

1) bind() 함수

bind() 함수는 서버에서 호출되는데 socket()의 수행으로 생성된 소켓의 번호

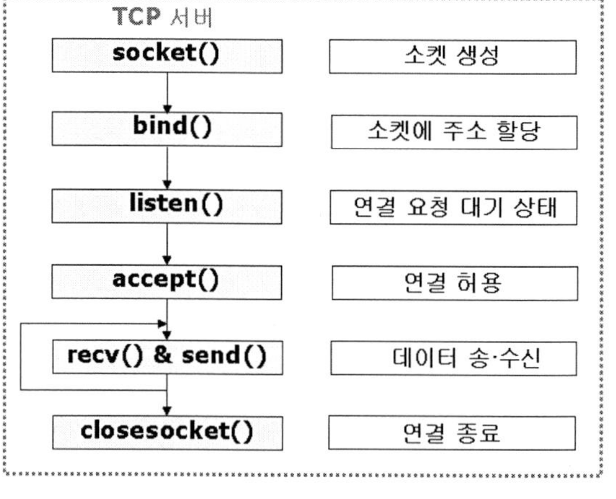

그림 3.4 TCP 서버의 기본적인 함수 호출 순서

(s)와 서버의 소켓 주소 구조체(SOCKADDR_IN)를 연결하기 위해 호출한다.

```
int bind(
    SOCKET s,
    const struct sockaddr* name,
    int namelen
);
```

① s

클라이언트 접속을 수용할 목적으로 만든 소켓으로, 지역 IP 주소와 지역 포트번호가 결정되지 않은 상태이다.

② name

소켓 주소 구조체(TCP/IP의 경우 SOCKADDR_IN 타입) 변수를 지역 IP 주소와 지역 포트번호로 초기화 한 후, 이 변수의 주소값을 대입한다.

③ namelen

소켓 주소 구조체 변수의 길이(바이트 단위)를 대입한다.

```
#define PORT 3000
SOCKET s;
char Message[100];
SOCKADDR_IN m_addr;
s = socket(AF_INET, SOCK_STREAM, 0);
m_addr.sin_family = AF_INET;
m_addr.sin_addr.s_addr = htonl(INADDR_ANY);
m_addr.sin_port = htons(PORT);
bind(s, (SOCKADDR*)&m_addr, sizeof(m_addr));
```

bind() 함수는 원래 LPSOCKADDR 타입의 인자를 사용하도록 정의되어 있으므로 SOCKADDR_IN 타입의 변수인 m_addr을 bind() 함수를 호출하기 전에 LP-SOCKADDR 타입으로 형변환하는 것이 필요하다. 그러나 처음부터 LPSOCKADDR 타입의 소켓 주소 구조체를 사용하지 않은 이유는 SOCKADDR_IN 타입이 IP 주소와 포트번호 값을 지정하기에 편리하기 때문이다. 그리고 bind() 함수는 호출의 성공 시 0을, 실패 시 SOCKET_ERROR를 반환한다. 또한 WSAGetLastError() 함수를 호출해서 특정한 에러코드를 반환할 수 있다.

2) listen() 함수

listen() 함수는 연결형(TCP) 소켓을 개설한 서버에서 호출하는데, 지정된 소켓을 통하여 들어오는 클라이언트로부터의 연결 요청을 기다리는 함수이다.

listen() 함수는 소켓과 결합된 TCP 포트 상태를 LISTENING 상태로 바꾸는 역할을 한다. 이는 클라이언트의 접속을 받아들일 수 있는 상태가 됨을 의미한다.

```
int listen(
    SOCKET s,
    int backlog
);
```

① s

클라이언트 접속을 수용할 목적으로 만든 소켓으로, bind() 함수에 의해 지역 IP 주소와 지역 포트번호가 설정된 상태이다.

② backlog

연결을 대기시킬 수 있는 접속 가능한 클라이언트 개수이다. 클라이언트의 접속 정보는 연결 큐(connection queue)에 저장되며, backlog는 이 연결 큐의 길이를 나타낸다고 볼 수 있다. 하부 프로토콜에서 지원 가능한 최대값을 사용하려면 SOMAXCONN 값을 대입한다.

listen() 함수는 호출의 성공 시 0을, 실패 시 SOCKET_ERROR를 반환한다. 그리고 WSAGetLastError() 함수를 호출해서 특정한 에러코드를 반환할 수 있다.

```
listen(s, 5);
```

3) accept() 함수

accept() 함수는 연결형 서버에서 listen을 실행하여 수동 대기 모드로 연결 요청을 기다리다가 클라이언트에서 서버로 연결 요청을 보내오면 이를 수락하기 위하여 서버가 호출해 두는 함수이다.

accpet() 함수의 호출이 성공한 경우에는 소켓이 하나 새로 만들어지며 새로 만들어진 소켓 번호가 반환된다. 이때 접속된 클라이언트의 소켓 주소 구조체의 포인터와 소켓 주소 구조체의 길이는 accept() 함수 인자를 통하여 알려준다.

반대로 호출의 실패 시 INVALID_SOCKET이 반환되고, 특정한 에러코드는 WSAGetLastError() 함수를 호출하여 얻을 수 있다.

```
SOCKET accept(
    SOCKET s,
    struct sockaddr* addr,
    int* addrlen
);
```

① s

클라이언트 접속을 수용할 목적으로 만든 소켓이다.

② addr

소켓 주소 구조체 변수의 주소값을 여기에 대입한다. accept() 함수는 addr이 가리키는 메모리 영역을 클라이언트의 IP 주소와 포트번호로 채워 놓는다.

③ addrlen

정수형 변수를 addr이 가리키는 메모리 영역의 크기로 초기화한 후, 이 변수의 주소값을 여기에 대입한다. accept() 함수가 반환하면, 정수형 변수 addrlen는 함수가 초기화한 메모리 크기값(바이트 단위)을 가진다.

```
SOCKET s; //서버가 개설한 소켓번호
SOCKET clientsocket; //accept()가 반환할 새로운 소켓 번호
SOCKADDR_IN m_addr; //서버의 소켓주소 구조체
SOCKADDR_IN m_clientAddr; //접속된 클라이언트의 소켓주소 구조체
clientsocket = accept(s, (SOCKADDR*)&m_clientAddr,
  &m_nClientAddrLen);
```

접속한 클라이언트가 없을 경우 accept() 함수는 서버를 대기상태(wait state)로 만든다. 이때 작업 관리자(windows NT/2000/XP/2003)를 실행하여 CPU 사용률을 확인하면 그림 3.5처럼 0으로 표시된다. 클라이언트가 접속하게 되면 서버는 깨어나고 accept() 함수는 통신을 하기 위한 새로운 소켓을 반환하게 된다.

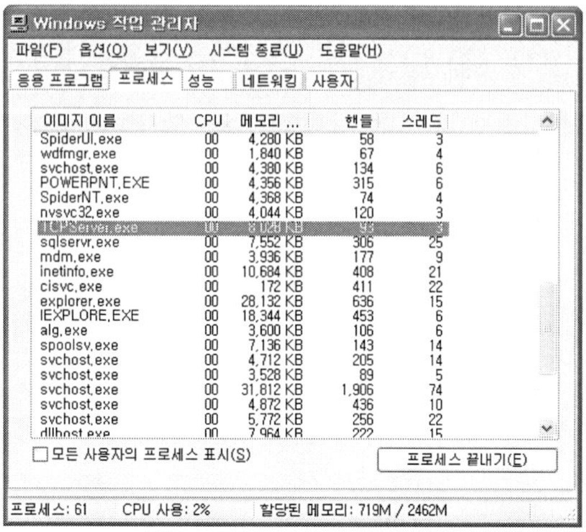

그림 3.5 서버의 CPU 사용률

3.3.2 클라이언트의 기본적인 함수 호출 순서

클라이언트를 구현하는 방법은 서버의 구현 방법보다 간단하다. 일단 소켓을 생성하고 연결하고자 하는 서버의 주소 정보를 가지고 바로 연결요청(connect() 함수 호출)을 하면 된다. 그림 3.6은 클라이언트 구현을 위한 기본적인 함수 호출 순서를 보여 주고 있다. 거의 모든 TCP 기반의 클라이언트 프로그램은 다음과 같은 순서로 구현이 된다.

(1) socket() 함수를 이용하여 소켓을 생성한다.

(2) connect() 함수를 이용하여 서버에 접속한다.

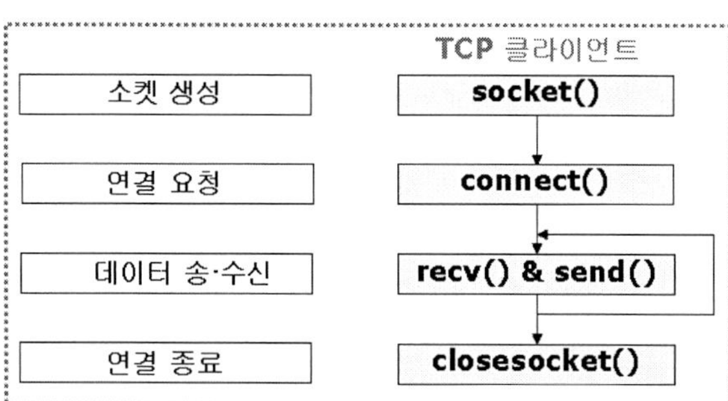

그림 3.6 TCP 클라이언트의 기본적인 함수 호출 순서

(3) send(), recv() 등의 데이터 전송 함수를 이용하여 서버와 통신을 수행한 후, closesocket() 함수를 이용하여 생성한 소켓을 닫는다.

서버 프로그램 구현 과정과 비교해서 살펴보면 차이가 나는 부분은 '연결요청'이라는 과정이다. 이 과정은 클라이언트 소켓을 생성한 후 서버에 연결을 요청하는 과정이다.

이러한 클라이언트의 구현 과정에서 사용되는 소켓 함수들을 알아보도록 한다. 앞의 서버의 기본적인 함수 호출 순서에서와 마찬가지로 TCP 서버/클라이언트 공통함수(socket(), closesocket(), send(), recv())를 제외한 유일한 클라이언트 함수인 connect() 함수를 살펴보도록 한다. 물론 connect() 함수를 알아본 뒤에는 데이터 전송 함수인 send() 함수와 recv() 함수에 대하여 알아볼 것이다.

1) connect() 함수

연결형 소켓을 개설한 클라이언트가 서버와 통신을 하려면 먼저 서버와 연결되어야 하는데 이를 위하여 클라이언트가 호출하는 함수가 connect() 함수이다.

```
int connect(
    SOCKET s,
    const struct sockaddr* name,
    int namelen
);
```

① s

서버와 통신을 하기 위해서 만든 소켓이다.

② name

소켓 주소 구조체 변수를 서버 주소(원격 IP 주소와 원격 포트번호)로 초기화한 후, 이 변수의 주소값을 여기에 대입한다.

③ namelen

소켓 주소 구조체 변수의 길이(바이트 단위)를 대입한다.

connect() 함수가 반환되는 시점은 연결요청이 서버에 의해 수락되거나, 오류가 발생해서 연결요청이 중단되는 경우이다. 만약 연결요청이 바로 이루어지지 않고 서버의 대기 큐에서 대기하고 있는 상태라면 connect() 함수는 반환되지 않고 블러킹(blocking) 상태에 있게 된다. 이러한 connect() 함수는 호출이 성공할 경우 0을 반환하고, 호출이 실패할 경우 SOCKET_ERROR를 반환한다. 마찬가지로 특정한 에러코드는 WSAGetLastError() 함수를 호출하여 얻을 수 있다.

```
#define SERV_PORT 3001
#define SERV_IP_ADDR "xxx.xxx.xxx.xxx"
SOCKET s;
SOCKADDR_IN m_addr;
m_addr.sin_family = AF_INET;
m_addr.sin_port = htons(SERV_PORT);
m_addr.sin_addr.s_addr = inet_addr(SERV_IP);
connect(s, (SOCKADDR*)&m_addr, sizeof(m_addr));
```

클라이언트는 서버와는 달리 bind() 함수를 호출하지 않는다. bind() 함수를 호출하지 않은 상태에서 connect() 함수를 호출하면 운영체제는 자동으로 지역 IP 주소와 지역 포트번호를 설정한다. 이때 자동으로 할당되는 포트번호는 운영체제에 따라서 다를 수 있으며, 윈도우즈의 경우 보통 1024~5000의 범위 중 하나가 결정이 된다.

2) closesocket() 함수

closesocket() 함수를 호출하면 아직 처리되지 않은 데이터들, 즉 송신 버퍼에 들어 있으나 아직 목적지로 전송되지 않은 패킷 또는 수신 버퍼에 도착해 있으나 아직 윈속이 읽어 들이지 않은 패킷들이 모두 처리된 후에 실제로 소켓이 종료된다.

```
int closesocket(SOCKET s);
```

함수 호출이 성공할 경우 closesocket() 함수는 0을 반환하게 되고, 실패할 경우에는 SOCKET_ERROR를 반환한다. 그리고 WSAGetLastError() 함수를 호출해서 특정한 에러코드를 얻을 수 있다.

3.3.3 데이터 전송 함수

이번에는 앞서 이야기한 바와 같이 데이터 전송 함수에 대해 알아볼 것이다.

데이터 전송 함수는 크게 데이터를 보내는 함수와 데이터를 받는 함수로 구분할 수 있다. 가장 기본이 되는 함수는 send() 함수와 recv() 함수이며, 그 밖에는 WSA*() 형태의 확장 함수가 존재한다. 여기서는 데이터 전송 함수의 기본 함수만 살펴 볼 것이다.

데이터 전송 함수를 다루기 전에 소켓 데이터 구조체를 살펴 보도록 한다.

그림 3.7은 TCP 소켓과 연관된 데이터 구조체를 나타낸 것이다. 각각 자신과 상대방의 IP 주소와 포트번호 외에 데이터 송수신 버퍼가 있음을 알 수 있다. 송신 버퍼(send buffer)는 데이터를 전송하기 전에 임시로 저장해 두는 영역이고, 수신 버퍼(receive buffer)는 받은 데이터를 어플리케이션이 처리하기 전까지 임시로 저장해두는 영역이다. 송신 버퍼와 수신 버퍼를 통틀어서 소켓 버퍼(socket buffer)라 부른다. 앞으로 살펴보게 될 send() 함수와 recv() 함수는 소켓을 통해 (간접적) 소켓 버퍼를 접근할 수 있도록 만든 함수라 할 수 있다.

데이터 전송 함수를 사용하는 때는 하부 프로토콜의 특성을 잘 알고 있어야 한다. 이번 장에서 다루는 TCP는 어플리케이션이 보낸 데이터의 경계를 구분하지 않는다는 특징을 가지고 있다. 예를 들면, 클라이언트가 100, 200, 300의 데이터를 차례대로 보낼 경우 서버가 순서대로 데이터의 경계를 구분하지 못하고 250, 350과 같이 데이터를 받을 수가 있다. 그렇기 때문에 TCP 서버/클라이언트를 작성할 때는 데이터 경계 구분을 위한 상호 약속이 필요하며, 이를 어플리케이션 수준에서 처리해야 한다.

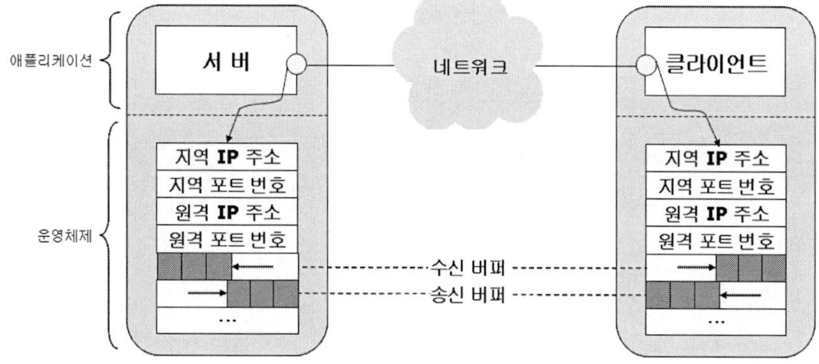

그림 3.7 소켓 데이터 구조체

1) send() 함수

send() 함수는 데이터를 송신 버퍼에 복사함으로써 하부 프로토콜(TCP/IP)에 의해 데이터가 전송되도록 한다. send() 함수는 데이터 복사가 성공적으로 이루어지면 곧바로 반환되므로 send() 함수가 성공했다고 해서 실제로 데이터 전송이 완료된 것은 아니다.

```
int send(
    SOCKET s,
    const char* buf,
    int len,
    int flags
);
```

① s

통신할 대상과 연결된(connected) 소켓이다.

② buf

보낼 데이터를 담고 있는 어플리케이션 버퍼의 주소이다.

③ len

보낼 데이터의 크기(바이트 단위)를 대입한다.

④ flags

send() 함수의 동작을 바꾸는 함수의 옵션이다. 대부분 0을 사용하지만, 그렇지 않은 경우에는 MSG_DONTROUTE와 MSG_OOB를 사용하는 경우가 있다. 이러한 옵션을 여기에서 다루지는 않고, 다른 장에서 학습하게 될 것이다.

send() 함수의 호출시 별다른 에러가 발생하지 않는다면, 전송된 총 데이터 크기를 반환한다. 만일 에러가 발생한 경우는 SOCKET_ERROR를 반환하고, WSAGetLastError() 함수를 이용해서 특정한 에러코드를 얻을 수 있다.

2) 블러킹(blocking) 소켓

다음 절에서 실습하게 될 소켓 프로그램에서 생성한 소켓들은 모두 블러킹 소켓이다. 블러킹 소켓에 대해 send() 함수를 호출할 때, 송신 버퍼의 여유 공간이 send() 함수의 세 번째 인자인 len보다 작을 경우 해당 프로세스는 대기상태(wait state)가 된다. 송신 버퍼에 충분한 공간이 생기면 프로세스는 깨어나고,

len 크기만큼 데이터 복사가 이루어진 후 send() 함수가 반환한다. 이 경우 send() 함수의 반환값은 len과 같게 된다.

3) 넌블러킹(Nonblocking) 소켓

ioctlsocket() 함수를 이용하면 블러킹 소켓을 넌블러킹 소켓으로 바꿀 수 있다. 넌 블러킹 소켓에 대해 send() 함수를 호출하면, 송신 버퍼의 여유 공간만큼 데이터를 복사한 후 실제 복사한 데이터 바이트 수를 반환한다.

여기까지 send() 함수에 대하여 알아보았고 이번에는 상대측에서 송신하는 데이터를 받아 버퍼에 저장을 하는 recv() 함수에 대하여 알아 볼 것이다.

4) recv() 함수

recv() 함수는 수신 버퍼에 도착한 데이터를 어플리케이션 버퍼로 복사하는 역할을 한다.

```
int recv(
    SOCKET s,
    char* buf,
    int len,
    int flags
);
```

① s

통신할 대상과 연결된(connected) 소켓이다.

② buf

받은 데이터를 저장할 어플리케이션 버퍼의 주소이다.

③ len

수신 버퍼로부터 복사할 최대 데이터 크기(바이트 단위)이다. 이 값은 buf가 가리키는 버퍼의 크기보다 크지 않아야 한다.

④ flags

recv() 함수의 동작을 바꾸는 옵션이다. 대부분 0을 사용하지만, 드물게 MSG_PEEK와 MSG_OOB를 사용하는 경우가 있다. recv() 함수는 수신 버퍼의 데이터를 어플리케이션 버퍼로 복사한 후 해당 데이터를 수신 버퍼에서 삭제한다. 그러나 MSG_PEEK 옵션을 사용하면 수신 버퍼에 데이터가 계속 남아 있게 된다.

recv() 함수는 호출의 성공시 두 종류의 반환을 할 수 있다.

- 수신 버퍼에 데이터가 달한 경우
  recv() 함수의 세 번째 인자인 len보다 크지 않은 범위 내에서 가능한 많은 데이터를 어플리케이션 버퍼로 복사한다. 이 경우 복사한 바이트 수가 반환되며, 가능한 최대 반환값은 len이 된다.
- 접속이 정상 종료된 경우
  상대 어플리케이션이 closesocket() 함수를 사용하여 접속을 종료하면, TCP 프로토콜 수준에서 접속 종료를 위한 패킷 교환 절차가 이루어진다. 이 경우 recv() 함수는 0을 반환한다. recv() 함수의 반환값이 0인 경우 정상 종료(normal close = graceful close)라 부른다.

recv() 함수의 호출이 실패할 경우에는 SOCK_ERROR가 반환되며, WSAGet-LastError() 함수를 통해 특정한 에러코드를 얻을 수 있다.

recv() 함수 사용시 주의할 점은 세 번째 인자인 len이다. len으로 지정한 크기보다 작은 데이터가 어플리케이션 버퍼로 복사될 수 있기 때문이다. 이는 TCP가 메시지의 경계를 구분하지 않는다는 특성에 기인한 것이다. 따라서 자신이 받을 데이터의 크기를 미리 알고 있다면, 이 크기만큼 받을 때까지 recv() 함수를 여러 번 호출해야 한다.

3.4 간단한 TCP 서버/클라이언트 예제

그럼 이제, 간단한 TCP 서버/클라이언트를 실제로 작성하고 실행해 보도록 하겠다. 실습은 TCP 서버/클라이언트 에코 프로그램을 작성할 것이다. 에코 서버는 받은 데이터를 그대로 다시 되돌려 보내는 서버를 말한다. 서버와 클라이언트의 동작은 그림 3.8과 같다.

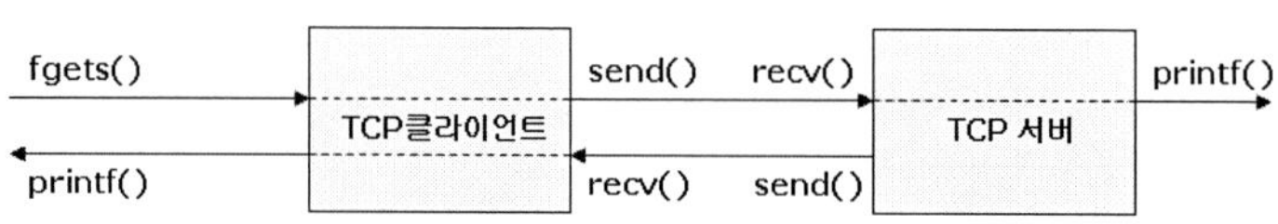

그림 3.8 TCP 서버/클라이언트 예제

① 서버

클라이언트가 보낸 데이터를 받아(recv) 문자열로 간주하여 무조건 화면에 출력한다(printf). 그리고 받은 데이터를 변경없이 다시 클라이언트에 보낸다(send).

② 클라이언트

사용자가 키보드로 입력한 문자열을(fgets) 서버에 보낸다(send). 서버가 받은 데이터를 그대로 되돌려 보내면, 클라이언트는 이를 받아(recv) 화면에 출력한다(printf).

이 절에서는 예제코드 즉, TCP 서버/클라이언트 프로그램을 작성하고, 또한 코드를 분석함으로써 TCP 서버/클라이언트 프로그램의 동작 방식을 이해하는데 중점을 두고 프로그램을 작성하도록 한다.

1) 앞선 1~2장에서와 같은 방법으로 TCPServer와 TCPClient라는 어플리케이션 프로젝트 두 개를 생성한 후에 역시 같은 방법으로 소스 파일을 추가한다.
2) 생성한 소스 파일을 열어 다음과 같이 입력한다.

예제 3.1 TCPServer.cpp

```
#include <winsock2.h>
#include <stdio.h>
#include <stdlib.h>

#define BUFSIZE 1000
#define PORT 9000

int main()
{
    int retval;
    SOCKET listenSocket;
    WSADATA wsaData;

    if(WSAStartup(MAKEWORD(2,2),&wsaData) != 0)
        return -1;

   listenSocket = socket(AF_INET, SOCK_STREAM, 0);
    if(listenSocket == INVALID_SOCKET)
```

```
        return -1;

    SOCKADDR_IN servAddr;
    ZeroMemory(&servAddr,sizeof(servAddr));
    servAddr.sin_family = AF_INET;
    servAddr.sin_port = htons(PORT);
    servAddr.sin_addr.S_un.S_addr = htonl(INADDR_ANY);

    if(bind(listenSocket, (SOCKADDR *)&servAddr,
       sizeof(servAddr))=SOCKET_ERROR)
    {
          closesocket(listenSocket);
          return -1;
     }
     retval = listen(listenSocket, SOMAXCONN);
     if(retval == SOCKET_ERROR)
           printf("listen() Error");

     SOCKET clientSocket;
     SOCKADDR_IN clientAddr;
     int length;
     char buf[BUFSIZE +1];

     while (1)
     {
        length = sizeof(clientAddr);
        clientSocket = accept(listenSocket,(SOCKADDR*)
              &clientAddr, &length);
        if(clientSocket == INVALID_SOCKET)
        {
           printf("accept() Error");
           continue;
        }

        printf("\n[TCP server] 클라이언트 IP 주소 = %s,
            Port = %d\n", inet_ntoa(clientAddr.sin_addr),
            ntohs(clientAddr.sin_port));

        while(1)
        {
           retval = recv(clientSocket, buf, BUFSIZE, 0);
           if(retval == SOCKET_ERROR)
           {
              printf("recv() Error");
```

```
59                break;
60             }
61             else if(retval == 0)
62                break;
63
64             buf[retval] = '\0';
65             printf("[TCP %s : %d] %s\n", inet_ntoa(clientAddr.
                  sin_addr),ntohs(clientAddr.sin_port),buf);
66
67             retval = send(clientSocket, buf, retval, 0);
68             if(retval == SOCKET_ERROR)
69             {
70                printf("send() error");
71                break;
72             }
73          }
74
75          closesocket(clientSocket);
76          printf("[TCP server] 클라이언트 종료 : IP 주소 = %s,
                Port = %d\n",inet_ntoa(clientAddr.sin_addr),
                ntohs(clientAddr.sin_port));
77       }
78
79       closesocket(listenSocket);
80
81       WSACleanup();
82       return 0;
83    }
```

① 01~03 : 네트워크 프로그램을 작성하기 위한 기본적인 입출력 함수, 윈도우즈 프로그래밍을 하기 위해 필요한 API 함수, 윈도우즈 소켓 함수 등을 사용하기 위한 헤더를 추가한다.

② 05 : 데이터를 받고 보낼 버퍼의 크기를 정의한다.

③ 06 : 서버의 지역 포트번호를 9000으로 정의한다.

④ 10 : 소켓의 반환값을 저장할 변수를 선언한다.

⑤ 11 : 서버에서 클라이언트를 수용하기 위해 SOCKET 타입으로 변수를 선언한다.

⑥ 12 : 윈도우즈 소켓의 버전을 체크하기 위한 WSADATA 타입의 변수를 선언한다.

⑦ 14 ~ 15 : 윈도우즈 소켓을 초기화 하고, 프로그램의 시작을 알린다.

⑧ 17 ~ 19 : 서버에서 클라이언트를 수용할 소켓 타입의 변수에 socket() 함수에서 반환한 값을 저장한다.

⑨ 21 : 서버의 지역 IP 주소와 지역 포트번호를 저장할 주소 구조체 변수를 선언한다.

⑩ 22 ~ 25 : 소켓 주소 구조체를 초기화 한다.

⑪ 27 ~ 31 : bind() 함수를 사용하여 서버의 지역 IP 주소와 지역 포트번호를 등록한다.

⑫ 32 ~ 34 : listen() 함수를 이용해서 클라이언트의 접속을 수용할 소켓과 최대 접속할 수 있는 클라이언트의 수를 설정한다.

⑬ 36 : 클라이언트가 접속한 후 서버와 클라이언트가 통신을 하기 위한 소켓 타입의 변수를 선언한다.

⑭ 37 : 접속한 클라이언트의 IP 주소와 포트번호를 저장하기 위한 소켓 주소 구조체 변수 선언한다.

⑮ 38 : 데이터의 길이를 저장하기 위한 변수를 선언한다.

⑯ 39 : 데이터를 저장하기 위한 배열을 생성한다.

⑰ 43 : 소켓 주소 구조체의 길이를 저장한다.

⑱ 44 ~ 49 : 클라이언트와 통신하기 위한 소켓을 생성하여 소켓 타입의 변수에 저장한다.

⑲ 51 : 접속한 클라이언트의 지역 IP 주소와 접속한 포트의 번호를 서버의 화면에 출력한다.

⑳ 55 ~ 62 : 클라이언트 측으로부터 recv() 함수를 통해 받아온 데이터를 버퍼에 저장한다.

㉑ 64 : 버퍼의 끝을 0으로 채워 넣는다.

㉒ 65 : 클라이언트 측으로부터 받아온 데이터를 화면에 출력한다.

㉓ 67 ~ 72 : 데이터를 클라이언트 측으로 보내기 위해 send() 함수를 이용한다.

㉔ 75 ~ 76 : 통신 중이던 클라이언트가 접속을 해제하면 close() 함수로 통신하기 위해 생성한 소켓을 해제하여 할당되어 있던 리소스를 반환한다. 접속이 해제되면 클라이언트가 접속을 해제하였다는 메시지를 서버의 화면에 출력한다.

㉕ 79 : 접속이 해제되면 클라이언트의 접속을 수용하기 위한 소켓을 해제하여 리소스를 반환한다.

㉖ 81 : 윈도우즈 소켓(ws2_32.lib)을 더 이상 사용하지 않는다고 알린다. 즉, 프로그램의 종료를 알리는 것과 같다.

예제 3.2 TCPClient.cpp

```
#include <winsock2.h>
#include <stdlib.h>
#include <stdio.h>

#define BUFSIZE 1000
#define PORT 9000

int main()
{
    int recval;
    SOCKET clientSocket;
    WSADATA wsa;

    if(WSAStartup(MAKEWORD(2,2),&wsa) != 0)
       printf("WSAStartup Error\n");

    clientSocket = socket(AF_INET, SOCK_STREAM, 0);
    if(clientSocket == INVALID_SOCKET)
       printf("socket() Error\n");

    SOCKADDR_IN clientAddr;
    clientAddr.sin_family = AF_INET;
    clientAddr.sin_port = htons(PORT);
    clientAddr.sin_addr.S_un.S_addr = inet_addr("127.0.0.1");

    recval = connect(clientSocket, (SOCKADDR *)&clientAddr,
       sizeof(clientAddr));
    if(recval == SOCKET_ERROR)
       printf("connect()");

    char readBuffer[BUFSIZE+1];
    int length;

    while(1)
    {
```

```
34          ZeroMemory(readBuffer, sizeof(readBuffer));
35          printf("\n[전송 데이터]");
36
37          if(fgets(readBuffer, BUFSIZE+1, stdin) == NULL)
38             break;
39
40          length = strlen(readBuffer);
41          if(readBuffer[length - 1] == '\n')
42             readBuffer[length - 1] = '\0';
43          if(strlen(readBuffer) == 0)
44             break;
45
46          recval = send(clientSocket, readBuffer,
              strlen(readBuffer), 0);
47          if(recval == SOCKET_ERROR)
48          {
49             printf("send()");
50             break;
51          }
52
53          printf("[TCP 클라이언트] %d 바이트를 보냈습니다.\n",
               recval);
54
55          recval = recv(clientSocket, readBuffer, recval,0);
56          if(recval == 0)
57             break;
58
59          readBuffer[BUFSIZE] = '\0';
60          printf("[TCP 클라이언트] %d 바이트를 받았습니다.\n",
              recval);
61          printf("[받은 데이터]%s\n", readBuffer);
62       }
63       closesocket(clientSocket);
64
65       WSACleanup();
66       return 0;
67   }
```

① 23 : 접속할 서버의 지역 IP 주소를 inet_addr() 함수를 이용하여 10진 데이터를 32비트로 바꾸어 소켓 주소 구조체에 저장한다.

② 25 ~ 27 : connect() 함수를 이용하여 서버에 접속을 위해 생성한 소켓으로 소켓 주소 구조체에 저장된 원격 IP 주소와 포트번호로 접속을 시도

한다.

③ 37 : 사용자로부터 서버측으로 보내게 될 데이터를 입력 받는다.

④ 40 : 사용자로부터 입력 받은 데이터를 저장한 버퍼의 길이를 저장한다.

⑤ 41 ~ 44 : 사용자로부터 입력 받은 데이터가 있다면 데이터의 마지막에 0을 채워 넣고, 만일 입력 받은 데이터가 없다면 종료한다.

⑥ 46 ~ 51 : 버퍼에 저장된 데이터를 send() 함수를 이용하여 서버와 연결된 소켓을 통하여 데이터를 전송한다.

⑦ 55 ~ 61 : recv() 함수를 통해 서버와 연결된 소켓을 통해서 서버에서 보내온 데이터를 버퍼에 저장한다. recv() 함수에서 에러가 발생하지 않는다면, 버퍼의 데이터 끝에 0을 채워넣고, 받은 데이터의 양과 버퍼의 내용을 화면에 출력한다.

CHAPTER

04 UDP 서버/클라이언트

학습 목표

- UDP 서버/클라이언트 모델의 구조를 이해하고 설계능력을 배양한다.
- UDP 서버/클라이언트 프로그램의 작성능력을 배양한다.
- 브로드캐스팅에 대하여 이해하고, UDP에 응용한다.

선수 학습

- TCP/IP 동작 원리의 이해
- Visual Studio 7.0 툴 사용법

함수 및 구조체

- sendto(SOCKET, const char*, int, int, const struct sockaddr*, int)
- recvfrom(SOCKET, char*, int, int, struct sockaddr*, int*)

예제

1. UDP Echo 서버
   - socket(...)을 이용하여 소켓 생성
   - bind(...)를 이용하여 소켓과 주소 구조체 연결
   - recvfrom(...), sendto(...)를 이용하여 데이터 송수신
2. UDP Echo 클라이언트
   - socket(...)을 이용하여 소켓 생성
   - 서버 주소 구조체 초기화
   - sendto(...), recvfrom(...)을 이용한 데이터 송수신

학습 후 점검 사항

- UDP 서버/클라이언트 모델을 설계할 수 있는가?
- 설계된 모델을 토대로 프로그래밍 할 수 있는가?

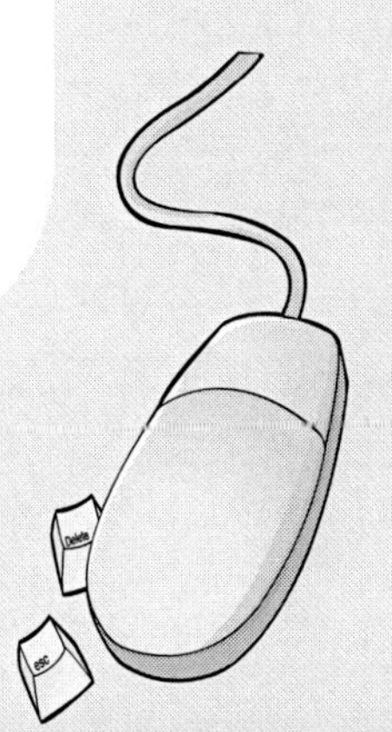

4.1 UDP 서버/클라이언트 구조

이 단원에서는 TCP와 더불어 대표적인 전송계층의 프로토콜인 UDP(user datagram protocol)에 대한 전반적인 사항들을 이해하고, 이를 이용한 소켓 프로그래밍 기법에 대해서 알아보도록 한다.

4.1.1 TCP와 UDP

TCP와 UDP 프로토콜은 전송계층 프로토콜이라는 점에서 다음과 같은 공통점을 지니게 된다.

1) 포트번호를 이용하여 주소를 지정

두 어플리케이션이 통신하기 위해 반드시 포트번호를 결정해야 한다.

2) 데이터 오류를 체크

IP가 제공하는 오류 체크 기능은 프로토콜 동작을 위해 꼭 필요한 부분에 국한된다. 즉, IP 헤더에 대한 오류는 체크하지만 데이터에 대한 오류는 체크하지 않는다. 이에 반해 TCP와 UDP는 헤더와 데이터에 대한 오류를 체크한다.

이러한 공통점이 있으나 이를 제외하면 두 프로토콜은 상당히 성격이 다른 프로토콜이라고 할 수 있다. 표 4.1은 TCP와 UDP의 차이점을 정리한 것이다.

표 4.1 TCP와 UDP의 차이점

항목	TCP	UDP
①	연결형(connection-oriented) 프로토콜 – 연결이 성공해야 통신 가능	비연결형(connectionless) 프로토콜 – 연결없이 통신 가능
②	데이터 경계를 구분하지 않음 – 바이트 스트림(byte-stream) 서비스	데이터 경계를 구분함 – 데이터그램(datagram) 서비스
③	신뢰성 있는 데이터 전송 – 데이터를 재전송함	비신뢰적인 데이터 전송 – 데이터를 재전송하지 않음
④	1 대 1 통신(unicast)	1 대 1통신(unicast), 1 대 다 통신(broadcast), 다 대 다 통신(multicast)

UDP 서버 역시 socket을 이용해서 통신을 하지만 TCP와는 달리 연결지향이 아니므로 listen 과정과 accept 과정이 필요 없다.

즉, socket 생성과 bind 과정 후 만들어진 소켓 지정 번호에서 데이터가 있을 경우 이를 읽기만 하면 된다. 또한 클라이언트와 연결을 맺지 않기 때문에 각 클라이언트의 요청 해결을 위해 fork, select, poll, thread 등을 이용해서 프로세스를 분기할 필요가 없다.

4.1.2 동작 원리

기본적으로 UDP를 이용한 서버의 경우 최초 socket() 함수를 이용해서 만들어진 소켓 지정 번호만을 가지고 통신이 가능하다. TCP에 있어서 최초 만들어진 소켓 지정 번호가 클라이언트의 연결을 accept하기 위한 end point 전용으로 쓰이는 것과는 다르다.

TCP를 이용한 프로그래밍에 있어서는 각 클라이언트와의 연결을 위해서 최초 생성된 하나의 소켓 지정 번호를 end point로 하고 연결이 만들어지면 전용 통신 선로를 위한 소켓 지정 번호를 생성하고 이 소켓 지정 번호를 이용해서 통신을 하게 된다. UDP는 이러한 작업이 필요 없으므로 서버를 매우 간편하고, 이해하기 쉽게 만들 수 있다.

UDP 서버는 TCP 서버와 달리 하나의 소켓으로 다수의 클라이언트에 대한 서비스를 할 수 있다. 다음에 나오는 그림 4.1을 살펴보자.

① 서버는 소켓을 생성한 후 클라이언트가 데이터를 보내기를 기다린다. 이때 서버가 사용하는 소켓은 특정 포트번호(예를 들어, 9000)와 결합되어(bind) 있어서 이 포트번호로 보내는 데이터만 수신할 수 있다.

② 클라이언트는 접속 과정없이 서버와 데이터를 주고 받는다(sendto, recvfrom).

③ 또 다른 클라이언트 역시 특별한 접속 과정없이 서버와 데이터를 주고 받는다.

④ 앞서 설명한 UDP 서버/클라이언트가 통신하는 상황들을 포괄적인 형태로 나타낸 것이다. 'UDP 클라이언트 #ⓝ'의 경우처럼 한 클라이언트가 두 개 이상의 소켓을 사용하여 서버와 통신하는 것도 가능하다.

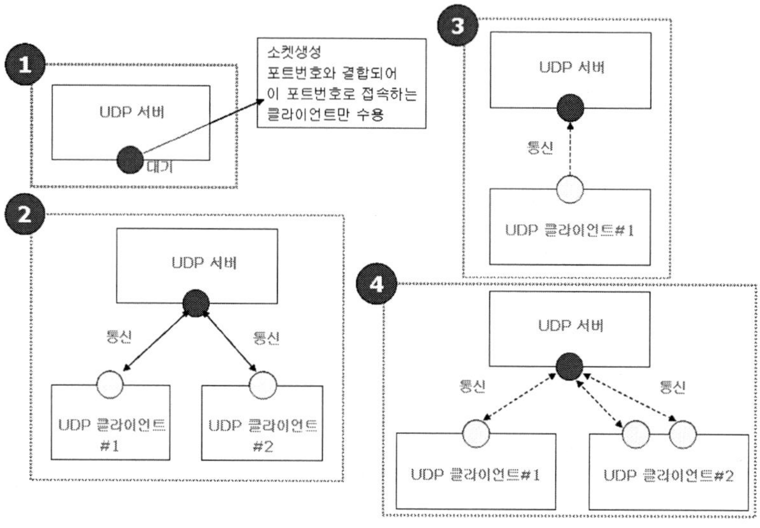

그림 4.1 UDP의 동작 원리

4.2 UDP 서버/클라이언트의 구현

이 절에서는 UDP 서버/클라이언트 모델과 예제를 통해 UDP 기반 서버/클라이언트를 구현한다.

일반적으로 UDP 서버와 클라이언트는 연결 상태가 존재하지 않는다. 또한 데이터를 주고받기 위한 소켓은 하나만 생성한다. TCP 소켓의 경우는 1:1 통신을 수행하였는데 즉, 서버에 열 명의 클라이언트가 연결되어 있는 상황이라면 열 개의 소켓을 생성하게 된다. 그러나 UDP 서버는 하나의 소켓만 있으면 여러 명과 통신을 할 수 있다.

4.2.1 UDP 서버/클라이언트 구조 분석

이제까지 살펴보았던 UDP의 특징들과 동작원리를 바탕으로, 이번에는 모델 구조를 사용하는 소켓 함수를 접목시켜 살펴보도록 한다. 그림 4.2는 모델의 구조와 각 단계별 사용하는 소켓 함수를 나타내고 있다.

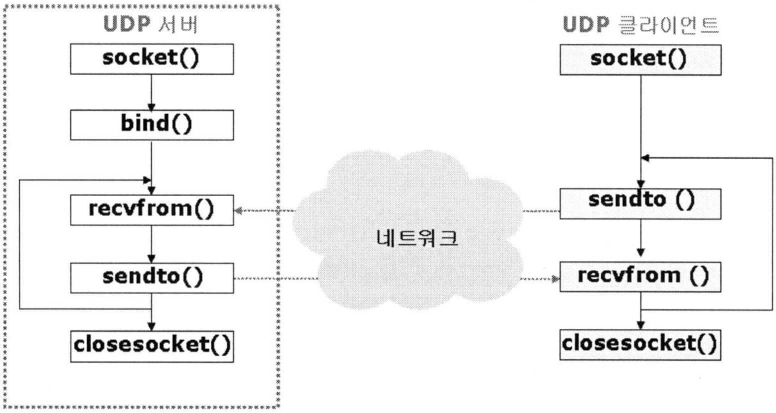

그림 4.2 UDP 서버/클라이언트

구조를 살펴보면 앞 단원에서 배웠던 TCP의 구조와 매우 유사함을 알 수 있다. 오히려 TCP에서 사용하던 서버측의 listen부와 accept부, 클라이언트측의 connect부가 없어짐으로 더욱 간단한 형태가 되었음을 알 수 있다. 물론 특정 UDP 서버와 통신하는 등의 특별한 경우라면 connect() 함수를 사용할 수도 있으니 유의한다.

1) UDP 서버의 동작 방식

① socket() 함수를 이용하여 소켓을 생성한다.
② bind() 함수를 이용하여 지역 IP 주소와 지역 포트번호를 결정한다.
③ sendto(), recvfrom() 등의 데이터 전송 함수를 이용하여 클라이언트와 통신을 수행한다.
④ 일반적으로 ③ 과정을 계속 반복하며, 서버를 종료할 경우 closesocket() 함수를 이용하여 소켓을 닫는다.

2) 클라이언트의 동작 방식

① socket() 함수를 이용하여 소켓을 생성한다.
② sendto(), recvfrom() 등의 데이터 전송 함수를 이용하여 서버와 통신을 수행한다.
③ closesocket() 함수를 이용하여 소켓을 닫는다.

UDP의 통신모델을 사용할 때 유의할 점은 다음과 같다.

① 블러킹 소켓의 경우, sendto() 함수와 recvfrom() 함수의 호출 순서가 맞지 않으면 교착 상태(deadlock)가 발생할 수 있다.
② 클라이언트는 데이터를 받은 후 송신자의 주소(IP 주소, 포트번호)를 확인해야 한다. recvfrom() 함수는 UDP 서버가 보낸 데이터는 물론, 다른 UDP 어플리케이션이 보낸 데이터도 모두 수신하기 때문이다.
③ connect() 함수를 사용하여 특정 UDP와 통신 시에는 send() 함수와 recv() 함수를 사용한다. 이 경우 sendto() 함수나 recvfrom() 함수보다 속도 면에서 빠르며, 데이터를 받은 후 송신자의 주소(IP주소, 포트번호)를 확인하지 않아도 된다.

4.2.2 데이터 전송 함수

데이터 전송 함수는 크게 데이터를 보내는 함수와 데이터를 받는 함수로 구분할 수 있다. 가장 기본이 되는 함수는 sendto() 함수와 recvfrom() 함수이며, 그 밖에 WSA*() 형태의 확장 함수가 존재한다. recvfrom() 함수는 TCP와 UDP 모두에서 사용이 가능한데, UDP에서 사용할 경우 sockaddr 구조체가 채워져서 돌아온다. 여기서는 예제에 사용한 기본 함수만 살펴볼 것이다.

1) sendto() 함수

sendto() 함수는 소켓에서 데이터를 접속된 상대방으로 전송하는데 사용되는 함수이다. sendto() 함수를 호출할 때, 소켓의 지역 IP 주소와 지역 포트번호가 아직 결정되지 않은 상태라면 시스템이 자동으로 결정한다. 즉, sendto() 함수가 bind() 함수 역할을 암시적으로(implicitly) 하는 것이다.

```
int sendto (
    SOCKET s,
    const char* buf,
    int len,
    int flags,
    const struct sockaddr* to,
    int tolen
);
```

① s

통신을 위한 소켓이다.

② buf

전송될 데이터를 담고 있는 버퍼이다.

③ len

보낼 데이터 크기(바이트 단위)이다.

④ flags

sendto() 함수의 동작을 바꾸는 옵션으로 함수의 호출이 어떤 일을 할지 나타내는 플래그이다.

⑤ to

목적지 주소를 담고 있는 소켓 주소 구조체 변수의 주소값을 대입한다. UDP의 경우, 목적지 IP 주소로 브로드캐스트(broadcast)나 멀티캐스트(multicast) 주소를 사용할 수도 있다.

⑥ tolen

소켓 주소 구조체의 크기(바이트 단위)이다.

sendto() 함수의 반환값은 send() 함수와 같기 때문에, 앞서 설명한 send() 함수 부분을 살펴보길 바란다.

sendto() 함수 사용 예는 다음과 같다.

```
// 소켓 변수를 선언한다.
SOCKET sock;

// 소켓 주소 구조체를 수신자 주소로 초기화한다.
SOCKADDR_IN serveraddr;

// 보낼 데이터를 저장할 버퍼를 선언한다.
char buf[BUFSIZE];

// 보낼 데이터를 버퍼에 저장한다.
.....

// 데이터를 보낸다.
retval = sendto(sock, buf, strlen(buf), 0, (SOCKADDR*)
   &serveraddr, sizeof(serveraddr));
if(retval == SOCKET_ERROR) // 오류 처리;
printf("%d바이트를 보냈습니다.\n", retval);
```

2) recvfrom() 함수

recvfrom() 함수는 접속된 소켓과 접속되지 않은 소켓에서 수신되는 데이터를 읽고 데이터를 보낸 곳의 주소를 얻어내는 함수이다. 이 함수를 사용하기 전에 소켓의 로컬 어드레스를 알아야 하는데 서버 어플리케이션에서 명시적인 bind() 함수를 사용해서 알아낸다.

```
int recvfrom (
    SOCKET s,
    char* buf,
    int len,
    int flags,
    struct sockaddr* from,
    int* fromlen
);
```

① s

통신을 위한 소켓이다. 이 소켓은 반드시 지역 주소(IP 주소, 포트번호)가 결정되어 있어야 한다.

② buf

수신되는 데이터를 복사할 버퍼이다.

③ len

버퍼의 크기(바이트 단위)이다. 읽어야 할 데이터가 이 값보다 크면 버퍼 크기만큼만 복사하고 나머지는 버린다.

④ flags

recvfrom() 함수의 동작을 바꾸는 옵션이다. recvfrom() 함수는 수신 버퍼의 데이터를 어플리케이션 버퍼로 복사한 후 해당 데이터를 수신 버퍼에서 삭제한다. 그러나 MSG_PEEK 옵션을 사용하면 수신 버퍼에 데이터가 계속 남아 있게 된다.

⑤ from

소켓 주소 구조체 변수의 주소값을 대입하면, 이 변수에 송신자 주소(IP 주소, 포트번호)가 저장된다.

⑥ fromlen

정수형 변수를 from이 가리키는 메모리 영역의 크기로 초기화한 후, 이 변수의 주소값을 여기에 대입한다. recvfrom() 함수가 반환하면, fromlen이 가리키는 정수형 변수는 recvfrom() 함수가 초기화한 메모리 크기값(바이트 단위)을 가진다.

recvfrom() 함수도 sendto() 함수와 마찬가지로 recv() 함수와 반환값이 같기 때문에 궁금한 독자는 앞서 설명한 recv() 함수 부분을 살펴보길 바란다.

recvfrom() 함수 사용 예는 다음과 같다.

```
// 소켓 변수를 선언한다.
SOCKET sock;

// 소켓 주소 구조체를 수신자 주소로 초기화한다.
SOCKADDR_IN addr;
int addrlen;

// 받은 데이터를 저장할 버퍼를 선언한다.
char buf[BUFSIZE];

// 데이터를 받는다
addrlen = sizeof(peeraddr);
retval = recvfrom(sock, buf, BUFSIZE, 0, (SOCKADDR*)&addr,
   &addrlen);
if(retval == SOCKET_ERROR) // 오류 처리;
printf("%d바이트를 받았습니다.\n", retval);
```

4.2.3 UDP 에코 서버/클라이언트

1) UDP 에코 서버

① 클라이언트가 보낸 데이터를 받아(recvfrom) 문자열로 간주하여 무조건 화면에 출력한다(printf).

② 받은 데이터를 변경없이 다시 클라이언트로 보낸다(sendto).

2) UDP 에코 클라이언트

① 사용자가 키보드로 입력한 문자열을 가져온 후(fgets), 서버에 보낸다(sendto).

② 서버가 받은 데이터를 그대로 되돌려 보내면, 클라이언트는 이를 받아(recvfrom) 화면에 출력한다(printf).

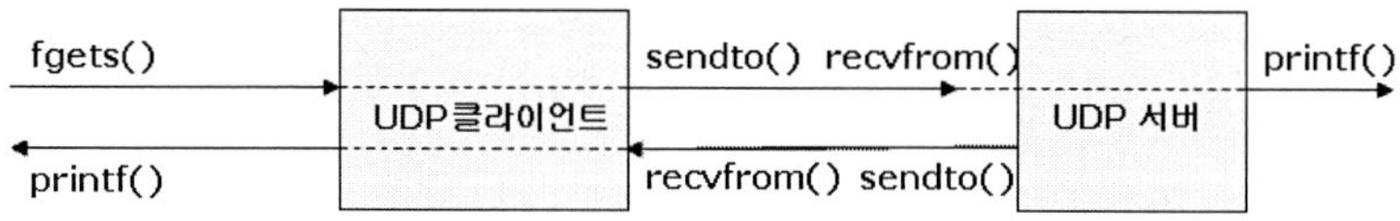

그림 4.3 UDP 에코 서버/클라이언트

예제 4.1 UDPEchoServer.cpp

```
#include <winsock2.h>
#include <stdio.h>

#define      PORT     9000
#define       MAXBUF   256
int main()
{
    SOCKADDR_IN          serv_Addr;
    SOCKADDR_IN          client_Addr;
    SOCKET                       serv_Socket;
    WSADATA              wsadata;

    int                  ret;
    char                 buf[MAXBUF];
    int                  len;

    if(WSAStartup(MAKEWORD(2,2), &wsadata))
    {
      return 0;
    }

    //UDP를 이용한 소켓을 생성,
    //TCP에서 사용하는 SOCK_STREAM대신에 SOCK_DGRAM을 이용.
    serv_Socket = socket(AF_INET, SOCK_DGRAM, 0);
    if(serv_Socket == INVALID_SOCKET)
    {
       printf("Socket Create : 실패(%d)\n", WSAGetLastError());
      return 0;
    }

    ZeroMemory(&serv_Addr, sizeof(serv_Addr));
    serv_Addr.sin_family = AF_INET;
    serv_Addr.sin_addr.S_un.S_addr = htonl(INADDR_ANY);
    serv_Addr.sin_port = htons(PORT);
```

```
35
36        //bind설정을 통해서 이 프로그램이 현재 포트를 사용한다는 것을 알림.
37        ret = bind(serv_Socket, (SOCKADDR*)&serv_Addr,sizeof
              (serv_Addr));
38        if ( ret == SOCKET_ERROR )
39        {
40           printf("Socket Bind : 실패(%d)\n", WSAGetLastError());
41           closesocket(serv_Socket);
42           return 0;
43        }
44        size = sizeof(client_Addr);
45
46        for( ; ; )
47        {
48           //클라이언트로부터 데이터를 받는다.
49           printf("클라이언트로부터 데이터를 기다린다\n");
50           ret = recvfrom(serv_Socket, buf, sizeof(buf), 0,
51              (SOCKADDR*)&client_Addr, &size);
52           if ( ret == SOCKET_ERROR )
53           {
54              printf("recvfrom : 실패(%d)\n", WSAGetLastError());
55              break;
56           }
57
58           buf[len] = 0;
59           printf("read ====> %s\n", buf);
60           //클라이언트에 데이터를 전달한다.
61           ret = sendto(serv_Socket, buf, ret, 0,(SOCKADDR*)
                 &client_Addr, size);
62
63           if ( ret == SOCKET_ERROR )
64           {
65              printf("sendto : 실패(%d)\n", WSAGetLastError());
66              break;
67           }
68        }
69        closesocket(serv_Socket);
70        WSACleanup();
71        return 1;
72    }
```

① 17 ~ 20 : 윈속을 시작하며 초기화한다(버전 2.2).

② 24 ~ 29 : UDP 소켓을 생성한다(SOCK_DGRAM).

③ 31 ~ 34 : 소켓 주소 구조체를 초기화한다.

④ 37 ~ 44 : 생성한 소켓을 바인드하고, 클라이언트 주소의 크기를 얻는다.

⑤ 46 : 무한루프를 돌며 데이터를 계속 기다리며 수신모드를 진행한다.

⑥ 49 ~ 56 : 데이터를 받는다.

⑦ 61 ~ 67 : 받은 데이터의 내용을 클라이언트로 되돌려 보낸다.

⑧ 69 ~ 70 : 소켓을 닫고, 윈속을 끝내고, 함수를 종료한다.

예제 4.2 UDPEchoClient.cpp

```
#include <winsock2.h>
#include <stdio.h>
#define      PORT   9000
#define        MAXBUF 4096
int main()
{
    SOCKET clientSocket;
    SOCKADDR_IN serv_Addr;
    SOCKADDR_IN recv_Addr;
    char buf[MAXBUF+1];
    int ret;
    int size;
    WSADATA wsadata;

    if(WSAStartup(MAKEWORD(2,2), &wsadata))
    {
        return 0;
    }

    //UDP를 위한 소켓을 생성한다.
    clientSocket = socket(AF_INET, SOCK_DGRAM, 0);
    if(clientSocket == INVALID_SOCKET) {
        printf("Socket Create : 실패(%d)\n", WSAGetLastError());
        return 0;
    }

    ZeroMemory(&serv_Addr, sizeof(serv_Addr));
    serv_Addr.sin_family       = AF_INET;
    serv_Addr.sin_port  = htons(PORT);
    serv_Addr.sin_addr.S_un.S_addr=inet_addr("127.0.0.1");

   while(1)
```

```
33      {
34            //데이터를 전달한다.
35            printf("전달할 데이터 : ");
36            scanf("%s", buf);
37            ret = sendto(clientSocket, buf, strlen(buf), 0,
                   (struct sockaddr*)&serv_Addr, sizeof(serv_Addr));
38           if ( ret == SOCKET_ERROR ) {
39              printf("sendto error : %d\n", WSAGetLastError());
40              closesocket(clientSocket);
41              return 0;
42          }
43
44          printf("sendto ===>  %s\n", buf);
45
46          //데이터를 전달받는다.
47          size = sizeof(recv_Addr);
48          ret = recvfrom(clientSocket, buf, sizeof(buf), 0,
                 (struct sockaddr*)&recv_Addr, &size);
49          if ( ret == SOCKET_ERROR ) {
               printf("sendto error : %d\n", WSAGetLastError());
50             closesocket(clientSocket);
51              return 0;
52          }
53          buf[ret]=0;
54          printf("recvfrom ===>  %s\n", buf);
55       }
56
57      closesocket(clientSocket);
58      WSACleanup();
59      return 1;
60  }
```

① 15 ~ 18 : 윈속을 시작하며 초기화한다(버전 2.2).

② 21 ~ 25 : UDP 소켓을 생성한다(SOCK_DGRAM).

③ 27 ~ 30 : 소켓 주소 구조체를 초기화한다.

④ 35 ~ 44 : IP 문자를 송신 버퍼로 넣고 송신하고(sendto), 보낸 데이터를 출력한다.

⑤ 47 ~ 55 : 데이터를 전달받고, 받은 데이터의 끝부분 뒤에 0으로 구분을 지은 후, 출력한다.

⑥ 57 ~ 58 : 소켓을 닫고, 윈속을 종료한 후 함수를 종료한다.

4.3 브로드캐스팅

TCP와 구별되는 UDP의 독특한 특징은 브로드캐스팅과 멀티캐스팅을 지원한다는 점이다. 이를 이용하면 다자간 통신을 쉽게 구현할 수 있다. 그림 4.4는 인터넷에서 통신에 참여하는 개체간 상호작용을 특성에 따라 분류해 본 것이다.

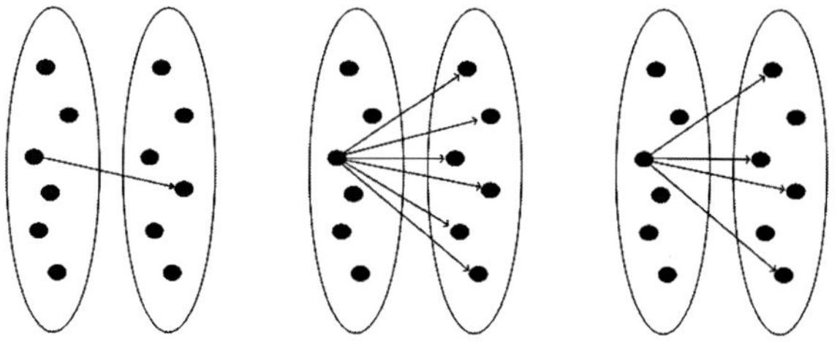

그림 4.4 통신 개체간 상호작용

표 4.2 통신모드와 동작 방식

모드	동작 방식
유니캐스팅(Unicasting)	가장 흔한 형태로, 두 어플리케이션이 통신하는 모델이다.
브로드캐스팅(Broadcasting)	한 네트워크에 속한 모든 개체와 통신하는 모델이다.
멀티캐스팅(Multicasting)	하나 또는 여러 네트워크에 속한 선별된 개체와 통신하는 모델이다. 브로드캐스팅은 멀티캐스팅의 특수한 경우에 속한다.

4.3.1 동작 원리

브로드캐스팅은 송신자가 데이터 복사본을 여러 개 보내는 것이 아닌 오직 하나의 데이터만 보내는 것이므로 다수의 수신자에게 효율적으로 데이터를 보낼 수 있다.

그림 4.5는 이더넷(ethernet)에서 브로드캐스팅 메시지를 보내는 상황을 나타낸 것이다. 송신자가 보내는 (하나의)메시지는 이더넷을 통해 모든 수신자에게 전달되고, 수신자는 이 메시지가 브로드캐스트 주소로 보낸 것임을 알고 읽어 들인다.

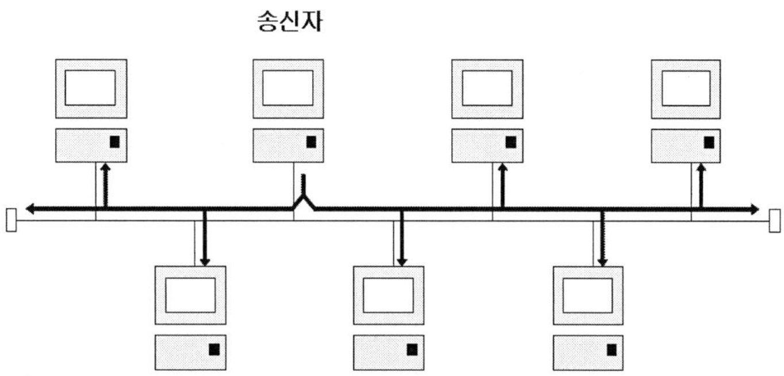

그림 4.5 브로드캐스팅 - 이더넷

소켓 어플리케이션에서 브로드캐스트 데이터를 보내는 절차는 다음과 같다.

1) 소켓에 대해 브로드캐스팅을 활성화한다.

```
BOOL bEnable = TRUE;
retval = setsockopt (sock, SOL_SOCKET, SO_BROADCAST,
    (char *)&bEnable, sizeof(bEnable));
```

socket() 함수로 생성한 소켓 디스크립터는 기본적으로 유니캐스팅만 가능하다. 7장에서 배울 소켓 옵션 중 SO_BROADCAST를 사용하면 브로드캐스팅을 활성화할 수 있다. setsockopt() 함수의 첫 번째 인자로 소켓, 두 번째와 세 번째 인자로 SOL_SOCKET과 SO_BROADCAST를 대입한 상태에서 네 번째 인자에 TRUE 값을 사용하면 해당 소켓에 대한 브로드캐스팅이 활성화되며, 이때부터 브로드캐스트 데이터를 보낼 수 있다.

2) 브로드캐스트 주소로 데이터를 보낸다.

IP 주소는 크게 네트워크 ID와 호스트 ID로 나눌 수 있다. 서브넷(subnet)을 사용하는 경우라면 호스트 ID의 일부는 서브넷 ID로 사용된다. 브로드캐스팅을 위해 예약되어 있는 IP 주소는 그림 4.6과 같다.

```
// 소켓 주소 구조체를 초기화한다.
SOCKADDR_IN remoteaddr;
ZeroMemory(&remoteaddr, sizeof(remoteaddr));
```

```
remoteaddr.sin_family = AF_INET;
remoteaddr.sin_port = htons(9000);
remoteaddr.sin_addr.s_addr = htonl(INADDR_BROADCAST);
// 보낼 데이터를 버퍼에 저장한다.
char buf[BUFSIZE];
.....
// 데이터를 보낸다.
retval = sendto(sock, buf, strlen(buf), 0,
    (SOCKADDR *)&remoteaddr, sizeof(remoteaddr));
```

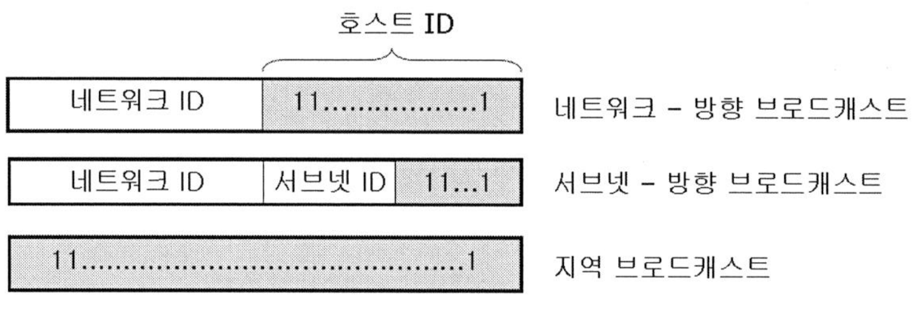

그림 4.6 브로드캐스트 주소

① 네트워크 - 방향 브로드캐스트(net-directed broadcast)

호스트 ID 비트가 모두 1인 경우로, 특정 네트워크에 대한 브로드캐스트를 의미한다(그림 4.7). 브로드캐스트 데이터가 라우터를 거쳐야 하므로 라우터 설정에 따라 브로드캐스팅이 불가능할 수도 있다. 따라서 실용적으로 브로드캐스팅을 위한 목적으로 사용하기는 어렵다.

② 서브넷 - 방향 브로드캐스트(subnet-directed broadcast)

서브넷 ID를 제외한 호스트 ID 비트가 모두 1인 경우로, 특정 서브넷에 대한 브로드캐스트를 의미한다. 서브넷 브로드캐스트는 일반적으로 라우터를 통

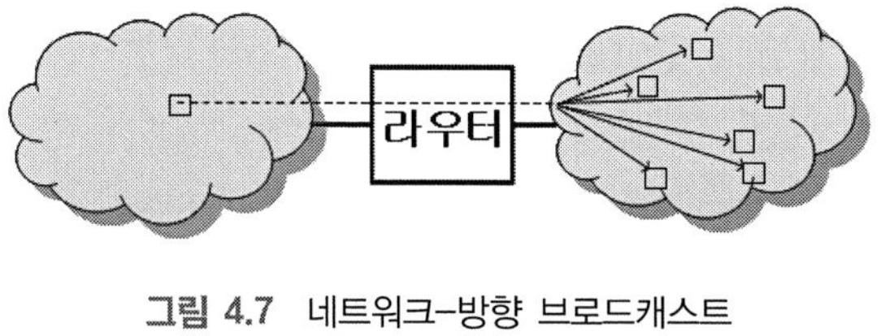

그림 4.7 네트워크-방향 브로드캐스트

과하지 못하므로 외부 서브넷에 대한 브로드캐스팅을 위한 목적으로 사용하기는 어렵다. 주로 자신이 속한 서브넷에 대한 브로드캐스팅 용도로 사용하며, 이 경우 지역 브로드캐스트와 동일하다고 볼 수 있다.

③ 지역 브로드캐스트(local broadcast 또는 limited broadcast)

자신이 속한 네트워크에 대한 브로드캐스트를 의미한다(그림 4.8). 항상 브로드캐스팅이 가능하며, 브로드캐스트 데이터가 라우터 경계를 넘어가지 않는다. 지역 브로드캐스트 주소는 winsock2.h 파일에 INADDR_BROADCAST 값으로 정의되어 있다.

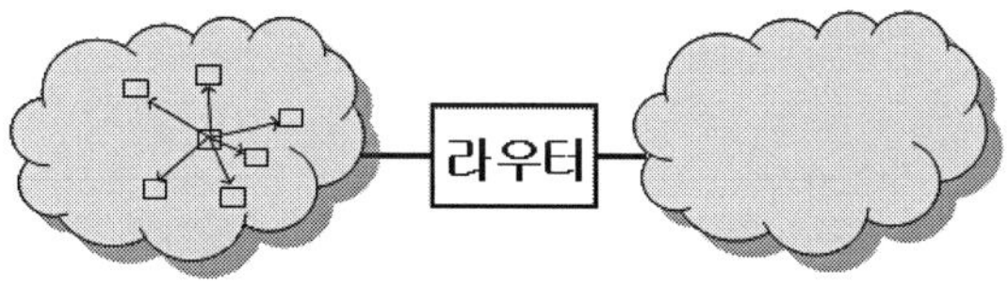

그림 4.8 지역 브로드캐스트

4.3.2 브로드캐스트 예제

예제 4.3 BroadSender.cpp

```
#include <winsock2.h>
#include <stdlib.h>
#include <stdio.h>

#define BUFSIZE 512
#define PORT 9000

int main(int argc, char* argv[])
{
   int retval;

   // 윈속 초기화
   WSADATA wsa;
   if(WSAStartup(MAKEWORD(2,2), &wsa) != 0) {
      return -1;
   }

```

```
    // socket()
    SOCKET sock = socket(AF_INET, SOCK_DGRAM, 0);

    // 브로드캐스팅 활성화
    BOOL bEnable = TRUE;
    retval = setsockopt(sock, SOL_SOCKET, SO_BROADCAST,
        (char*)&bEnable, sizeof(bEnable));
    if(retval == SOCKET_ERROR) {
      printf("Socket option set : Fail(%d)\n", WSAGetLastError());
      return -1;
     }

    // 소켓 주소 구조체 초기화
    SOCKADDR_IN remoteaddr;
    ZeroMemory(&remoteaddr, sizeof(remoteaddr));
    remoteaddr.sin_family = AF_INET;
    remoteaddr.sin_port = htons(PORT);
    remoteaddr.sin_addr.s_addr = htonl(INADDR_BROADCAST);

    // 데이터 통신에 사용할 변수
    char buf[BUFSIZE+1];
    int len;

    // 브로드캐스트 데이터 보내기
    while(1) {

        printf("\n 전송데이터 ");
        if(fgets(buf, BUFSIZE+1, stdin) == NULL)
            break;

        // '\n' 문자 제거
        len = strlen(buf);
        if(buf[len-1] == '\n') buf[len-1] = '\0';
        if(strlen(buf) == 0) break;

        // 데이터 보내기
        retval = sendto(sock, buf, strlen(buf), 0,
            (SOCKADDR*)&remoteaddr, sizeof(remoteaddr));
        if(retval == SOCKET_ERROR) {
            printf("Send data : Fail(%d)\n",WSAGetLastError());
            continue;
        }
        printf("%s byte 전송\n",retval);
    }
```

```
62
63       closesocket(sock);
64       WSACleanup();
65       return 0;
66   }
```

① 19 : UDP 소켓을 사용한다.

② 22~28 : 소켓 옵션을 브로드캐스팅으로 한다(SOL_SOCKET, SO_BROADCAST).

③ 35 : 소켓 주소 구조체를 브로드캐스팅에 맞게 초기화 한다.

CHAPTER

05 멀티 스레드

학습 목표

- 스레드의 기본 개념을 익힌다.
- 스레드를 이용한 서버/클라이언트 설계능력을 배양한다.

선수 학습

- Visual Studio 7.0 툴 사용법

함수 및 구조체

- CreateThread(LPSECURITY_ATTRIBUTES, SIZE_T, LPTHREAD_START_ROUTINE, LPVOID, DWORD, LPDWORD)
- GetExitCodeThread(HANDLE, LPDWORD)
- WaitForSingleObject(HANDLE, DWORD)
- ExitThread(DWORD)
- TerminateThread(HANDLE, DWORD)
- SuspendThread(HANDLE)
- ResumeThread(HANDLE)
- Sleep(DWORD)

예제

1. 스레드 기본 사용 예제
   - 스레드 생성 프로그램
   - 스레드 생성 시 인자값을 넘기는 프로그램
   - GetExitCodeThread()를 이용하여 스레드 반환값을 얻는 프로그램
   - WaitForSingleObject()를 이용하여 스레드가 종료될 때까지 기다린 후 종료하는 프로그램
   - SuspendThread()를 이용하여 스레드를 정지시키고
   - ResumeThread()를 이용하여 스레드를 재시작시키는 프로그램
   - 두 개의 스레드를 사용하여 출력하는 프로그램
2. 스레드를 이용한 서버/클라이언트 예제
   - 연결요청을 받아 해당연결에 대하여 스레드를 생성하는 서버
   - 서버에 연결요청하여 통신하는 클라이언트

학습 후 점검 사항

- 스레드를 생성하고 사용할 수 있는가?
- 스레드를 사용하여 서버/클라이언트 모델을 작성할 수 있는가?

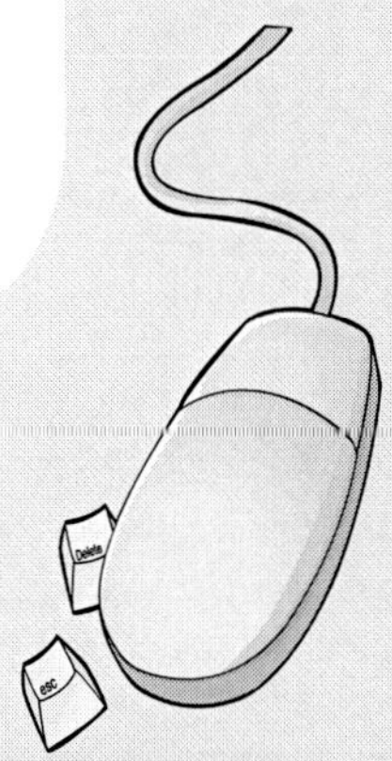

5.1 스레드(Thread)

지금까지 우리가 실습하였던 예제들은 모두 순차적 프로그램이다. 순차적 프로그램이라 함은 이전 프로그램들과 같이 하나의 명령이 끝나야 다음 명령이 실행되는 구조의 프로그램을 말한다.

이러한 순차적 프로그램의 형식으로 작성한 TCP 서버/클라이언트 프로그램은 다음과 같은 문제점을 가지고 있다.

첫째, 순차적 프로그램 형식으로 작성한 TCP 서버에 클라이언트가 접속할 수 있으나, 서버가 동시에 두 개 이상의 클라이언트에 대한 서비스를 할 수 없다.

둘째, 순차적 서버와 클라이언트는 보내고 받는 순서가 정확히 맞아야 한다. 그 순서가 맞지 않을 경우 교착상태에 빠질 수 있다.

5장에서는 순차적 프로그램 형식으로 작성된 TCP 서버/클라이언트 프로그램에서 동시 서비스가 불가능한 점을 극복하기 위한 방법인 멀티 스레드에 대하여 학습할 것이다. 멀티 스레드를 사용하면 여러 연결에 대하여 동시에 통신이 가능하다.

우선 스레드의 개념에 대해 알아보자.

5.1.1 스레드의 개념

윈도우즈 프로그램은 이벤트 방식으로 실행되면서 사용자의 명령을 받고 해당 명령을 실행하는 방식으로 구성이 된다. 이러한 윈도우즈 프로그래밍에서 스레드는 필수 불가결한 요소로서 사용되어지고 있다.

윈도우즈 네트워크 프로그래밍에서 스레드는 여타 윈도우즈 프로그램과 같이 사용자 명령을 받아야 하며 서버/클라이언트 접속에 대해서도 동시접속 등을 지원해야 하기 때문에 스레드는 필수 요소이다.

1) 스레드란

스레드는 프로세스의 장점을 지니면서 단점인 속도적인, 자원적인 측면을 보완한 것이다. 그런 의미에서 경량 프로세스라고도 불린다.

경량 프로세스라는 말은 프로세스보다는 여러 가지 면에서 가볍다는 것을 의미한다. 우리는 이러한 스레드를 통해 프로세스가 할 수 있었던 일을 서버 구현에 응용해 보일 것이다.

프로세스의 일을 스레드가 대신 해주지는 못하지만 다중 접속 서버의 구현에서는 프로세스가 하던 일을 대신해 줄 수 있다. 물론 스레드가 장점만 있는 것은 아니다. 스레드와 프로세스의 차이점 중 하나가 스레드는 프로세스와 달리 공유되는 메모리 공간을 가지고 있다는 점이다. 이것은 장점인 동시에 단점도 될 수 있다. 왜냐하면 메모리 공간을 스레드끼리 공유한다는 것은 스레드간의 통신을 하기에는 쉬우나, 스레드들이 동시에 메모리에 접근하였을 경우에는 문제를 일으킬 수도 있다는 의미이기 때문이다. 따라서 프로세스 기반으로 프로그래밍하는 것 보다 많은 주의를 기울여야 할 것이다.

윈도우즈 프로그램은 최소한 하나의 스레드를 가진다. 최초 하나의 스레드를 주 스레드라고 한다. 또 부가적으로 생성하는 스레드를 부 스레드라고 한다.

주 스레드는 main() 함수 또는 WinMain() 함수에서 시작되는 스레드를 주 스레드라 부르고, 프로세스가 실행될 때 생성된다. 부 스레드는 어플리케이션이 새로운 작업을 주 스레드와 병렬적으로 수행해야 할 경우, 추가적으로 생성되는 스레드를 말한다.

이렇게 하나의 주 스레드와 여러 개의 부 스레드를 사용하기 위해서 각 스레드의 최종 실행 상태를 저장하고 복원하는 작업을 반복해야 한다. 이러한 스레드 실행 상태의 저장과 복원 작업을 컨텍스트 스위치(context switch)라 부르며, 이러한 방법을 통해 여러 개의 스레드가 각각 자신의 상태를 유지하면서 실행될 수 있다.

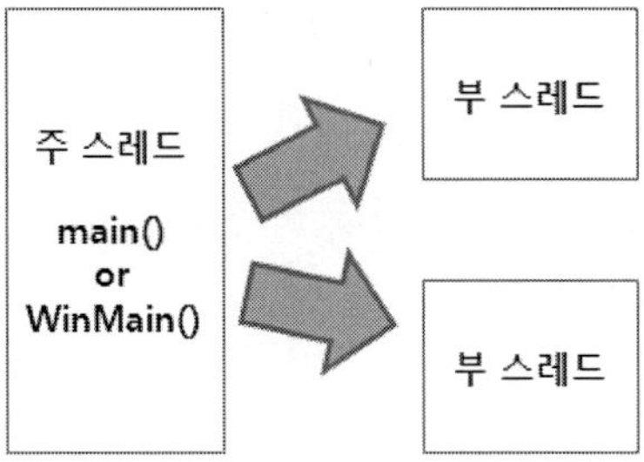

그림 5.1 주 스레드, 부 스레드

그림 5.2~5.5는 두 개의 스레드를 사용하여 컨텍스트 스위치가 이루어지는 것을 보여주고 있다.

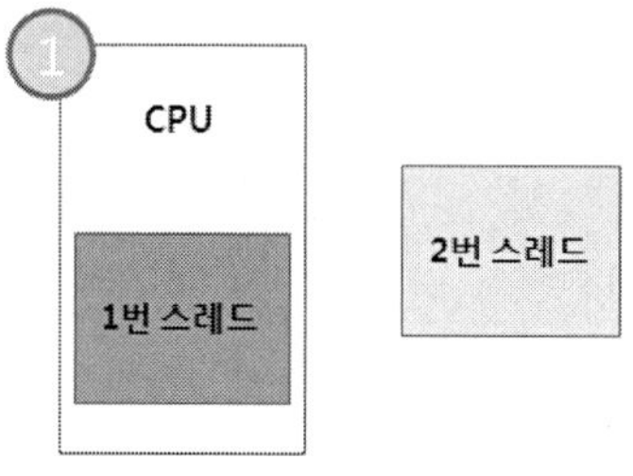

그림 5.2 1번 스레드 실행 중

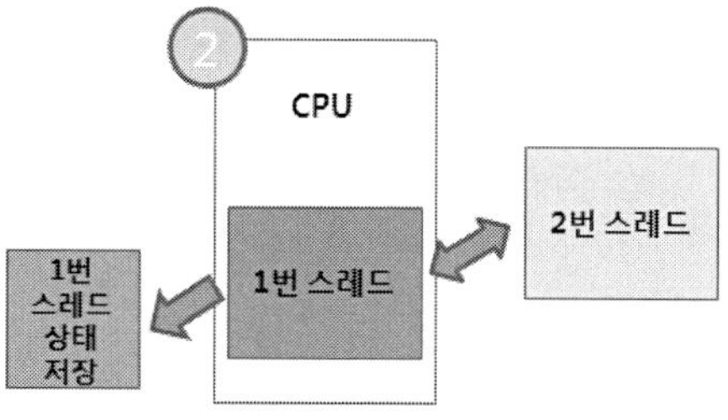

그림 5.3 컨텍스트 스위치

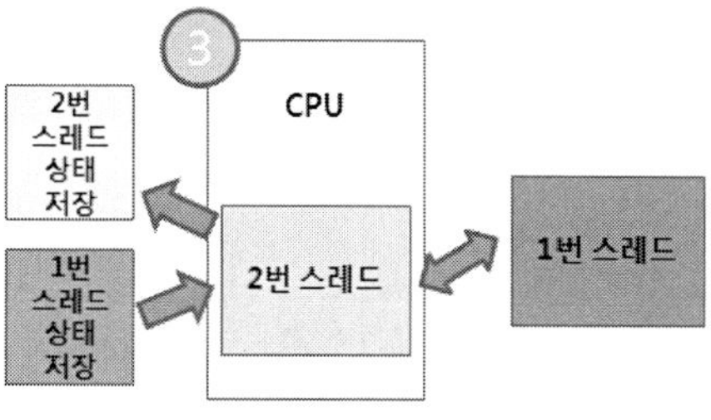

그림 5.4 컨텍스트 스위치

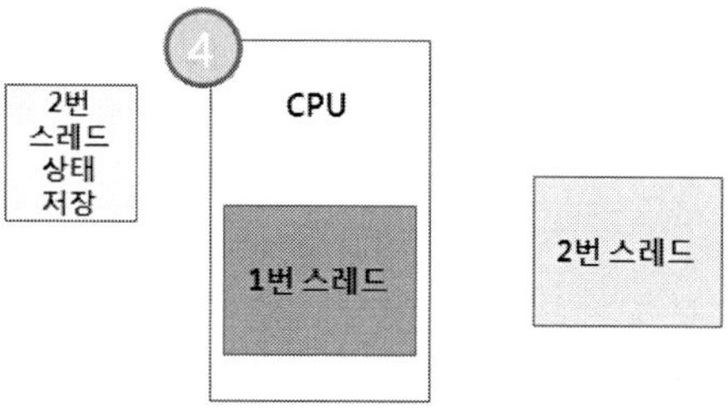

그림 5.5 1번 스레드 실행 중

위 네 가지의 그림을 설명해보도록 하겠다.

- 우선 프로그램에서 1번 스레드가 실행되고 있다(그림 5.2).
- 2번 스레드로 전환하기 위해 1번 스레드의 상태를 저장하고 2번 스레드를 실행한다(그림 5.3).
- 2번 스레드가 실행중이며 다시 1번 스레드로 전환하기 위해 2번 스레드의 상태를 저장한다. 그 후 1번 스레드의 상태를 읽어 들인다(그림 5.4).
- 1번 스레드가 실행 중이며 차후 2번 스레드를 사용할 때를 대비하여 2번 스레드의 상태가 저장되어 있다(그림 5.5).

5.2 스레드의 생성과 종료

지금까지 스레드란 무엇이고, 사용하는 이유 및 장단점에 대하여 알아보았다. 이러한 스레드의 개념을 실제 어플리케이션에 적용하기 위해서는 운영체제가 제공하는 함수 즉, 윈도우즈 API를 사용해야 한다. 스레드 생성 API 함수에 대해 알아보기 이전에 스레드의 생성에 필요한 요소들에 대해 알아보도록 하자.

5.2.1 스레드의 생성과 종료

윈도우즈에서 스레드를 생성하기 위해서는 Win32 API인 CreateThread() 함수를 사용하면 된다. 이 함수는 윈도우즈에서 사용하는 가장 저수준의 스레드 생성 함수이다. 즉, 윈도우즈에서 MFC의 스레드 클래스도 결국 이 함수를 호출하게 되어 있고, C언어의 스레드 함수 또한 마찬가지이다. CreateThread() 함수는 스레드를 생성한 후 스레드 핸들(thread handle)을 반환한다. 스레드 핸들은 파일 디스크립터나 소켓 디스크립터와 비슷한 개념으로, 스레드 관련 데이터 구조체를 간접적으로 참조하는 매개체가 된다. 스레드 핸들을 가지고 있으면 윈도우즈 API를 이용하여 해당 스레드를 다양하게 제어할 수 있다.

그렇다면 일단, 함수의 원형을 보자. 참고로 함수의 원형은 마이크로소프트사에서 제공하는 MSDN을 통해서 볼 수 있다.

1) CreateThread( ) 함수

```
HANDLE CreateThread(
    LPSECURITY_ATTRIBUTES lpThreadAttributes;
    SIZE_T dwStackSize;
    LPTHREAD_START_ROUTINE lpStartAddress;
    LPVOID lpParameter;
    DWORD dwCreationFlags;
    LPDWORD lpThreadId;
);
```

① lpThreadAttributes

SECURITY_ATTRIBUTES 구조체 변수의 주소값을 대입한다. 생성될 스레드에 대한 사용권한을 지정하는데 사용한다. 보통 NULL로 설정하게 된다.

② dwStackSize

dwStackSize는 초기 스택 크기로서 생성되는 스레드의 스택 크기를 정하는 인자이다. 만약, 0을 대입하게 되면 기본값으로 1MB 크기의 스택이 생성된다. 이 스택은 스레드가 함수를 수행할 때 발생되는 지역 변수나 함수 호출 복귀 주소 등을 기억하는데 사용된다. 스레드가 종료되면 프로세스의 메모리에 할당된 스택 영역은 해제된다.

③ lpStartAddress

스레드 함수의 시작 주소이다. 이것은 생성된 스레드가 실행시킬 함수를 의미한다. 아래는 스레드 함수의 함수 원형이다. 세 번째 인자인 lpStartAddress에 스레드 함수를 넣어주면 스레드는 이 생성된 후 이 함수를 실행시키게 된다.

④ lpParameter

lpParameter는 스레드 함수에 전달할 인자이다. void형 포인터이므로 32비트 크기의 값 하나만 전달할 수 있다. 32비트보다 큰 값을 전달할 때는 구조체 변수에 값을 넣고 이 구조체의 주소값을 전달하면 된다. 전달할 인자가 없다면 NULL을 대입한다.

⑤ dwCreationFlags

dwCreationFlags는 스레드 생성 옵션에 해당한다. 이 인자에 0을 대입하면 스레드가 생성된 후 스레드가 바로 동작하는 것을 의미한다. 반면에 CREATE_SUSPENDED를 인자로 대입하면 스레드가 멈춰 있는 상태로 생성되는 것을 의미한다. 만약, 스레드가 Suspend 즉, 멈춰있는 상태라면 ResumeThread 함수를 통해서 실행 가능한 상태를 의미하는 동작대기(ready) 상태로 바꿀 수 있다. 스레드가 동작대기 상태가 되면 윈도우즈의 스케줄러에 의해서 대기 중인 스레드 중에 우선순위에 따라 스레드가 선택된 후 실행 상태가 된다.

⑥ lpThreadId

DWORD형 변수 주소값으로 이 인자에 스레드 ID가 저장된다. 스레드 ID가 필요하지 않다면 윈도우즈 NT 계열(NT/2000/XP/2003)에서는 NULL 값을 대입해도 된다. 반면에 윈도우즈 98에서는 스레드 ID를 받는 코드를 추가하여야 오류가 생기지 않는다.

CreateThread( ) 함수는 호출 성공 시에 스레드의 핸들을 반환하며, 호출이 실패할 경우 NULL이 반환된다.

2) ExitThread() 함수

다음은 사용자가 스레드를 종료하는 절차들이다.

- 스레드 함수 내에서 return하여 자연스럽게 스레드 종료
- ExitThread() 함수 호출
- 주 스레드를 종료시켜 모든 스레드 종료

첫 번째의 스레드 함수 내에서 return하는 방법이 가장 자연스러운 스레드 종료 방법이다. 그 외에는 스레드를 종료하는 ExitThread() 함수를 호출하는 방법이 있다. 그리고 세 번째의 주 스레드를 종료시켜 모든 스레드를 종료시키는 방법은 부 스레드를 안정적으로 종료시킬 수 없으며, 메모리 누수 현상 등이 일어날 수 있으므로 피해야 한다.

다음은 ExitThread() 함수의 원형이다.

```
VOID ExitThread(
    DWORD dwExitCode
);
```

스레드를 생성하게 되면 윈도우즈는 각 스레드를 관리하는 스레드 객체를 커널에서 마련해 관리하게 된다. 그리고 스레드가 시작되면 스레드 객체의 스레드 종료 상태 코드는 STILL_ACTIVE를 갖게 된다. 그렇지만 스레드가 종료되면 스레드 객체는 시그널(종료)된 상태가 되고 스레드의 종료 상태 코드도 사용자가 지정한 종료 코드 dwExitCode로 바뀌게 된다.

지금까지 우리는 스레드의 생성과 종료의 방법에 대하여 알아보았다. 옛 말에 백문불여일견이라는 말이 있듯이 스레드의 생성과 종료 방법에 대하여 이론으로만 학습하는 것 보다는 학습한 내용을 바탕으로 하여 실제 프로그램에 적용하는 것이 학습에 있어서 기억에도 오래 남고, 이해도 훨씬 쉬울 것이다. 따라서 실제로 스레드를 생성하는 프로그램을 작성해 볼 것이다.

5.2.2 간단한 스레드 생성 프로그램의 작성

앞서 우리는 CreateThread() 함수를 사용하여 스레드를 생성하는 방법에 대하여 학습하였다. 배운 내용을 상기하면서 원리가 어떻게 프로그램에 적용이 되는지 살펴보기 바란다. 다음에서 작성할 프로그램은 간단하게 스레드를 생성하고 스레드를 실행시켜 문자열을 출력할 것이다.

(1) 앞선 장의 1) ~ 2)와 같은 방법으로 CreateThread1이라는 이름으로 프로젝트를 생성하고, 역시 같은 이름으로 .cpp 파일을 추가하자. 이번 프로그램은 소켓함수를 사용하지 않기 때문에 소켓 함수를 사용하기 위한 라이브러리인 ws2_32.lib를 링크할 필요는 없다.

(2) CreateThread1.cpp를 다음과 같이 작성한다.

예제 5.1 CreateThread1.cpp

```
#include <stdio.h>
#include <windows.h>

DWORD WINAPI ExThread(LPVOID lParam)
{
    int i = 0;
    char str[] = "Start Thread";

    while(i < 10)
    {
        printf("%s%d\n",str,i);
        i++;
    }
    return 0;
}

int main()
{
    HANDLE hThread = CreateThread(NULL, 0, ExThread, NULL,
        0, NULL);

    int i = 0;

    while(i < 100000000)
    {
```

```
25          i++;
26      }
27      return 0;
28  }
```

CreateThread1.cpp 예제 코드를 행단위로 분석하면 다음과 같다.

① 04 ~ 15 : 스레드가 실행 시 수행될 함수이다. 이 함수의 역할은 주 스레드인 main() 함수에서 스레드를 생성시 반복문을 통해 "Start Thread" 라는 문자열을 화면에 출력하는 역할을 한다. 반복문을 모두 마치게 되면 14행에서 return을 수행함으로써 스레드를 종료하게 된다.

② 19 : CreateThread() 함수를 통하여 스레드를 생성한다. 함수의 인자를 분석하면 첫 번째는 보안 설정이므로 우리는 따로 설정하지 않을 것이기 때문에 NULL을 대입한다. 두 번째는 스레드 생성 시 얼마만큼의 스택 크기를 가질지 설정하는 부분이다. 0을 대입하면 기본적으로 1MB의 스택 크기가 생성된다. 세 번째는 스레드 생성 시 수행될 함수의 이름이므로 ExThread를 대입하였다. 네 번째는 스레드 생성 시 수행할 함수에게 전달할 인자이나 여기서는 전달할 인자가 없으므로 NULL을 대입하였다. 다섯 번째는 스레드 생성을 제어하는 인자값으로 여기서는 0을 대입하여 생성 시 곧바로 함수를 실행하도록 하였다. 마지막으로 스레드 ID를 저장시키는 부분인데 이 부분은 굳이 필요치 않다면 윈도우즈 NT(NT/2000/ XP/2003) 계열에서는 NULL 값을 사용해도 된다. 하지만 윈도우즈 98 계열에서는 반드시 스레드 ID를 사용하여야만 오류가 발생하지 않는다.

③ 21 ~ 26 : 만일 이 부분이 실행되지 않는다면 스레드 생성 시 수행되는 함수는 실행되지 않고 곧바로 종료가 될 것이다. 스레드 생성 시 스레드를 수행하는 함수가 실행을 완료할 때까지 주 스레드가 기다려줄 필요가 있기 때문에 반복문으로 루프를 돌면서 스레드를 수행하도록 시간을 주는 루틴이 되겠다.

코드를 모두 작성했으면 컴파일 후 실행시키면 다음과 같은 실행 화면을 얻게 된다.

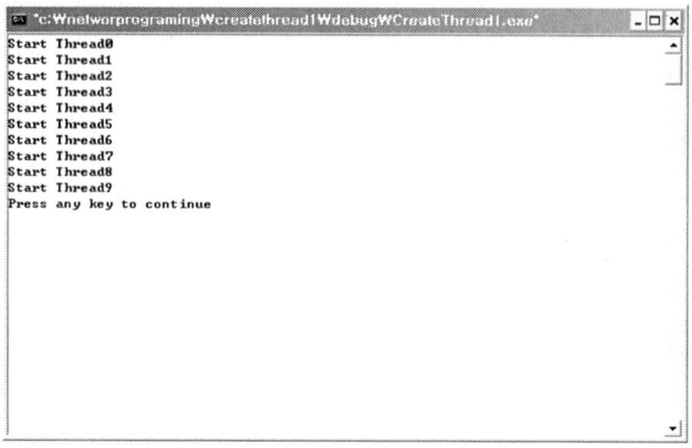

그림 5.6 스레드 생성 예제의 실행

이번 예제에서는 예제 5.1에서 사용하지 않았던 CrateThread() 함수의 네 번째 인자를 사용할 것이다. 스레드 생성 시 수행되는 함수에 변수 lpParam에 저장된 데이터를 전달하고, 전달된 데이터까지 처리하는 예제를 작성할 것이다.

(1) 이전 방법과 같은 방법으로 CreateThread2라는 이름의 프로젝트를 생성한다. 그런 다음 프로젝트명과 같은 이름으로 .cpp 파일을 추가한다.

(2) 추가한 CreateThread2.cpp 파일에 다음과 같은 코드를 추가한다.

예제 5.2 CreateThread2.cpp

```
#include <stdio.h>
#include <windows.h>

DWORD WINAPI ExThread(LPVOID lParam)
{
   int i = 0;
   int Param = (int)lParam;
   char str[] = "Start Thread";
   while(i < Param)
   {
      printf("%s%d\n",str,i);
      i++;
    }
   return 0;
}

int main()
```

```
18    {
19        int lpParam = 15;
20        HANDLE hThread = CreateThread(NULL, 0, ExThread,
              (LPVOID)lpParam, 0, NULL);
21
22        int i = 0;
23
24        while(i < 1000000000)
25        {
26            i++;
27        }
28        return 0;
29    }
```

CreateThread2 예제의 코드를 행단위로 분석하면 다음과 같다. 예제 5.1과 중복되는 부분이 많으므로 따로 추가한 부분만 분석하도록 한다.

① 07 : CreateThread() 함수에서 전달받은 LPVOID형 데이터를 int형으로 형변환을 수행하고 변환된 int형 데이터를 int형 변수 Param에 저장한다.
② 19 ~ 20 : CreateThread() 함수의 네 번째 인자에 스레드 생성 시 수행할 함수로 전달할 데이터인 lpParam을 LPVOID 형태로 형변환을 수행하여 전달한다.

앞의 예제 코드를 모두 작성하였으면 컴파일을 수행하고, 컴파일이 끝나면 실행한다. 실행 후 다음과 같은 출력화면을 얻을 수 있다.

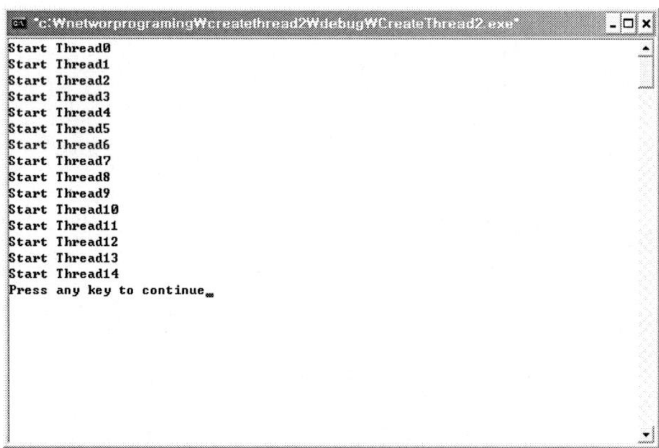

그림 5.7 스레드 생성 시 인자값을 넘기는 프로그램의 실행

예제 5.1과 예제 5.2에서 우리는 생성한 스레드가 실행 도중 종료되지 않고 수행할 수 있도록 메인 스레드에서 반복문을 이용하여 생성한 스레드의 수행 시간을 만들어 주었다. 왜냐하면 스레드의 특성상 주 스레드가 종료하게 되면 부 스레드(또는 작업 스레드)라고 불리는 우리가 생성한 스레드 역시 종료되기 때문이다. 따라서 앞의 예제들에서 main() 함수의 반복문을 제거하면 그림 5.6과 그림 5.7에서와 같은 실행 화면을 볼 수 없게 된다.

5.2.3 GetExitCodeThread() 함수를 이용한 스레드 종료 기다리기

스레드를 생성하여 실행하고자 할 때 주 스레드에서 부 스레드가 작업하는 시간을 기다려 주지 않는다면 스레드는 실행되지 못할 것이다. 따라서 부 스레드가 수행되기 위해서는 주 스레드를 종료하기 전에 부 스레드가 자신의 역할을 실행할 시간을 주어야 한다. 그래서 주 스레드가 부 스레드를 기다려 주어야 하는데, 이러한 주 스레드가 부 스레드를 기다리는 방법에는 몇 가지가 있다. 첫 번째로 GetExitCodeThread()라는 함수를 사용하는 방법이 있고, 두 번째는 WaitForSingle() 함수를 사용하는 방법이 있다.

우선 첫 번째 방법인 GetExitCodeThread() 함수를 이용하는 방법에 대해 살펴보도록 하자. GetExitCodeThread() 함수의 원형을 살펴보면 다음과 같다.

1) GetExitCodeThread() 함수

```
BOOL GetExitCodeThread(
    HANDLE hThread
    LPDWORD lpExitCode
);
```

① hThread

CreateThread() 함수를 이용하여 스레드 생성 시 얻은 스레드의 핸들이 들어가게 된다.

② lpExitCode

스레드의 종료 값이 들어가게 된다. lpExitCode의 값이 STILL_ACTIVE라면 스레드가 종료되지 않고 활성화 되었다는 뜻이다. 그러므로 이 값을 체크해서 스레드가 종료하기를 기다리면 된다.

GetExitCodeThread() 함수는 호출이 성공하면 0이 아닌 값을 반환하고, 만일 실패할 경우에는 0이 반환된다.

5.2.4 GetExitCodeThread() 함수를 이용한 프로그램의 작성

이번에는 main() 함수(주 스레드)에서 단순 반복문을 사용하여 부 스레드를 기다리지 않고, GetExitCodeThread() 함수를 사용하여 부 스레드를 기다리는 프로그램을 작성해 보도록 하자.

(1) 이름이 GetExitCodeThread인 프로젝트를 생성하고, 앞의 예제들과 같은 방법으로 같은 이름의 .cpp 파일을 추가한다.

(2) 추가한 GetExitCodeThread.cpp 파일에 다음과 같은 코드를 작성한다.

예제 5.3 InitWinsock.cpp

```
#include <stdio.h>
#include <windows.h>

DWORD WINAPI ExThread(LPVOID lParam)
{
    int i = 0;
    int Param = (int)lParam;
    char str[] = "Start Thread";
    while(i < Param)
    {
      printf("%s%d\n",str,i);
      i++;
    }
    return 0;
}

int main()
{
    int lpParam = 15;
    DWORD lpExitCode;

    HANDLE hThread = CreateThread(NULL, 0, ExThread,
            (LPVOID)lpParam, 0, NULL);

    while(1)
    {
```

```
26          GetExitCodeThread(hThread, &lpExitCode);
27          if(lpExitCode == STILL_ACTIVE)
28          {
29             printf("Thread is still Active\n");
30          }
31          else
32          {
33             printf("Thread is Stop\n");
34             break;
35          }
36       }
37       return 0;
38    }
```

GetExitThreadCode 예제 코드를 행단위로 분석하면 다음과 같다. 마찬가지로 이전 예제들과 중복되는 부분은 언급하지 않고, 새로이 추가된 부분만 분석하기로 한다.

① 20 : 스레드의 종료 상태를 저장할 변수 선언

② 26~35 : GetExitCodeThread() 함수에 스레드의 핸들과 스레드의 종료 상태를 알기 위한 변수의 주소를 대입한다. 만일 lpExitCode의 값이 STILL_ACTIVE로 반환되면 아직 스레드가 종료하지 않고 계속 활동 중임을 화면에 출력하고, 그렇지 않으면 스레드가 종료된 것이므로 종료되었다는 메시지를 화면에 출력하고, 반복문을 빠져나와 프로그램을 종료

앞의 코드를 모두 입력하였으면, 컴파일을 수행하고 컴파일이 정상적으로 완료되었다면 실행을 한다. 그림 5.8과 같은 출력화면을 얻을 수 있다.

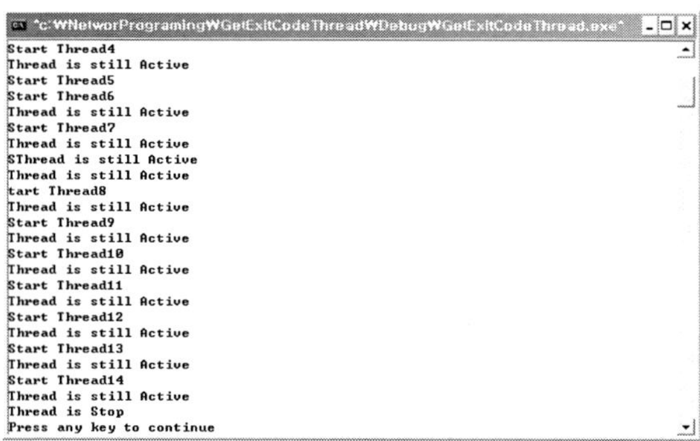

그림 5.8 GetExitCodeThread.cpp의 실행화면

스레드가 수행되는 동안 GetExitCodeThread() 함수가 반복문의 루프를 돌면서 스레드가 종료되었는지를 체크하기 때문에 그림 5.8에서와 같이 “Thread is still Active”라는 메시지와 “Start Thread” 메시지가 화면에 뒤엉켜 나타나게 된다. 사용자가 작성한 프로그램을 실행한다면, 실행할 때마다 다른 화면을 얻을 수 있을 것이다. 따라서 위와 출력화면이 같지 않다고 해서 오류나 시스템의 이상이 아니므로, 이점을 염두 해둔다.

5.2.5 WaitForSingleObject() 함수를 이용한 스레드 종료 기다리기

1) WaitForSingleObject() 함수

예제의 코드를 살펴보면 알 수 있듯이 주 스레드인 main() 함수에서 반복문을 이용하여 스레드가 종료하였는지를 계속해서 체크하였다. 이것은 CPU를 많이 사용하기 때문에 효율적이지 못하다. 그래서 다음에서 설명할 WaitForSingleObject() 라는 함수를 이용한다.

WaitForSingleObject() 함수는 방금 전 설명하였던 GetExitCodeThread() 함수와 같은 기능을 하는 함수이다. 그러나 GetExitCodeThread() 함수와는 달리 반복문을 사용하지 않고 특정 스레드가 종료할 때까지 대기할 수 있기 때문에 CPU의 자원을 효율적으로 이용할 수 있다는 장점이 있다. 이러한 WaitForSingleObject() 함수의 원형을 살펴보면 다음과 같다.

```
DWORD WaitForSingleObject(
    HANDLE hHandle,
    DWORD dwMilliseconds
);
```

① hHandle

주 스레드에서 생성한 부 스레드의 핸들 값이다.

② dwMilliseconds

주 스레드의 대기시간으로 밀리초 단위를 사용한다. 이 시간 내에 부 스레드가 종료하지 않더라도 WaitForSingleObject() 함수는 WAIT_TIMEOUT을 반환한다. 만일 지정한 시간 내에 종료한다면 WAIT_OBJECT_0을 반환하게 된다. 대기시간을 INFINITE로 대입하게 되면 스레드가 종료할 때까지 무한이 대기하게 된다.

5.2.6 WaitForSingleObject() 함수를 이용한 프로그램 작성

그러면 이번에는 WaitForSingleObject() 함수를 이용하여 프로그램을 작성하여 보자. 위의 예제에서 바뀐 점은 반복문을 사용하지 않고, 간단히 WaitForSingleObject() 함수를 이용하여 스레드가 종료되기를 기다린다는 점이다.

(1) 앞의 예제와 같은 방법으로 WaitForSingleObject라는 이름의 프로젝트를 생성한 다음 같은 이름의 .cpp 파일을 추가한다.

(2) 추가한 .cpp 파일에 다음의 코드를 추가한다.

예제 5.4 WaitForSingleObject.cpp

```
#include <stdio.h>
#include <windows.h>

DWORD WINAPI ExThread(LPVOID lParam)
{
    int i = 0;
    int Param = (int)lParam;
    char str[] = "Start Thread";
    while(i < Param)
    {
        printf("%s%d\n",str,i);
        i++;
    }
    return 0;
}

int main()
{

    int lpParam = 20;

    HANDLE hThread = CreateThread(NULL, 0, ExThread,
            (LPVOID) lpParam, 0, NULL);

    WaitForSingleObject(hThread, INFINITE);

    return 0;
}
```

WaitForSingleObject.cpp의 코드를 행단위로 분석해 보면 다음과 같다. 이전예제에서 반복문이 사라지고, WaitForSingleObject() 함수로 대체되어 코드가 간단해졌다. 이전 예제들과 마찬가지로 바뀐 부분만 살펴보기로 하겠다.

① 24 : 스레드가 종료되기를 기다리는 함수인 WaitForSingleObject() 함수에 스레드를 가리키는 핸들인 hThread와 대기시간을 대입한다. 그렇게 되면 핸들이 가리키는 스레드를 대입한 시간 동안 종료되기를 기다리는 것이다. 코드에서 사용한 INFINITE는 스레드가 종료할 때까지 무한히 대기함을 뜻한다.

앞의 코드를 모두 작성하였다면, 컴파일을 수행한다. 컴파일이 아무런 오류 없이 완료되었다면 실행을 한다. 그림 5.9와 같은 출력화면을 얻을 수 있다.

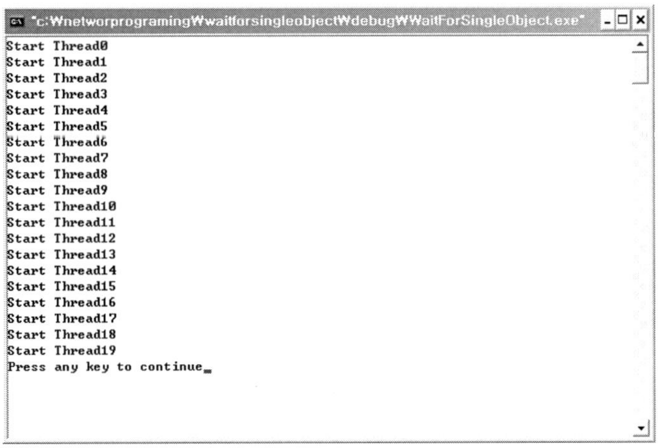

그림 5.9 WaitForSingleObject.cpp의 실행화면

5.2.7 여러 스레드의 종료 기다리기

만일 여러 스레드가 종료되기를 기다리려면 스레드 개수만큼 WaitForSingle-Object() 함수를 호출해야 할 것이다. WaitForSingleObject() 함수 대신에 Wait-ForMultipleObjects() 함수를 사용하면 한 번의 함수 호출로 여러 번의 WaitFor-SingleObject() 함수를 호출하는 결과를 얻을 수 있다. 이러한 WaitForMultiple-Objects() 함수의 원형을 살펴보면 다음과 같다.

1) WaitForMultipleObjects() 함수

```
DWORD WaitForMultipleObjects(
    DWORD nCount,
    const HANDLE* lpHandles,
    BOOL bWaitAll,
    DWORD dwMilliseconds,
);
```

① nCount, lpHandles

WaitForMultipleObjects() 함수는 생성한 스레드의 개수가 많으므로 생성한 스레드의 핸들을 모두 배열에 저장한다. 그렇기 때문에 nCount는 핸들을 저장한 배열의 원소의 개수이며, lpHandles는 배열의 시작 주소를 나타낸다. nCount 최대값은 MAXIMUM_WAIT_OBJECTS(최대 개수는 64개)이다.

② bWaitAll

이 인자에 TRUE 값을 대입하면 모든 스레드가 종료할 때까지 대기하고, FALSE를 대입하면 하나의 스레드라도 종료하게 되면 즉시 반환하게 된다.

③ dwMilliseconds

이 인자의 사용법은 이전의 WaitForSingleObject() 함수에서와 같다. 마찬가지로 주 스레드에서 부 스레드의 종료하기까지의 대기시간을 밀리초 단위로 대입한다.

WaitForMultipleObjects() 함수의 경우 호출이 성공하면 WAIT_OBJECT_0 ~ WAIT_OBJECT_0 + nCount -1 또는 WAIT_TIMEOUT이 반환되고, 호출이 실패하면 WAIT_FAILED가 반환된다.

5.3 스레드의 제어

5.3.1 스레드의 실행 중지와 재실행

스레드를 제어할 수 있는 함수 중에 SuspendThread() 함수와 ResumeThread() 함수가 있다. SuspendThread() 함수는 스레드의 실행을 일시 중지하고, Resume-

Thread() 함수는 스레드를 재실행한다. 운영체제는 스레드의 중지 횟수(suspend count)를 유지하면서 SuspendThread() 함수를 호출할 때마다 이 값을 1씩 증가시키고, ResumeThread() 함수를 호출할 때마다 1씩 감소시킨다. 따라서 한 스레드에 대해 SuspendThread() 함수를 두 번 호출했다면, ResumeThread() 함수를 두 번 호출해야만 스레드를 재실행할 수 있다.

그러면 스레드를 제어할 수 있는 함수인 SuspendThread() 함수와 ResumeThread() 함수에 대하여 알아보도록 하자.

1) SuspendThread() 함수

다음은 스레드를 일시 정지시킬 수 있는 SuspendThread() 함수의 원형이다.

```
DWORD SuspendThread(
    HANDLE hThread
);
```

① hThread

스레드의 핸들이 대입된다. 성공 시 중지 횟수가 반환되고, 실패 시 -1이 반환된다.

SuspendThread() 함수의 경우 스레드 생성 시, CREATE_SUSPENDED 옵션을 준 것과 같은 효과를 낸다.

2) ResumeThread() 함수

그러면 이번에는 중지시킨 스레드를 다시 재시작할 수 있는 ReusmeThread() 함수에 대해 알아보자. ResumeThread() 함수의 원형은 다음과 같다.

```
DWORD ResumeThread(
    HANDLE hThread;
);
```

① hThread

스레드의 핸들이 대입된다. 성공 시 중지 횟수가 반환되며, 실패 시는 -1을 빈환힌디.

3) Sleep() 함수

그리고 현재 진행 중인 스레드를 잠시 쉬게 하고, 다른 스레드로 제어를 넘겨주는 Sleep() 함수가 있다. Sleep() 함수를 사용할 경우 여러 개의 스레드가 돌아간다면 현재의 스레드는 밀리초 단위로 지정한 시간만큼 쉬게 되고 다른 스레드가 동작하게 된다. 만일 하나의 스레드라면 그 시간만큼 프로세스가 쉬게 된다. 다음은 Sleep() 함수의 원형이다.

```
VOID Sleep(
    DWORD dwMilliseconds
);
```

① dwMilliseconds

스레드가 잠시 쉬게 하는 시간을 설정한다. 시간 단위는 밀리초를 사용한다. 스레드가 대기(wait)하는 것은 CPU 시간을 사용하지 않고 기다린다는 뜻이다. 이것은 반복문을 통해 루프를 돌면서 기다리는 방법보다 훨씬 효율적이다.

5.3.2 스레드의 중지와 재실행을 수행하는 프로그램 작성

그러면 이번에는 SuspendThread() 함수를 이용하고, ResumeThread() 함수를 이용하여 스레드를 재시작하는 프로그램을 작성해 보자. 예제를 실행하면 주 스레드에서는 키보드로 suspend와 resume이라는 단어를 입력받아서, suspend일 경우에는 SuspendThread() 함수를 호출하여 스레드를 일시 정지시키고, resume 이면 ResumeThread() 함수를 호출하여 정지된 스레드를 다시 실행시킨다. 그리고 suspend와 resume 이외의 입력을 받게 되면 종료하게 된다.

(1) ThreadControl이라는 이름으로 프로젝트를 생성하고, 같은 이름으로 .cpp 파일을 추가한다.

(2) 추가한 ThreadControl.cpp에 다음과 같은 코드를 작성한다.

예제 5.5 Threadcontrol.cpp

```
#include <stdio.h>
#include <windows.h>

DWORD WINAPI ExThread(LPVOID lparam)
```

```
05  {
06      while(1)
07      {
08          printf("Running Thread!\n");
09      }
10      return 0;
11  }
12
13  int main()
14  {
15      char inputch[512];
16      HANDLE hThread;
17
18      hThread = CreateThread(NULL, 0, ExThread, 0, 0, NULL);
19
20      while(1)
21      {
22          scanf("%s", inputch);
23          if(!strcmp(inputch, "suspend"))
24          {
25              SuspendThread(hThread);
26          }
27          else if(!strcmp(inputch, "resume"))
28          {
29              ResumeThread(hThread);
30          }
31          else
32              break;
33      }
34      return 0;
35  }
```

ThreadControl.cpp의 코드를 행단위로 분석해보면 다음과 같다.

① 15 : 키보드에서 입력받을 문자를 저장할 배열 선언한다.

② 20 ~ 33 : strcmp() 함수를 이용해서 suspend와 resume를 입력받은 문자열과 비교한다. strcmp는 문자열을 비교해서 같은 문자열이면 0을 반환한다. 만일 suspend와 입력받은 문자열이 같으면 SuspendThread() 함수를 호출하여 스레드를 일시 정지시키고, resume와 같으면 ResumeThread() 함수를 호출하여 재시작한다. 만일 다른 문자가 입력되면 프로그램을 종료한다.

코드를 모두 작성하였으면 컴파일을 수행하고, 컴파일이 완료되면 실행을 한다. 다음과 같은 출력 화면을 볼 수 있다.

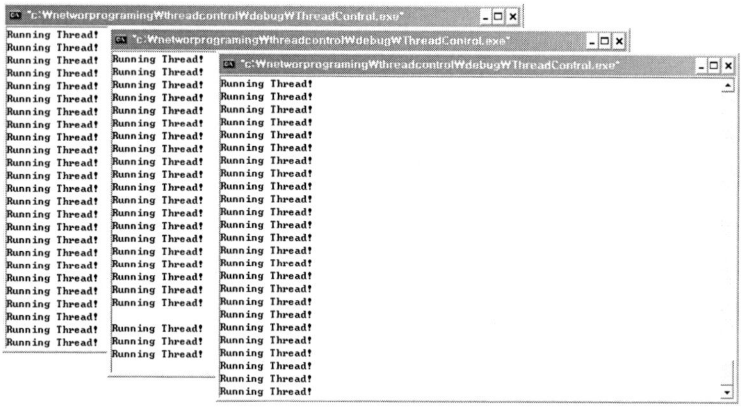

그림 5.10 ThreadControl.cpp의 실행 화면

앞의 예제를 실행하게 되면 스레드에서 반복문을 통해서 "Running Thread!"라는 메시지가 반복해서 출력이 된다. 이때 suspend를 입력하게 되면 일시 정지하게 되고 resume를 입력하면 재시작을 하게 된다. 앞서 설명한 바와 같이 suspend를 여러 번 입력하였다면, resume도 suspend를 입력한 것만큼 반복하여 입력해야만 재시작을 한다.

5.3.3 Sleep() 함수를 사용한 스레드의 실행 중지와 재실행 프로그램 작성

SuspendThread() 함수와 ResumeThread() 함수를 사용하여 한 개의 스레드의 일시 정지 및 재시작을 했다면, 이번에는 Sleep() 함수를 이용하여 두 개의 스레드를 각각 일시 정지시켜 다른 스레드에게 제어권을 넘기는 간단한 프로그램을 작성하여 보자.

(1) SleepThread라는 이름으로 프로젝트를 생성한 다음 같은 이름으로 .cpp 파일을 추가한다.

(2) 추가한 .cpp 파일에 다음과 같이 코드를 작성한다.

예제 5.6 SleepThread.cpp

```
01  #include <stdio.h>
02  #include <windows.h>
03
04  DWORD WINAPI PrintA(LPVOID lpParam)
05  {
06     while(1)
07     {
08        printf("A");
09        Sleep(100);
10     }
11     return 0;
12  }
13
14  DWORD WINAPI PrintB(LPVOID lpParam)
15  {
16     while(1)
17     {
18        printf("B");
19        Sleep(100);
20     }
21     return 0;
22  }
23
24  int main()
25  {
26     HANDLE hThread1;
27     HANDLE hThread2;
28
29     hThread1 = CreateThread(NULL, NULL, PrintA, 0, 0, NULL);
30     hThread2 = CreateThread(NULL, NULL, PrintB, 0, 0, NULL);
31
32     WaitForSingleObject(hThread1, INFINITE);
33     WaitForSingleObject(hThread2, INFINITE);
34
35     return 0;
36  }
```

SleepThread.cpp 예제의 코드를 행단위로 분석하면 다음과 같다.

① 06 ~ 10 : 화면에 문자 'A'를 출력한다. 한 문자를 출력한 다음 Sleep() 함수에서 지정한 시간동안 잠시 제어권을 다른 스레드로 넘긴 다음 시간이 지난 후 제어권을 받으면 다시 반복문의 루프를 실행한다.

② 32 ~ 33 : WaitForSingleObject() 함수를 이용하여 생성한 스레드가 실행이 완료될 때까지 기다린다.

위 예제의 결과는 문자 'A'와 'B'가 반복해서 출력이 된다. Sleep() 함수가 없다면, 'A'와 'B'가 무엇이 나올지를 알 수가 없지만, Sleep() 함수를 사용하면 그 시간 동안 스레드가 동작하지 않고 다른 스레드로 제어가 넘어가므로 'A'와 'B'가 반복해서 나오게 되는 것이다. 실제로는 어느 스레드가 먼저 동작할 지에 따라서 'A'가 먼저 화면에 출력되고 'B'가 나중에 출력될 수 있고, 아니면 반대로 출력이 될 수 있다. 먼저 Sleep() 함수가 있을 때의 출력화면을 보면 다음과 같다.

그림 5.11 SeepThread.cpp의 실행화면

만일 Sleep() 함수를 제거하면 다음과 같이 어느 순간에 'A'와 'B'가 나올지 알 수 없게 된다. 위의 예제에서 09행과 19행을 제거한 뒤 실행하면 다음과 같은 출력화면을 볼 수 있다.

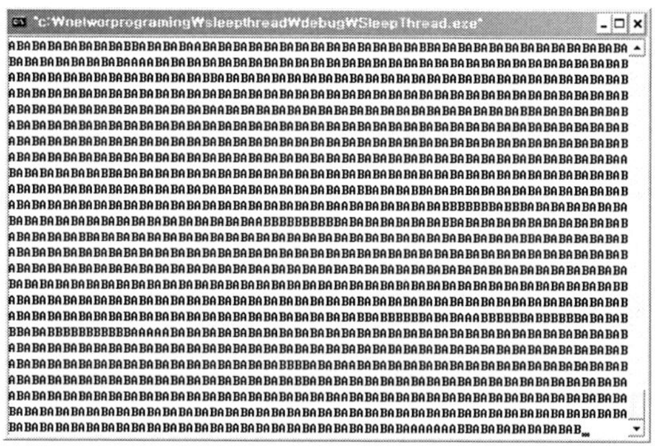

그림 5.12 Sleep() 함수를 제거한 후의 실행화면

5.4 스레드 우선순위

스레드는 윈도우즈 어플리케이션의 실행 단위이므로, 우선순위를 설정하거나 실행을 중지하고 재실행하는 등의 작업을 윈도우즈 API 수준에서 지원한다. 이번 절에서는 이러한 스레드의 우선순위를 조작하는 함수에 대해 알아보도록 한다.

5.4.1 스레드의 스케줄링

우리가 흔히 사용하는 운영체제인 윈도우즈에서는 여러 스레드가 CPU의 시간을 사용하기 위해서 서로 경쟁한다. 따라서 윈도우즈는 각 스레드에게 CPU의 시간을 적절하게 분배하기 위한 정책을 사용하는데, 이를 스레드 스케줄링(thread scheduling) 또는 CPU 스케줄링(CPU scheduling)이라 부른다.

스레드가 생성되면, 스레드는 운영체제의 스케줄러에 의해서 스케줄링된다. 그림 5.13에서와 같이 네 개의 스레드가 있고, 현재 실행 중인 스레드가 스레드 1이라고 하면, 크게 스레드가 스케줄링되는 경우는 세 가지이다.

(1) 스레드에 할당된 시간이 모두 지났을 때
(2) 현재 실행 중인 스레드가 파일의 읽기, 쓰기 등 블록되는 작업을 요청했을 때
(3) 실행 중인 스레드가 종료했을 때

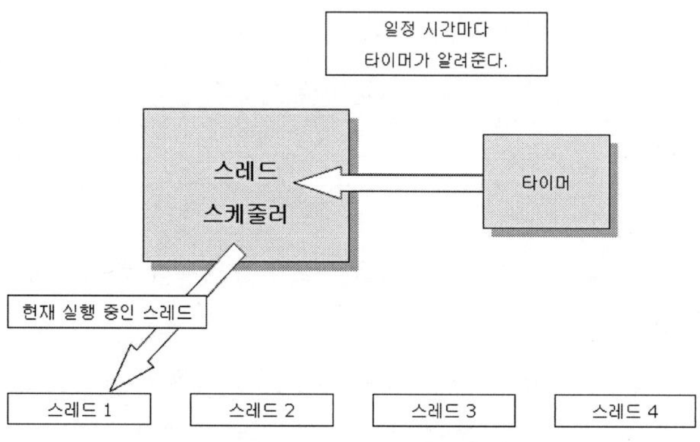

그림 5.13 스레드의 스케줄 (1)

먼저 타이머는 일정 시간마다 스레드 스케줄러에 신호를 보내게 되고, 스레드 스케줄러는 스레드 1에게 할당된 시간이 끝나면, 그림 5.14와 같이 스레드 1을 정지시키고 다른 스레드에게 CPU를 넘겨준다.

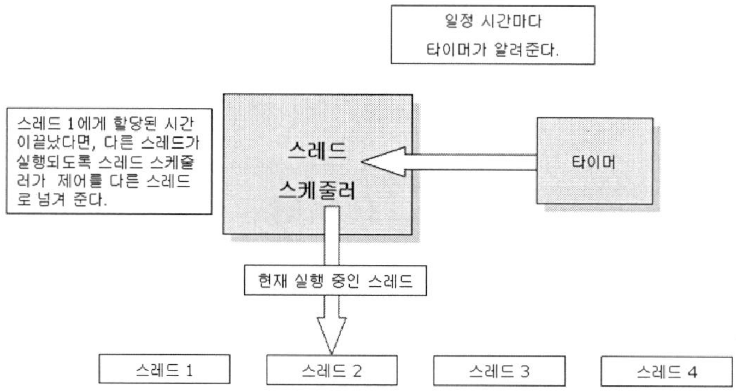

그림 5.14 스레드의 스케줄 (2)

두 번째로, 스레드가 블럭이 되는 작업을 수행하면, 그림 5.15와 같이 스레드 스케줄러는 그 스레드를 정지시키고, 다른 스레드를 실행시킨다. 그리고 블럭된 작업이 끝나면 다시 그 스레드를 동작시킨다.

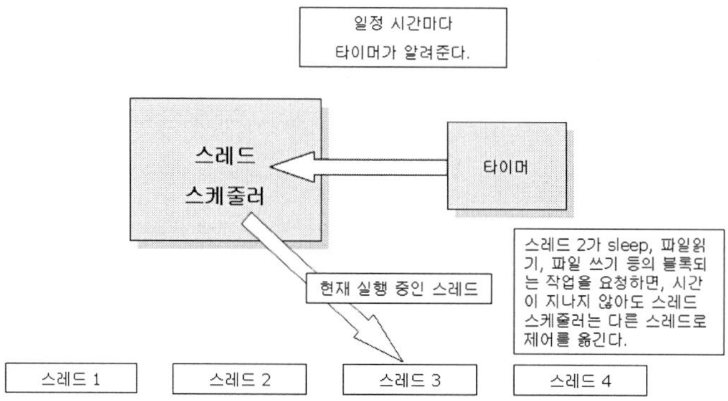

그림 5.15 스레드의 스케줄 (3)

마지막으로 현재 수행 중인 스레드가 종료하면 그림 5.16에서 보는 바와 같이 스레드 스케줄러는 다른 스레드를 실행시킨다.

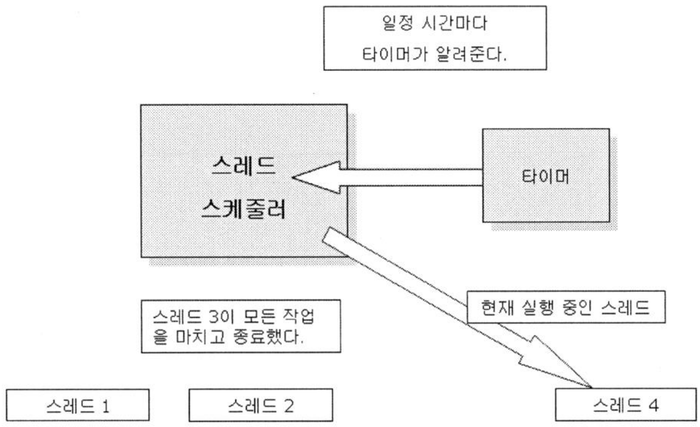

그림 5.16 스레드의 스케줄 (4)

예제 5.6에서 사용한 Sleep() 함수가 블럭 호출을 해서 스레드 스케줄을 다른 스레드로 넘기는 대표적인 예이며, 위 같은 이유 때문에 예제 5.6에서 'A'와 'B'가 교대로 나오는 것을 볼 수 있다.

5.4.2 우선순위 변경

윈도우의 스케줄링은 우선순위가 높은 스레드에 우선적으로 CPU의 시간을 할당한다.

우선순위 레벨은 스레드의 속성으로, 같은 프로세스에 속한 스레드 사이에서 스레드간의 우선순위를 결정할 때 사용한다. 윈도우즈 운영체제에서 제공하는 우선순위 레벨은 다음과 같다.

- THREAD_PRIORITY_TIME_CRITICAL
- THREAD_PRIORITY_HIGHEST
- THREAD_PRIORITY_ABOVE_NORMAL
- THREAD_PRIORITY_NORMAL
- THREAD_PRIORITY_BELOW_NORMAL
- THREAD_PRIORITY_LOWEST
- THREAD_PRIORITY_IDLE

THREAD_PRIORITY_CRITICLAL은 가장 높은 순위의 우선권을 가지며 빠른 반응 시간이 필요한 경우에 사용하는 우선순위이다. THREAD_PRIORITY_NORMAL은 일반적으로 스레드가 가지게 되는 기본값이다. 그리고 THREAD_

PRIORITY_IDLE은 CPU가 아무 작업도 하지 않을 때 실행되는 스레드 레벨이다.

우선순위 레벨과 관련된 API 함수는 다음과 같다.

1) SetThreadPriority() 함수

SetThreadPriority() 함수는 우선순위 레벨을 변경할 때 사용하며, 함수의 원형은 다음과 같다.

```
BOOL SetThreadPriority(
    HANDLE hThread,
    int nPriority     // 우선 순위 레벨 값
);
```

① hThead

스레드의 핸들이 대입된다.

② nPriority

앞서 설명한 우선순위 레벨값이 대입된다.

SetThreadPriority() 함수는 호출이 성공하면 0이 아닌 값을 반환하고, 실패하면 0을 반환한다.

2) GetThreadPriority() 함수

GetThreadPriority() 함수는 우선순위 레벨값을 얻을 때 사용하며, 함수의 원형은 다음과 같다.

```
int GetThreadPriority(
    HANDLE hThread
);
```

GetThreadPriority() 함수는 호출이 성공하면 우선순위 레벨값을 반환하고, 실패하면 THREAD_PRIORITY_ERROR_RETURN을 반환한다.

5.4.3 우선순위 레벨 변경 프로그램의 작성

이번에는 주 스레드 외에 새로운 스레드를 하나 생성하고 우선순위 레벨을

변경하는 프로그램을 작성할 것이다. 앞서 학습한 SetThreadThread() 함수를 사용할 것이다.

(1) 먼저 ThreadPriority라는 이름의 프로젝트를 생성한다. 그 다음 같은 이름으로 .cpp 파일을 추가한다.

(2) 추가한 .cpp 파일에 다음과 같이 코드를 작성한다.

예제 5.7 ThreadPriority.cpp

```
01  #include <stdio.h>
02  #include <windows.h>
03
04  DWORD WINAPI ExThread(LPVOID lpParam)
05  {
06     while(1)
07     {
08        printf("Running ExThread!\n");
09     }
10     return 0;
11  }
12
13  int main()
14  {
15     HANDLE hThread = CreateThread(NULL, 0, ExThread, NULL,
          0, NULL);
16
17     SetThreadPriority(hThread, THREAD_PRIORITY_HIGHEST);
18
19     while(1)
20     {
21        printf("Running main Thread!\n");
22     }
23     return 0;
24  }
```

ThreadPriority.cpp 예제의 코드를 행단위로 분석하면 다음과 같다.

① 17 : SetThreadPriority() 함수를 사용해서 생성한 스레드의 우선순위 레벨을 변경한다. 생성한 스레드의 핸들을 가지고 THREAD_PRIORITY_HIGHEST 값으로 제어를 한다.

코드를 모두 작성하였으면 컴파일을 수행하고 컴파일이 완료되면 실행한다.

위 예제를 실행하면 그림 5.17과 같은 화면을 얻을 수 있다.

주 스레드는 생성 당시 THREAD_PRIORITY_NORMAL 값을 가지고 있고, 우리가 생성한 부 스레드인 ExThread는 THREAD_PRIORITY_HIGHEST 값을 설정하였다. 결과적으로는 부 스레드가 주 스레드보다 우선순위 레벨이 높지만 출력 화면에는 부 스레드가 처음에는 많은 CPU의 시간을 할당 받다가 나중에는 주 스레드도 CPU의 시간을 받아 작업을 수행함을 알 수 있다. 이것은 기아 현상을 막기 위해서 윈도우즈 운영체제가 우선순위를 동적으로 변화시키기 때문이다.

그림 5.17 ThreadPriority.cpp의 실행화면

5.5 멀티 스레드 TCP 서버

이 절에서는 여러 개의 스레드 즉, 멀티 스레드를 이용하여 이전에 실습하였던 예제 3.1 TCPServer를 활용하여 멀티 스레드 TCP 서버를 작성해 볼 것이다. 이전까지 학습한 스레드 생성과 종료 함수, 스레드 제어 함수 중 스레드 생성 함수만으로 충분히 작성이 가능하다. 그리고 멀티 스레드 TCP 서버 작성시 사용되는 몇몇 함수들은 자주 사용하게 될 것이기 때문에 가능하다면 능숙하게 사용할 수 있도록 익혀 두자.

5.5.1 멀티 스레드 TCP 서버의 기본 흐름과 작성시 사용되는 함수

다음은 소켓과 관련된 주소 정보를 반환하는 함수들이다. 소켓과 연관된 정보를 반환하는 함수는 getpeername() 함수와 getsockname() 함수가 있다. 이 함수들의 원형을 살펴보면 다음과 같다.

1) getpeername() 함수

```
int getpeername(
    SOCKET s,
    struct sockaddr* name,
    int* namelen
);
```

① s

통신을 위한 소켓이다.

② name

연결된 상대방(peer)의 이름을 받을 SOCKADDR 구조체의 포인터이다.

③ namelen

입력 시에는 name에 대한 버퍼 포인터의 최대 크기를 나타내고, 출력할 때는 실제로 사용된 버퍼 공간량을 나타내는 정수에 대한 포인터이다.

getpeername() 함수는 에러가 발생하지 않았을 경우 0을 반환한다. 에러가 발생한 경우에는 SOCKET_ERROR를 반환하고, WSAGetLastError() 함수를 호출하여 지정된 에러코드를 얻을 수 있다.

2) getsockname() 함수

```
int getsockname(
    SOCKET s,
    struct sockaddr* name,
    int* namelen
);
```

getsockname() 함수는 각 파라미터의 값과 반환값들이 getpeername() 함수와 같다. 파라미터 namelen의 경우에만 getSockname() 함수는 버퍼의 크기를 나타낸다.

참고로 getpeername() 함수는 소켓 원격 IP 주소와 원격 포트번호를 반환한다.

그리고 getsockname() 함수는 소켓 지역 IP 주소와 지역 포트번호를 반환한다.

5.5.2 멀티 스레드 TCP 서버의 작성

우리는 앞서 3장에서 TCP 서버를 구현하였다. 하지만 이 서버는 문제점을 가지고 있다. 바로 여러 클라이언트가 접속하여도 처음 접속한 클라이언트만 서버와 통신을 할 수 있기 때문이다. 그래서 우리는 앞서 작성한 TCP 서버를 약간 수정하여 여러 클라이언트가 접속하여도 모두 통신할 수 있는 서버를 작성할 것이다. 우리가 학습한 멀티 스레드 기법을 적용하여 접속한 클라이언트 당 하나의 스레드를 생성하면 된다. 그렇기 때문에 앞서 작성한 TCP 클라이언트는 수정할 필요가 없다.

(1) 이전 예제들과 마찬가지의 방법으로 이름이 MultiTCPServer인 프로젝트를 생성하고, 같은 이름의 .cpp 파일을 추가한다.

예제 5.7 MultiTCPServer.cpp

```
#include <winsock2.h>
#include <stdio.h>
#include <stdlib.h>

#define BUFSIZE 512
#define PORT 9000

DWORD WINAPI ClientThread(LPVOID arg)
{
    SOCKET sockClient = (SOCKET)arg;
    char buf[BUFSIZE+1];
    SOCKADDR_IN addrClient;
    int addrlen;
    int ret;

    addrlen = sizeof(addrClient);
    getpeername(sockClient, (SOCKADDR *)&addrClient, &addrlen);

    while(1)
    {
        ret = recv(sockClient, buf, BUFSIZE, 0);
        if(ret == SOCKET_ERROR)
        {
```

```
            printf("recv() Error\n");
            break;
        }
        else if(ret == 0)
        {
            break;
        }

        buf[ret] = '\0';
        printf("[TCP/%s:%d] %s\n",
            inet_ntoa(addrClient.sin_addr),
                ntohs(addrClient.sin_port), buf);

        ret = send(sockClient, buf, ret, 0);
        if(ret == SOCKET_ERROR){
        printf("send() Error\n");
        break;
        }
    }
    closesocket(sockClient);
    printf("[TCP 서버] 클라이언트 종료 : IP 주소=%s, 포트번호=%d\n",
         inet_ntoa(addrClient.sin_addr),
             ntohs(addrClient.sin_port));

    return 0;
}

int main()
{
    int recval;
    SOCKET listenSock;
    WSADATA wsa;

    if(WSAStartup(MAKEWORD(2,2),&wsa) != 0)
        printf("WSAStartup Error");

    listenSock = socket(AF_INET, SOCK_STREAM, 0);
    if(listenSock == INVALID_SOCKET)
    printf("socket()  Error");

    SOCKADDR_IN servAddr;
    ZeroMemory(&servAddr,sizeof(servAddr));
    servAddr.sin_family = AF_INET
    servAddr.sin_port = htons(PORT);
```

```
    servAddr.sin_addr.S_un.S_addr = htonl(INADDR_ANY);

    recval = bind(listenSock, (SOCKADDR *)&servAddr, sizeof
       (servAddr));
    if(recval==SOCKET_ERROR)
       printf("bind() Error");

    recval = listen(listenSock, SOMAXCONN);
    if(recval == SOCKET_ERROR)
       printf("listen() Error");

    SOCKET clientSock;
    SOCKADDR_IN addrClient;
    int length;

    HANDLE hThread;

    while (1)
    {
       length = sizeof(addrClient);
       clientSock = accept(listenSock,(SOCKADDR*) &
          addrClient, &length);
       if(clientSock == INVALID_SOCKET)
       {
          printf("accept() Error");
          continue;
       }

       printf("\n[TCP server] 클라이언트 접속 : IP 주소 = %s,
          포트번호 = %d\n", inet_ntoa(addrClient.sin_addr),
             ntohs(addrClient.sin_port));

       hThread = CreateThread(NULL, 0, clientThread,
          (LPVOID)clientSock, 0,NULL);
      if(hThread == NULL)
         printf("CreateThread() Error()\n");
      else
         CloseHandle(hThread);
    }
    closesocket(listenSock);

    WSACleanup();

    return 0;
}
```

MultiTCPServer.cpp 예제의 코드를 행 단위로 분석하면 다음과 같다. 3장의 TCPServer 예제와 동일한 부분은 생략하였다. 만일 기억이 나지 않거나 애매한 부분은 3장을 참고하길 바란다.

① 08 ~ 45 : 스레드 생성시 수행되는 스레드 함수로써 TCP 클라이언트가 보낸 데이터를 받아 화면에 표시하고 다시 보내는 역할을 한다. 10행의 스레드 함수의 인자를 SCOKET 타입으로 형 변환을 하는 부분을 제외한다면, 3장의 예제와 동일하다.

② 77 : 스레드의 핸들을 저장하기 위한 변수이다.

③ 91 ~ 95 : 여러 클라이언트의 접속을 위해 클라이언트가 접속을 할 때마다 새로운 스레드를 생성한다. 이때 소켓 함수 인자로 clientSock 값을 전달한다. SOCKET 타입 변수가 32비트이므로 32비트 이하의 값은 주소가 아닌 값 자체를 전달하는 것이 더 편리하다.

(3) 위의 코드를 모두 작성하였으면, 3장에서와 같은 방법으로 ws2_32.lib를 추가한 다음 컴파일한다. 컴파일을 완료하면 실행한다. 실행한 후에는 역시 3장에서 작성한 TCPClient를 실행하여 멀티 스레드가 잘 작동하는지 확인한다. 잘 작동한다면 그림 5.18과 같은 출력 화면을 볼 수 있을 것이다.

그림 5.18 MultiThreadTCPServer.cpp의 실행

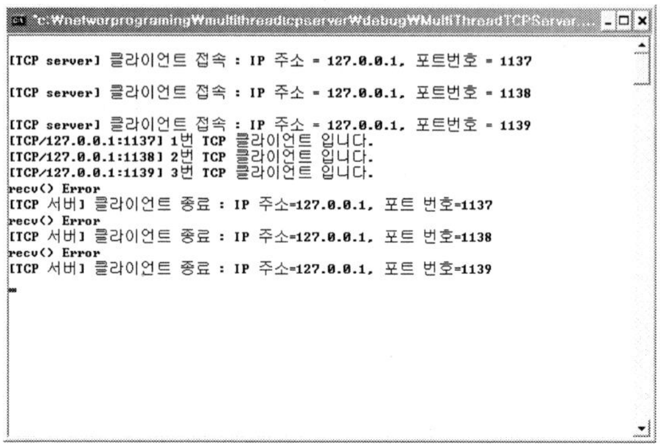

그림 5.19 클라이언트의 접속 종료

3장의 TCPClient를 실행하면 그림 5.18과 같이 서버측에 클라이언트가 접속하였다는 메시지가 출력되고, 각각의 클라이언트에서 보낸 문자열을 모두 출력한다. 3장의 예제는 여러 클라이언트가 접속하여도 처음 접속한 클라이언트만이 서버와 통신을 할 수 있었으나 지금 작성한 예제는 멀티 스레드 기법을 이용하였기 때문에 여러 클라이언트가 접속을 해도 모두 처리가 가능한 것이다. 통신을 끝내고 클라이언트를 종료하면 그림 5.19와 같은 화면을 볼 수 있을 것이다. recv() Error 메시지는 클라이언트가 강제로 종료되면 나타나는 메시지이다.

CHAPTER

06 스레드 동기화

6.1 멀티 스레드의 문제점

6.2 스레드 동기화 방법의 종류

6.3 스레드 동기화 방법

학습 목표

- 스레드 동기화의 기본 개념을 익힌다.
- 스레드 동기화의 기법들에 대해 이해한다.

선수 학습

- 스레드의 기본 개념 이해
- Visual Studio 7.0 툴 사용법

함수 및 구조체

- CRITICAL_SECTION 구조체
- InitializeCriticalSection(LPCRITIACL_SECTION)
- DeleteCriticalSection(LPCRITIACL_SECTION)
- EnterCriticalSection(LPCRITIACL_SECTION)
- LeaveCriticalSection(LPCRITIACL_SECTION)
- CreateMutex(LPSECURITY_ATTRIBUTES, BOOL, LPCTSTR)
- OpenMutex(DWORD, BOOL, LPCTSTR)
- ReleaseMutex(HANDLE)
- CreateSemaphore(LPSECURITY_ATTRIBUTES, LONG, LONG, LPCTSTR)
- ReleaseSemaphore(HANDLE, LONG, LPLONG)
- CreateEvent(LPSECURITY_ATTRIBUTES, BOOL, BOOL, LPCTSTR)
- SetEvent(HANDLE)
- ResetEvent(HANDLE)
- PulseEvent(HANDLE)

예제

1. 멀티 스레드를 이용한 문자 저장 예제
   - 두 개의 스레드를 이용하여 배열의 첫 부분과 마지막 부분에서부터 문자를 저장하는 프로그램
2. 스레드 동기화 방법 사용 예제
   - 임계 영역의 사용 예제
   - 뮤텍스 사용 예제
     - ▸ 프로세스간 뮤텍스 이용 예제
   - 세마포어 사용 예제
   - 이벤트 사용 예제
     - ▸ 자동 리셋, 수동 리셋 이벤트 사용 예제

학습 후 점검 사항

- 스레드 동기화에 대해 이해하고 있는가?
- 스레드 동기화 기법을 이용하여 프로그램을 작성할 수 있는가?

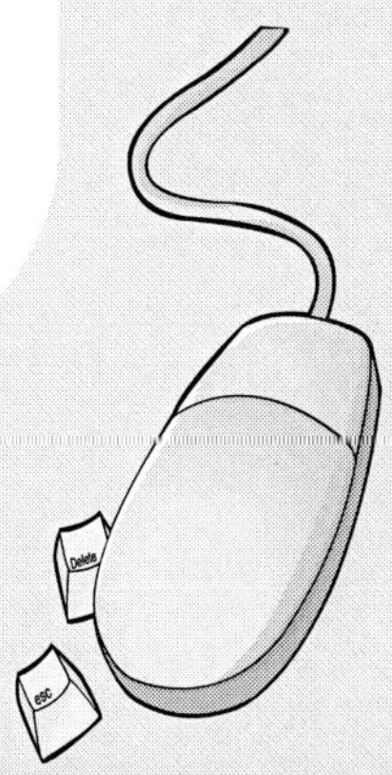

6.1 멀티 스레드의 문제점

앞서 5장에서 학습하였던 멀티 스레드 프로그램은 동시에 여러 가지 작업을 매끄럽게 수행할 수 있는 메커니즘이다. 운영체제의 지원도 무척 안정적이며 우선순위 관리가 아주 지능적이므로 웬만큼 스레드를 생성해도 성능상 문제가 없다.

그러나 잘못 사용하면 그것만큼 위험한 것도 없다. 동시에 복수 개의 코드가 같은 주소 영역에서 실행됨으로써 서로 간섭하고 영향을 주는 경우가 빈번하기 때문이다. 물론 운영체제는 이런 문제를 해결할 수 있는 방법을 제공해 주기는 하지만 아주 사소한 부분에서도 민감하게 문제가 발생할 수 있으며, 이런 문제는 디버깅하기도 아주 어렵다. 그래서 멀티 스레드 기능을 잘 활용하기 위해서는 문제점을 정확하게 파악하고 해결책도 신중하게 결정해서 사용해야 한다.

이러한 멀티 스레드 프로그램의 가장 큰 문제점은 공유 자원을 보호하기가 어렵다는 것이다. 이미 학습하였듯이 스레드는 여러 스레드에서 하나의 자원에 대하여 읽거나 쓸 수 있다. 여기서 공유 자원이란 직렬 포트, 사운드 카드 등의 하드웨어가 될 수도 있지만 주로 메모리 영역의 전역 변수가 이에 해당한다. 동일한 프로세스에 속한 스레드는 같은 주소 공간에서 실행되며 전역 변수를 공유하게 되므로 문제가 발생할 소지가 많다. 보통 스레드가 동시에 리소스를 읽는 동작 자체는 그리 큰 문제가 되지는 않는다. 그러나 동시에 여러 스레드가 한 리소스에 쓰거나, 한쪽은 읽는데, 다른 한쪽은 쓰게 되면 다양한 문제가 발생할 수 있다. 이러한 식으로 공유 자원을 서로 사용하려는 상태를 경쟁 상태(race condition)라고 한다.

앞서 5장의 예제에서도 알 수 있듯이 스레드의 실행 순서를 제어하는 것도 쉽지 않다. 어떤 스레드가 언제 실행될 것인가는 완전히 CPU의 마음대로 이기 때문에 순서를 지켜서 실행되어야 할 코드에는 여분의 복잡한 코드가 필요하기 때문이다. A 스레드가 먼저 실행되고 난 후에 B 스레드가 실행되어야 한다면 B 스레드는 A 스레드의 실행이 끝날 때까지 기다려 주어야 한다. 그것도 CPU 시간을 허비하지 않으면서 아주 효율적으로 말이다. 최악의 경우 스레드간 서로를 기다리는 교착 상태(deadlock)가 발생하기도 한다.

6.2 스레드 동기화 방법의 종류

이러한 스레드의 문제점을 해결하기 위해서는 여러 스레드가 리소스를 사용하는 임계 영역(critical section)이라는 영역을 동시에 침범하지 않도록 스레드간의 실행 순서를 제어해야만 한다. 이러한 스레드의 순서를 제어하는 여러 가지 방법들을 동기화(synchronization)라고 한다.

이러한 스레드의 동기화와 관련해서 윈도우즈에서는 다양한 동기화와 관련된 API를 제공하여 프로그래머가 상황에 따라 적절한 동기화 방법을 선택할 수 있도록 한다. 표 6.1은 윈도우즈에서 제공하는 스레드 동기화의 방법에 대해 요약해 놓은 것이다.

표 6.1 스레드 동기화의 방법

종류	주요 용도
임계 영역(critical section)	한 프로세스 내에서 공유 자원에 대해 오직 하나의 스레드의 접근을 허용한다.
뮤텍스(mutex)	서로 다른 프로세스에 속한 스레드에서 공유자원에 대해 하나의 스레드의 접근을 허용한다.
세마포어(semaphore)	한정된 개수의 자원을 여러 스레드가 사용하려 할 때 접근을 제한한다.
이벤트(event)	특정한 사건 발생을 다른 스레드에 알린다.

위의 표에 소개해 놓은 방법 외에도 동기화 방법에는 여러 가지 방법이 더 있지만 그중에서 네트워크 어플리케이션 작성 시 빈번하게 사용되는 방법들만을 요약하였다.

6.2.1 스레드 동기화의 필요 상황

우리는 이러한 스레드의 순서를 제어하는 스레드 동기화의 필요 상황을 다음과 같이 크게 두 가지로 나누어 볼 수 있다.

① 두 개 이상의 스레드가 공유 자원에 접근 가능할 때, 오직 한 스레드만 접근 상태에 있어야 할 경우

② 순차적인 사건 발생을 요할 경우, 예를 들면, 한 스레드가 작업을 완료하고, 대기 중인 스레드를 호출하는 경우

위의 두 가지 상황 모두 다른 스레드와의 상호 작용으로 실행된다는 특징이 있다.

6.3 스레드 동기화 방법

앞 절에서 우리는 스레드 동기화가 무엇인지와 동기화 방법의 종류에 대해 알아보았다. 이번 절에서는 위에서 알아본 동기화의 종류를 한 가지씩 자세하게 알아보고 그에 따른 예를 들어 보도록 하겠다.

6.3.1 임계 영역(Critical Section)

스레드의 동기화 방법 중에서 가장 이해하기 쉽고 속도도 빠른 것이 지금 설명할 임계 영역이다. 임계 영역은 두 개 이상의 스레드가 공유 자원을 사용할 때, 오직 하나의 스레드의 접근만을 허용하는 경우에 사용한다.

사용방법은 하나의 프로세스에서 다른 스레드에 의해 방해받지 말아야 할 작업을 할 때 이 영역을 임계 영역으로 설정해 주면 공유 자원의 독점권이 주어지게 된다. 이러한 임계 영역은 다음과 같이 선언해서 사용하게 된다.

우선 CRITICAL_SECTION 구조체 변수를 전역 변수로 선언한다. 일반적인 동기화 객체는 Create*() 함수를 호출함으로써 운영체제가 메모리를 할당하지만, 임계 영역은 이와 같이 어플리케이션이 직접 메모리를 할당한다.

```
CRITICAL_SECTION cs;
```

임계 영역을 사용하기 위해서는 소켓을 사용할 때와 마찬가지로 초기화를 해야만 한다. 임계 영역을 초기화 하는 함수로는 InitializeCriticalSection() 함수가 있으며, 이 함수의 원형은 다음과 같다.

1) InitializeCriticalSection() 함수

```
VOID InitializeCriticalSection(
    LPCRITICAL_SECTION lpCriticalSection
);
```

InitializeCriticalSection() 함수의 인자로 들어갈 값은 앞서 임계 영역을 사용하기 위해서 선언한 CRITICAL_SECTION 구조체 변수가 들어가게 된다. 이 함수가 반환하는 값은 없으며 사용한 임계 영역을 제거하기 위해서는 DeleteCriticalSection() 함수를 사용한다. 임계 영역을 제거하는 DeleteCriticalSection() 함수의 원형은 다음과 같다.

2) DeleteCriticalSection() 함수

```
VOID DeleteCriticalSection(
    LPCRITICAL_SECTION lpCritical Section
);
```

임계 영역 제거 함수는 임계 영역을 사용하기 전에 초기화한 함수와 마찬가지로 함수의 인자값으로 CRITICAL_SECTION 구조체 변수가 들어가게 된다.

InitializeCriticalSection() 함수와 DeleteCriticalSection() 함수는 CRITICAL_SECTION이라는 동기화 객체를 초기화 하고 지우는 역할을 한다. 하지만 실제로 동기화를 하기 위해서는 먼저 공유 자원을 사용하기 전에 EnterCriticalSection() 함수를 호출하여 공유 자원을 사용하고 있는 스레드가 없다면 곧바로 반환을 시켜 스레드가 공유 자원을 사용할 수 있도록 만들어 주고(임계 영역을 사용), 만일 공유 자원을 사용하고 있는 스레드가 있다면 반환시키지 않고 해당 스레드가 공유 자원을 사용할 수 있을 때까지 대기시킨다. 이러한 EnterCriticalSection() 함수의 원형을 살펴보면 다음과 같다.

3) EnterCriticalSection() 함수

```
VOID EnterCriticalSection(
    LPCRITICAL_SECTION lpCriticalSection
);
```

이 함수의 인자로 들어갈 값도 먼저 선언한 CRITICAL_SECTION 구조체 변수이다. 스레드를 실행하기 이전에 EnterCriticalSection() 함수를 호출하여 임계 영역에 접근하겠다고 알린다. 그리고나서 스레드의 모든 수행이 종료하게 되면, 다른 스레드로 임계 영역의 접근 권한을 넘기기 위해서 LeaveCriticalSection() 함수를 호출하여 작업을 마치고 임계 영역의 사용을 해제하겠다고 알린다. LeaveCriticalSection() 함수의 원형은 다음과 같다.

4) LeaveCriticalSection() 함수

```
VOID LeaveCriticalSection(
    LPCRITICAL_SECTION lpCriticalSection
);
```

임계 영역으로 설정한 공유 자원의 사용을 마치고 다른 스레드로의 접근 권한을 넘겨주는 LeaveCriticalSection() 함수의 인자로는 임계 영역을 사용하기 위한 다른 함수와 마찬가지로 CRITICAL_SECTION 구조체 변수가 들어가게 된다.

이러한 임계 영역을 사용할 때 주의할 점이 있다. 바로 임계 영역을 사용하여 공유 리소스 사용을 제한하는 것으로 스레드 동기화 문제를 해결했다고 생각하는 것이다. 그러나 이러한 임계 영역만으로는 어느 스레드가 먼저 리소스를 사용할 지 결정할 수가 없다. 즉, 어떠한 스레드가 먼저 EnterCriticalSection() 함수를 호출할 지 알 수가 없다는 것이다. 왜냐하면 스레드의 수행 순서는 전적으로 CPU에게 달려 있기 때문이다. 우선은 다음의 그림을 살펴보도록 한다.

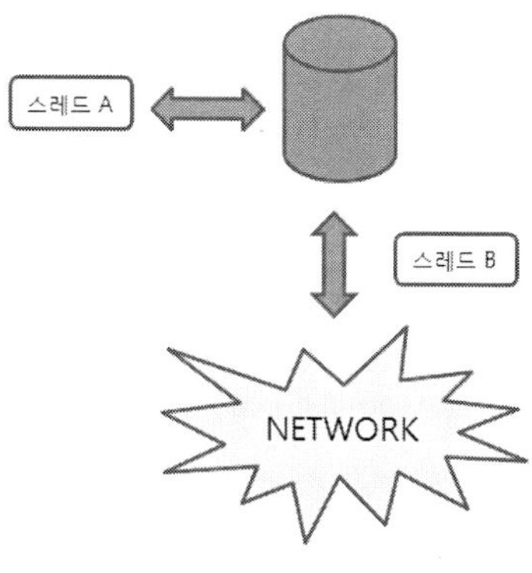

그림 6.1 스레드의 제어 순서가 필요한 상황

스레드 A가 공유 자원에 데이터를 기록했다면, 스레드 B는 공유 자원에 저장된 데이터를 네트워크를 통해 보내는 역할을 한다. 이때 공유 자원의 접근을 임계 영역으로 보호하더라도 문제가 생길 여지가 있다. 스레드 A가 데이터를 기록하지도 않았는데 스레드 B가 데이터를 보내려 하는 경우, 혹은 스레드 B가 아직 데이터를 보내지도 않았는데 스레드 A가 또 다시 데이터를 기록하려고 하는 경우에 문제가 발생한다. 이처럼 공유 자원을 보호하되 사용 순서가 중요한 경우에는 동기화의 방법 중에서 이벤트를 사용하면 된다.

6.3.2 임계 영역의 사용 예

이제 우리는 임계 영역이 실제로 어떻게 구현되고 있는지 예를 통해 알아보도록 하자. 임계 영역이 어떻게 사용되는지 알아보기 이전에 임계 영역을 사용하지 않을 경우 어떠한 문제점이 발생하는지 알아보고 임계 영역을 사용했을 때와 비교해보자.

(1) 먼저 CompareThread라는 이름으로 콘솔 어플리케이션 프로젝트를 생성한 후 같은 이름으로 .cpp 파일을 추가한다.

(2) 추가한 .cpp 파일에 다음과 같은 코드를 작성한다.

예제 6.1 CompareThread.cpp

```
#include <windows.h>
#include <stdio.h>

char exThread[100];

DWORD WINAPI Thread1(LPVOID arg)
{
    for(int i=0; i<100 ; i++)
    {
        exThread[i]= 'A';
        Sleep(10);
    }
    return 0;
}

DWORD WINAPI Thread2(LPVOID arg)
{
```

```
    for(int i=99 ; i>=0; i--)
    {
        exThread[i] = 'B';
        Sleep(10);
    }
    return 0;
}

int main()
{
    HANDLE hThread[2];
    DWORD ThreadId[2];

    hThread[0] = CreateThread(NULL, 0, Thread1, NULL, 0, &ThreadId[0]);
    hThread[1] = CreateThread(NULL, 0, Thread2, NULL, 0, &ThreadId[1]);

    WaitForMultipleObjects(2, hThread, TRUE, INFINITE);

    for(int i=0; i<100 ; i++)
    {
        printf("%c", exThread[i]);
    }
    printf("\n");

    return 0;
}
```

이 어플리케이션의 코드는 앞선 5장의 내용을 충분히 이해했다면 그리 어렵지는 않을 것이다. 따라서 따로 설명은 하지 않겠다. 위 코드의 내용이 이해되지 않는다면 5장을 참고하길 바란다.

이 어플리케이션은 일단 공유 자원으로 문자형의 배열 100개를 생성하면, 스레드를 수행하여 Thread1은 배열의 앞부분부터 뒷부분으로 문자 'A'를 저장하고, Thread2는 문자 'B'를 배열의 뒷부분부터 앞부분으로 저장한다. 배열에 값을 저장할 때마다 Sleep() 함수를 사용하여 10ms씩 대기하도록 했으므로 두 스레드가 번갈아 가면서 수행이 된다. 결과적으로 배열에는 두 값(문자 'A', 'B')이 약 절반씩 저장되어 있는 상태가 된다.

두 스레드가 배열의 앞부분과 뒷부분에서 문자를 저장하기 시작했기 때문에 두 스레드 중 먼저 저장한 부분은 나중에 저장을 하는 스레드의 값이 덮어 쓰기가 된다. 따라서 다음과 같은 결과를 볼 수 있을 것이다.

그림 6.2 다중 스레드의 실행화면

만일 이러한 배열 exThread[100]에 한 스레드만이 접근하여 값을 저장했다면 문자 'A'나 'B'중 한 값으로만 채워져 있어야 할 것이다.

예제 6.2 CriticlaSection.cpp

```
#include <windows.h>
#include <stdio.h>

char exThread[100];

CRITICAL_SECTION cs

DWORD WINAPI Thread1(LPVOID arg)
{
    EnterCriticalSection(&cs);

    for(int i=0; i<100 ; i++)
    {
        exThread[i]= 'A';
        Sleep(10);
    }
    LeaveCriticalSection(&cs);
    return 0;
```

```
19  }
20
21  DWORD WINAPI Thread2(LPVOID arg)
22  {
23      EnterCriticalSection(&cs);
24
25      for(int i=99 ; i>=0; i--)
26      {
27          exThread[i] = 'B';
28          Sleep(10);
29      }
30      LeaveCriticalSection(&cs);
31      return 0;
32
33  }
34
35  int main()
36  {
37      InitializeCriticalSection(&cs);
38      HANDLE hThread[2];
39      DWORD Id[2];
40
41      hThread[0] = CreateThread(NULL, 0, Thread1, NULL, 0, &Id[0]);
42      hThread[1] = CreateThread(NULL, 0, Thread2, NULL, 0, &Id[1]);
43
44      WaitForMultipleObjects(2, hThread, TRUE, INFINITE);
45
46      for(int i=0; i<100 ; i++)
47      {
48          printf("%c", exThread[i]);
49      }
50      printf("\n");
51
52      DeleteCriticalSection(&cs);
53      return 0;
54  }
```

위의 코드를 살펴보면 총 7행의 코드가 추가되었음을 알 수가 있다. 추가된 부분을 살펴보면 다음과 같다.

① 06 : 임계 영역 사용 시 쓰이게 될 CRITICAL_SECTION 구조체 변수를 전역 변수로 선언한다.

② 37 : InitializeCriticalSection() 함수를 호출하여 임계 영역을 사용하기 이전에 초기화 시킨다.

③ 10, 23 : 공유 자원인 배열을 사용하기 이전에 EnterCriticalSection() 함수를 호출하여 다른 스레드가 사용 중 인지 검사를 하여 사용 중인 스레드가 없다면 다음 행의 코드를 수행하고, 사용 중인 스레드가 있다면 대기한다.

④ 17, 30 : 스레드의 동작이 모두 수행되면 다른 스레드에서 공유 자원에 접근하여 사용할 수 있도록 임계 영역의 사용을 해제한다.

⑤ 52 : 임계 영역의 사용이 끝나면 DeleteCriticalSection() 함수를 호출하여 임계 영역의 사용이 끝났음을 알린다.

그림 6.3 임계 영역 실행화면 (1)

그림 6.4 임계 영역 실행화면 (2)

모든 코드의 작성이 마무리되었으면 컴파일을 수행하고 실행을 해본다. 임계 영역을 사용하였으므로 두 개의 스레드 중 에서 하나의 스레드만이 공유 자원에 접근하여 값을 저장할 수 있기 때문에 문자 'A'와 'B' 중에서 하나로만 값이 채워짐을 확인할 수 있다.

위의 예제에서 주의할 점은 EnterCriticalSection() 함수를 통해 임계 영역을 사용하면 반드시 LeaveCriticalSection() 함수를 이용하여 임계 영역의 사용을 해제시켜야 한다. 해제를 해주지 않으면 프로세스가 종료하기 전까지 다른 스레드들은 절대 수행되지 않고, 오직 최초에 임계 영역을 사용한 스레드만이 수행된다.

6.3.3 뮤텍스(Mutex)

뮤텍스는 임계 영역과 여러 가지 면에서 매우 비슷하다. 하지만 임계 영역과 다른 특징도 가지고 있다. 우선 뮤텍스는 임계 영역보다 수행 속도가 느리다(약 100배 정도의 차이가 난다고 함). 그리고 임계 영역의 경우에는 같은 프로세스 내의 스레드간에 사용할 수 있지만 뮤텍스의 경우에는 여러 프로세스의 여러 스레드에서 사용할 수 있기 때문에 뮤텍스가 훨씬 우월한 존재라고 할 수 있다. 이것은 임계 영역은 사용자 모드에서 제공하는 동기화 객체이고, 뮤텍스는 윈도우즈 운영체제에서 제공하는 동기화 객체이기 때문이다. 그리고 임계 영역은 EnterCriticalSection() 함수를 호출하면 임계 영역을 접근할 수 있을 때까지 대기하게 되지만, 뮤텍스의 경우에는 시간을 지정해서 그 시간 동안만 기다리게 할 수 있다. Mutex라는 이름은 Mutual Exclusion의 준말로 두 스레드가 동시에 접근할 수 없다는 뜻이며 한국어로 "상호 배제"라고 번역하기도 한다. 뮤텍스는 오직 한 스레드에 의해서만 접근할 수 있으며 일단 어떤 스레드가 뮤텍스에 접근하게 되면 비신호 상태(nonsignaled)가 된다. 반대로 어떤 스레드에게도 접근되어 있지 않은 상태라면 신호 상태(signaled)가 된다.

1) CreateMutex() 함수

뮤텍스를 사용하려면 먼저 CreateMutex() 함수로 뮤텍스를 생성해 주어야 한다. 이 함수는 뮤텍스를 생성한 후 그 핸들을 반환해 준다. 함수의 원형은 다음과 같다.

```
HANDLE CrateMutex(
    LPSECURITY_ATTRIBUTES lpMutexAttributes,
    BOOL bInitialOwner,
    LPCTSTR lpName
);
```

① lpMutexAttributes

첫 번째 인수인 lpMutexAttributes는 보안속성을 지정한다. 이 인수의 값은 보통 NULL이 들어간다.

② bInitialOwner

두 번째 인수인 bInitialOwner는 뮤텍스를 생성함과 동시에 접근할 것인지를 지정한다. 만일 이 값이 TRUE이면 스레드가 뮤텍스를 접근하며 뮤텍스가 비신호 상태로 생성됨으로써 다른 스레드는 이 뮤텍스를 접근할 수 없게 된다.

③ lpName

마지막 인수는 뮤텍스의 이름을 지정하는 문자열이다. 뮤텍스는 프로세스간의 동기화에도 사용되므로 이름을 가지게 되는데 이 이름은 프로세스간에 뮤텍스를 공유할 때 사용된다. 뮤텍스에 이름이 있을 경우 다른 프로세스가 일단 뮤텍스의 이름만 알면 다음 함수로 뮤텍스의 핸들을 얻을 수 있다. 또는 같은 이름으로 CreateMutex() 함수를 한 번 더 호출할 수도 있다. 그러나 이름에 '\'가 들어가면 안 된다. 그리고 이름의 길이도 MAX_PATH를 넘지 못한다. 만약 같은 이름의 뮤텍스가 존재한다면 반환값으로 NULL 값이 발생한다. NULL 값이 발생하게 된다면 GetLastError() 함수를 호출하여 ERROR_ALREADY_EXISTS라는 값을 얻을 수 있다.

2) OpenMutex() 함수

뮤텍스를 생성하였다면 이 뮤텍스를 프로세스에서 사용하기 위해 OpenMutex() 함수를 사용하게 된다. 이 함수의 원형은 다음과 같다.

```
HANDLE OpenMutex(
    DWORD dwDesiredAccess,
    BOOL bInheritHandle,
    LPCTSTR lpName
);
```

① dwDesiredAccess

첫 번째 인자값으로는 뮤텍스를 열 때의 옵션이 들어가게 된다. 이 때 들어갈 수 있는 옵션으로는 MUTEX_ALL_ACCESS, SYNCHRONIZE 등이 있다.

② bInheritHandle

두 번째 인자값으로는 이 프로세스가 CreateProcess() 함수를 사용했을 때, 그 프로세스에 뮤텍스의 핸들을 상속할 것인지를 결정하게 된다.

③ lpName

마지막 인자값으로는 뮤텍스의 이름이 들어가게 된다.

이 함수의 호출이 성공하게 되면 뮤텍스의 핸들을 얻을 수 있다.

3) ReleaseMutex() 함수

일단 뮤텍스가 생성되면 대기 함수에서 이 뮤텍스를 사용할 수 있다. 대기 함수는 일단 뮤텍스가 신호 상태가 될 때까지 대기하게 된다. 뮤텍스가 신호 상태가 되면 대기 함수는 즉시 뮤텍스를 비신호 상태로 만들어 같은 뮤텍스를 대기하고 있는 다른 스레드를 블럭시킨다. 그래서 뮤텍스를 사용하고 있는 스레드는 전역 자원을 독점적으로 안전하게 사용할 수 있다. 비신호 상태의 뮤텍스를 다시 신호 상태로 만들 때는 ReleaseMutex() 함수를 사용한다. 여러 프로세스에서 뮤텍스를 공유할 때, 한 프로세스가 종료하면 자동으로 그 프로세스가 사용하고 있던 뮤텍스는 사용이 해제된다. ReleaseMutex() 함수의 원형은 다음과 같다.

```
BOOL ReleaseMutex(
   HANDLE hMutex
);
```

① hMutex

hMutex에는 CreateMutex() 함수와 OpenMutex() 함수로 얻은 뮤텍스의 핸들이 들어가게 된다.

이제 가장 중요한 뮤텍스를 획득하는 방법에 대해 알아보도록 하자. 뮤텍스를 획득하는 데는 5장에서 사용하였던 Wait*() 계열의 함수, 즉 WaitForSingleObject() 함수와 WaitForMultipleObjects() 함수 등을 사용한다.

6.3.4 뮤텍스의 사용 예

앞서 학습한 내용을 바탕으로 어플리케이션을 작성해 보자. 다음은 프로세스에서 뮤텍스를 사용하는 간단한 예이다. 하나의 프로세스에서는 CreateMutex() 함수를 호출하여 뮤텍스를 만들고, 다른 프로세스에서는 OpenMutex() 함수를 이용해서 서로 뮤텍스가 제대로 동작하는 지를 확인하게 된다.

(1) 뮤텍스를 생성하는 어플리케이션을 CreateMutex라는 이름으로 프로젝트를 생성한다.

(2) 프로젝트를 생성하였으면 같은 이름으로 .cpp 파일을 추가한 다음 다음과 같이 코드를 작성한다.

예제 6.3 CreateMutex.cpp

```
#include <windows.h>
#include <stdio.h>

int main()
{
    HANDLE hMutex;
    char inputChar[10];

    hMutex = CreateMutex(NULL, FALSE, "ShareMutex");

    WaitForSingleObject(hMutex, INFINITE);
    printf("Gain Mutex\n");

   scanf("%s", inputChar);

    ReleaseMutex(hMutex);

    printf("ReleaseMutex\n");

    scanf("%s",inputChar);

    WaitForSingleObject(hMutex, INFINITE);
    printf("Gain Mutex\n");

    scanf("%s",inputChar);

    ReleaseMutex(hMutex);
```

```
28      printf("Release Mutex\n");
29
30      return 1;
31  }
```

위의 코드를 살펴보면 다음과 같다.

① 06 : 뮤텍스 생성시 핸들을 저장할 변수 생성

② 07 : 뮤텍스의 수행 순서를 제어하기 위한 문자를 입력받을 배열

③ 09 : ShareMutex란 이름으로 뮤텍스를 생성한다. 보안 속성은 NULL이고 두 번째 인자값이 FALSE이므로 뮤텍스를 생성하기만 한다. 함수의 호출이 성공하면 뮤텍스의 핸들을 얻을 수 있다.

④ 11 : Wait*() 계열의 함수인 WaitForSingleObject() 함수로 뮤텍스를 사용한다. 첫 번째 인자값으로 뮤텍스의 핸들값이 들어가고 두 번째 인자값은 스레드의 수행 시간을 기다리는 타임아웃 값이다. 이 함수는 뮤텍스의 사용이 이루어지면 어떠한 특정 조건이 이루어지기까지 블럭시키는 역할을 한다. Wait*() 계열 함수에 대해서는 잠시 후에 좀 더 다루도록 하겠다.

⑤ 14 : 다음의 동작이 이루어지도록 특정 조건이 입력된다.

⑥ 16 : 뮤텍스의 사용을 해제한다.

(3) 이번에는 CreateMutex가 만들어 놓은 뮤텍스를 다른 프로세스에서 사용할 수 있도록 하는 OpenMutex() 함수를 이용하는 어플리케이션을 작성해 보자.

(4) OpenMutex라는 이름으로 프로젝트를 생성한다. 프로젝트 생성을 마치면 같은 이름으로 .cpp 파일을 추가한다.

(5) 추가한 .cpp 파일에 다음과 같은 코드를 작성한다.

예제 6.4 OpenMutex.cpp

```
#include <windows.h>
#include <stdio.h>

int main()
{
```

```
06      HANDLE hMutex;
07      char inputChar[10];
08
09      hMutex = OpenMutex(SYNCHRONIZE, FALSE, "ShareMutex");
10
11      WaitForSingleObject(hMutex, INFINITE);
12      printf("Gain Mutex\n");
13
14     scanf("%s", inputChar);
15
16      ReleaseMutex(hMutex);
17      printf("Release Mutex\n");
18
19      return 1;
20   }
```

위의 예제는 뮤텍스를 생성하는 예제와 거의 다를 바가 없으므로 중요한 부분만 설명하도록 하겠다.

① 09 : 이전 예제에서 생성한 ShareMutex를 세 번째 인자로 넣어 사용한다. 두 번째 인자는 프로세스 생성시 뮤텍스의 핸들을 넘겨줄 것인지 나타내는 것이다. 그리고 첫 번째 인자는 뮤텍스 등의 동기화 객체를 사용할 때 사용되는 옵션 값이다.

위의 코드를 모두 작성하였으면, 컴파일을 수행하고 실행하여 본다. 뮤텍스의 실행화면은 다음의 그림과 같다.

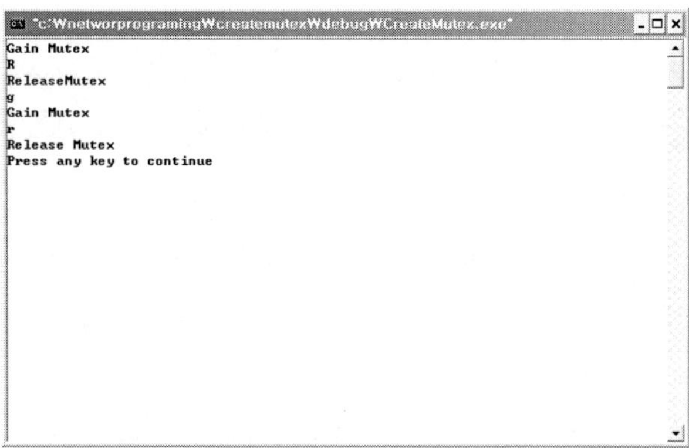

그림 6.5 프로세스간 뮤텍스의 실행 (I)

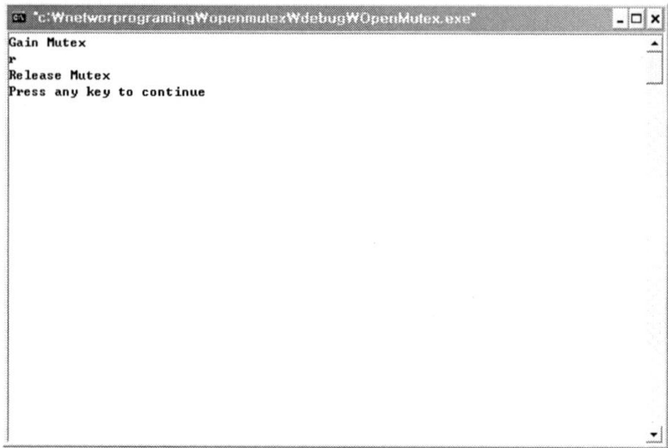

그림 6.6 프로세스간 뮤텍스의 실행 (2)

위의 어플리케이션은 뮤텍스를 생성하고 Wait*() 함수를 통하여 뮤텍스를 사용하게 된다. 특정 조건이 발생하면(여기서는 r을 입력) ReleaseMutex() 함수를 호출하여 뮤텍스의 소유권을 다른 프로세스로 넘기게 된다. 그러면 다른 프로세스에서는 OpenMutex() 함수를 호출해서 CreateMutex 어플리케이션에서 생성한 뮤텍스의 제어권을 넘겨 받는다. 그런 다음 Wait*() 함수를 호출하여 뮤텍스를 사용하게 되고 역시 특정 조건이 발생하게 되면 ReleaseMutex() 함수를 호출하여 뮤텍스의 사용을 해제하고 다른 프로세스로 다시 제어권을 넘긴다.

6.3.5 대기 함수

이번에는 뮤텍스의 예제에서 설명하려 하였던 Wait*() 함수 계열, 즉 대기 함수에 대해 알아보도록 하겠다. 스레드를 동기화시키는 주요 수단은 동기화 객체와 대기 함수이다. 그 중에서 대기 함수에 대해 약간 정리를 해보려 한다. 우선 대기 함수는 다음과 같은 세 가지의 특징을 가진다.

(1) 대기 함수는 스레드의 실행을 블럭시키는 역할을 한다. 여기서 블록(block)시킨다는 말은 조건을 만족할 때까지 실행하지 못하도록 한다는 뜻이다.
(2) 조건이 만족할 때까지 대기한다. 여기서 말하는 조건이란 대기 함수에 따라 다르다.
(3) 대기 중에는 CPU의 시간을 거의 소비하지 않기 때문에 효율적인 대기 상태가 된다.

앞서 실습해 본 예제에서 우리는 WaitForSingleObject() 함수라는 가장 기본적인 대기 함수를 사용하였는데 이 외에도 대기 함수에는 여러 가지 종류가 있지만 가장 대표적인 함수 하나를 더 알아보도록 한다.

알아보려고 하는 함수는 WaitForSingleObject() 함수와 더불어 5장에서 사용하였던 WaitForMultipleObject() 함수이다. 이 함수의 원형은 다음과 같다.

```
DWORD WaitForMultipleObjects(
    DWORD nCount,
    const HANDLE* lpHandles,
    BOOL bWaitAll,
    DWORD dwMilliseconds
);
```

앞서 학습한 바 있는 WaitForMultipleObject() 함수는 WaitForSingleObject() 함수가 하나의 동기화 객체를 기다리는 대기 함수인데 비해 복수 개의 동기화 객체를 대기할 수 있다. 대기하는 동기화 객체의 핸들 배열을 작성한 후 lpHandles 인수로 배열의 포인터를 전달해주며, nCount로 배열의 크기, 즉 동기화 객체의 개수를 넘겨준다. bWaitAll이 TRUE이면 모든 동기화 객체가 신호 상태가 될 때까지 대기하며, FALSE이면 그 중 하나라도 신호 상태가 되면 대기 상태를 종료한다. 두 개 이상의 스레드가 작업을 완료할 때까지 대기하거나 또는 둘 중 하나라도 먼저 작업을 마칠 때까지 대기하고자 할 때 이 함수를 사용한다. 마지막 인수는 WaitForSingleObject() 함수와 마찬가지로 타임아웃 값이다.

이 함수 반환값의 의미는 경우에 따라 달라진다. 일단 WAIT_TIMEOUT은 지정한 시간이 경과했다는 뜻이다. bWaitAll이 TRUE인 경우 WAIT_ OBJECT_0이 반환되면 모든 동기화 객체가 신호 상태가 되었다는 뜻이며, bWaitAll이 FALSE인 경우 lpHandle 배열에서 신호 상태가 된 동기화 객체의 인덱스를 반환해 준다. 이 경우 lpHandles[반환값-WAIT_OBJECT_0]식으로 신호 상태가 된 동기화 객체의 핸들을 구할 수 있다. 참고로 WaitForMultipleObject() 함수는 최대 64개의 핸들을 관리할 수 있다.

6.3.6 세마포어(Semaphore)

세마포어는 뮤텍스와 유사한 동기화 객체이다. 하지만 그 성격이 조금 다르다고 말할 수 있다. 앞에서 설명한 임계 영역과 뮤텍스는 하나의 스레드만이 접근할 수 있도록 사용되지만 세마포어는 그렇지 않다. 뮤텍스와는 달리 제한된 일정 개수를 가지는 자원을 보호하고 관리한다. 즉, 최대 몇 개의 스레드가 접근할 것인지 허용하게 되는 것이다.

앞서 설명한 바 있는 자원은 상당히 추상적인 개념인데 어떠한 것이라도 가능하다. 하드웨어일 수도 있고, 윈도우즈, 프로세스, 스레드와 같은 소프트웨어적인 것일 수도 있고 심지어는 어떠한 권한이나 상태 같은 무형의 것일 수도 있다.

자원의 개수가 제한되어 있으므로 이 자원을 사용할 수 있는 스레드의 실행도 제약을 받게 된다. 유효자원이 0이면 자원이 하나도 사용할 수 없는 상태로 비신호 상태를 나타내며 1 이상이면, 즉 자원이 하나라도 사용할 수 있는 상태로써 신호 상태를 나타낸다. 대기 함수는 세마포어가 0이면 스레드를 블럭시켜 사용가능한 자원이 생길 때 까지(다른 스레드가 자원의 사용을 마칠 때까지) 대기하도록 하며, 세마포어가 1 이상이면 유효 자원의 개수를 1 감소시키고 곧바로 반환, 즉 자원을 사용할 수 있도록 한다.

세마포어의 제약 상태를 설정 시 하나의 스레드만이 접근하도록 설정하게 되면, 임계 영역 그리고 뮤텍스와 비슷한 기능을 하게 된다. 이러한 세마포어를 보통 바이너리 세마포어(binary semaphore)라고 부른다.

여기까지 설명을 보고 세마포어의 개념을 잡기란 그리 쉽지 않을 것이므로 간단한 예를 들어보도록 하겠다. 네트워크를 통해서 프로그램을 다운로드 받는 프로그램을 만든다고 가정한다. 동시에 여러 개의 자료를 다운로드 받는 것이 가능하기는 하지만 별로 효율적이지 못하다. 네트워크의 대역폭이 정해져 있기 때문에 한꺼번에 다운로드 받는다고 해서 빨라지지는 않는다. 그렇다고 여러 개의 자료를 순서대로 받는 것은 불편하다. 그래서 동시에 받도록 하되 최대 세 개까지 동시에 다운로드가 가능하도록 한다(웹 브라우저인 익스플로러에서 파일 다운로드가 두 개로 제한되어 있는 것처럼).

이러한 경우에 자원이란 다운로드의 권한이라고 표현할 수 있을 것이다. 세마포어는 이러한 다운로드의 권한을 카운트하게 된다. 세마포어의 초기값을 3으로 설정하고 사용자의 요구가 있을 때마다 다운로드 스레드를 생성한다. 생성된 스레드에서는 WaitForSingleObject() 함수를 호출하여 자신이 사용할 수 있는 권한이 아직 남아 있는지 검사해 보고 다운로드 루프로 진입하게 된다. 이때 대기 함수는 3으로 정해 놓은 세마포어의 카운트를 1 감소시켜서 다운로드의 권한

한 개를 감소시킨다.

두 번째, 세 번째 스레드가 다운로드를 시작하게 되면 세마포어의 카운트는 0이 되며 비신호 상태가 된다(즉, 다운로드의 권한을 다 쓰게 되어 다운로드의 권한을 얻기까지 기다리게 되는 것이다). 세 번째 이후 생성되는 스레드는 다운로드의 권한이 없으므로 다운로드 루프로 진입하지 못하고 다운로드가 가능해질 때까지 대기하게 된다. 대기하는 동안 다운로드의 권한을 얻어서 다운로드를 받는 스레드가 다운로드를 완료하게 되면 세마포어를 풀어 주게 되며 카운트를 1 증가시켜 사용할 수 있다는 신호 상태로 만들어 준다. 그러면 대기 중인 스레드는 즉시 다운로드를 시작하게 된다.

1) CreateSemaphore() 함수

세마포어 역시, 뮤텍스와 비슷하게 프로세스 사이에서도 사용할 수 있다. 세마포어를 사용할 때는 먼저 생성을 시켜야 하는데, 이때 사용되는 함수가 CreateSemaphore() 함수이다. 이 함수의 원형은 다음과 같다.

```
HANDLE CraeteSemaphore(
    LPSECURITY_ATTRIBUTES lpSemaphoreAttributes,
    LONG lInitialCount,
    LONG lMaximumCount,
    LPCTSTR lpName
);
```

이 함수에 사용되는 인자들을 살펴보면 다음과 같다.

① lpSemaphoreAttributes

첫 번째 인자인 lpSemaphoreAttributes에는 보안 설정이 들어가게 된다. 일반적으로는 NULL을 사용한다.

② lInitialCount

lInitialCount는 세마포어의 초기값을 지정해주는 인자이다. 이 값은 뮤텍스의 bInitialOwner와 비슷하게 사용되며, 스레드가 생성하면서 바로 획득할 것인지 아닌지를 지정할 수 있게 된다. 세마포어의 생성시 세마포어를 하나도 획득하지 않은 상태로 만들기 위해서는 다음에 나올 lMaximumCount값과 동일하게 설정해주면 된다.

③ lMaximumCount

lMaximumCount의 값은 최대 몇 개의 스레드가 세마포어를 획득할 수 있는지를 지정하게 된다. 즉, 세마포어의 최대 사용 개수를 나타내는 것이다. 이 값이 1이라면 뮤텍스와 비슷하게 하나의 스레드만이 획득할 수 있는 바이너리 세마포어가 된다. 1보다 크게 되면 스레드가 최대로 세마포어를 획득할 수 있게 된다.

④ lpName

뮤텍스와 마찬가지로 세마포어도 이름을 가질 수 있고 이름을 알고 있는 프로세스는 언제든지 OpenSemaphore() 함수로 세마포어의 핸들을 구할 수 있다. 세마포어는 커널 객체이기 때문에 파괴시에는 CloseHandle() 함수를 호출하면 된다.

2) ReleaseSemaphore() 함수

획득한, 즉 사용한 세마포어를 풀어주기 위해서는 ReleaseSemaphore() 함수를 사용하게 된다. ReleaseSemaphore() 함수의 원형은 다음과 같다.

```
BOOL ReleaseSemaphore(
    HANDLE hSemaphore,
    LONG lReleaseCount,
    LPLONG lpPreviousCount
);
```

① hSemaphore

우선 hSemaphore의 값은 생성한 세마포어의 핸들값이 들어가게 된다.

② lReleaseCount

lReleaseCount는 자신이 사용한 자원의 개수를 알려주는데 만일 하나를 사용하였으면 이 값은 1이고, 여러 개를 사용하였다면 사용한 개수만큼 설정하게 된다. 사용한 만큼의 자원을 풀어주는 것이다. 이것으로 한 스레드에서 여러 개의 자원을 한꺼번에 사용하는 것이 가능하다. 이 값은 세마포어의 카운트 값을 증가시킬 것인지를 결정하게 된다(세마포어의 카운트 값은 0일 수록 자원을 사용한 것이고, 증가할수록 사용할 수 있는 자원의 증가를 말한다). lReleaseCount 값은 사용한 자원을 풀어주는 값이므로 0보다 커야 한다.

③ lpPreviousCount

세 번째 인수는 세마포어의 이전 카운트 값을 얻고자 할 때 사용하는 참조 인수이다. 필요 없다면 NULL을 지정하면 된다.

6.3.7 세마포어의 사용 예

그럼 이제 지금까지 학습한 세마포어를 사용하여 자원을 획득하는 방법에 대해 알아보도록 하겠다. 세마포어도 뮤텍스와 마찬가지로 WaitForSigleObject() 함수와 같은 Wait*() 계열의 함수를 사용해서 자원을 획득하게 된다.

(1) CreateSemaphore라는 이름으로 프로젝트를 생성하고 같은 이름의 .cpp 파일을 추가한다.

(2) 추가한 .cpp 파일에 다음과 같이 코드를 작성한다.

예제 6.5 CreateSemaphore.cpp

```
#include <windows.h>
#include <stdio.h>

#define MAX 10

HANDLE hSemaphore;
DWORD WINAPI ThreadFunc(LPVOID lParam)
{
    int i = 0;
    i = (int)lParam;

    WaitForSingleObject(hSemaphore, INFINITE);

    printf("Thread %d has Semaphore\n",i);
    Sleep(300);

    printf("Semaphore Release : %d\n", i);
    ReleaseSemaphore(hSemaphore, 1, NULL);

    return 1;
}

int main()
{
```

```
25      HANDLE hThread[MAX];
26      DWORD dwThreadId[MAX];
27
28      int i;
29
30      hSemaphore = CreateSemaphore(NULL, 3, 3, NULL);
31
32      for(i = 0; i < MAX ; i++)
33      {
34         hThread[i] = CreateThread(NULL, 0, ThreadFunc,
              (LPVOID)i, NULL, &dwThreadId[i]);
35         printf("Thread %d Create\n",i);
36      }
37      WaitForMultipleObjects(MAX, hThread, TRUE, INFINITE);
38
39      return 1;
40   }
```

CreateSemaphore 예제 코드를 단위로 하여 행별로 분석해 보면 다음과 같다. 위의 예제에서 중요하다고 생각되는 부분을 설명하도록 한다.

① 04 : 생성할 스레드의 개수를 정의

② 06 : 생성할 세마포어의 핸들값이 저장될 변수

③ 11 : 몇 번째 생성된 스레드가 세마포어를 획득하였는지 나타내기 위한 변수

④ 13 : 대기 함수로써 세 개의 스레드가 수행을 마칠 때까지 다른 스레드를 대기시킨다.

⑤ 19 : CreateSemaphore() 함수로 획득한 세마포어 사용을 마친 후 다시 풀어주어 다른 스레드가 사용하도록 한다.

⑥ 31 : CreateSemaphore() 함수로 보안 설정을 지정하지 않고, 초기값 3, 최대 사용 개수를 3으로 설정하여(생성시 세마포어를 하나도 획득하지 않은 상태로 만든다) 세마포어를 생성한 다음 핸들을 저장한다. 이 세마포어의 이름에 NULL을 입력하였기 때문에 이름은 없다.

⑦ 33～36 : for문을 10번 순환하여 10개의 스레드를 생성한 다음 스레드가 생성될 때마다 스레드가 생성된 번호를 출력한다.

⑧ 38 : 모든 스레드의 수행이 종료될 때까지 기다린다.

위의 코드를 모두 작성하였으면 컴파일 후 실행시켜 본다. 아무런 오류가 발생하지 않았다면 다음 그림과 같은 화면을 볼 수 있을 것이다.

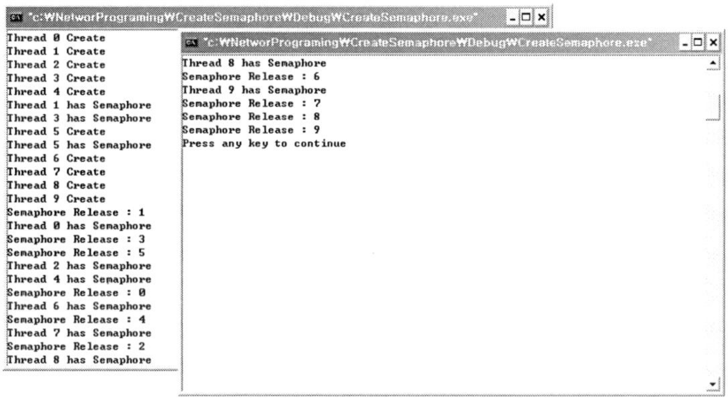

그림 6.7 세마포어의 실행화면

위의 실행결과를 살펴보면, 항상 최대 세 개의 스레드만이 세마포어를 획득하는 것을 볼 수 있다. 예제의 코드에서 세마포어를 생성할 때 최대 세 개의 스레드가 접근 가능하도록 설정하였기 때문이다.

6.3.8 이벤트(Event)

이벤트는 어떠한 사건이 일어났음을 다른 스레드에게 알려주는 동기화 객체이다. 임계 영역, 뮤텍스, 세마포어는 주로 공유 자원을 보호하기 위해 사용되는데 비해서 이벤트는 스레드간의 작업 순서나 시기를 조정하기 위해서 사용한다. 특정한 조건이 만족 될 때까지 대기해야 하는 스레드가 있을 경우에 이벤트로 제어하면 편리하다.

이벤트는 대표적인 동기화 객체의 하나로 이벤트의 상태를 변경할 수 있도록 다음과 같은 함수를 제공한다.

```
BOOL SetEvent(HANDLE hEvent);
BOOL ResetEvent(HANDLE hEvent);
```

여기서 SetEvent() 함수는 이벤트 핸들을 가지고 비신호 상태에서 신호 상태로 만들어주고, ResetEvent() 함수는 신호 상태에서 비신호 상태로 만들어 준다.

이벤트는 윈도우즈의 메시지와 유사하다. 사용자가 키보드를 누를 때 WM_KEYDOWN 메시지를 윈도우즈 프로시저에게 보내주어 처리하게 하는 것처럼 정렬이나 다운로드가 끝났을 때 이벤트를 보내주어 관련된 다른 작업을 하도록 지시할 수 있다. 이벤트를 기다리는 스레드는 이벤트가 신호상태가 될 때까지 대기하며 신호상태가 되면 대기를 풀고 작업을 시작한다. 이벤트는 리셋되는 방식에 따라 두 가지 종류가 있다.

1) 자동 리셋(Auto-Reset) 이벤트

스레드 중 하나를 깨운 후 자동으로 비신호 상태가 된다. 이렇게 자동으로 신호, 비신호 상태가 바뀌기 때문에 ResetEvent() 함수를 사용할 필요가 없다.

2) 수동 리셋(Manual-Reset) 이벤트

계속 신호 상태를 유지하므로 결과적으로 기다리는 스레드를 모두 깨우게 된다. 자동 리셋 이벤트와 달리 이벤트를 비신호 상태로 바꾸려면 명시적으로 ResetEvent() 함수를 호출해야 한다.

이 두 가지 이벤트의 차이점이 당장 이해가 되지는 않겠지만 일단 개념적으로 좀 더 쉬운 자동 리셋 이벤트를 알아본 후 나중에 수동 리셋 이벤트를 사용한 예를 들어 설명하도록 하겠다.

3) CreateEvent() 함수

먼저 이벤트를 사용하기 위해서는 CreateEvent() 함수를 사용한다. CreateEvent() 함수의 원형은 다음과 같다. 이 함수의 호출이 성공하게 되면 이벤트의 핸들이 반환되며, 실패시에는 NULL이 반환된다.

```
HANDLE CreateEvent(
    LPSECURITY_ATTRIBUTES lpEventAttributes,
    BOOL bManualReset,
    BOOL bInitialState,
    LPCTSTR lpName
);
```

① lpEventAttributes

보안 디스크립터 정보를 전달하는 용도로 사용되는 인수이다. 대부분의 경우 이 인자값으로 NULL을 사용한다.

② bManualReset

자동 리셋 이벤트를 생성할 것인지, 수동 리셋 이벤트를 생성할 것인지를 정한다. TRUE일 경우에는 수동 리셋 이벤트가 생성되고, FALSE일 경우에는 자동 리셋 이벤트가 생성된다.

③ bInitialState

이벤트의 생성 시 신호 상태를 설정하는 인자이다. TRUE이면 이벤트를 생성함과 동시에 신호 상태로 만들고, FALSE이면 이벤트를 생성함과 동시에 비신호 상태로 만든다.

④ lpName

이벤트의 이름을 정할 수 있다. 이벤트도 이름을 가지기 때문에 프로세스간의 동기화에 사용될 수 있다.

6.3.9 이벤트 사용 예

이벤트에 대한 내용을 바탕으로 간단한 예를 작성해 보도록 한다.

(1) CreateEvent라는 이름으로 프로젝트를 생성하고 역시 같은 이름으로 .cpp 파일을 추가한다.

(2) 추가한 .cpp 파일에 다음의 코드를 작성한다.

예제 6.6 CreateEvent.cpp

```
#include <windows.h>
#include <stdio.h>

#define MAX 5

HANDLE hEvent;

DWORD WINAPI ThreadFunc(LPVOID lParam)
{
    int i = (int)lParam;
    printf("Thread %d Created\n",i);
```

```
12
13      WaitForSingleObject(hEvent, INFINITE);
14      printf("Thread %d has Event\n",i);
15      Sleep(2000);
16
17      return 1;
18   }
19
20   int main()
21   {
22      HANDLE hThread[MAX];
23      DWORD dwThreadId[MAX];
24
25      int i;
26
27      hEvent = CreateEvent(NULL, FALSE, FALSE, NULL);
28
29      for(i = 0; i < MAX ; i++)
30      {
31         hThread[i] = CreateThread(NULL, 0, ThreadFunc,
              (LPVOID)i,NULL,&dwThreadId[i]);
32      }
33
34      SetEvent(hEvent);
35      WaitForMultipleObjects(MAX, hThread, TRUE, INFINITE);
36      return 1;
37   }
```

CreateEvent 예제의 코드를 행단위로 살펴보면 다음과 같다.

① 04 : 생성할 스레드의 개수를 다섯 개로 정의한다.

② 08~18 : 스레드 수행 시 스레드가 생성되었다는 메시지를 출력하고, 스레드에서 이벤트를 획득하면 획득한 스레드를 출력하는 코드이다.

③ 27 : 이벤트를 생성하여 이벤트의 핸들을 변수에 저장한다. 이때 생성된 스레드는 자동으로 리셋이 되고 생성시 비신호 상태인 이벤트가 생성된다.

④ 34 : 생성된 이벤트를 비신호 상태에서 신호 상태로 바꾸어준다.

코드를 모두 작성하였으면 컴파일을 수행하고 아무런 오류가 없다면 다음의 그림과 같은 화면을 볼 수 있을 것이다. 이벤트가 사용 후에는 자동으로 비신호 상태가 되기 때문에 하나의 이벤트만 획득한다.

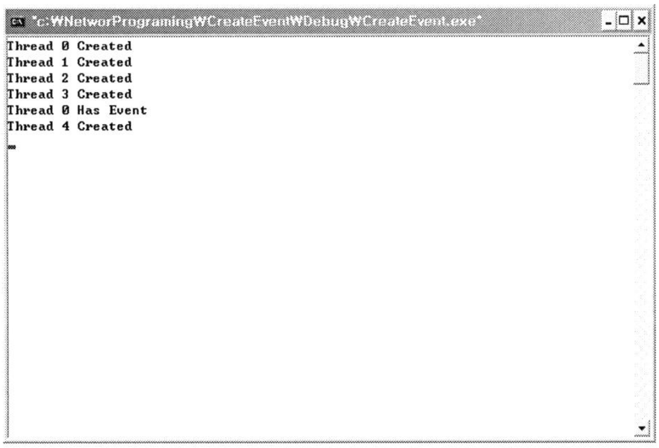

그림 6.8 이벤트의 실행화면 (1)

그렇다면 이번에는 CreateEvent() 함수의 두 번째 인자, 즉 bManualReset을 TRUE로 설정해 보자. 그러면 그림 6.9와 같은 결과를 얻게 된다. 이것은 이벤트를 얻고 나서 계속 신호 상태로 남아 있어 대기 함수에서 바로 반환이 되어 다음 스레드로 이벤트의 획득 권한이 넘어가기 때문이다.

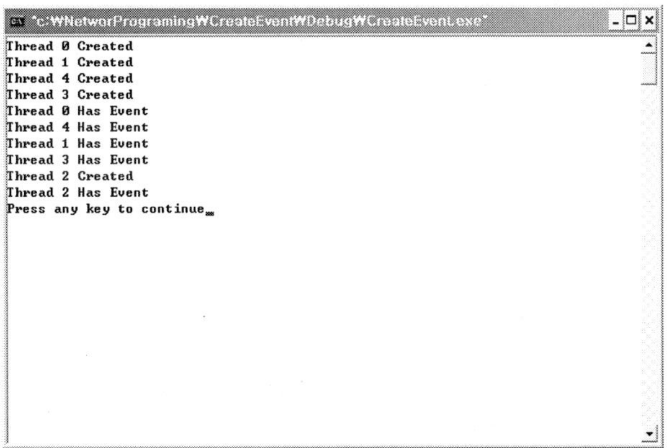

그림 6.9 이벤트의 실행화면 (2)

여기에서 우리는 자동 리셋과 수동 리셋의 장단점을 알 수 있다. 자동 리셋의 경우에는 사용하기 편리하고, 논리적으로도 별 문제가 없으며 여러 개의 스레드 중에서 하나의 스레드만 작동해야 하는 동기화가 확실히 중요한 경우에 사용한다. 그러나 하나의 이벤트를 여러 개의 스레드가 대기해야 할 때는 문제가 달라진다.

예를 들어 계산 스레드는 열심히 계산을 하고 있고, 이 계산 스레드가 계산 마치기를 기다리는 스레드가 다섯 개쯤 있다고 가정하자. 계산된 결과를 보여주는 스레드, 인쇄하는 스레드, 누군가에게 메일을 보내는 스레드 등등을 생각할 수 있다. 계산 스레드가 계산을 완료하고 이제 계산 결과를 사용해도 좋다는 뜻으로 이벤트를 신호 상태로 만들 것이다. 그러면 대기하던 다섯 개의 스레드가 일제히 작업을 시작해야 하는데 자동 리셋 이벤트의 경우는 이것이 불가능하다. 수동 리셋은 여러 개의 작업이 동시에 실행되어야 하는 작업, 즉 위에서 예로 들었던 작업들과 같은 환경에서 사용될 수 있다.

수동 리셋 이벤트는 대기 함수가 반환될 때 신호 상태를 그대로 유지하면서 ResetEvent() 함수로 일부러 비신호 상태로 만들어 줄 때만 상태가 변경된다. 그래서 여러 개의 스레드가 하나의 이벤트를 기다리고 있더라도 한 번의 신호로 대기하던 모든 스레드가 일제히 작업을 수행할 수 있는 것이다. 수동 리셋 이벤트를 다시 비신호 상태로 만들어 주어야 하는 시점은 이 이벤트를 기다리는 모든 스레드가 대기 상태에서 풀려 났을 때이다. 이런 일을 해주는 함수가 다음의 함수이다.

```
BOOL PulseEvent(HANDLE hEvent);
```

이 함수는 SetEvent() 함수를 호출하여 이벤트를 신호 상태로 만든다. 그리고 대기하던 스레드가 대기 상태를 벗어나면 다시 이벤트를 비신호 상태로 만든다.

6.3.10 수동 리셋 이벤트의 사용 예

다음 예제는 수동 리셋 이벤트를 사용한 예제이다. 스레드들의 작업을 종료할 때 자동 리셋 이벤트는 하나의 이벤트가 사용 후에 전부 비신호 상태가 되기 때문에 일괄 종료할 수가 없다. 따라서 수동 리셋을 사용하여 이벤트를 사용한 후에는 모두 신호 상태로 만들어 한꺼번에 종료할 수 있다.

(1) ManualSignalEvent라는 이름으로 프로젝트를 생성하고 같은 방법으로 .cpp 파일을 추가한다.

(2) 추가한 .cpp 파일에 다음과 같은 코드를 작성한다.

예제 6.7 ManualResetEvent.cpp

```
#include <windows.h>
#include <stdio.h>

#define MAX 7

HANDLE hEvent;

DWORD WINAPI ThreadFunc(LPVOID lParam)
{
    int i = (int)lParam;

    while(1)
    {
        if(WaitForSingleObject(hEvent, 100) == WAIT_OBJECT_0)
        {
            printf("Thread Exit\n");
            return 1;
        }
        printf("Thread Live : %d\n",i);
    }
    return 1;
}

int main()
{
    HANDLE hThread[MAX];
    DWORD dwThreadId[MAX];

    int i;

    hEvent = CreateEvent(NULL, TRUE, FALSE, NULL);

    for(i = 0 ; i < MAX ; i++)
    {
        hThread[i] = CreateThread(NULL, 0, ThreadFunc,
            (LPVOID)i, NULL, &dwThreadId[i]);
    }

    getchar();

    SetEvent(hEvent);
    WaitForMultipleObjects(MAX, hThread, TRUE, INFINITE);
```

```
42
43      return 1;
44  }
```

ManualSignalEvent 예제의 코드를 살펴보면 다음과 같다.

① 12~20 : 스레드의 수행 시 이벤트가 신호 상태가 되지 않으면 스레드가 아직 살아 있다는 메시지를 출력하고 종료 이벤트가 발생한다면 스레드를 종료시킨다.
② 31 : 수동 리셋 스레드를 생성하여 이벤트의 핸들을 변수에 저장한다.
③ 38 : 사용자로부터 문자를 입력 받기를 대기한다.

위의 예제는 수동 리셋 스레드를 생성하여 모든 스레드가 한꺼번에 종료하도록 하는 예제이다. 스레드를 여러 개 생성하고 이 스레드들이 스레드 수행 시 이벤트가 신호상태가 되지 못하면 계속 살아있다는 메시지를 출력한다. 그러다가 사용자의 입력이 들어오게 되면 이벤트가 신호 상태가 되고 한 스레드가 이벤트를 획득하여 작업을 마치게 되면 수동 리셋 이벤트이기 때문에 종료 하더라도 이벤트는 계속 신호 상태이기 때문에 남아 있던 스레드들도 모두 각자 이벤트를 획득하여 작업을 수행 후 종료하게 된다.

모든 코드의 작성을 마쳤으면 컴파일을 하고, 아무런 오류가 없다면 다음의 결과를 얻을 수 있다.

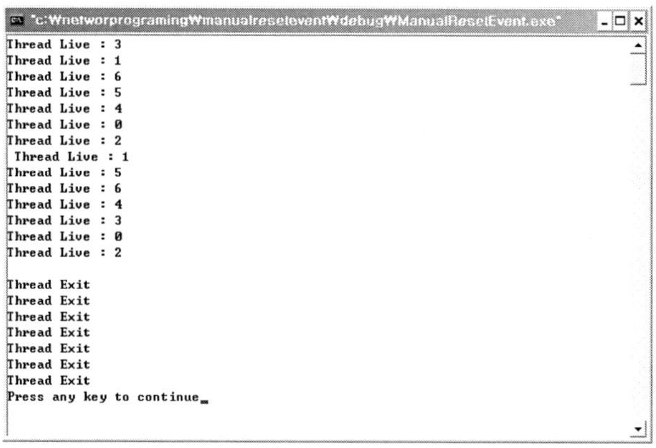

그림 6.10 수동 리셋 이벤트의 사용 예

CHAPTER

07 MFC 소켓 프로그래밍(1)

7.1 MFC 소켓 프로그래밍

7.2 MFC 소켓 클래스

7.3 MFC 소켓 프로그램의 동작 과정

7.4 메시지 처리

7.5 CAsyncSocket/CSocket 클래스의 멤버 함수

학습 목표

- 윈도우즈 메시지 처리 방법에 대해 알아본다.
- MFC 소켓을 이해하고 사용되는 함수에 대해 알아본다.

선수 학습

- 일반 윈도우즈 소켓의 이해
- 일반 윈도우즈 소켓 함수의 이해

함수 및 구조체

- Create(UINT, int, long, LPCTSTR)
- Listen(int)
- Accept(CAsyncSocket&, SockAddr*, int*)
- Connoct(LPCTSTR, UINT)
- Connect(const SOCKADDR*, int)
- Send(const void*, int, int)
- SendTo(const void*, int, UINT, LPCTSTR, int)
- SendTo(const void*, int, const SOCKADDR*, int, int)
- Receive(void*, int, int)
- ReceiveFrom(void*, int, CString&, UINT&, int)
- ReceiveFrom(void*, int, SOCKADDR*, int*, int)
- Close( )
- Attach(SOCKET, long)
- Detach( )

학습 후 점검 사항

- 윈도우즈에서 프로그램이 어떻게 동작하는지 알고 있는가?
- MFC 소켓과 소켓 함수에 대해 이해하고 있는가?

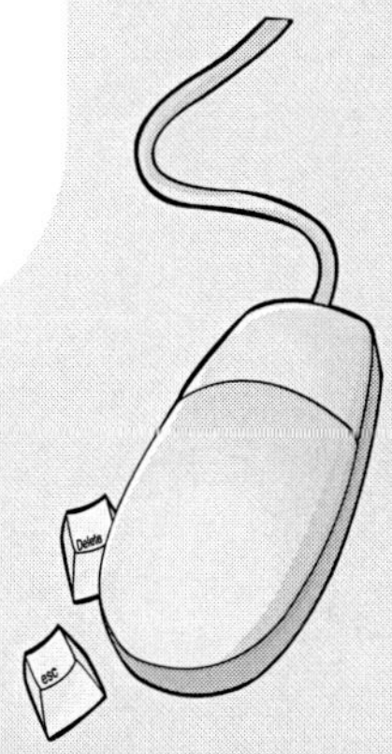

7.1 MFC 소켓 프로그래밍

지금까지 우리는 Winsock을 이용하여 콘솔 기반으로 네트워크 프로그램을 작성하였다. 콘솔 기반의 프로그램은 순차적으로 프로그램 코드를 실행하기 때문에 프로그램을 작성하는데 익숙하지 않은 사람들이 전체적인 코드를 이해하기가 쉽다는 장점을 가지고 있다. 하지만 컴퓨터를 사용하는데 익숙하지 않거나 관련 지식이 부족한 사람들이 콘솔 기반의 프로그램을 사용하기에는 부적합하다는 단점을 가지고 있다. 이와는 반대로 현재 우리들이 사용하고 있는 대부분의 윈도우즈용 프로그램들(예를 들자면 흔글, Visual Studio, Photo Shop, WinAmp 등)이 GUI(graphic user interface) 기반으로 작성되어 있다. 그래픽으로 처리되어 있는 인터페이스 덕분에 텍스트로만 이루어진 콘솔 기반의 프로그램보다 사용자들이 이용하기 쉽도록 되어 있다.

현재 및 앞으로도 이러한 사용자를 고려한 인터페이스의 채택이 중요하다. 따라서 이번 장에서는 GUI 기반의 네트워크 프로그램을 보다 쉽게 작성하기 위한 한 가지 방법인 MFC(microsoft foundation class) 소켓 프로그래밍의 기초적인 이론에 대해 학습하고자 한다.

7.1.1 GUI 기반 소켓 프로그램 작성 방법

GUI 기반으로 소켓 프로그램을 작성하는 방법에는 다음과 같이 크게 두 가지로 나누어 볼 수가 있다.

- Win32 API를 이용하여 프로그램을 작성하는 방법
- MFC에서 제공하는 클래스를 이용하여 프로그램을 작성하는 방법

위의 두 가지 방법은 각각 장·단점을 가지고 있다. 우선 Win32 API를 직접 사용하는 방법은 코드가 간결하고 자원(주로 메모리)을 아낄 수 있다는 장점이 있으나 프로그램을 작성하기가 어렵다는 단점을 가지고 있다. 반면에 MFC는 기본적인 부분이 미리 만들어지기 때문에 프로그램을 작성하기가 훨씬 수월해 지는 반면에 코드가 지저분해질 수 있고 API를 이용해 직접 작성하는 것보다 자원의 낭비가 많아질 수 있다.

우리가 앞으로 프로그램을 작성하는데 사용할 MFC는 Winsock API를 기반으로 하는 소켓 클래스를 제공한다. 이러한 소켓 클래스는 Winsock API를 이용하여 프로그램을 작성하는 것보다 쉽게 프로그램을 작성할 수 있도록 도와준다.

또한 앞서 말한 GUI 기반 프로그램을 작성하는데도 Win32 API를 이용하여 GUI를 표현하기 위해서는 MFC를 이용하여 GUI를 표현하는 것보다 몇 배나 많은 시간(코드)과 노력이 필요하다.

따라서 MFC가 Win32 API를 이용하여 프로그램을 작성하는 것보다 GUI를 표현하는데 시간과 노력을 절감하는데 유리하기 때문에 유리한 GUI를 표현하기 위해 앞으로도 MFC를 이용하여 프로그램을 작성하는 것이 중요하다고 할 수 있다.

위에서 말한 MFC를 이용하여 네트워크 프로그램을 작성하기 위해서는 MFC 소켓을 이용한 네트워크 프로그램을 작성해야 한다. 하지만 프로그램을 작성하는데 익숙하지 않은 사람이나 한 번도 다루어 보지 않은 사람이라면 MFC를 이용하여 프로그램을 작성하기란 쉽지만은 않을 것이다. MFC가 프로그램을 쉽게 작성할 수 있도록 도와주는 라이브러리라고는 하지만 클래스에 대한 지식이 부족하다면 그리 쉽지만은 않기 때문이다.

MFC는 그래픽, DB(data base), 네트워크 등의 대부분의 프로그램을 작성하는데 필요한 클래스를 지원하고 있다. 이러한 클래스들이 워낙 많기 때문에 사용법을 모두 외운다고 하기에는 시간과 노력의 낭비일 것이다. 따라서 클래스에 대한 개념과 라이브러리에 대한 사용법을 어느 정도만 익혀둔다면 MFC를 이용하여 프로그램을 작성하는데 큰 문제는 발생하지 않을 것이다.

이 책에서는 클래스의 개념이나 MFC 라이브러리의 사용 방법 등에 대해서는 그 내용이 방대하기 때문에 설명하지 않는다. 따라서 관련 지식이 부족한 사람이라면 관련 서적이나 인터넷 등을 이용하여 지식을 습득하기 바란다.

7.2 MFC 소켓 클래스

MFC는 프로그램을 쉽게 작성하기 위해서 여러 가지 클래스를 지원한다고 했다. 우리가 작성해야 할 프로그램은 바로 MFC 소켓을 이용한 네트워크 프로그램이다. MFC에서는 Winsock API를 사용하기 쉽게 캡슐화 하여 CAsyncSocket과 CSocket이라는 두 개의 소켓 클래스로 제공하고 있다.

우선 모든 MFC 클래스의 구조를 살펴보면 그림 7.1과 같다.

그림 7.1 MFC 클래스 구조도

MFC에서 제공하는 클래스는 위의 그림과 같이 방대한 양을 제공함을 알 수 있다. 그중에서 MFC 소켓 클래스를 따로 떼어내 보면 그림 7.2와 같다.

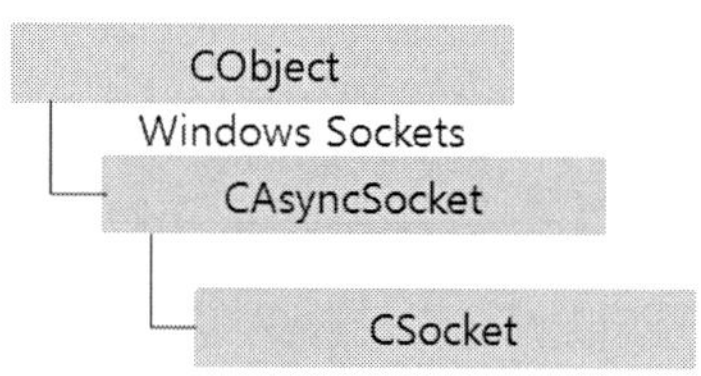

그림 7.2 MFC 소켓 구조도

그림 7.2에서 보는 바와 같이 CAsyncSocket 클래스는 CObject 클래스로부터 상속된 클래스로 비동기 소켓의 특성을 제공하고, CSocket은 CAsnycSocket 클래스로부터 상속된 클래스로, 부모클래스인 CAsyncSocket 클래스의 멤버 함수를

개발자가 좀 더 사용하기 편리하도록 해놓은 것이다. 또한 CSocket 클래스는 동기 소켓의 특성을 제공한다.

CAsyncSocket 클래스는 비동기 소켓을 제공한다고 하였다. 비동기 소켓, 혹은 넌 블러킹(Non Blocking) 소켓이라고도 하는데 비동기 소켓은 이벤트가 발생하였을 때 즉, CAsyncSocket 클래스의 멤버 함수인 연결을 시도하는 Connect() 함수, 연결된 상태에서 데이터를 클라이언트나 서버로 보내는 Send() 함수, 연결된 상태에서 데이터를 클라이언트나 서버로부터 받는 Receive() 함수 등의 호출이 끝나기 전에 반환하고, 다음 코드를 실행한다. 이러한 CAsyncSocket 클래스의 동작을 살펴보면 그림 7.3과 같다.

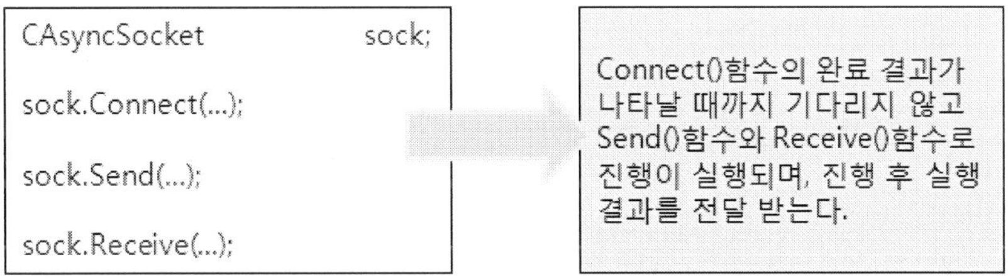

그림 7.3 CAsyncSocket(비동기 소켓) 클래스의 동작

그림을 살펴보면 알 수 있듯이 CAsyncSocket 클래스로 소켓 객체를 생성하고, 소켓 객체를 이용하여 멤버 함수인 Connect() 함수를 호출하게 되면, 호출 후 바로 코드로 복귀하여 접속의 성공 또는 실패의 결과를 시스템에서 OnConnect() 가상 함수를 호출하여 알려줄 때까지 대기하게 된다.

반면에 CSocket 클래스는 동기 소켓을 제공한다. 동기 소켓, 혹은 블러킹(blocking) 소켓이라고도 하는데, 이는 비동기 소켓을 확장한 것으로 비동기 소켓의 이벤트 처리 모듈을 기본적으로 내장하고 있다.

동기 소켓은 비동기 소켓과는 반대로 이벤트가 발생하였을 때, 즉 CSocket 클래스의 멤버 함수인 연결을 시도하는 Connect() 함수, 연결된 상태에서 데이터를 클라이언트나 서버로 보내는 Send() 함수, 연결된 상태에서 데이터를 클라이언트나 서버로부터 받는 Receive() 함수 등을 호출하면 그 함수의 내부 동작이 모두 끝난 다음에 다음 코드가 실행된다. 이러한 CSocket 클래스의 동작을 살펴보면 그림 7.4와 같다.

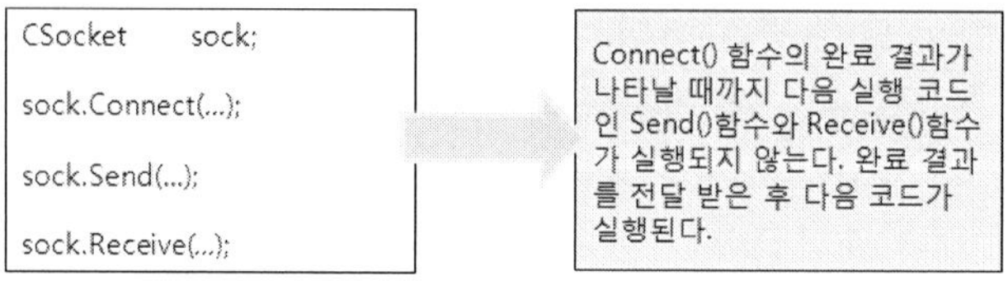

그림 7.4 CSocket(동기 소켓) 클래스의 동작

CSocket 클래스로 소켓 객체를 생성하고, 소켓 객체를 이용하여 멤버 함수인 Connect() 함수를 호출하게 되면, 접속의 성공 또는 실패의 결과가 나타날 때까지 다음 코드를 실행하지 않는다. 결과가 나타나야 비로소 Send(), Receive() 함수가 호출이 된다.

CAsyncSocket 클래스와 CSocket 클래스는 앞서 말한 것과 같이 비동기(넌 블러킹) 소켓과 동기(블러킹) 소켓이라는 차이점을 가지고 있지만 그 외에는 특별히 차이점을 가지고 있지 않다.

7.3 MFC 소켓 프로그램의 동작 과정

이전까지는 콘솔 기반의 서버/클라이언트 구조의 프로그램을 작성하였다. 서버/클라이언트 구조의 프로그램을 작성하기 이전에 선수 학습으로 TCP 서버/클라이언트의 동작 과정에 대해서 알아보았다. 우리가 이번 7장부터 작성해야 할 MFC 소켓 프로그램도 콘솔 기반의 서버/클라이언트 구조의 프로그램의 동작 과정과 크게 다르지 않다. 약간의 이벤트 처리 과정이 추가되었을 뿐이다. 그림 7.5는 이러한 MFC 소켓 서버/클라이언트 구조의 프로그램 동작 과정을 나타낸다.

이전에 작성했던 콘솔 기반의 TCP 서버/클라이언트 구조의 프로그램과 그 동작 과정이 크게 다르지 않다. 단순히 소켓의 멤버 함수 이름이 조금 달라졌다는 차이 밖에 없다. 때문에 콘솔 기반의 윈속 프로그램을 작성하는 방법으로 쉽게 MFC 소켓 프로그램을 작성할 수 있을 것이다. 그림 7.5가 이해되지 않는다면 3장을 참고하기 바란다. MFC 소켓 TCP 서버/클라이언트 구조의 프로그램 동작 순서를 설명하면 다음과 같다.

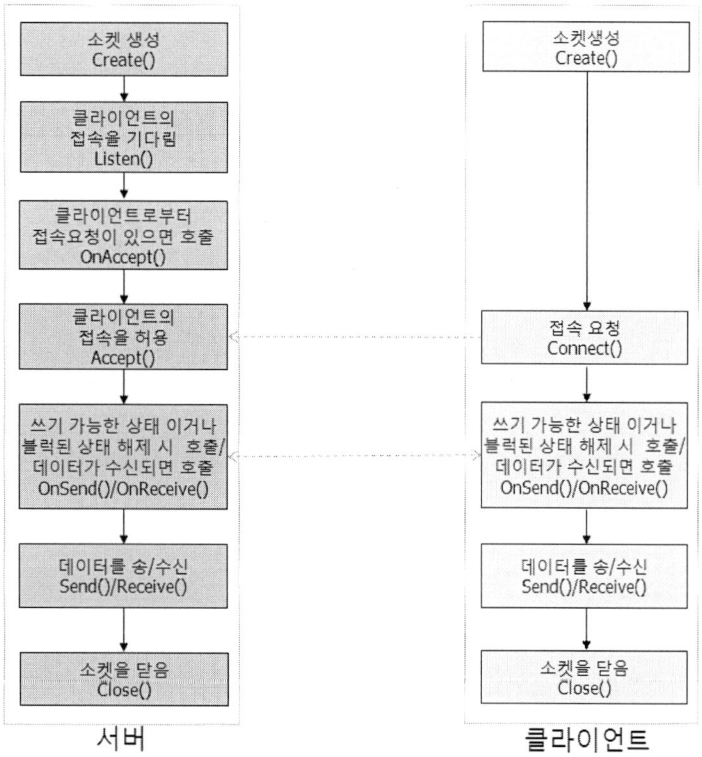

그림 7.5 MFC 소켓 TCP 서버/클라이언트의 동작 과정

우선 서버의 경우 다음과 같은 순서로 동작을 한다.

1) MFC 소켓 TCP 서버의 동작

① TCP 서버에서 사용할 소켓을 생성한 다음 소켓에 서버의 IP 및 클라이언트와 통신할 포트(port)를 설정한다.
② 설정한 포트로 접속할 클라이언트를 기다린다.
③ 클라이언트에서 접속요청이 들어오면, 접속을 허용한다.
④ 연결이 되면, 데이터를 주고받는다.
⑤ 데이터를 주고받은 후에 접속을 종료한다.

클라이언트의 경우에는 서버에서의 Listen과 Accept 과정 대신 Connect 과정이 추가되고 다음과 같은 순서로 동작을 하게 된다.

2) MFC 소켓 TCP 클라이언트의 동작

① TCP 클라이언트에서 사용할 소켓을 생성한다.
② 서버로 접속을 요청한다.
③ 서버에 접속이 되면 데이터를 주고받는다.
④ 모든 데이터를 주고받으면 접속을 종료한다.

위의 과정에서도 알 수 있듯이 MFC 소켓 서버/클라이언트의 동작은 콘솔 기반의 TCP 서버/클라이언트와 동작하는 순서 또는 과정이 같다고 볼 수 있다. 이러한 MFC 소켓의 동작 과정은 흔히 그림 7.6과 같은 전화의 예와 비교할 수 있다.

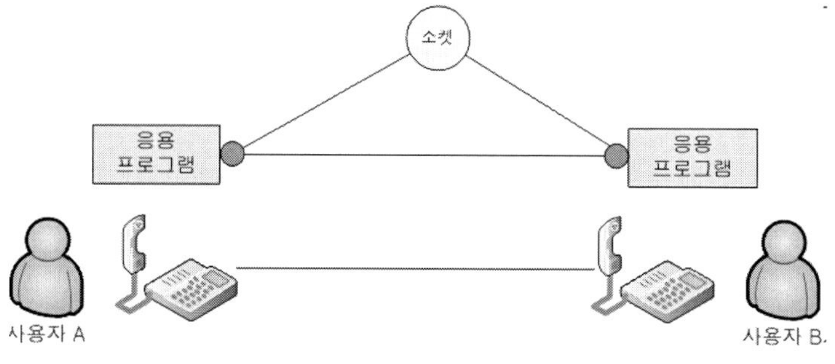

그림 7.6 소켓에 비교한 전화의 동작 예

그림에서 보는 바와 같이 응용 프로그램은 사용자 A · B와 같고 소켓은 사용자 A · B가 사용할 전화와 같다. 소켓에 비교한 전화의 동작 과정은 다음과 같다.

① 사용자 A와 사용자 B가 통신을 하기 위해서 전화를 설치한다(서버와 클라이언트의 동작 ①에 해당).
② 사용자 A는 사용자 B로 부터의 전화를 기다리고 있다(서버 동작 ②에 해당).
③ 사용자 B는 사용자 A에게 전화를 건다(클라이언트 동작 ②에 해당).
④ 사용자 A의 전화기에 벨이 울린다(서버 동작 ③에 해당).
⑤ 사용자 A는 수화기를 들어 전화를 받는다(서버 동작 ③에 해당).
⑥ 서로 통화를 한 후 통화가 끝나면 수화기를 놓아 전화를 끊는다(서버 동작 ⑤ 클라이언트 동작 ④에 해당).

그림 7.5와 위의 예를 비교하면 전화벨이 울릴 때 서버에서는 OnAccept() 함수가 호출되고 전화를 받게 되면 클라이언트에서 OnConnect() 함수가 호출된다. 서로 통화를 하게 되면 둘 중 하나는 이야기를 들어야 하고, 이야기를 해야 하기 때문에 OnSend() 함수와 OnReceive() 함수가 호출이 된다. 마지막으로 전화통화를 마친 후 수화기를 내려놓아 전화를 끊게 되면 OnClose() 함수가 호출된다.

이러한 함수들을 가상 함수라 하는데 이들은 모두 CAsyncSocket 클래스의 이벤트 처리 함수이다. 이밖에 CAsyncSocket 클래스 및 CSocket 클래스에 관련된 함수들을 5절에서 설명하도록 한다.

7.4 메시지 처리

MFC를 이용하여 작성하게 되는 프로그램은 보통 GUI 기반의 프로그램들이 대다수이다. 이러한 GUI 기반의 프로그램을 작성하기 시작하면서 여러분들은 많은 어려움을 느낄 수 있다. 왜냐하면 GUI 기반의 프로그램의 처리 방식과 지금까지 작성해 온 콘솔 기반의 프로그램의 처리 방식이 서로 다르기 때문이다.

6장까지 작성해 온 콘솔 기반의 프로그램은 순차적으로 코드를 실행하기 때문에, 즉 여러분이 작성한 코드의 순서대로 코드가 실행되기 때문에 전체적인 프로그램의 흐름을 이해하기가 쉽다. 하지만 앞으로 작성할 GUI 기반 프로그램은 그 실행 과정이 발생되는 이벤트를 가지고 메시지를 처리하는 방식으로 실행된다.

따라서 GUI 기반 프로그램을 작성하기 위해서는 이러한 메시지 처리에 대한 내용을 어느 정도 이해하고 있어야 한다. 그러므로 이번 4절에서 메시지 처리에 대해 간단히 집고 넘어 가기로 한다.

우리가 처리해야 할 메시지들은 처리하는 주체에 따라 윈도우즈 메시지, 컨트롤 통지 메시지, 그리고 명령 메시지 마지막으로 시스템 등록 메시지의 네 가지로 나눌 수 있다. 그중에서 우리는 윈도우즈 메시지 그리고 윈도우즈 소켓 메시지 처리에 대해 알아보도록 하겠다.

7.4.1 윈도우즈 메시지 처리

우선 메시지라는 것은 발생된 이벤트의 정보와 종류를 전달하는 일종의 상수값이라 할 수 있다. GUI 기반의 프로그램을 작성하는데 있어서 이러한 메시지를 어떻게 처리하는가가 가장 중요한 일이라 하겠다.

메시지 처리를 이해하기 쉽도록 한 가지 예를들어 설명하도록 하겠다.

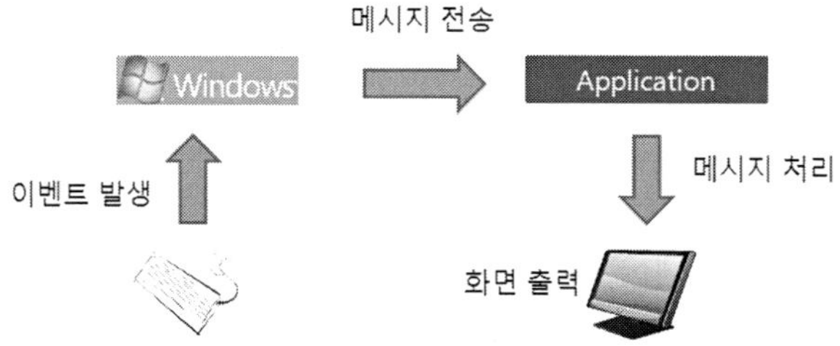

그림 7.7 윈도우즈 메시지 처리

그림 7.7과 같이 응용 프로그램의 사용자가 키보드의 버튼을 누르게 되면 키보드가 눌렸다는 이벤트가 발생하게 된다. 이러한 이벤트가 발생하면 운영체제인 윈도우즈에서 이벤트 처리를 담당할 응용 프로그램에게 키보드가 눌렸다는 메시지를 보내게 된다. 응용 프로그램에서 메시지를 받게 되면 메시지에 대한 적절한 처리를 통하여 화면에 출력하게 된다.

바로 우리가 해야 될 부분이 윈도우즈 시스템으로부터 전달되는 메시지를 어떻게 적절히 처리하는가에 대한 부분이다.

위의 그림에서도 나타난 바와 같이 메시지는 윈도우즈 시스템이 응용 프로그램으로 보낸다. 이것은 우리가 작성한 프로그램이 윈도우즈 시스템으로 메시지를 보내는 것이 아니라는 말과도 같다. 즉, 윈도우즈 시스템이 우리가 작성한 응용 프로그램에서 어떠한 함수를 호출한다는 말이 된다. 응용 프로그램의 이러한 함수를 윈도우즈 프로시저라 부른다.

윈도우즈 시스템에서 어떠한 메시지가 발생하면, 윈도우즈 시스템은 메시지를 처리할 수 있는 해당 응용 프로그램의 함수 즉, 윈도우즈 프로시저를 호출한다. 그림 7.8은 이러한 윈도우즈 시스템의 프로시저 호출 과정 즉, 메시지를 처리하는 과정을 나타낸다.

윈도우즈 시스템은 입력장치(키보드, 마우스, 디지타이저 등)에서 이벤트가 발생하면 윈도우즈 시스템 메시지 큐(queue)에 메시지들을 저장한다. 시스템 메시지 큐에 메시지가 저장될 때는 먼저 발생한 순서대로 큐에 저장이 된다. 큐에 저장된 메시지들은 시스템 분배기에 의해 어떠한 프로그램에서 처리해야할 메시지인가를 구분한다.

이러한 메시지가 각 응용 프로그램들이 실행될 때 즉, 메모리에 상주될 때 생성된 응용 프로그램 메시지 큐에 저장이 된다. 이렇게 응용 프로그램의 메시지 큐에 저장된 메시지를 가지고 적절한 처리를 하게 된다.

예를 들어, 문서를 작성한다고 하였을 때 문서를 작성하기 위해서 응용 프로그램을 실행시킬 것이다. 그리고 키보드로 입력을 하게 되면 키보드에서 발생되는 이벤트가 윈도우즈 시스템에게 보내어진다. 이렇게 보내진 이벤트를 메시지로 변형하여 시스템 메시지 큐에 저장을 한다. 큐에 메시지가 저장이 되면 시스템 분배기가 먼저 들어온 메시지부터 어느 응용 프로그램의 메시지인지를 구분하여 응용 프로그램이 가지고 있는 메시지 큐에 전달한다. 이에 따라 응용 프로그램은 메시지를 가지고 적절한 처리를 하여 문자를 출력하거나, 문서를 편집한다.

앞서 윈도우즈 시스템에서 사용되는 메시지의 종류는 대게 네 가지로 구분된다고 하였다. 이중에서 다음 8장에서 작성할 MFC 소켓을 이용한 서버/클라이언

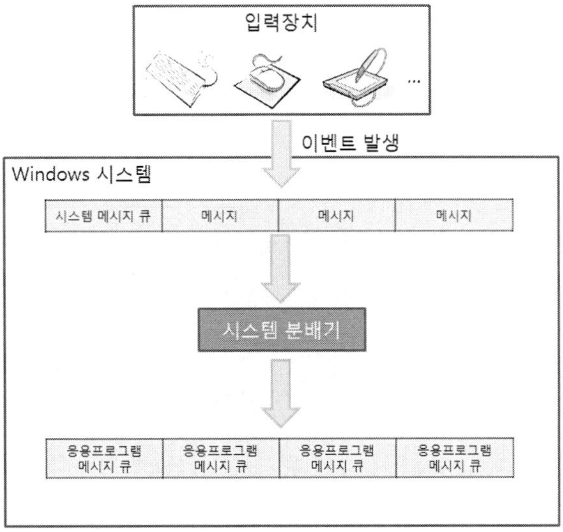

그림 7.8 윈도우즈 시스템의 메시지 처리

트 작성 시 사용할 메시지는 사용자 정의 메시지이다. 사용자 정의 메시지는 프로그램을 작성하는 프로그래머가 필요에 의해서 직접 정의하는 메시지를 말한다.

사용자 정의 메시지를 쉽게 설명하면, 우리가 앞으로 작성할 서버/클라이언트 프로그램에서 소켓으로 부터 OnAccept 메시지가 발생할 경우 응용 프로그램에게 OnAccept 메시지가 발생했다고 알려주는 것을 말한다.

사용자 정의 메시지를 사용하기 위해서는 사용할 메시지를 정의하고 메시지 매크로와 메시지 핸들러를 이용해야 한다. 메시지의 정의는 간단한 내용이기 때문에 메시지 매크로와 메시지 맵에 대해 알아보도록 하겠다.

```
ON_MESSAGE(message, memberFxn);

afx_msg LRESULT memberFxn(WPARAM, LPARAM);
```

메시지 매크로 ON_MESSAGE()의 역할은 첫 번째 인자인 사용자 정의 메시지가 발생하면 두 번째 인자인 함수가 실행되도록 연결을 해주는 역할을 한다. 메시지 매크로는 .cpp 파일의 BEGIN_MESSAGE_MAP에 수작업으로 등록을 하게 된다.

BEGIN_MESSAGE_MAP은 메시지가 발생하였을 경우 어느 함수를 호출할 것인지의 정보가 등록되어 있는(메시지 매크로) 테이블이다.

메시지 핸들러에서 afx_msg는 virtual 대신 붙여 놓은 말로써 오버라이딩된 함수임을 나타내기 위해 사용된다. 이는 프로그래머에게 함수가 오버라이딩된 함수임을 알려줄 뿐 아무 의미가 없다. LRESULT는 메시지 핸들러 함수의 반환형을 그리고 함수의 WPARAM과 LPARAM은 함수 호출시 보내지는 인자값을 말한다.

지금까지 메시지 매크로와 메시지 핸들러에 대해 간단히 알아보았다. 이제부터 학습한 내용을 가지고 사용자 정의 메시지를 어떻게 쓰는지에 대해 알아보자.

사용자 정의 메시지를 사용하기 위해서 제일 처음으로 설정해야 할 것은 작성중인 프로그램의 헤더(.h 파일)에 사용하고자 하는 메시지를 정의한다. 사용하고자 하는 메시지의 정의는 다음과 같이 나타낸다.

```
#define       WM_USERMESSAGE WM_USER+1000
```

사용하고자 하는 메시지를 정의한 다음 메시지를 처리할 메시지 핸들러 함수를 메시지 매크로를 이용해 연결한 다음 메시지 맵에 등록한다. 메시지 맵은 작성 중인 프로그램의 .cpp 파일의 상단 부분에 있는데 다음과 같이 BEGIN_MESSAGE_MAP로 시작되는 부분이 두 개의 부분으로 되어 있는 것을 볼 수가 있다. 이중 뒷부분의 메시지 맵에 메시지 매크로를 이용하여 등록을 해주게 된다. 그리고 여기서 주의할 점이 한 가지가 있는데 메시지 매크로를 주석 처리된 부분의 바깥쪽에 작성해 주어야 한다는 점이다.

```
BEGIN_MESSAGE_MAP(CAboutDlg, CDialog)
END_MESSAGE_MAP()

// 중간 생략

BEGIN_MESSAGE_MAP(CMyDlg, CDialog)
      ON_WM_SYSCOMMAND()
      ON_WM_PAINT()
      ON_WM_QUERYDRAGICON()
      //}}AFX_MSG_MAP
    ON_MESSAGE(WM_USERMESSAGE, OnUserFxn)
END_MESSAGE_MAP()
```

WM_USERMESSAGE가 발생할 경우 OnUserFxn() 함수를 호출하라는 의미이다. 메시지 맵에 등록을 마쳤으면, 메시지의 처리를 위한 메시지 핸들러 함수를 헤더 파일에 선언해 준다.

```
afx_msg    LRESULT OnUserFxn(WPARAM, LPARAM);
```

다음은 메시지의 처리 내용을 메시지 핸들러 함수에 작성한다.

```
LRESULT CMyDlg::OnUserFxn(WPARAM, LPARAM)
{
    …………
    …………
}
```

마지막으로 메시지를 발생시킬 부분에서 SendMessage() 함수를 사용하여 메시지를 발생시킨다. SendMessage() 함수의 사용방법은 다음과 같이 두 가지의 방법이 있다.

```
SendMessage(WM_USERMESSAGE, WPARAM, LPARAM);

SendMessage(HWND, WM_USERMESSAGE, WPARAM, LPARAM);
```

7.4.2 윈도우즈 소켓 메시지 처리

지금까지 윈도우즈 메시지 처리에 대해 알아보았다. 이번에는 윈도우즈 소켓 메시지 처리에 대해 알아보도록 한다.

앞에서 Accept, Connect, Receive, Send, Close 등의 요구가 발생하면 각각의 가상함수 OnAccept(), OnConnect(), OnReceive(), OnSend(), OnClose()를 호출한다. 이렇게 호출된 가상 함수들은 각각 연결의 요구, 연결 시도의 끝남, 받을 메시지가 있음, 보낼 메시지가 있음, 연결 소켓의 끊어짐을 소켓에게 알려준다.

이러한 가상 함수들은 CAsyncSocket 클래스에 정의되어 있으며 Accept, Connect 등과 같은 요구가 발생할 때 WSAAsyncSocket() 함수가 이를 감지하여 각각의 요구에 해당하는 가상 함수를 호출하게 된다. CAsyncSocket 클래스를 상속받은 CSocket 클래스 또한 내부적으로 WSAAsyncSocket() 함수를 이용하여 요구를 처리한다. WSAAsyncSocket() 함수는 윈도우즈 메시지 처리에서 메시지가 어떠한 프로그램에서 처리될 것인지 구분하는 시스템 분배기와 같은 역할을 한다.

그림 7.9는 Connect 요구, Accept 요구, Receive 요구, Close 요구들이 요청되었을 때, 시스템 분배기와 같은 역할을 하는 WSAAsyncSocket() 함수를 통해

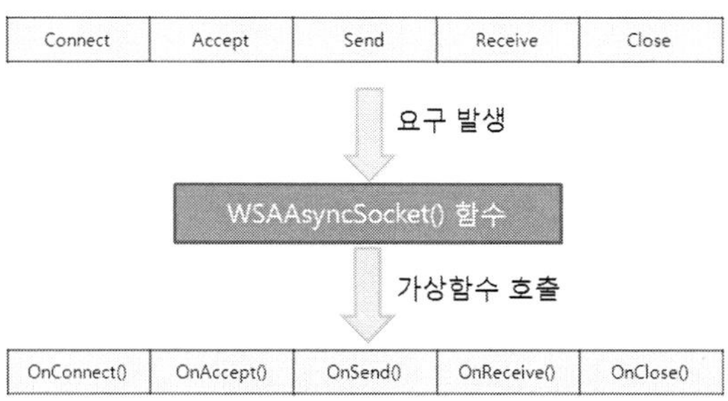

그림 7.9 윈도우즈 소켓 메시지 처리

가상 함수인 OnConnect() 함수, OnAccept() 함수, OnSend() 함수, OnReceive() 함수, OnClose() 함수들이 호출되는 과정을 보여주고 있다.

7.5 CAsyncSocket/CSocket 클래스의 멤버 함수

지금까지 윈도우즈 메시지 처리와 윈도우즈 소켓 메시지 처리에 대해 알아보았다. 이번 5절에서는 CAsyncSocket 클래스와 그 파생 클래스인 CSocket 클래스의 멤버 함수에 대해 알아보도록 한다.

일반적으로 하나의 프로그램을 작성하기 위해서는 클래스와 클래스의 멤버 함수를 사용하게 된다. MFC에서는 두 가지의 소켓 클래스를 지원하는데 CAsyncSocket 클래스와 CSocket 클래스이다. 우리는 바로 이러한 MFC의 소켓 클래스를 이용하여 프로그램을 작성할 것이다. 또한 소켓을 제어하기 위해 소켓 클래스의 멤버 함수인 Create(), Listen(), Accept(), Connect(), Send(), Receive(), Close() 함수 등과 같은 함수들을 사용하게 된다. 따라서 이러한 함수들의 내용에 대해 어느 정도 이해해야 프로그램을 작성하는데 어려움이 따르지 않을 것이다.

1) Create() 함수

Create() 함수는 단어의 의미에서 알 수 있듯이 TCP 또는 UDP를 이용하여 통신할 소켓을 생성해주는 역할을 한다. 콘솔 기반의 소켓 응용 프로그램을 작성할 때 사용한 socket() 함수와 같은 역할을 한다고 생각하면 되겠다. 하지만 socket() 함수와의 다른 점은 사용할 소켓에 IP 주소와 포트를 연결해주는 bind() 함수의 역할도 함께 가지고 있다는 점이다. 즉, socket() 함수 + bind() 함수 = Create() 함수인 것이다. Create() 함수는 앞서 이야기 한바와 같이 통신을 위한 소켓을 생성해주기 때문에 서버와 클라이언트 프로그램 작성 시 모두 이용되는 함수이다. 이러한 Create() 함수의 원형을 살펴보면 다음과 같다.

```
BOOL Create(
    UINT nSocketPort = 0, int nSocketType = SOCK_STREAM,
    long lEvent = FD_READ | FD_WRITE | FD_OOB | FD_ACCETP |
```

```
        FD_CONNECT | FD_CLOSE, LPCTSTR lpszSocketAddress = NULL
    );
```

① nSocketPort

소켓 응용 프로그램 작성 시 프로그램에서 사용할 포트번호이다. 사용할 포트를 사용자가 정해 주려면 직접 입력하고, 윈도우즈 소켓에서 포트를 선택하도록 하고 싶다면 0을 입력한다.

② nSocketType

생성한 소켓의 타입을 설정한다. 입력 값으로 SOCK_STREAM 또는 SOCK_DGRAM이 입력될 수 있다. SOCK_STREAM일 경우 TCP를 SOCK_DGRAM일 경우에는 UDP를 사용하는 소켓으로 동작한다.

③ lEvent

lEvent는 어떠한 형태의 메시지를 소켓에서 처리할지를 정한다. 이 값이 디폴트로 설정될 경우에는 모든 형태의 메시지를 소켓에서 처리하게 된다. 일반적으로 디폴트 값을 사용한다. 이러한 lEvent의 종류는 표 7.1과 같다.

④ lpszSocketAddress

소켓 응용 프로그램이 사용할 IP 주소가 들어간다. "123.232.11.234"와 같이 점(.)을 포함한 문자열의 포인터 형태이다.

Create() 함수는 다음과 같이 사용한다. 기본적으로 TCP를 지원하기 때문에 UDP를 사용하여 프로그램을 작성하고 싶다면 두 번째 인자 값을 SOCK_DGRAM을 대입해 준다. 또한 Create() 함수는 CAsyncSocket/CSocket 클래스의 객체를 생성한 다음 사용한다.

표 7.1 이벤트의 종류

이벤트의 종류	처리 내용
FD_READ	읽기의 준비가 되었는지에 대한 이벤트를 처리
FD_WRITE	쓰기의 준비가 되었는지에 대한 이벤트를 처리
FD_OOB	Out-Of-Band(긴급) 데이터의 도착 여부에 대한 이벤트를 처리
FD_ACCEPT	연결의 요구가 있는지에 대한 이벤트를 처리
FD_CONNECT	연결이 되었는지에 대한 이벤트를 처리
FD_CLOSE	소켓 종료(닫음)에 대한 이벤트를 처리

다음의 예에서 AppSocket은 클래스의 객체이다.

```
AppSocket.Create(nSocketPort);
```

이러한 사용법은 보통 서버에서 사용하는 방법이다. 여기에 포트번호까지 사용하지 않는다면 OS에서 자동으로 포트번호를 할당한다. 사용법은 다음과 같으며, Create() 함수는 IP 주소 및 포트번호를 소켓과 연결해주는 역할을 한다.

```
AppSocket.Create();
```

Create() 함수는 함수의 성공 또는 실패 시 값을 반환하는데, 성공 시 0이 아닌 값을, 실패 시 0을 반환한다. 그리고 GetLastError() 함수를 호출하게 되면 특정한 에러코드를 얻을 수 있다. 에러코드의 양이 많기 때문에 여기서는 설명하지 않는다.

2) Listen() 함수

Create() 함수가 콘솔 기반의 소켓 응용 프로그램에서 사용한 socket() + bind() 함수와 같은 역할을 했다면, Listen() 함수는 콘솔 기반의 응용 프로그램에서 사용한 listen() 함수와 같은 역할을 한다. Listen() 함수는 서버 프로그램이 클라이언트의 접속 요청이 있을 때까지 대기하도록 만든다. 이러한 Listen() 함수의 원형을 살펴보면 다음과 같다.

```
BOOL Listen(
    int nConnectionBacklog = 5
);
```

① nConnectionBacklog

이 값은 서버 프로그램의 실행 시 최대로 접속할 수 있는 클라이언트의 숫자를 나타낸다. 최대 접속수의 범위는 최소 1에서부터 최대 5까지이며, 디폴트값은 최대값 5이다. 여기서 짚고 넘어가야 할 점은 최대로 접속할 수 있는 숫자가 5라고 해도 이는 다중 접속을 지원한다는 의미는 아니다. 클라이언트에서 서버로 접속의 요청이 있을 경우 소켓은 클라이언트의 요청을 큐에 저장한다. 이렇게 큐에 저장된 접속 요청을 제일 처음 들어온 순서대로 요청을 받아들인다. 그리고 서버와 통신을 하고 통신을 마치게 되면 큐에서 다음에 저장된 접속 요청을 받아들이게 된다. 즉, 서버와 통신을 하기 위해 큐에 대기시킬 수 있는 접속 요청의 개수가 5라는 의미이다. 이러한 Listen() 함수의 사용법은 다음과 같이 사용한다.

```
AppServerSocket.Listen();
```

Listen() 함수도 함수의 성공 또는 실패 시 값을 반환하는데, 성공 시 0이 아닌 값을, 실패 시 0을 반환한다. 그리고 GetLastError() 함수를 호출하게 되면 특정한 에러코드를 얻을 수 있다.

Create() 함수로 소켓을 생성하여 사용할 IP와 포트번호를 등록하고, Listen() 함수를 사용하면, 서버에서는 클라이언트의 접속 요청을 받아들일 준비 상태가 된다.

3) Accept() 함수

Accept() 함수는 콘솔 기반의 소켓 응용 프로그램을 작성 시 사용한 accept() 함수와 같은 역할을 한다. 클라이언트에서 서버로 접속 요청을 하게 되면, 서버에서는 이러한 접속의 요청을 받아들이기 위해 Accept() 함수를 호출하게 된다. 이 함수의 원형은 다음과 같다.

```
virtual BOOL Aceept(
   CAsyncSocket& rConnectedSocket, SOCKADDR* lpSockAddr =
   NULL, int* lpSokcAddrLen = NULL
);
```

① rConnectedSocket

rConnectedSocket은 클라이언트와 연결될 소켓의 참조 주소이다. 서버가 연결된 클라이언트와 통신을 하려면 rConnectedSocket을 이용하면 된다. 이러한 rConnectedSocket은 서버 프로그램에서 미리 생성이 되어 있어야만 한다.

② lpSockAddr

lpSockAddr은 현재 연결 중인 클라이언트의 주소를 갖고 있는 SOCKADDR의 포인터를 말한다. lpSockAddr과 lpSockAddrLen의 값이 NULL이라면 클라이언트에 대한 정보를 얻을 수 없게 된다.

③ lpSockAddrLen

lpSockAddrLen은 lpSockAddr에 있는 주소의 바이트 단위 길이의 포인터를 말한다. 이 값은 lpSockAddr이 가리키고 있는 공간의 크기를 말하며 실제 주소의 크기를 갖는다.

이러한 Accept() 함수의 사용법은 다음과 같다.

```
CAsyncSocket AppClientSocket;

AppServerSocket.Accept(AppClientSocket);
```

우선 클라이언트가 연결될 소켓을 하나 생성하는데, 여기서 주의할 점은 생성한 소켓은 Create() 함수를 호출하지 않는다는 점이다. 소켓을 생성한 후 Accept() 함수를 호출하여 서버의 소켓과 클라이언트의 소켓을 연결하여 준다. 즉, 접속을 허용시켜 준다.

함수의 반환값은 성공하면 0이 아닌 값을, 실패 시 0을 반환하게 된다. 함수의 성공 시 대기 큐에서 제일 먼저 들어온 접속요청을 가져와 접속을 허용한다. 큐에 대기 중인 접속요청이 없다면 함수는 0을 반환하고 소켓은 계속해서 Listen 상태로 남아 있게 된다.

4) Connect() 함수

Connect() 함수는 콘솔 기반의 클라이언트 프로그램 작성 시 이용한 connect() 함수와 같은 기능을 한다. 다만 connect() 함수는 SOCKADDR_IN 구조체를 이용하여 서버로의 접속을 요구하지만, Connect() 함수는 SOCKADDR_IN 구조체를 이용하는 방법외에도 IP 주소와 포트번호만을 입력하는 형태로도 이용이 가능하다. 그렇기 때문에 Connect() 함수의 원형은 두 가지가 존재하며 다음과 같은 구조로 되어 있다.

```
BOOL Connect( LPCTSTR lpszHostAddress, UINT nHostPort);

BOOL Connect( const SOCKADDR* lpSockAddr, int nSockAddrLen);
```

두 가지 함수 중 첫 번째 함수는 IP 주소와 포트번호만을 입력하는 형태로 사용하는 함수이고, 두 번째 함수는 콘솔 기반의 클라이언트 프로그램 작성 시 이용한 connect() 함수와 같은 방법으로 사용한다.

① lpszHostAddress

접속을 요청할 서버의 주소를 뜻한다. 주소는 점(.)을 포함한 "123.232.11.234" 문자열 또는 "netlab.dju.ac.kr"과 같은 도메인 주소가 사용된다.

② nHostPort

서버와 통신을 하기 위해 사용될 서버의 포트번호를 말한다.

③ lpSockAddr

lpSockAddr은 주소, 포트번호 등을 포함하는 SOCKADDR 구조체의 포인터를 말한다.

④ nSockAddrLen

nSockAddrLen은 lpSockAddr에 포함되어 있는 주소의 바이트 단위 길이를 말한다.

서버에서 소켓을 생성하여 Listen(대기) 상태가 되면, 클라이언트에서는 지금까지 알아본 Connect() 함수를 호출하여 접속을 요청하게 된다. 이러한 Connect() 함수의 호출은 다음과 같은 방법으로 호출한다.

```
AppClientSocket.Connect(lpszHostAddress, nHostPort);
```

Connect() 함수는 함수의 성공 또는 실패 시 값을 반환하는데, 성공 시 0이 아닌 값을 실패 시 0을 반환한다. 그리고 GetLastError() 함수를 호출하게 되면 특정한 에러코드를 얻을 수 있다.

Connect() 함수는 클라이언트에서 서버로의 접속을 요청하기 위해 사용된다. Connect() 함수를 호출하기 이전에 서버와 마찬가지로 통신을 하기 위해 소켓을 Create() 함수를 사용하여 생성한 다음 소켓을 이용하여 Connect() 함수를 호출하여 서버에 접속을 요청한다.

5) Send(), SendTo() 함수

Send() 함수와 SendTo() 함수 역시 콘솔 기반의 소켓 응용 프로그램을 작성할 때 사용한 send() 함수와 sendto() 함수와 같은 역할을 한다. 이전에 send()

함수와 sendto() 함수에 대해 학습하였지만, 복습을 위해 다시 한 번 설명하겠다. Send() 함수는 send() 함수와 마찬가지로 데이터를 전송할 때 SOCK_STREAM (TCP) 형태로 전송하며, SendTo() 함수는 sendto() 함수와 마찬가지로 데이터를 전송할 때 SOCK_DGRAM(UDP) 형태로 전송한다는 차이점을 가지고 있다. 우선 Send() 함수의 원형부터 살펴보자.

```
virtual int Send( const void* lpBuf, int nBufLen, int nFlags = 0 );
```

① lpBuf

전송될 데이터를 저장하고 있는 버퍼를 말한다.

② nBufLen

데이터를 저장하고 있는 lpBuf의 바이트 단위 길이이다.

③ nFlags

Send() 함수가 호출되는 방식을 결정한다. 데이터 전송 시 전송되는 데이터의 타입이라고 생각하면 되겠다. nFlag값은 표 7.2의 값을 혼합하여 결정한다.

SendTo() 함수는 SOCK_DGRAM을 이용하여 데이터를 전송하며, Connect() 함수와 같이 두 가지 함수의 원형이 존재한다. SendTo() 함수의 두 가지 함수의 원형은 다음과 같으며 사용 방법은 거의 비슷하지만 Connect() 함수와 같이 SOCKADDR_IN 구조체를 이용하는 방법(첫 번째)과 점(.)을 포함한 IP 주소 또는 도메인 주소와 같이 문자열을 직접 사용하는 방법(두 번째)이 있다.

```
int SendTo( const void* lpBuf, int nBufLen, UINT nHostPort,
    LPCTSTR lpszHostAddress = NULL, int nFlags = 0);

int SendTo( const void* lpBuf, int nBufLen, const SOCKADDR*
    lpSockAddr, int nSockAddrLen, int nFlags = 0);
```

표 7.2 nFlag 값의 종류와 의미(1)

nFlag 값	의미
MSG_DONTROUTE	이는 전송될 데이터가 라우팅에 종속되지 않음을 나타낸다. 윈도우즈 소켓 제공자는 이 플래그를 무시할 수 있다.
MSG_OOB	긴급(Out-Of-Band) 데이터를 전송한다(TCP일 경우).

① lpBuf

전달할 데이터를 저장하고 있는 버퍼를 말한다.

② nBufLen

데이터를 저장하고 있는 lpBuf의 바이트 단위 길이이다.

③ nHostPort

서버와 통신을 하기 위해 사용될 서버의 포트번호를 말한다.

④ lpszHostAddress

접속을 요청할 서버의 주소를 뜻한다. 주소는 점(.)을 포함한 "123.232.11.234" 문자열 또는 "netlab.dju.ac.kr"과 같은 도메인 주소가 사용된다.

⑤ nFlags

Send() 함수가 호출되는 방식을 결정한다. Send() 함수에서 nFlags와 같은 의미이다.

⑥ lpSockAddr

lpSockAddr은 주소, 포트번호 등을 포함하는 SOCKADDR 구조체의 포인터를 말한다.

⑦ nSockAddrLen

nSockAddrLen은 lpSockAddr에 포함되어 있는 주소의 바이트 단위길이를 말한다.

Send() 함수와 SendTo() 함수 모두 사용 방법이 같기 때문에 Send() 함수를 중심으로 호출 방법에 대해 알아보도록 한다. 우선 통신에 사용될 소켓이 생성되어 있어야 하고 이 소켓을 이용하여 Send() 함수 또는 SendTo() 함수를 호출하게 된다.

```
AppSocket.Send( lpBuf, nBufLen);
```

호출한 Send() 함수와 SendTo() 함수가 작업의 성공 시 함수들이 전송한 데이터의 크기가 반환된다. 데이터의 크기는 nBufLen의 크기보다 작을 수 있다. 만일 호출한 함수가 실패하면 SOCKET_ERROR 값이 반환된다.

SOCK_DGRAM을 이용하여 데이터를 전송할 때는 수신지의 버퍼 크기를 넘지 않도록 데이터의 크기를 고려해 프로그램을 작성한다. 만일 수신지의 버퍼 크기보다 전송될 데이터가 크다면 GetLastError() 함수를 통해 WSAEMSGSIZE

가 반환이 되며, 데이터는 전송이 되지 않는다. 또한 SOCK_DGRAM을 이용해 데이터를 전송할 때 데이터가 제대로 전달이 되었는지 보장할 수 없다.

6) Receive(), ReceiveFrom() 함수

전송된 데이터를 수신하는 Receive() 함수와 ReceiveFrom() 함수 또한 콘솔 기반의 소켓 응용 프로그램 작성 시 사용한 recv() 함수와 recvfrom() 함수가 같은 역할을 한다. 차이점은 Receive() 함수는 Send() 함수로 전송한(SOCK_STREAM) 데이터를 수신하는 함수이며, ReceiveFrom() 함수는 SendTo() 함수로 전송한(SOCK_DGRAM) 데이터를 수신하는 함수이다. 우선 Send() 함수로 전송한 데이터를 수신하는 Receive() 함수의 원형에 대해 살펴보자.

```
virtual int Receive( void* lpBuf, int nBufLen, int nFlgs = 0);
```

① lpBuf
전송될 데이터를 저장하고 있는 버퍼를 말한다.

② nBufLen
데이터를 저장하고 있는 lpBuf의 바이트 단위길이이다.

③ nFlags
Send() 함수가 호출되는 방식을 결정한다. 데이터 전송 시 전송되는 데이터의 타입이라고 생각하면 되겠다. nFlag 값은 표 7.3의 값을 혼합하여 결정한다.

ReceiveFrom() 함수 역시 SendTo() 함수와 마찬가지로 두 가지의 함수 원형이 존재하는데 두 가지 함수의 원형은 다음과 같다.

```
int ReceiveFrom( void* lpBuf, int nBufLen, CString&
   rSocketAddress, UINT& rSocketPort, int nFlags = 0);

int ReceiveFrom( void* lpBuf, int nBufLen, SOCKADDR*
   lpSockAddr, int* lpSockAddrLen, int nFlags = 0);
```

표 7.3 nFlag 값의 종류와 의미(2)

nFlag 값	의 미
MSG_PEEK	들어오는 데이터를 감시한다.
MSG_OOB	긴급(Out-Of-Band) 데이터를 전송한다(TCP일 경우).

① lpBuf

전달할 데이터를 저장하고 있는 버퍼를 말한다.

② nBufLen

데이터를 저장하고 있는 lpBuf의 바이트 단위길이이다.

③ rSocketAddress

송신측의 주소를 받아들이는 문자열 참조 주소를 말한다.

④ rSocketPort

포트번호를 저장하고 있는 정수형(UINT) 변수의 참조 주소를 말한다.

⑤ nFlags

ReceiveFrom() 함수가 호출되는 방식을 결정한다. Receive() 함수에서 nFlags와 같은 의미이다.

⑥ lpSockAddr

lpSockAddr은 주소, 포트번호 등을 포함하는 SOCKADDR 구조체의 포인터를 말한다.

⑦ nSockAddrLen

nSockAddrLen은 lpSockAddr에 포함되어 있는 주소의 바이트 단위길이를 말한다.

Receive() 함수와 ReceiveFrom() 함수 모두 사용 방법이 같기 때문에 Receive() 함수를 중심으로 호출 방법에 대해 알아보도록 한다. 우선 통신에 사용될 소켓이 생성되어 있어야 하고 이 소켓을 이용하여 Recevie() 함수 또는 ReceiveFrom() 함수를 호출하게 된다.

```
AppSocket.Receive( lpBuf, nBufLen);
```

Receive() 함수는 호출한 함수의 작업이 성공했을 경우 수신 받은 데이터의 바이트 수를 반환한다. 만일 접속이 끊어지면, 0을 반환한다. 작업이 실패했을 때는 SOCKET_ERROR 값이 반환되고, GetLastError() 함수를 호출함으로써 특정 에러코드를 얻을 수 있다.

SOCK_DGRAM을 이용하여 전송된 데이터는 수신되어 큐에 저장되며 큐에 저장된 데이터는 버퍼의 크기만큼 데이터를 끌어내게 된다. 만일 이러한 버퍼의 크기보다 수신된 데이터가 크다면 버퍼의 크기보다 큰 부분은 손실된다. 따라서 버퍼의 크기를 적당히 조절하거나 데이터를 전송 시 크기를 적절히 조절해 전송한다.

7) Close() 함수

Close() 함수의 이름에서 알 수 있듯이 무엇인가를 닫는 역할을 하는 것을 알 수 있다. 콘솔 기반의 소켓 응용 프로그램 작성에 사용한 close() 함수와 그 기능이 같다. 프로그램을 종료할 때 사용한 소켓을 닫아 연결되어 있는 이름 정보와 데이터 등을 해제한다. MFC 소켓 응용 프로그램에서 소켓 객체의 소멸자는 Close() 함수를 호출하게 된다. 이러한 Close() 함수의 원형은 다음과 같다.

```
virtual void Close();
```

위와 같이 함수의 원형이 매우 간단함을 알 수 있으며, Close() 함수의 사용법은 다음과 같다.

```
AppSocket.Close();
```

위와 같이 해제하고자 하는 소켓을 기술한 다음 Close() 함수를 호출하면 된다.

8) Attach() 함수

Attach() 함수는 콘솔 기반 소켓 응용 프로그램을 작성할 때 사용되는 소켓을 CAsyncSocket 클래스의 형태 또는 CSocket 클래스 형태로 만드는 함수이다. 달리 말하면 CAsyncSocket 클래스 객체에 소켓의 핸들을 추가하는 것을 말한다. SOCKET 핸들은 Attach() 함수의 hSocket에 전달된다. 이러한 Attach 함수의 원형은 다음과 같다.

```
BOOL Attach( SOCKET hSocket,
    long lEvent = FD_READ | FD_WRITE | FD_OOB | FD_ACCEPT |
            FD_CONNECT | FD_CLOSE);
```

① hSocket

hSocket에는 CAsyncSocket 클래스나 CSocket 클래스에 추가할 일반 윈도우즈 소켓의 핸들이 저장된다.

② lEvent

lEvent는 어떠한 형태의 메시지를 소켓에서 처리할지를 정한다. 이 값은 OR 연산자를 이용하여 조합해 사용하며 lEvent의 종류는 Create() 함수의 lEvent 부분과 같다.

Attach() 함수의 사용방법은 다음과 같다.

```
SOCKET hSocket;
hSocket = socket(AF_INET, SOCK_STREAM, 0);

CAsyncSocket AppSocket;
AppSocket.Attach(hSocket);
// Send() 또는 Receive() 함수 호출
```

Attach() 함수의 호출이 성공하면 0이 아닌 값을 반환하며, 실패 시 0을 반환하게 된다.

위와 같은 방법으로 Attach() 함수를 이용하여 일반 소켓을 CAsyncSocket 클래스나 CSocket 클래스의 형태로 바꾸어 사용할 수 있다.

9) Detach()

Detach() 함수는 Attach() 함수와는 반대로 CAsyncSocket 클래스나 CSocket 클래스 형태에서 SOCKET 핸들을 객체로부터 분리하는 함수이다. Detach() 함수의 원형은 다음과 같다.

```
SOCKET Detach( );
```

이러한 Detach() 함수의 사용방법은 다음과 같다.

```
CAsyncSocket AppSocket;

AppSocket.Create(nSocketPort);

SOCKET hSocket = AppSocket.Detach();
// send()함수나 recv()함수 함수 호출
```

표 7.4 가상 함수의 종류와 기능

가상 함수	기 능
OnConnect()	접속 시도의 성공 또는 실패를 연결 중인 소켓에 통보하기 위해 호출된다.
OnAccept()	연결 요청을 받아들일 수 있음을 대기 중인 소켓에 통보하기 위해 호출된다.
OnSend()	보낼 데이터가 있음을 소켓에 통보하기 위해 호출된다.
OnReceive()	받을 데이터가 있음을 소켓에 통보하기 위해 호출된다.
OnClose()	소켓이 닫힘(해제됨)을 소켓에게 통보하기 위해 호출된다.

Detach() 함수를 이용하여 CAsyncSocket 클래스 또는 CSocket 클래스 객체에서 소켓 핸들(hSocket)을 분리하여 콘솔 기반의 소켓 응용 프로그램에서 일반 윈도우즈 소켓처럼 사용할 수 있다.

10) 가상 함수

MFC 소켓 클래스를 이용하는 응용 프로그램은 소켓으로 어떤 요청이 발생할 때 각각에 대한 가상 함수가 호출된다고 설명하였다. 이러한 가상 함수들을 표 7.4에 정리하였다.

MFC 소켓의 멤버 함수들은 함수 호출의 실패 시 에러를 발생하는데 이때 GetLastError() 함수를 호출함으로써 어떤 에러가 발생했는지를 알 수 있다. 이러한 에러 메시지들은 그 양이 상당히 많기 때문에 따로 기술하지 않는다. 따라서 각자 참고자료나 MSDN 등을 참고하길 바란다.

지금까지 우리는 GUI 기반의 어플리케이션을 작성하기 위해 이론적인 부분을 학습하였다. GUI 기반의 어플리케이션을 작성하기 위해 사용되는 방법과 MFC의 소켓에 대한 설명 그리고 MFC 소켓 클래스, 윈도우즈메시지 처리, 윈도우즈 소켓 메시지의 처리, 마지막으로 MFC 소켓 함수 등에 대해 학습하였다. 우리가 학습한 내용이 MFC 소켓에 대한 전체의 내용은 아니지만 MFC를 이용해서 소켓 프로그램을 작성하는데 어느 정도 도움이 될 것이라 생각한다. 다음 8장에서는 우리가 학습한 내용을 바탕으로 간단한 채팅 서버와 클라이언트를 작성해 볼 것이다.

CHAPTER

08 MFC 소켓 프로그래밍(2)

8.1 MFC 소켓 서버/클라이언트의 작성 예제

학습 목표

- MFC 소켓을 이용하여 채팅 서버와 클라이언트를 작성해 본다.

선수 학습

- GUI 기반 어플리케이션의 동작 원리에 대한 이해
- MFC 소켓과 소켓 관련 함수에 대한 이해
- Visual Studio 7.0 툴 사용법

예제

1. CSocket 클래스를 이용한 1:1 채팅 서버의 작성
   - 대화상자 기반의 프로젝트를 생성 및 대화상자 디자인
   - 각각의 컨트롤 변수를 생성하고 버튼의 기능을 구현할 함수 생성
   - Create( ) 함수를 이용하여 서버 소켓의 생성과 bind
   - Listen() 함수를 이용하여 접속 대기
   - Accept() 함수를 이용하여 접속 허용과 클라이언트와 통신할 소켓 생성
   - Receive(...) 함수와 Send(...) 함수를 이용하여 데이터를 주고받음
2. CSocket 클래스를 이용한 1:1 채팅 클라이언트의 작성
   - Connect(...) 함수를 이용하여 서버에 접속 요청
   - Receive(...) 함수와 Send(...) 함수를 이용하여 데이터를 주고받음

학습 후 점검 사항

- GUI 기반의 어플리케이션이 어떻게 동작하는지 알고 있는가?
- MFC 소켓과 소켓 함수에 대해 이해하고 있는가?

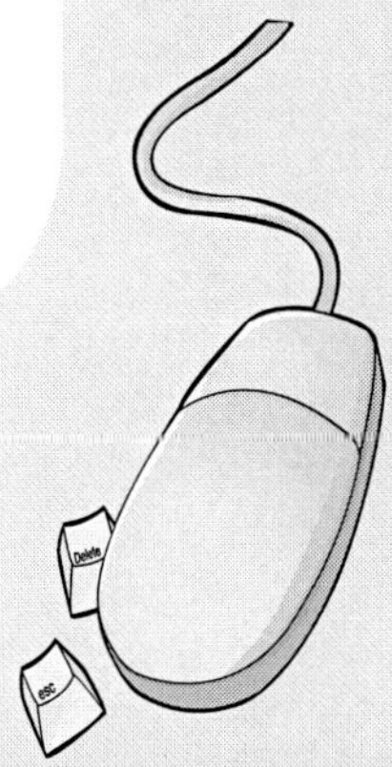

8.1 MFC 소켓 서버/클라이언트의 작성 예제

지금까지 MFC 소켓의 전반적인 이론에 대해 알아보았다. MFC 소켓의 멤버 함수가 많기 때문에 전부 다루지는 못하였고, 자주 사용되는 함수들을 다루었다. 다른 함수들과 각각의 함수에서 반환되는 에러 메시지 등은 따로 학습하길 바란다.

윈도우즈에서 응용 프로그램이 어떻게 실행되는지 그리고 MFC 소켓 응용 프로그램이 어떻게 실행되는지 학습하였으므로 이론에 기초하여 간단한 실습을 해 보도록 한다. 앞서 설명한 바 있는 CSocket 클래스를 이용해서 간단한 TCP 서버/클라이언트 채팅 프로그램을 작성해 보자. 여기서는 간단한 채팅 프로그램이므로 다자간이 아닌 1:1 통신 프로그램으로 작성할 것이다.

8.1.1 채팅 서버 작성

❶ Microsoft Visual Studio .net 2003을 실행한 후 그림 8.1과 같이 [파일] → [새로 만들기] → [프로젝트]를 선택한다.

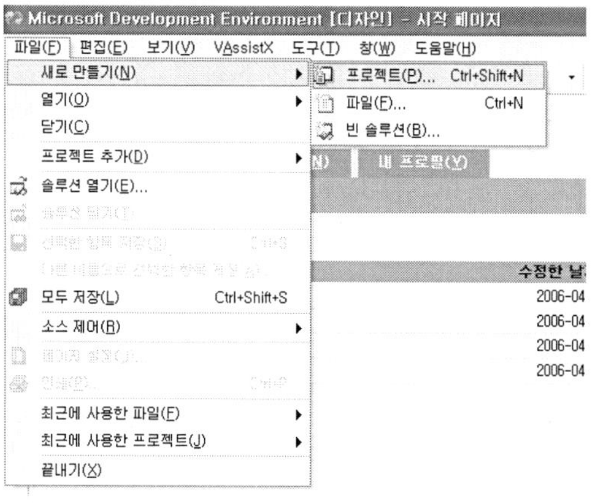

그림 8.1 채팅 서버 프로젝트 생성 (1)

❷ [프로젝트]를 선택하면 그림 8.2와 같은 대화상자를 볼 수 있다. 우선 [새 프로젝트] 대화상자가 나타나면 그림과 같이 [프로젝트 형식]에서 [Visual

C++ 프로젝트]를 선택한다. [Visual C++ 프로젝트]를 선택한 후 MFC를 선택하면 왼편의 [템플릿]에 여러 가지 항목들이 선택할 수 있는데, 여기서 [MFC 응용 프로그램]을 선택한 후 아래의 [이름]에 [MFCSocketServer]라고 입력한다. 그런 다음 확인 버튼을 누르면 그림 8.3과 같이 [MFC 응용 프로그램 마법사]라는 대화상자가 나타난다. [MFC 응용 프로그램 마법사] 대화상자가 나타나면 왼편의 메뉴 중에서 [응용 프로그램 종류]를 선택하고 [응용 프로그램 종류]에서 [대화상자 기반]을 선택한다.

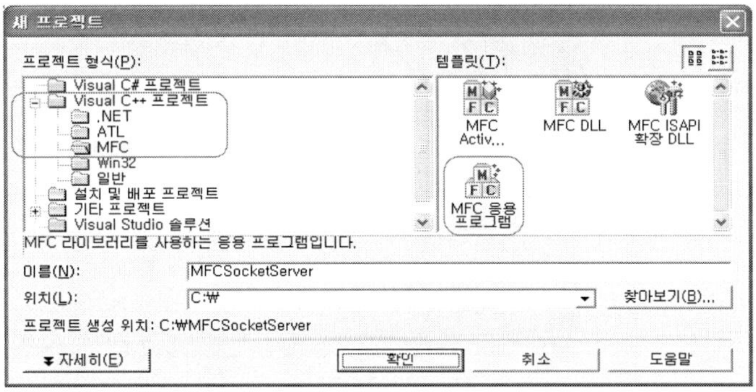

그림 8.2 채팅 서버 프로젝트 생성 (2)

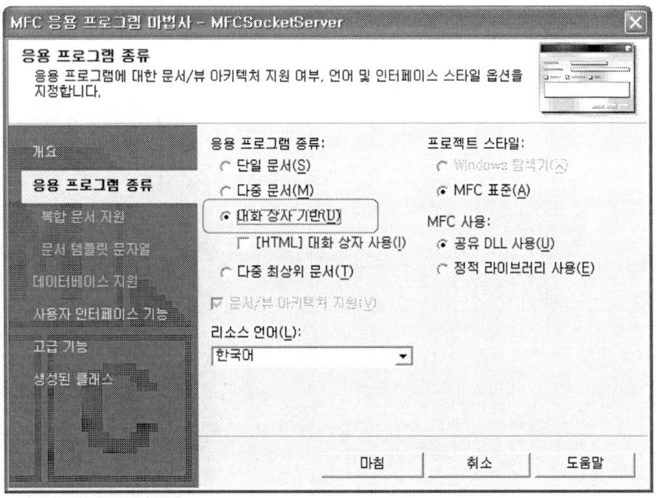

그림 8.3 채팅 서버 프로젝트 생성 (3)

❸ [응용 프로그램 종류]에서 [대화상자 기반]을 선택하였으면 그림 8.4와 같이 [고급 기능]을 선택한 후 [Windows 소켓]에 체크하여 윈도우즈 소켓 사용이 가능하도록 한다. [Windows 소켓]에 체크를 한 후 [마침] 버튼을 클릭하면 [MFCSocketServer]라는 이름으로 프로젝트가 생성된다.

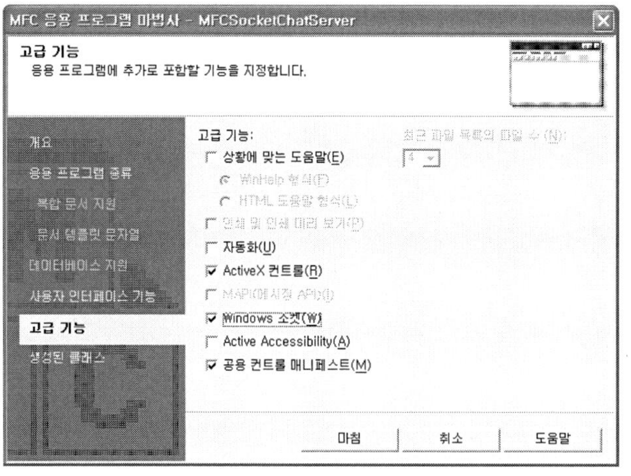

그림 8.4 채팅 서버 프로젝트 생성 (4)

❹ 프로젝트를 생성하면 바로 대화상자를 편집할 수 있는 화면이 나타난다. 그림 8.5와 같이 대화상자를 편집한다.

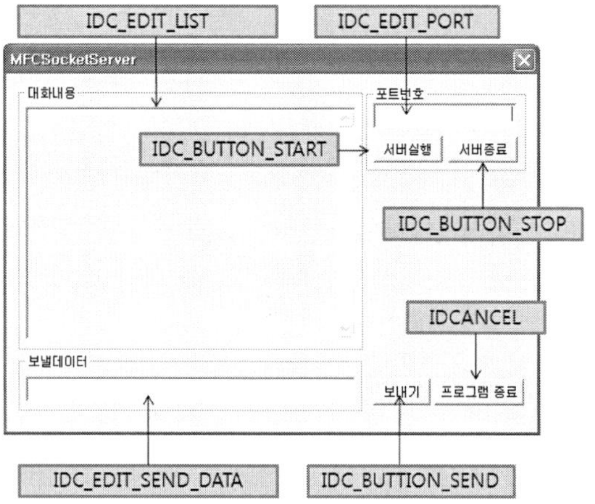

그림 8.5 서버 대화상자 편집

[대화내용]과 [보낼 데이터] 그리고 [포트번호]는 그룹 박스이며 [서버시작]과 [보내기], [종료]는 버튼 컨트롤이다. 데이터가 표시되거나 입력되는 각 부분들은 모두 에디트 컨트롤이다. 각 컨트롤들의 ID는 위의 그림과 같이 입력한다. 각 컨트롤들의 ID를 입력하는 방법은 그림 8.6에서와 같이 속성 부분의 ID, 각 컨트롤의 이름은 Caption에서 입력하면 된다. 속성 부분의 위치는 사용자가 설정하기에 따라 다르기 때문에 그림을 참고해서 살펴보기를 바란다.

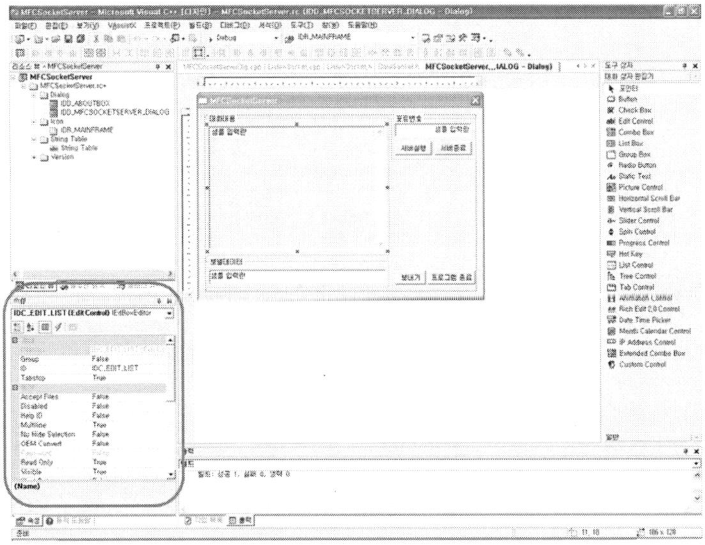

그림 8.6 ID 및 캡션의 입력 방법

클라이언트에서 받은 정보를 표시하는 ID_EDIT_LIST는 속성 부분에서 Multiline을 True로 설정하여 실제 채팅 프로그램처럼 여러 줄이 표시되도록 하고 Vertical Scroll을 True로 설정하여 수직 스크롤이 표시되도록 한다. 그리고 Auto VScroll을 True로 설정하여 스크롤이 자동으로 활성화 되게 한다. 포트번호가 입력되는 ID_EDIT_PORT는 숫자만 입력이 되도록 Number 속성을 True로 설정하고, 숫자가 오른쪽부터 정렬이 되도록 Right Align Text 속성을 True로 설정한다.

❺ 대화상자 편집을 모두 마쳤으면 우리가 만들어준 컨트롤을 사용할 수 있

도록 프로그램의 코드와 연결을 시켜주는 컨트롤 변수를 생성한다. 변수를 생성하는 방법은 그림 8.7, 그림 8.8과 같이 생성하면 된다.

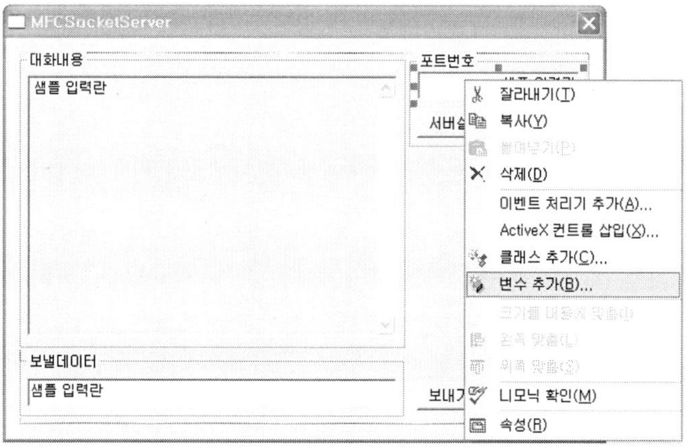

그림 8.7 컨트롤 변수의 추가 (1)

우선 자신이 다루고자 하는 컨트롤을 선택한 후 마우스의 오른쪽 버튼을 클릭하면 그림 8.8과 같은 [멤버 변수 추가 마법사] 대화상자가 나타난다. 대화상자가 나타나면 그림 8.8의 [변수 형식], [범주], [변수 이름]을 수정한다.

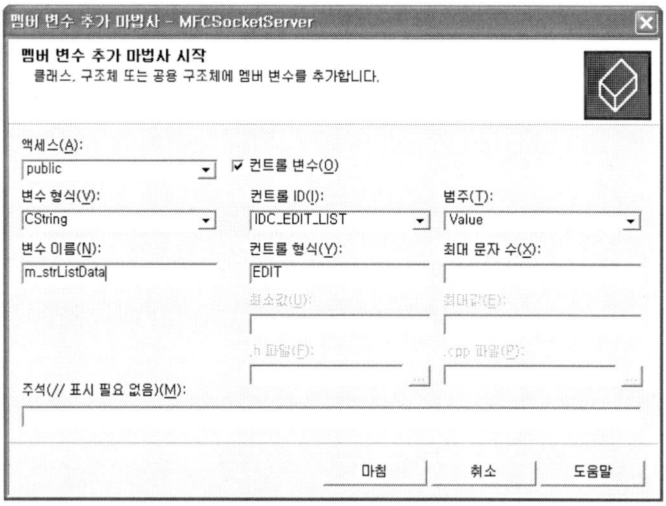

그림 8.8 컨트롤 변수의 추가 (2)

표 8.1 컨트롤 변수 생성 세부 항목 (1)

변수 형식	컨트롤 ID	범주	변수 이름
CString	IDC_EDIT_LIST	Value	m_strListData
CString	IDC_EDIT_SEND_DATA	Value	m_strSendData
CString	IDC_EDIT_PORT	Value	m_strPort
CEdit	IDC_EDIT_LIST	Control	m_edListData

각 컨트롤의 변수 형식, 컨트롤 ID, 범주, 변수 이름은 표 8.1과 같다. 표 8.1을 참고하여 변수를 생성한다.

❻ 컨트롤 변수를 생성한 다음 CSocket 클래스를 사용하는 클래스를 생성한다. 생성하는 방법은 그림 8.9~8.11과 같은 방법으로 추가한다.

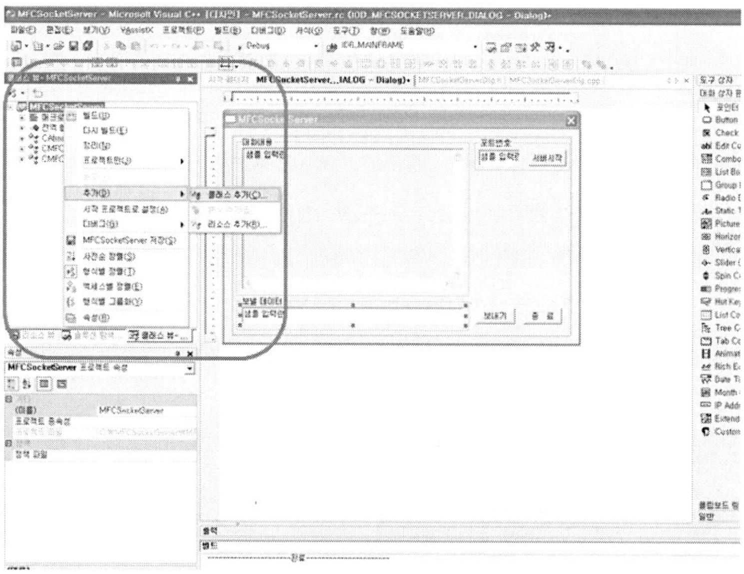

그림 8.9 클래스의 생성 (1)

그림에서 표시한 것처럼 클래스 뷰를 선택하고, MFCSocketServer에 마우스 포인터를 가져다 댄 후 오른쪽 버튼을 클릭한다. 그러면 메뉴가 나타나는데 메뉴 중 [추가] → [클래스 추가] 메뉴를 선택한다. 이와 같이 메뉴를 선택하면 그림 8.10과 같은 [클래스 추가]라는 대화상자를 볼 수 있다.

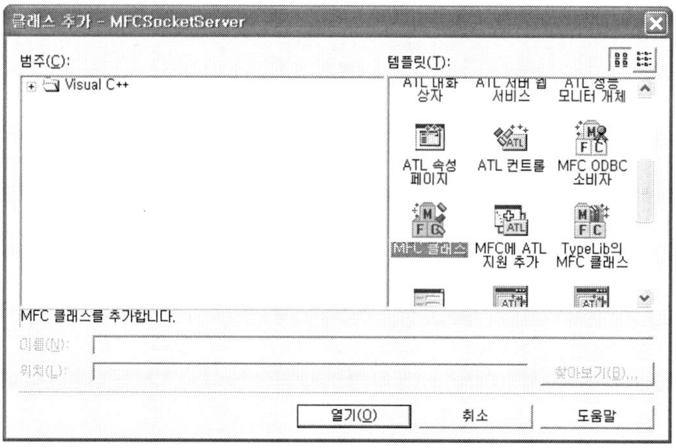

그림 8.10 클래스의 생성 (2)

[클래스 추가] 대화상자가 위의 그림과 같이 나타나면 [템플릿]에서 [MFC 클래스]를 선택한 다음 [열기] 버튼을 클릭한다. [열기] 버튼을 클릭하면 그림 8.11과 같이 [MFC 클래스 마법사] 대화상자가 나타나는데 여기서 추가할 클래스의 이름을 입력한다.

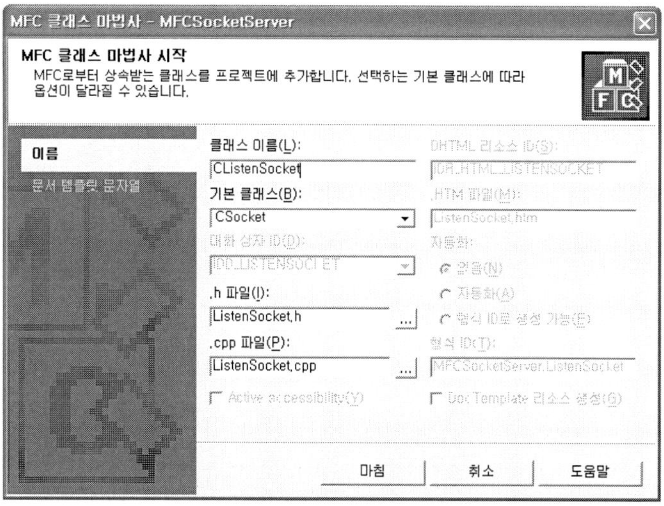

그림 8.11 클래스의 생성 (3)

이때 [클래스 이름]은 CListenSocket이라고 입력하고, [기본 클래스]는 CSocket을 선택한다. 모두 입력하였으면 [마침] 버튼을 클릭하여 클래스를 생성한다.

❼ ListenSocket.h(헤더) 파일과 ListenSocket.cpp(.cpp) 파일이 생성되었으면, 헤더 파일을 열어 다음과 같이 사용자 정의 메시지를 추가한다.

```
#define UM_ACCEPT_MESSAGE (WM_USER + 101)
```

❽ 사용자 정의 메시지를 추가하였으면 그림 8.12와 같이 재정의 버튼을 클릭하여 그 중에서 가상 함수인 OnAccept를 선택하고 <추가> OnAccept를 선택하여 OnAccept() 함수를 추가한다.

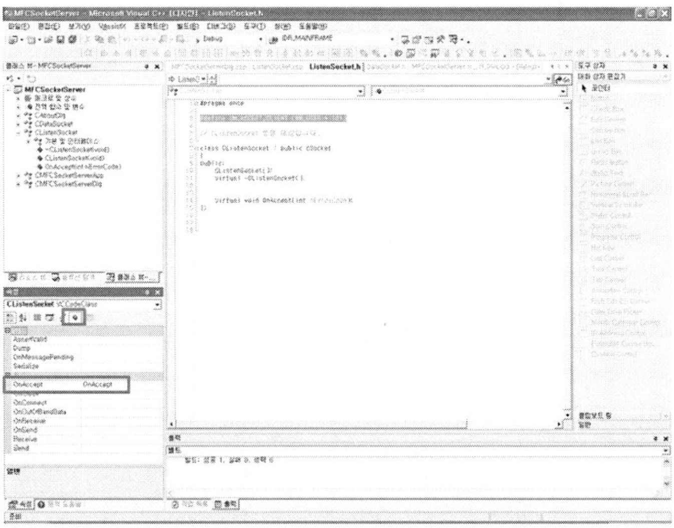

그림 8.12 가상 함수 OnAccept()의 추가

함수를 추가하게 되면 텍스트 편집 창에 OnAccept() 함수가 자동으로 추가된다.

❾ OnAccept() 함수가 추가되면 다음과 같이 코드를 수정한다.

```
void CListenSocket::OnAccept(int nErrorCode)
{
  // TODO: 여기에 특수화된 코드를 추가 및/또는 기본 클래스를 호출합니다.
  AfxGetMainWnd()->SendMessage(UM_ACCEPT_MESSAGE,(WPARAM)this);

  CSocket::OnAccept(nErrorCode);
}
```

위의 코드에서 SendMessage() 함수의 역할은 OnAccept() 함수가 호출되면 사용자 정의 메시지를 윈도우 핸들로 반환해 주는 역할을 한다.

❿ 접속 요청을 받을 소켓 클래스를 생성했으므로 이번에는 실질적인 통신을 담당하는 소켓 클래스를 생성한다. 클래스 생성 방법은 ❻과 같은 방법으로 생성하며, 이때 클래스의 이름은 CDataSocket으로 한다. 클래스를 생성한 후 클래스의 헤더 파일에 ❼에서와 같은 방법으로 다음과 같은 사용자 정의 메시지를 추가한다.

```
#define UM_RECEIVE_MESSAGE (WM_USER+102)
#define UM_CLOSE_MESSAGE (WM_USER+103)
```

⓫ 사용자 메시지를 추가한 후 ❽과 같은 방법으로 가상 함수인 OnReceive() 함수를 추가하고 추가한 함수에 다음과 같은 코드를 작성한다.

```
void CDataSocket::OnReceive(int nErrorCode)
{
  // TODO: 여기에 특수화된 코드를 추가 및/또는 기본 클래스를 호출합니다.
  (*AfxGetMainWnd()).SendMessage(UM_RECEIVE_MESSAGE,
        (WPARAM)this);

  CSocket::OnReceive(nErrorCode);
}
```

⓬ 이어서 역시 같은 방법으로 OnClose() 함수를 추가하고 그 함수에 다음과 같은 코드를 작성한다.

```
void CDataSocket::OnClose(int nErrorCode)
{
  // TODO: 여기에 특수화된 코드를 추가 및/또는 기본 클래스를 호출합니다.
  (*AfxGetMainWnd()).SendMessage(UM_CLOSE_MESSAGE,
        (WPARAM)this);

  CSocket::OnClose(nErrorCode);
}
```

⓭ 모든 코드의 작성이 끝나면 CMFCSocketServerDlg 클래스의 헤더 파일에 이전에 작성한 두 개의 클래스의 헤더 파일을 추가시킨다.

```
#include "ListenSocket.h"
#include "DataSocket.h"
```

⓮ 그리고 각 클래스에 접근할 수 있도록 클래스 객체를 생성한다.

```
CListenSocket listenSocket;
CDataSocket dataSocket;
```

⓯ 메시지를 처리하기 위한 함수를 CMFCSocketServerDlg 클래스의 헤더 파일에 추가시킨다.

```
afx_msg LRESULT OnCloseSocket(WPARAM wParam,LPARAM lParam);
afx_msg LRESULT OnReceiveData(WPARAM wParam,LPARAM lParam);
afx_msg LRESULT OnAcceptClient(WPARAM wParam,LPARAM lParam);
```

⓰ 발생한 메시지를 처리하기 위한 함수를 연결하고 등록시키기 위해서 CMFCSocketServerDlg 클래스의 .cpp 파일 내의 BEGIN_MESSAGE_MAP을 다음과 같이 수정한다.

```
BEGIN_MESSAGE_MAP(CMFCSocketServerDlg, CDialog)
    ON_WM_SYSCOMMAND()
    ON_WM_PAINT()
    ON_WM_QUERYDRAGICON()
    //}}AFX_MSG_MAP
    ON_BN_CLICKED(IDC_BUTTON_START, OnBnClickedButtonStart)
    ON_MESSAGE(UM_ACCEPT_MESSAGE,OnAcceptClient)
    ON_MESSAGE(UM_RECEIVE_MESSAGE,OnReceiveData)
    ON_MESSAGE(UM_CLOSE_MESSAGE,OnCloseSocket)
END_MESSAGE_MAP()
```

⑰ 지금까지의 작업을 모두 마쳤다면 이제 서버가 구동될 수 있도록 코드를 작성해주면 된다. 우선 서버가 시작할 수 있도록 [서버 실행] 버튼을 클릭하면 동작하는 코드를 작성한다. 서버를 실행하면 사용자가 입력한 포트번호를 가지고 소켓을 생성한 다음 클라이언트의 접속을 기다리게 된다. [리소스 뷰]에서 우리가 편집한 대화상자를 보면 [서버 실행] 버튼이 있을 것이다. 이를 더블 클릭해 보자. 그러면 다음과 같이 코드를 편집할 수 있는 창이 나온다. 코드를 편집할 수 있게 되면 다음과 같이 코드를 작성한다.

```
void CMFCSocketServerDlg::OnBnClickedButtonStart()
{
    // TODO: 여기에 컨트롤 알림 처리기 코드를 추가합니다.
    UpdateData();

    if(m_strPort != "")
    {
        int port = atoi((LPCSTR)m_strPort);

        if(listenSocket.m_hSocket!=INVALID_SOCKET)
        {
            AddMessage("이미대기상태입니다.");
        }
        if(!listenSocket.Create(port))
        {
            AddMessage("소켓생성 실패");
        }
```

```
18          if(!listenSocket.Listen())
19          {
20              AddMessage("대기실패");
21
22              listenSocket.Close();
23          }
24          else
25            AddMessage("서버가 실행 되었습니다.");
26
27            GetDlgItem(IDC_EDIT_SEND_DATA)->SetFocus();
28            GetDlgItem(IDC_BUTTON_STOP)->EnableWindow(TRUE);
29            GetDlgItem(IDC_BUTTON_SEND)->EnableWindow(TRUE);
30            GetDlgItem(IDC_BUTTON_START)->EnableWindow(FALSE);
31      }else
32          AddMessage("양의 정수로 포트번호를 입력하세요.");
33  }
```

① 04 : UpdateData() 함수는 함수의 인자값이 TRUE인 경우 컨트롤에 저장된 값을 가져오고, FALSE인 경우 어떠한 값을 컨트롤에 저장하는 기능을 한다.

② 06 : 사용자가 포트번호를 입력했는지를 검사한다.

③ 08 : 사용자로부터 입력 받은 포트번호를 정수형으로 변환한다.

④ 10 ~ 13 : 소켓이 이미 생성이 되었는지를 확인한다.

⑤ 14 ~ 17 : 사용자가 입력한 포트번호로 소켓을 생성한다.

⑥ 18 ~ 23 : 생성한 소켓을 클라이언트의 접속요청을 기다리도록 Listen 상태로 만든다.

⑦ 27 ~ 30 : 대화상자 내의 버튼을 활성화 또는 비활성화 시킨다.

⓲ 서버가 실행 후 Listen 상태에서 클라이언트의 접속요청이 있으면 발생하는 UM_ACCEPT_MESSAGE를 처리하기 위한 함수인 OnAcceptClient() 함수를 작성한다.

```
LRESULT CMFCSocketServerDlg::OnAcceptClient(WPARAM
    wParam, LPARAM lParam)
{
    listenSocket.Accept(dataSocket);
```

```
04        AddMessage("클라이언트가 접속 했습니다.");
05        return 0;
06    }
```

① 03 : Listen 상태인 소켓에 클라이언트의 접속요청이 생기면 Accept() 함수를 호출하여 클라이언트와 통신할 수 있도록 dataSocket과 연결시켜 준다.

⑲ 다음으로 클라이언트가 보낸 데이터를 받을 수 있도록 UM_RECEIVE_MESSAGE를 처리하는 함수를 작성한다.

```
01    LRESULT CMFCSocketServerDlg::OnReceiveData(WPARAM
         wParam, LPARAM lParam)
02    {
03
04       char Rcvdata[1024];
05
06       CDataSocket* pDataSocket = (CDataSocket*)wParam;
07
08       pDataSocket->Receive(Rcvdata,sizeof(Rcvdata));
09
10       CString strMsg = Rcvdata;
11
12       AddMessage(strMsg);
13
14       return 0;
15    }
```

① 04 : 받은 데이터를 저장할 버퍼이다.
② 08 : 데이터를 받는 경우 OnReceive() 가상 함수가 호출되는데 이 가상 함수에서 전달되는 인자값으로 클래스의 포인터를 넘겨주었기 때문에, 06번째 줄에서와 같이 클래스의 포인터를 받아 직접 데이터를 받는다.
③ 10 : 받은 데이터를 스트링에 저장한다.
④ 12 : 메시지를 화면에 출력하기 위해 AddMessage() 함수를 호출하여 받은 메시지를 전달한다.

⑳ ⑲의 과정에서 받은 메시지를 화면에 출력하기 위해 AddMessage() 함수를 호출했다. 이러한 AddMessage() 함수의 구성은 다음과 같이 한다.

```
01    void CMFCSocketServerDlg::AddMessage(CString strMsg)
02    {
03        UpdateData();
04        if(m_strListData=="")
05            m_strListData = strMsg;
06        else
07            m_strListData += "\r\n"+strMsg;
08
09        UpdateData(FALSE);
10
11        m_edListData.LineScroll(m_edListData.GetLineCount());
12    }
```

① 04 ~ 07 : 출력창에 아무런 데이터가 없다면 수신한 데이터를 그대로 출력하고 데이터가 있으면 출력창의 데이터 뒤에 수신한 데이터를 이어 붙여 화면에 출력한다.

② 11 : 출력할 데이터가 출력될 창의 크기를 넘을 경우 자동으로 스크롤 되게 해준다.

㉑ 데이터를 수신하는 코드를 작성했으므로 이번에는 데이터를 송신하는 부분을 작성해 보겠다. 데이터를 송신하는 부분은 보내기 버튼에 대한 처리를 해주는 코드를 작성해주면 된다. 리소스 뷰에서 대화상자를 편집할 때 보내기 버튼을 보았을 것이다. 보내기 버튼을 더블클릭하면 코드를 작성할 수 있도록 텍스트 편집창으로 넘어 갈 것이다. 여기서 다음과 같이 코드를 작성한다.

```
void CMFCSocketServerDlg::OnBnClickedButtonSend()
{
    // TODO: 여기에 컨트롤 알림 처리기 코드를 추가합니다.
    UpdateData();

    CString strSend;
    strSend.Format("[서버] %s",m_strSendData);
```

```
08
09         dataSocket.Send(strSend,strSend.GetLength()+1);
10
11         GetDlgItem(IDC_EDIT_SEND_DATA)->SetFocus();
12         m_strSendData="";
13         UpdateData(FALSE);
14
15         AddMessage(strSend);
16     }
```

① 07 : 서버에서 보내는 데이터 앞에 [서버]라는 이름을 붙어 누가 보내는 데이터인지를 구분하게 해준다.

② 09 : 데이터 통신에 쓰이는 소켓을 통하여 데이터를 전송한다.

③ 11 : 데이터 전송 후 커서를 데이터 입력 부분으로 위치시킨다.

④ 12 : 데이터 전송 후 데이터 입력 창을 초기화 시킨다.

⑤ 15 : 보낸 데이터를 자신의 출력창에 표시해 주는 AddMessage() 함수를 호출한다.

㉒ 다음은 모든 역할을 마친 프로그램이 종료될 때의 기능을 하기 위한 코드를 작성하면 된다. 이때 UM_CLOSE_MESSAGE가 발생하는데 이를 처리해주는 함수를 작성해 보겠다. 종료 시 발생하는 메시지를 처리하는 함수는 OnCloseSocket() 함수이다. 함수를 다음과 같이 작성한다.

```
01     LRESULT CMFCSocketServerDlg::OnCloseSocket(WPARAM
         wParam, LPARAM lParam)
02     {
03         CDataSocket *pDataSocket=(CDataSocket*) wParam;
04         pDataSocket->Close();
05         AddMessage("클라이언트가 접속을 종료했습니다.");
06         return 0;
07     }
```

① 03 ~ 04 : OnClose() 함수 호출시 SendMessage() 함수의 인자로 전달받은 소켓을 종료한다. 클라이언트의 접속이 종료될 시 발생한다.

㉓ 다음은 서버 종료 버튼을 클릭할 때 동작하는 함수의 코드를 작성해 준다. 앞서 방법과 같이 서버 종료 버튼을 더블클릭하여 텍스트 편집창으로 이동한다. 그리고 다음과 같이 코드를 작성해 준다.

```
01    void CMFCSocketServerDlg::OnBnClickedButtonStop()
02    {
03        // TODO: 여기에 컨트롤 알림 처리기 코드를 추가합니다.
04        if(listenSocket.m_hSocket!=INVALID_SOCKET)
05        {
06            listenSocket.Close();
07            dataSocket.Close();
08            AddMessage("서버를 종료 합니다.");
09
10            GetDlgItem(IDC_BUTTON_STOP)->EnableWindow(FALSE);
11            GetDlgItem(IDC_BUTTON_START)->EnableWindow(TRUE);
12            GetDlgItem(IDC_BUTTON_SEND)->EnableWindow(FALSE);
13        }else
14            AddMessage("이미 종료되었습니다.");
15    }
```

① 06~08 : 클라이언트의 요청을 받는 소켓과 데이터 통신에 사용되는 소켓 모두를 종료한다.

② 10~12 : 각 버튼의 활성화를 처리한다.

㉔ 마지막으로 데이터를 전송할 때 채팅 프로그램처럼 엔터키의 입력이 될 수 있도록 처리를 해준다. 앞서 소켓 관련 클래스 생성 시 재정의 버튼을 클릭하여 가상함수를 작성했을 것이다. 마찬가지로 재정의 버튼을 클릭해보면 PreTrans lateMessage라는 항목이 보이는데 이 부분을 추가하여 재정의 하도록 한다. 이 부분을 추가하여 다음과 같이 수정한다.

```
BOOL CMFCSocketServerDlg::PreTranslateMessage(MSG*
    pMsg)
{
    // TODO: 여기에 특수화된 코드를 추가 및/또는 기본 클래스를 호
    출합니다.
    if(pMsg->message==WM_KEYDOWN)
    {
```

```
07          if(pMsg->wParam==VK_RETURN &&
              GetFocus()->GetDlgCtrlID() == IDC_EDIT_SEND_DATA)
08          {
09              OnBnClickedButtonSend();
10              return TRUE;
11          }
12      }
13      return CDialog::PreTranslateMessage(pMsg);
14  }
```

① 05 ~ 12 : 키가 눌렸을 경우 엔터키이면서 동시에 커서가 사용자로부터 데이터를 입력 받는 창에 있을 경우 OnBnClickedButtonSend() 함수를 호출하여 데이터를 전송한다.

8.1.2 채팅 클라이언트 작성

서버를 작성하였으므로 이번에는 서버와 통신을 하기 위한 클라이언트 프로그램을 작성해 보도록 한다.

❶ 서버의 작성과 같은 방법으로 MFCSocketClient라는 대화상자 기반의 프로젝트를 생성한다.

❷ 프로젝트를 생성한 후 대화상자를 편집하는데 그림 8.13과 같이 편집하고 ID도 입력한다.

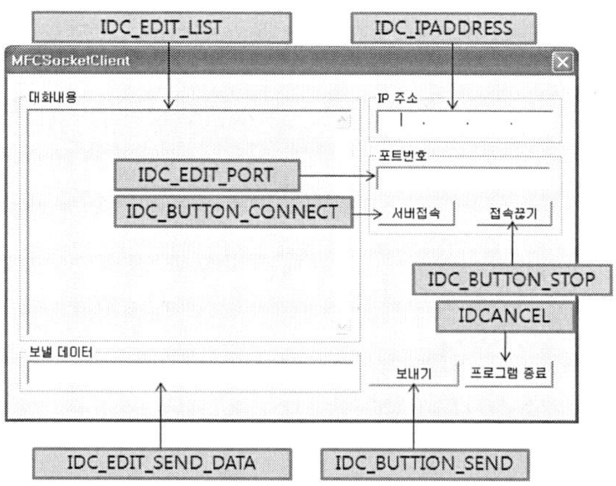

그림 8.13 클라이언트 대화상자 편집

그리고 각 컨트롤의 속성은 IDC_EDIT_LIST의 경우 Multiline, ReadOnly, Auto VScroll, Vertical Scroll을 True로, IDC_EDIT_PORT의 경우에는 Number 와 Right Align Text 속성을 True로 한다.

❸ 다음은 각 컨트롤을 제어하기 위한 변수를 추가한다. 추가하는 방법은 서버를 작성하는 방법을 참고하기를 바란다. 각 컨트롤에 대한 변수는 표 8.2와 같다.

표 8.2 컨트롤 변수 생성 세부 항목 (2)

변수 형식	컨트롤 ID	범주	변수 이름
CString	IDC_EDIT_LIST	Value	m_strListData
CString	IDC_EDIT_SEND_DATA	Value	m_strSendData
CString	IDC_EDIT_PORT	Value	m_strPort
CEdit	IDC_EDIT_LIST	Control	m_edListData
CIPAddressCtrl	IDC_IPADDRESS	Control	m_ipServerAddress

❹ CSocket 클래스를 상속받는 새로운 클래스를 추가한다. 추가하는 방법은 서버의 방법을 참고하며, 클래스의 이름은 CDataSocket으로 한다. 클래스가 추가되면 DataSocket.h 파일과 DataSocket.cpp 파일이 생성될 것이다. 헤더 파일을 열어 다음과 같은 메시지 정의 코드를 추가한다.

```
#define UM_RECEIVE_MESSAGE (WM_USER + 101)
#define UM_CLOSE_MESSAGE (WM_USER + 102)
```

❺ 사용자 정의 메시지를 추가하였으면 재정의 버튼을 클릭 해 OnReceive() 함수를 추가한다. 서버와 같은 방법으로 다음과 같이 코드를 작성한다.

```
void CDataSocket::OnReceive(int nErrorCode)
{
   // TODO: 여기에 특수화된 코드를 추가 및/또는 기본 클래스를
        호출합니다.
```

```
    (*AfxGetMainWnd()).SendMessage(UM_RECEIVE_MESSAGE,
        (WPARAM)this);
    CSocket::OnReceive(nErrorCode);
}
```

❻ OnClose() 함수도 재정의한다.

```
void CDataSocket::OnClose(int nErrorCode)
{
    // TODO: 여기에 특수화된 코드를 추가 및/또는 기본 클래스를
        호출합니다.

    (*AfxGetMainWnd()).SendMessage(UM_CLOSE_MESSAGE,
        (WPARAM)this);
    CSocket::OnClose(nErrorCode);
}
```

❼ CMFCSocketClientDlg 클래스의 헤더 파일에 CDataSocket 클래스를 포함시킨다.

```
#include "DataSocket.h"
```

❽ 그리고 CDataSocket 클래스에 접근할 수 있도록 클래스 객체를 생성한다.

```
CDataSocket dataSocket;
```

❾ 메시지를 처리하기 위한 함수를 CMFCSocketServerDlg 클래스의 헤더 파일에 추가시킨다.

```
afx_msg LRESULT OnCloseSocket(WPARAM wParam,LPARAM lParam);
afx_msg LRESULT OnReceiveData(WPARAM wParam,LPARAM lParam);
```

⑩ 메시지 처리를 수행하기 위해서 메시지와 함수가 연결되도록 메시지 맵에 추가한다.

```
BEGIN_MESSAGE_MAP(CMFCSocketClientDlg, CDialog)
    ON_WM_SYSCOMMAND()
    ON_WM_PAINT()
    ON_WM_QUERYDRAGICON()
    //}}AFX_MSG_MAP
    ON_MESSAGE(UM_RECEIVE_MESSAGE,OnReceiveData)
    ON_MESSAGE(UM_CLOSE_MESSAGE,OnCloseSocket)
 END_MESSAGE_MAP()
```

⑪ 이제 서버에 접속할 수 있도록 코드를 작성해 보자. 코드를 작성하기 전에 CString형의 m_strServerAddress라는 이름으로 변수를 하나 생성을 한다. 그다음 리소스 뷰의 대화상자 편집 창에서 서버 접속 버튼을 더블클릭하여 텍스트 편집 창으로 이동한 후 다음의 코드를 작성한다.

```
void CMFCSocketClientDlg::OnBnClickedButtonConnect()
{
    // TODO: 여기에 컨트롤 알림 처리기 코드를 추가합니다.
    UpdateData();
    int port;

    if(m_strPort !="")
    {
        port = atoi((LPCSTR)m_strPort);
        m_ipServerAddress.GetWindowText(m_strServerAddress);

        if(dataSocket.m_hSocket!=INVALID_SOCKET)
        {
            AddMessage("이미 서버에 접속되어 있습니다.");
        }

        if(!dataSocket.Create())
        {
            AddMessage(" 소켓 생성 실패");
        }
        if(!dataSocket.Connect(m_strServerAddress,port))
        {
```

```
23              dataSocket.Close();
24              AddMessage("서버 접속 실패");
25          }else{
27              AddMessage("서버에 접속 되었습니다.");
28              GetDlgItem(IDC_BUTTON_STOP)->EnableWindow(TRUE);
29              GetDlgItem(IDC_BUTTON_CONNECT)->
                    EnableWindow(FALSE);
30              GetDlgItem(IDC_BUTTON_SEND)->
                    EnableWindow(TRUE);
31              GetDlgItem(IDC_EDIT_SEND_DATA)->SetFocus();
32          }
33          }else
34              AddMessage("포트번호를 입력하십시오.");
35      }
```

서버와 중복되는 부분의 설명은 생략하기로 한다. 의문이 나는 사항은 서버부분을 참고하길 바란다.

① 10 : 사용자가 입력한 서버의 IP 주소를 대화상자로부터 얻어 온다.

② 21 ~ 24 : 사용자로부터 입력 받은 서버의 IP 주소와 접속할 포트번호를 가지고 접속을 시도한다.

⑫ 별다른 이상이 없다면 서버로 접속이 가능할 것이다. 서버로 접속을 했다면 데이터를 주고받는 기능이 있어야 할 것이다. 데이터를 전송하는 동작을 하는 함수를 작성해 보자. 함수의 내용은 다음과 같이 작성한다.

```
void CMFCSocketClientDlg::OnBnClickedButtonSend()
{
    // TODO: 여기에 컨트롤 알림 처리기 코드를 추가합니다.
    UpdateData();

    CString strSend;
    strSend.Format("[클라이언트] %s",m_strSendData);

    dataSocket.Send(strSend,strSend.GetLength()+1);

    GetDlgItem(IDC_EDIT_SEND_DATA)->SetFocus();
    m_strSendData="";
    UpdateData(FALSE);
```

```

    AddMessage(strSend);
}
```

⓭ 이번에는 데이터를 받는 기능의 함수를 작성해 보자.

```
LRESULT CMFCSocketClientDlg::OnReceiveData(WPARAM wParam, LPARAM lParam)
{
    char Rcvdata[1024];

    CDataSocket* pDataSocket = (CDataSocket*)wParam;

    pDataSocket->Receive(Rcvdata,sizeof(Rcvdata));

    CString strMsg = Rcvdata;

    AddMessage(strMsg);

    return 0;
}
```

⓮ 화면에 사용자 및 서버로부터 받은 데이터를 창에 표시하는 기능의 함수를 작성해 보자. 다음과 같이 코드를 작성한다.

```
void CMFCSocketClientDlg::AddMessage(CString strMsg)
{
    UpdateData();
    if(m_strListData=="")
        m_strListData=strMsg;
    else
        m_strListData+="\r\n"+strMsg;

    UpdateData(FALSE);

    m_edListData.LineScroll(m_edListData.GetLineCount());
}
```

⓯ 접속 종료 메시지가 발생하면 처리할 함수를 작성해 보자. 이 경우도 서버와 코드가 다르지 않다.

```
LRESULT CMFCSocketClientDlg::OnCloseSocket(WPARAM wParam, LPARAM lParam)
{
    dataSocket.Close();

    AddMessage("서버가 연결을 종료 했습니다.");
    GetDlgItem(IDC_BUTTON_STOP)->EnableWindow(FALSE);
    GetDlgItem(IDC_BUTTON_CONNECT)->EnableWindow(TRUE);
    GetDlgItem(IDC_BUTTON_SEND)->EnableWindow(FALSE);

    return 0;
}
```

⓰ ⓯의 서버가 연결을 종료했다면, 이번에는 클라이언트에서 접속을 종료하는 것이다.

```
void CMFCSocketClientDlg::OnBnClickedButtonStop()
{
    // TODO: 여기에 컨트롤 알림 처리기 코드를 추가합니다.
    if(dataSocket.m_hSocket!=INVALID_SOCKET)
    {

        dataSocket.Close();
        AddMessage("서버와의 접속을 종료합니다.");
        GetDlgItem(IDC_BUTTON_STOP)->EnableWindow(FALSE);
        GetDlgItem(IDC_BUTTON_CONNECT)->EnableWindow(TRUE);
        GetDlgItem(IDC_BUTTON_SEND)->EnableWindow(FALSE);
    }else
        AddMessage("이미 종료되었습니다.");
}
```

⓱ 클라이언트에도 서버처럼 보낼 메시지를 입력했을 때 엔터를 입력해도 프로그램이 종료되지 않도록 PreTranslateMessage() 함수를 재정의 해준다.

```
BOOL CMFCSocketClientDlg::PreTranslateMessage(MSG* pMsg)
{
    // TODO: 여기에 특수화된 코드를 추가 및/또는 기본 클래스를
       호출합니다.
    if(pMsg->message==WM_KEYDOWN)
    {
        if(pMsg->wParam==VK_RETURN && GetFocus()
          ->GetDlgCtrlID()==IDC_EDIT_SEND_DATA)
        {
            OnBnClickedButtonSend();
            return TRUE;
        }
    }
    return CDialog::PreTranslateMessage(pMsg);
}
```

8.1.3 실행 화면

지금까지 CSocket 클래스를 이용하여 1:1 TCP 통신이 가능한 서버와 클라이언트를 작성하였다. 작성한 프로그램을 실행하기 전에 한 가지 추가해야 할 것이 있다. 서버와 클라이언트 모두 대화상자에서 초기 버튼의 활성화 여부이다. 이것은 여기서 설명하지는 않을 것이다.

1) 프로그램의 실행

우선 서버를 실행하면 그림 8.14과 같은 화면을 볼 수 있을 것이다.

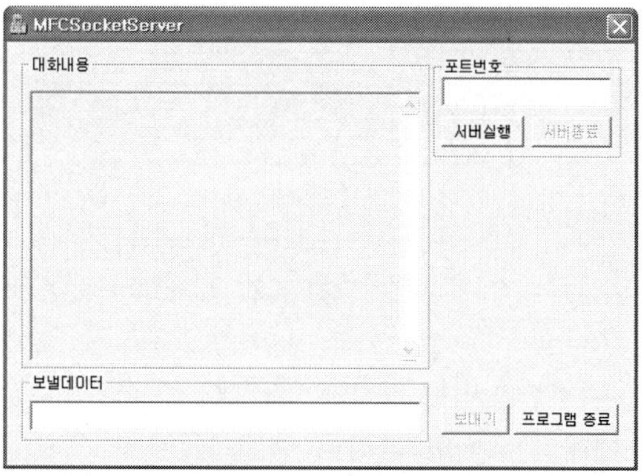

그림 8.14 서버의 실행 (1)

서버를 실행한 후 포트번호를 입력한다. 포트번호는 다른 예제들에서도 많이 쓰이는 9000번을 입력할 것이다. 포트번호를 입력한 후 서버 실행 버튼을 누르면 그림 8.15와 같은 화면을 볼 수 있을 것이다.

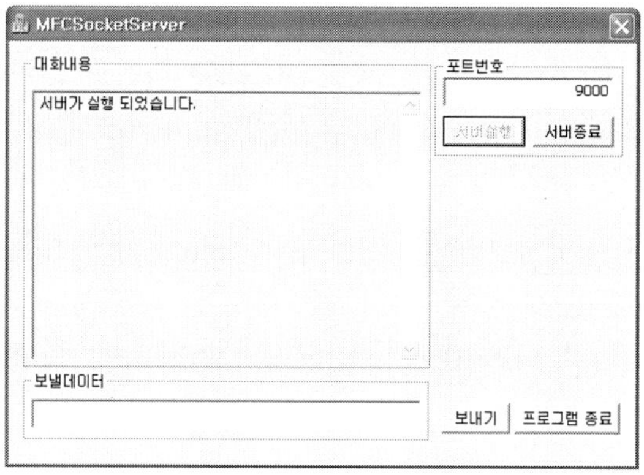

그림 8.15 서버의 실행 (2)

아무 이상이 없이 서버가 실행됨을 볼 수 있다. 서버를 실행했으면 이제는 클라이언트를 실행시켜 보자. 클라이언트를 실행하면 그림 8.16과 같은 화면을 볼 수 있을 것이다.

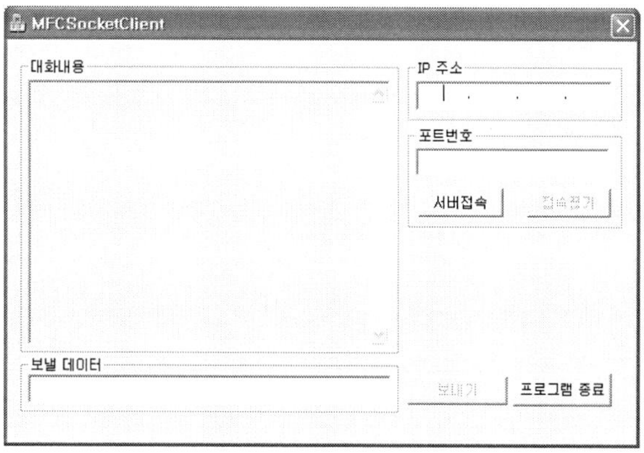

그림 8.16 클라이언트의 실행 (1)

IP 주소에는 서버의 주소를 입력한다. 본 예제를 실습하고 있는 독자라면 한 컴퓨터 내에서 서버와 클라이언트를 동시에 실행시킬 것이다. 이때는 IP 주소를 127.0.0.1로 입력한다. 그리고 포트번호에는 서버 실행 시 입력한 9000을 입력한다. IP 주소와 포트번호를 입력한 후 서버 접속을 클릭하면 다음의 그림 8.17과 같은 화면을 볼 수 있다.

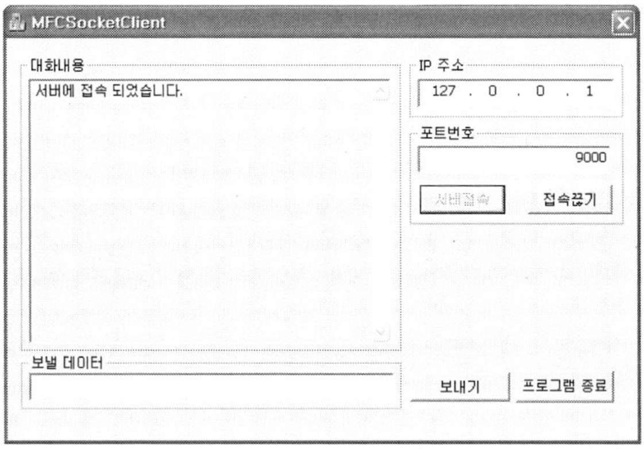

그림 8.17 클라이언트의 실행 (2)

서버에 접속이 되었음을 알 수 있다. 실제로 서버와 클라이언트간에 통신을 해보자.

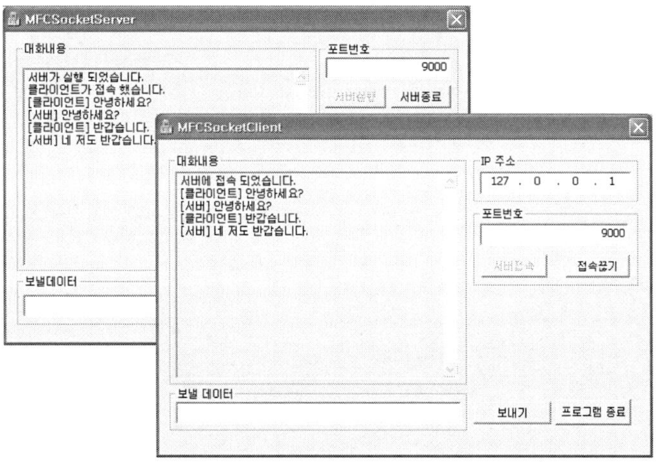

그림 8.18 서버와 클라이언트간 통신

이로써 MFC 소켓을 이용한 서버와 클라이언트 작성을 마쳤다. 지금까지 학습한 MFC 소켓의 내용을 이해할 수 있다면 앞으로 배우게 될 내용도 별 문제 없이 이해할 수 있을 것이다.

CHAPTER

09 메일 전송 프로그램

학습 목표

- E-mail의 전달 과정을 이해한다.
- SMTP 프로토콜을 살펴보고 이해한다.

선수 학습

- TCP/IP 동작 원리의 이해
- Visual Studio 7.0 툴 사용법

함수 및 구조체

- 윈도우즈 소켓 관련 구조체(WSAData, SOCKADDR_IN, HOSTENT 등)
- connect(SOCKET, struct sockaddr*, int)
- gethostbyname(const char *)
- send(SOCKET, const char*, int, int)
- recv(SOCKET, char*, int, int)

예제

1. SMTP 클라이언트
   - 소켓을 생성 후 connect()를 이용하여 연결
   - gethostbyname을 이용 도메인 정보 얻기
   - send(), recv()를 이용하여 SMTP 프로토콜의 명령 송수신

학습 후 점검 사항

- SMTP 클라이언트 모델을 설계할 수 있는가?
- 설계된 모델을 토대로 프로그래밍 할 수 있는가?

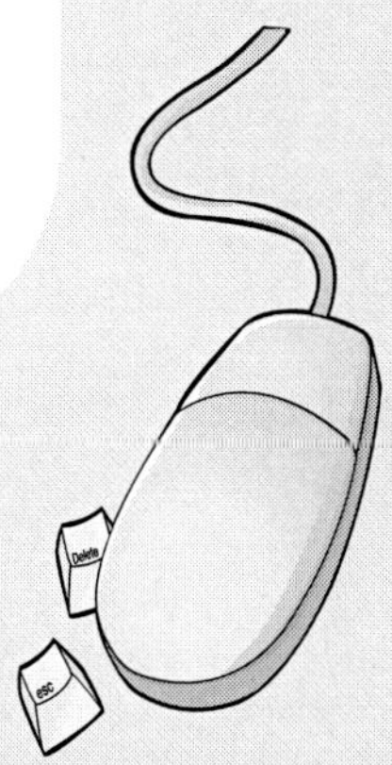

9.1 E-mail

E-mail(eletronic-mail, 전자우편)은 편지의 개념을 네트워크에 접목시켜서 전기적으로 텍스트 메시지를 주고받는 원리에서 시작되었다. 현재 기술이 발전함에 따라 여러 정보들은 E-mail의 첨부형태로 전송하고 있다. 그림, 영상의 용량이 큰 멀티미디어 파일도 전달이 빠르다는 장점을 가졌다. 단점으로는 사용하기 쉽다는 이점을 악용하여 메일 내용을 가로채서 보거나 정보를 이용해서 도용하거나 스파이웨어와 같은 악의적인 프로그램을 심어서 보내는 등, 공격자들의 공격 방법도 다양하게 존재한다는 점이 문제가 늘고 있어 문제점을 해결하기 위한 대책이 마련되고 있다.

9.1.1 E-mail의 구성

E-mail을 작성해서 송신하는 텍스트, 이미지, 동영상, 음악 등이 네트워크를 통해 전송될 때는 편지를 봉투에 넣어 주소를 쓰고 우표를 붙이는 것과 같다. 어떻게 E-mail이 구성되어 있는지 알아보자.

인터넷 E-mail 메시지 형식을 정의해 놓은 규약은 MIME(multipurpose internet mail extension, 다목적 인터넷 메일 확장)에 정의되어 있는데 이에 따르면 E-mail은 크게 머리말(header)과 본문(body)의 두 부분으로 되어 있다.

머리말(header)에는 E-mail과 관련된 정보들이 포함되어 있다. 보내는 사람, 받는 사람, 제목, 보낸 날짜, 내용의 형식(content-type, 본문이 순수한 텍스트인지 서식 정보가 포함되었는지, 혹은 본문이 아스키코드로 쓰였는지 유니코드로 쓰였는지 등을 나타냄) 등이 그것이다. 받는 사람이 E-mail을 읽었는지 안 읽었는지를 나타내는 수신확인에 대한 정보도 머리말에 포함되고 E-mail에서 보내는 사람 정보를 조작하는 것은 매우 쉽기 때문에 보내는 사람을 조작할 수 없도록 디지털 서명을 하기도 하는데 이것도 머리말에 포함되는 정보이다.

본문(body)에는 보내는 사람이 입력한 메시지 그 자체가 압축되지 않은 그대로의 형태로 따라 온다. 머리말과 본문은 빈 줄로 구분되며, 메시지의 끝을 나타내는 특별한 기호가 보통 맨 뒤에 따라 온다.

이렇게 구성된 E-mail은 보통 아스키코드(영어권 알파벳과 숫자를 나타내기 위한 코드)나 유니코드(세계 각국 언어를 표현할 수 있도록 확장된 코드. 일반적으로 웹페이지를 접속했을 때 보게 되는 파일은 모두 유니코드로 작성)로 된 일반 텍스트 파일 형태로 전송된다. 가끔 메일 전송이 실패할 경우 received, from 등이 섞이고 끝에 본문이 따라 오는 메시지를 받은 경험이 있을 것이다.

일반적으로 메일을 받은 후에는 E-mail 프로그램에서 헤더 부분을 제거하거나 보기 좋게 편집해서 보여 주는데 메일 전송이 실패할 경우에는 헤더까지 그대로 섞여서 보여지기 때문에 그런 이상한 메시지를 받게 되는 것이다.

9.1.2 E-mail의 동작 원리

E-mail을 주고받기 위해서는 우선적으로 개인의 컴퓨터(host)가 네트워크와 연결되어 있어야 하며 보내는 사람과 받는 사람 모두에게 메일 서버(mail server)가 존재해야 한다. 메일 서버란 메일을 주고받을 때 가운데에서 중개 역할을 해주는 컴퓨터를 일컫는다. 가령, 메일이 보내졌는데 받는 사람이 네트워크에 접속해 있지 않거나 컴퓨터가 꺼져 있는 등의 메일을 전달받을 수 없는 상태일 때, 서버는 보내어진 메시지를 저장해서 가지고 있게 된다. E-mail 서버는 인터넷 브라우저를 이용해서 메일을 작성하거나 확인하는 방식인 웹 메일의 경우 웹메일 서비스 업체가 관리하는 컴퓨터이다. 그렇지 않고 개인이 자신의 컴퓨터에 직접 Linux의 sendmail과 같은 메일 서버 프로그램을 설치해서 자신이 직접 메일 서버를 운영, 관리할 수도 있다.

E-mail을 보내는 사람을 A, E-mail을 받는 사람을 B라 가정하자. 이 때 가장 기본적인 E-mail 시스템은 다음과 같이 동작한다. A가 메일을 작성해서 전송하면 A의 메일 서버로 그 메일이 전송된다. A의 메일 서버에서는 E-mail을 분석해서 받는 사람인 B의 메일 서버를 알아낸 후 그 쪽으로 E-mail을 보낸다. B의 메일 서버는 메일을 저장장치에 저장, 보관 해두었다가 B가 접속하면 B의 컴퓨터로 메일을 전달한다.

9.1.3 E-mail의 전달 과정

E-mail의 전달 과정을 살펴보면 25번 포트와 SMTP(simple mail transfer protocol)를 이용해서 전달이 된다. 그림 9.1은 E-mail의 전달 과정을 간단히 도식화한 것이다.

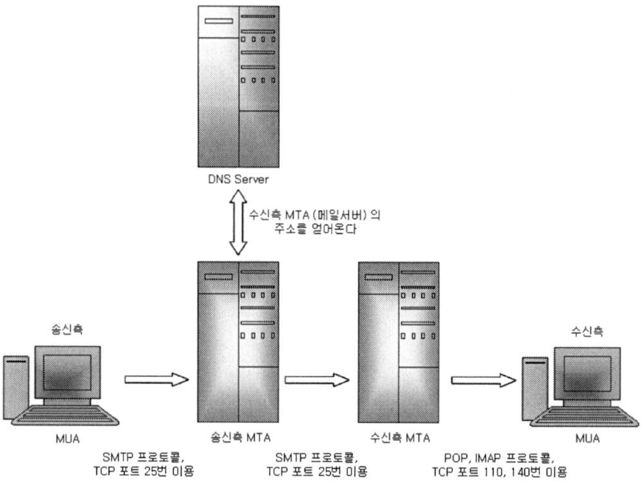

그림 9.1 E-mail의 전달 과정

1) 송신측은 자신의 메일 작성 프로그램(MUA, mail user agent)을 이용하여 메시지를 작성한다. 대표적인 메일 프로그램에는 Microsoft Outlook, Mozilla Thunderbird 등이 있다. 웹 메일일 경우 송신측은 직접 메일 사이트에 인터넷 브라우저로 접속하여 메일을 보낼 것이다. 메일 작성 프로그램은 송신자가 작성한 E-mail을 표준 규약에 맞는(머리말과 본문을 포함하는) E-mail 형식으로 만들어 메일 전송 기관(MTA, mail transfer agent)으로 보낸다. 메일 전송 기관은 인터넷 서비스 제공자(ISP, internet service provider, 하나로, 두루넷, 천리안 등 인터넷 제공업체)이거나 웹 메일의 경우 메일을 작성한 기관(Daum, Naver, Google 등)이다. 그러면 메일 전송 기관에서 책임지고 메일을 수신측의 주소로 보내줄 것을 보장한다. 이 때 SMTP(simple mail transfer protocol)이라는 규약이 사용되며 25번 포트로 통신을 한다.

2) 메일 전송 기관(MTA)에서는 메일 주소(ex: 철이@naver.com)를 분석하여 받는 곳의 메일 서버 주소를 알아낸다. 오늘날의 메일 주소는 id@domain.address로 되어 있는데 @ 뒤에 있는 것이 도메인 주소로 각 개인의 메일 전송을 담당하는 업체를 나타낸다. 영희@hanmail.net에 나오는 hanmail.net이 바로 도메인 주소이다. 사실은 이곳에 복잡한 숫자로 되어 있는 IP 주소가 들어가야 하나 숫자로 된 주소는 쓰기도 어렵고 외우기도 어려우므

로 좀 더 간단하고 알기 쉬운 주소로 나타낼 필요가 있다. 이것이 바로 도메인 주소이다. 이 업체의 메일 교환 서버의 IP 주소를 알아내기 위해 도메인 네임 시스템(domain name system, 도메인 이름의 IP 주소를 조회하는 시스템)에 문의하는 것이 두 번째 과정이다.

3) hanmail.net의 DNS server(도메인 네임과 관련된 정보를 가지고 있는 서버)에 메일 교환 서버의 주소를 물어보면 메일 교환 서버의 IP 주소를 전달받는다. 이 정보를 메일 교환 정보(MX record, mail eXchange record)라고 한다. 메일 서비스를 제공하는 업체는 하나의 도메인 이름 아래에 보통 여러 개의 메일 교환 서버를 가지고 있다. 이것은 여러 대의 컴퓨터가 E-mail을 처리하기 위해 대기하고 있다는 것을 의미하며 동시에 많은 E-mail을 확실하게 처리할 수 있기 때문에 효과적이다. 따라서 메일 교환 정보에 적어서 돌려 줄 메일 교환 서버들의 주소도 여러 개가 된다. 즉, 송신측의 메일 전송 기관에서는 이들 메일 교환 서버 중 하나를 골라서 E-mail을 보낸다.

4) 송신측의 메일 전송 기관에서는 수신측의 메일 교환 서버로 E-mail을 발송한다. 수신측의 메일 전송 기관에서는 E-mail을 받아서 저장장치에 저장 후 보관하는데, 이 저장장치를 우편함(mailbox)라고 한다.

5) 수신자가 인터넷에 접속해서 메일 수신을 요청하면 수신측의 메일 전송 기관에서 수신자에게 E-mail을 보여 준다. 이 때 수신자가 웹메일을 사용할 경우 인터넷 브라우저에서 직접 메일을 조회할 수 있고, Outlook이나 Thunderbird 등의 메일 전송 프로그램을 사용할 경우 POP3(post office protocol)라는 특별한 규약을 사용하며, 포트번호 110을 통해 메일 서버에서부터 메일 파일을 사용자 컴퓨터로 가져온다. POP3는 후에 자세히 다루도록 하겠다.

E-mail을 사용자와 메일 전송 기관 사이에서, 그리고 메일 전송 기관과 메일 전송 기관 사이에서 주고받기 위해서는 특별한 규약, 혹은 프로토콜(protocol)이 필요하다. 이것은 전송하는 E-mail 파일의 형식을 지정하는 것은 물론, E-mail이 무사히 전달되었다는 것을 확인하기 위해 확인 메시지를 서로 전달하는 과정 등을 포함한다.

9.2 SMTP(Simple Mail Transfer Protocol)

대표적인 프로토콜인 SMTP(simple mail transfer protocol)은 RFC(request for comments) 2822 표준 문서에 수록되어 있는 사용자가 메일 전송 기관으로 메일을 보고 메일을 전송 기관까지 메시지를 전달하기 위해 사용하는 프로토콜이다. 이 프로토콜을 사용해서 E-mail을 보낼 때는 본문을 전송하기 위해 받는 사람과 보내는 사람을 먼저 확인하는 과정을 거친다.

즉, 보내는 전송 기관에서 받는 전송 기관에게 먼저 받는 사람의 주소를 보내고 그쪽 기관이 확실한 지를 물어 본다. 받는 기관에서 OK라는 메시지를 보내면 보내는 기관은 다시 보내는 사람의 주소를 보내고 응답을 기다린다. 받는 기관이 다시 OK를 보내면 보내는 기관은 'DATA'라는 메시지를 보내어 앞으로 데이터를 보냄을 알린다. 받는 기관이 그에 대해 OK를 보내며 연결을 열면 보내는 기관은 비로소 헤더를 포함한 모든 E-mail 데이터를 받는 기관에게 전송한다. 받는 기관은 모든 데이터를 받은 후 OK 신호를 보내고 비로소 E-mail 전송이 완료된다. 이러한 규약이 필요한 것은 네트워크가 본질적으로 불안정하기 때문에 언제든지 E-mail이 도중에 분실될 위험이 있기 때문이다. 만약 자연재해로 네트워크 선이 끊어지면 어떻게 하는가? 상대방의 메일 서버가 다운되었을 경우에는 어떻게 하는가?

이런 상황에 대한 확인없이 그냥 E-mail 데이터를 전송하면 내용을 잃어 버릴 수 있다. 실제로는 이런 상황을 대비하여 송신측에서 E-mail을 전송하면 한동안 지우지 않고 송신측의 메일 서버에 기록을 보존해 둔다. 수신측의 메일 서버에서 응답이 없을 경우에 송신측의 메일 서버는 일정 시간(보통 15분) 동안 기다렸다가 다시 메일을 발송하는 작업을 수행한다. 계속 연락이 없을 경우 일정 시간이 지나면 송신측의 메일 서버는 메일 전송을 포기하고 송신자에게 메일 전송이 실패했다는 메일을 되돌려 준다.

9.2.1 SMTP 명령 형식

```
SMTP 명령 Format
      HELO <SP> <domain> <CRLF>
```

```
MAIL <SP> FROM:<reverse-path> <CRLF>
RCPT <SP> TO:<forward-path> <CRLF>
DATA <CRLF>
HELP [<SP> <string>] <CRLF>
NOOP <CRLF>
RSET <CRLF>
QUIT <CRLF>
```

- HELO : 서버에게 사용자가 누구라는 것을 알려준다.
- MAIL FROM : 발신자의 정보(주소)를 전송한다.
- RCPT TO : 수신자의 정보(주소)를 전송한다.
- DATA : 실제적인 메시지(내용)를 적는다. 마침표(.)로 종료를 알린다.
  - Subject : 주제(제목)를 적는다.
  - From : 송신자의 주소를 나타낸다.
  - To : 수신자의 주소를 나타낸다.
- HELP : 도움말을 보여준다.
- NOOP : 연결 유지를 위해 자동으로 수행 중인 명령어로 작업이 일어나지 않는다(NO OPeration).
- RSET : 다시 처음 상태로 되돌린다.
- QUIT : 연결을 종료한다.

그림 9.2는 실제로 telnet을 통해서 이뤄지는 장면을 나타낸 그림이다.

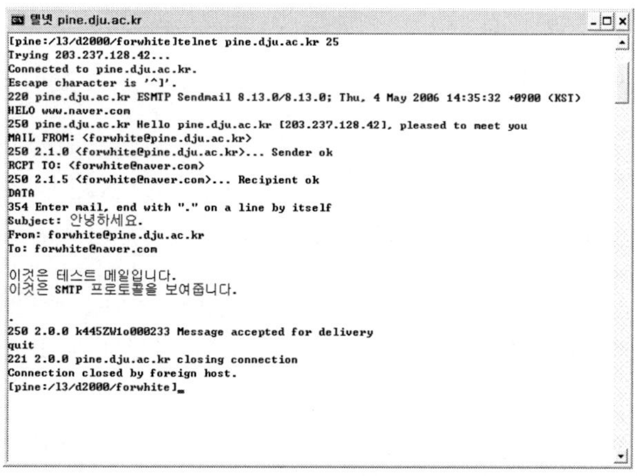

그림 9.2 SMTP의 동작 화면

그림 9.2에서 SMTP를 이용한 메일은 HELO→MAIL FROM→RCPT TO-> DATA(subject, from, to)→QUIT의 순서로 진행하며, 메일을 보냈다. 그림 실제로 메일이 잘 도착했는지 확인해보자.

그림 9.3 보낸 메일의 확인

네이버의 메일 계정으로 직접 로그인을 해서 확인해 본 결과 메일이 잘 도착한 것을 알 수 있다.

앞의 동작 예로 주어진 그림 9.2를 보면, 명령을 입력하고 난 후에 나오는 250, 221과 같은 코드를 볼 수가 있다. 이것은 서버로부터의 응답이며, SMTP 프로토콜은 클라이언트와 서버간의 대화 형식으로 동작이 이루어진다는 것을 의미한다. 즉, 클라이언트가 어떤 명령을 내리거나 요청을 하면 서버에서 그 응답이 이루어진다. 먼저 우리가 SMTP 서버에 접속하게 되면 SMTP 서버는 접속에 대한 응답을 보내게 된다.

"220 pine.dju.ac.kr ESMTP Sendmail 8.13.0/8.13.0; Thu, 4 May 2006 14:35:32 +0900(KST)"이라는 응답이 바로 그것이다.

서버의 응답에서 가장 중요한 부분은 바로 앞의 세 자리수이다. 왜냐하면 클라이언트의 요청이 성공했는지 실패했는지의 여부를 나타내기 때문이다. 이 앞의 세 자리수를 응답코드, 혹은 회신코드라고 부르며, 실제로 이 응답코드만으로도 모든 응답이 처리된다. 응답코드는 크게 100번대부터 500번대까지 100단위마다 나눠게 된다. 각 번호대마다 크게 나눠서 응답코드의 의미를 간략히 살펴보도록 한다.

1xx : 긍정적인 예비응답. 동작이 시작되었지만 다른 명령을 보내기 전에 다른 응답을 수신하기를 기대하라는 응답

2xx : 긍정적인 완료응답. 새 명령을 보낼 수 있음
ex) 220 : 서버와의 접속이 제대로 이루어지고 요청을 받을 준비가 됨
250 : 요청한 작업의 수행이 잘 이루어졌음

3xx : 긍정적인 중간응답. 명령이 승인되었으나 추가 명령이 보내져야 함
ex) 354 : 메일의 내용을 입력바람

4xx : 순간적인 부정 완성응답. 요청된 동작이 일어나지는 않지만 에러상태는 일시적인 것이기 때문에 차후에 명령을 재실행할 수 있음
ex) 421 : 서버와의 접속은 이루어졌으나 요청을 받을 준비가 되지 않음
450 : 요청된 우편의 행위가 이루어지지 않았음

5xx : 영구적인 부정 완료응답. 명령이 승인되지 않고, 재시도도 이루어지지 않음
ex) 500 : 구문 오류, 명령이 승인되지 않았음. 잘못된 명령
501 : 명령의 매개변수가 잘못되었음
503 : 명령의 순서가 잘못되었음
504 : 명령의 매개변수가 구현되지 않음

물론 이외에도 많은 응답코드가 존재하나 생략하도록 한다.

9.3 SMTP 실습 예제

예제 9.1 SMTPMailSender.cpp

```
#include <stdio.h>
#include <winsock2.h>

#define SMTPPORT         25
#define SENDERNAME       "Sendmail.com    //SMTP서버주소
SOCKET sockServer;                        // 소켓변수
char MsgHeader[1024];                     // 헤더메시지용
char MsgFrom[100];                        // 송신자 주소용
char MsgTo[100];                          // 수신사 주소용
```

```
char MsgSubject[100];                         // 메일 제목용

int SendAndRecv(char* SendMsg, char* RecvMsg ) {
   int res;
   res = send(sockServer, SendMsg, (int)strlen(SendMsg), 0);
   if ( -1 == res )
      return WSAGetLastError();

   if ( RecvMsg != NULL) {
      res = recv( sockServer, RecvMsg, 100, 0 );
      if ( -1 == res )
         return WSAGetLastError();
      RecvMsg[res] = 0;
   }
   return 0;
}

int Reply(int res, char* RecvMsg)  {
   if ( 0 != res ) {
      printf("<Recv>\r\n%s\r\n", RecvMsg);
      return -1;
   }
else {
      printf("<Recv>\r\n%s\r\n", RecvMsg);
      return 0;
   }
}

void CreateHeader()
{
   sprintf( MsgHeader, "FROM : %s\r\nTo : %s\r\nCc:
               \r\nSubject : %s\r\nMIME-Version:
               1.0\r\nContent-type: text/plain;
   charset=euc-kr\r\n", MsgFrom, MsgTo, MsgSubject );
}

int main()
{
   WSAData wsa;
   SOCKADDR_IN ServAddr;
   char RecvMsg[100] = {NULL};
   char SendMsg[100] = {NULL};

   // 소켓 초기화
```

```
    if(WSAStartup(MAKEWORD(2,2), &wsa) )
    return WSAGetLastError();

    // 소켓 생성
    sockServer = socket(AF_INET, SOCK_STREAM, 0);

    if ( sockServer == INVALID_SOCKET)
        return WSAGetLastError();

    // 도메인(메일 서버) 에 대한 정보 얻어옴.
    // 메일 서버 mailout.dju.ac.kr
    HOSTENT* Host;
    Host = gethostbyname("mailout.dju.ac.kr");

    // 소켓 주소 구조체 초기화
    ZeroMemory(&ServAddr, sizeof(SOCKADDR_IN));
    ServAddr.sin_addr = *((IN_ADDR*)*Host->h_addr_list);
    ServAddr.sin_port = htons(SMTPPORT);
    ServAddr.sin_family = AF_INET;

    // 연결
    int res;
    printf("Connection : %s %d\r\n", "mailout.dju.ac.kr",
        SMTPPORT);
    res = connect( sockServer, (PSOCKADDR)&ServAddr, sizeof
        (SOCKADDR) );
    if ( 0 != res )
        return WSAGetLastError();

    if ( NULL != RecvMsg ) {
        // 데이터 수신
        res = recv( sockServer, RecvMsg, 100, 0 );
        if ( -1 == res )
            return WSAGetLastError();
    }

    // HELO 송신, 응답 수신
    printf("HELO %s\r\n", SENDERNAME);
    sprintf( SendMsg, "HELO %s\r\n", SENDERNAME );

    res = SendAndRecv(SendMsg, RecvMsg);
    Reply(res, RecvMsg);

    char temp[100] = {NULL};
```

```
    // MAIL FROM 송신, 응답 수신
    do{
       printf("송신자 : ");
       scanf("%s",temp);
       strcpy( MsgFrom, temp );
       sprintf( SendMsg, "MAIL FROM:<%s>\r\n", MsgFrom );

       res = SendAndRecv(SendMsg, RecvMsg);
       Reply(res, RecvMsg);
    }while(RecvMsg[0] == '5');

    // RCPT TO 송신, 응답 수신
    do{
       printf("수신자 : ");
       scanf("%s",temp);
       strcpy( MsgTo, temp );
       sprintf( SendMsg, "RCPT TO:<%s>\r\n", MsgTo );

       res = SendAndRecv(SendMsg, RecvMsg);
       Reply(res, RecvMsg);
    }while(RecvMsg[0] == '5');

    // Subject 송신, 응답 수신
    printf("제목 : ");
    scanf("%s",temp);
    strcpy( MsgSubject, temp );

    // Data 송신, 응답 수신
    sprintf( SendMsg, "DATA\r\n");
    SendAndRecv( SendMsg, RecvMsg );

    CreateHeader();
    send( sockServer, MsgHeader, sizeof(MsgHeader), 0 );

    printf("---------------------------본문
       ---------------------------\n");
    printf(" 메일을 다 썼을 시에는(Enter  . -> Enter)로 종료한다.\n");
    printf("------------------------------
       ----------------------------\n");

    int x=0;
    char temps[1024] = {NULL};
    char datatemp[1024] = {NULL};
    while(1) {
```

```
138         gets(temps);
139         int n = (int)strlen(temps);
140         if(temps[0] == '.') {
141            break;
142         }
143         int j=0;
144         for(int i=x; i<x+n; i++) {
145            datatemp[i] = temps[j];
146            j++;
147         }
148         x = i;
149         datatemp[x] = '\r';
150         datatemp[x++] = '\n';
151      }
152
153      sprintf( temps, "%s\r\n.\r\n", datatemp);
154      res = SendAndRecv(temps, RecvMsg);
155      Reply(res, RecvMsg);
156
157      // 연결 단절 후 종료
158      res = send( sockServer, "QUIT\r\n",
             sizeof("QUIT\r\n"), 0 );
159      if ( -1 == res )
160         return(WSAGetLastError());
161
162      printf("\nQUIT : %s\n", RecvMsg);
163      return 0;
164   }
```

① 12 ~ 25 : 목적 메시지를 전송하고, 그에 따른 응답을 받아오는 함수이다.

② 27 ~ 36 : 받아온 응답 메시지를 출력해 주는 함수이다.

③ 38 ~ 42 : SMTP 헤더에 해당하는 메시지를 생성하는 함수이다.

④ 48 ~ 49 : 응답코드 메시지용, 메시지 송신용 변수이다

⑤ 52 ~ 53 : 버전 2.2로 소켓을 초기화 한다.

⑥ 56 ~ 59 : TCP 소켓을 생성한다.

⑦ 63 ~ 70 : 서버 주소에 대해 도메인 정보를 얻어와 소켓 주소 구조체를 초기화 한다. 포트는 SMTP 포트로 초기화 한다.

⑧ 73 ~ 84 : 얻어진 서버의 주소로 연결을 한다. 그리고 응답 메시지를 받는다.

⑨ 87 ~ 91 : HELO로 SMTP 서버에 인증 메시지를 보낸다.

⑩ 93 ~ 114 : do while을 이용, 응답 메시지가 5xx 경우, 재입력을 받는다. 함수 방식은 HELO와 흡사하다.

⑪ 117 ~ 119 : 제목을 적는다.

⑫ 122 ~ 123 : 데이터 메시지를 보내겠다는 명령을 보낸다.

⑬ 125 ~ 126 : 헤더를 만든다.

⑭ 128 ~ 132 : 본문 시작 표시 메시지

⑮ 134 ~ 151 : 본문 메시지를 받아온다. 메시지를 한 줄 단위로 읽어서 하나로 통합하는 작업을 한다.

⑯ 153 ~ 155 : 본문 메시지를 전달하고 응답을 받는다.

⑰ 158 ~ 164 : QUIT 명령을 전송함으로서 연결되어 있는 접속은 단절하고, 프로그램은 종료하게 된다.

다음에 나오는 그림 9.4는 실제로 프로그램을 실행시켜서 다른 이메일 계정으로 메일 보내는 동작을 나타내는 예이다.

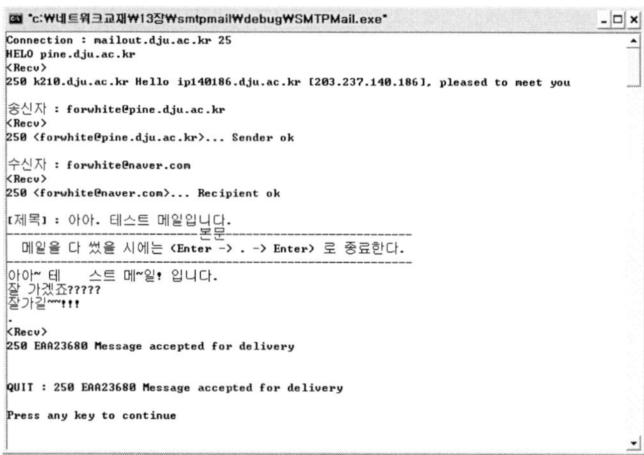

그림 9.4 SMTPMail.cpp의 실행 화면

이제 보낸 메일이 잘 도착했는지 확인해 보도록 한다. 필자의 메일 계정으로 접속을 해서 확인을 해 보았다. 그림 9.5에서와 같이 메일이 정상적으로 도착했음을 알 수 있다.

그림 9.5 SMTPMail.cpp로 보낸 메일의 확인

CHAPTER

10 메일 확인 프로그램

학습 목표

- E-mail 전달 과정을 이해한다.
- POP3 프로토콜을 살펴보고 이해한다.

선수 학습

- TCP/IP 동작 원리의 이해
- Visual Studio 7.0 툴 사용법

함수 및 구조체

- 윈도우즈 소켓 관련 구조체(WSAData, SOCKADDR_IN, HOSTENT 등)
- connect(SOCKET, const struct sockaddr*, int)
- gethostbyname(const char *)
- send(SOCKET, const char*, int, int)
- recv(SOCKET, char*, int, int)

예제

1. POP3 클라이언트
   - 소켓을 생성 후 connect()를 이용하여 연결
   - gethostbyname을 이용 도메인 정보 얻기
   - send(), recv()를 이용하여 POP3 프로토콜의 명령 송수신

학습 후 점검 사항

- POP3 클라이언트 모델을 설계할 수 있는가?
- 설계된 모델을 토대로 프로그래밍 할 수 있는가?

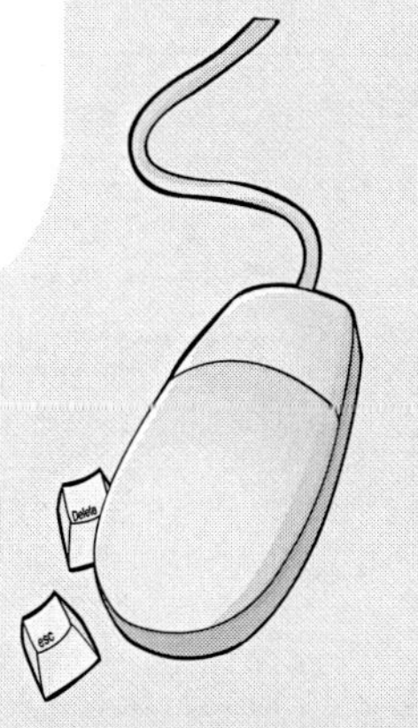

10.1 POP3(Post Office Protocol Version 3)

POP(post office protocol)은 사용자가 자신의 계정이 있는 호스트에 직접 접속하지 않고도 자신의 PC에서 바로 메일을 받아볼 수 있는 것을 정의한 통신규약을 말한다.

E-mail의 전송과정은 크게 두 가지로 나누어진다.

1. 메일 서버간의 메일 전송
2. 메일 서버에 도착한 메일을 사용자에게 전송

첫 번째 과정(사용자로부터 메일 서버로의 메일 전송)에서는 앞서 배웠던 SMTP(simple mail transfer protocol)이라는 메일 전송 프로토콜을 사용하고, 두 번째 과정(메일 서버로부터 사용자로의 메일 전송)에서는 POP3(post office protocol version 3) 또는 IMAP(internet message access protocol)를 많이 사용한다.

POP3는 메일 서버로부터 메일을 검색하는 인터넷 프로토콜로서 RFC(request for comments) 1725 문서에 정의되어 있다. 이와 비슷한 기능을 가진 것으로는 IMAP라는 더 많은 기능을 제공하는 프로토콜도 있다.

표 10.1에서 POP3와 IMAP의 같은점과 다른점의 특징을 비교하고 있다.

하지만 IMAP은 기능이 많은 만큼 그에 따라 복잡하고 상대적으로 POP3는 SMTP처럼 아주 간단하고 쉬운 편이다.

10.1.1 POP3의 전송 과정

메일을 사용자가 가져오는 과정에 대해서 알아보도록 한다. 메일을 사용자가 가져오는 과정은 MTA, 즉 메일 서버가 메일함에 메일을 저장하면 유저는 POP3 데몬 등을 이용하여 TCP 포트 110번에서 POP3 프로토콜을 이용하여 메일을 받

표 10.1 POP3와 IMAP의 같은점과 다른점

	POP3	IMAP
같은점	메일 서버로 부터 메일을 검색하고 가져오기 위해 사용되는 프로토콜	
다른점	실제로 메일을 검색하기 위해서 메일 내용 전체를 다운	메일 제목, 내용, 보낸 사람 등이 메일 서버에서 바로 검색 가능

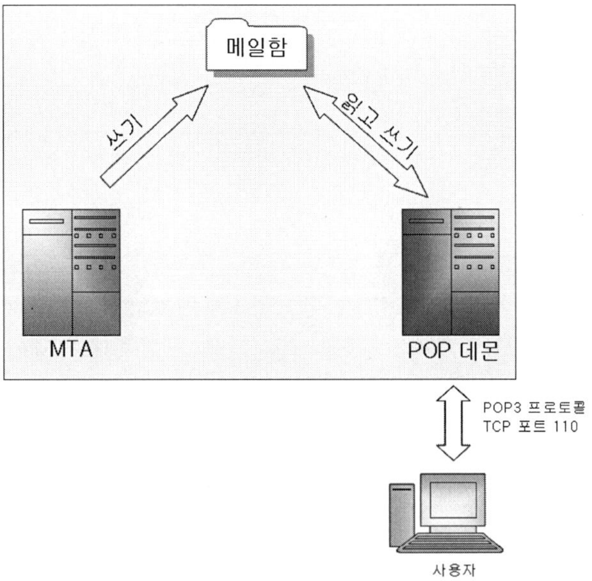

그림 10.1 사용자의 메일 수신 과정

아오게 되는 방식으로 이루어진다. 다음에 나오는 그림 10.1은 이를 나타내고 있다.

일반적으로 SMTP는 메일을 보내는 프로토콜이고, POP3는 메일을 받는 프로토콜이라고 생각하는데 사용자의 입장에서 볼 때 이렇게 전송된다. 메일 서버의 입장에서는 메일을 주고받는 데는 모두 SMTP 프로토콜을 사용하고 POP3는 단지 메일 서버가 받은 메일을 사용자에게로 전달해주는 프로토콜이다.

10.1.2 POP3 명령 형식

다음은 POP3 사용시의 명령 형식에 대해서 알아보자.

```
POP3 명령 Format

     USER <SP> <ID> <CRLF>
     PASS <SP> <Password> <CRLF>
     LIST |<SP> <Number> <CRLF>
     STAT <CRLF>
     RETR <SP> <Number> <CRLF>
     DELE <SP> <Number> <CRLF>
```

```
LAST <CRLF>
QUIT <CRLF>
```

- USER : 사용자의 계정 이름을 제공한다.
- PASS : 사용자의 패스워드를 제공한다.
- LIST : 모든 메시지나 해당 메시지의 크기를 출력한다.
- STAT : 메시지의 수와 바이트 크기를 출력한다.
- RETR : 해당 번호의 메시지를 보여준다. 끝은 ".\r\n"을 통해서 알려주게 된다.
- DELE : 해당 번호의 메시지를 삭제한다. 단, 바로 삭제되는 것은 아니며, QUIT 명령이 내려지고 실제로 접속이 종료되었을 때 메일이 삭제되게 된다.
- LAST : 가장 최근에 접근된 메시지의 번호를 출력한다.
- NOOP : NO OPeration 아무 것도 하지 않는다. 접속 유지를 위해 사용되는 명령이다.
- RSET : DELE 명령으로 삭제 표시한 메일을 이전 상태로 돌린다.
- QUIT : 연결을 종료한다.

그림 10.2는 실제로 telnet을 통해서 이뤄지는 장면이다.

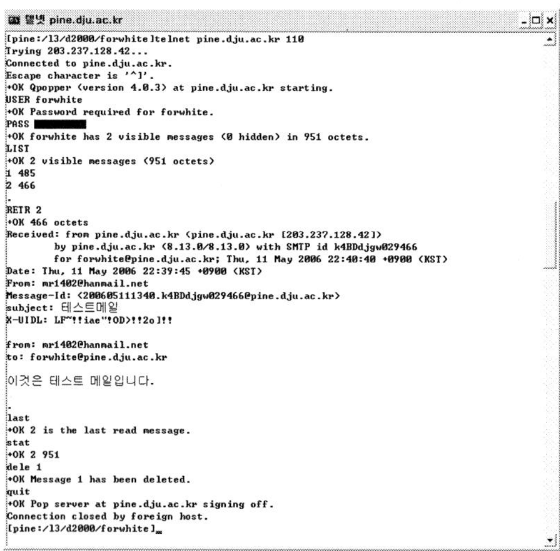

그림 10.2 POP3의 동작 화면

그림 10.2에서 POP3의 동작 화면을 보면서 POP3의 동작 과정을 살펴보자.

1) TCP 포트 110번에 사용자가 접속한다.
2) 서버에 사용자가 접속하면 서버는 사용자에게 +OK...라는 응답을 보낸다. 그림 10.2의 예에서 "+OK Qpopper <version 4.0.3> at pine.dju.ac.kr starting"이라는 문장을 확인할 수 있다.
3) 서버의 응답을 받으면 사용자는 USER 명령을 이용하여 자신이 누구라는 것을 알린다.
4) POP3 서버는 USER를 입력했을 때 제대로 된 사용자라면 "+OK..." 응답을 보낸다. 위의 예에서는 "+OK Password required for forwhite"라 되어있는데 이는 유저 아이디가 옳다는 것을 의미하는 것이 아니라, 아이디를 서버에 저장했다는 뜻이다. 실제로 사용자의 모든 인증은 PASS 명령을 사용함으로써 끝나게 된다.
5) USER 명령의 +OK 응답을 받으면 PASS 명령을 사용하여 자신의 패스워드를 POP3 서버에 알려준다.
6) 아이디와 패스워드가 맞다면 위의 예에서는 "+OK forwhite has 2 visible messages <0 hidden> in 951 octets."라는 메시지로 현재의 메시지 개수와 길이 등을 알려준다. 만약, 위의 예에서 잘못된 패스워드로 연결을 시도하고자 할 경우, "-ERR [AUTH] Password supplied for "forwhite" is incorrect."라는 응답 메시지가 나오게 된다.
7) 그러면 사용자는 STAT 명령을 통해서 현재 메일함의 상태를 요청하거나 LIST 명령으로 메일함 상태를 확인한다.
8) POP3 서버는 +OK 메일 개수 또는 메일의 총용량의 형태로 응답을 보내주거나, 메일함의 상태를 차트와 비슷하게 나열해준다.
9) 각각의 메일에 대해 RETR 명령을 통해서 사용자는 POP3 서버에 메일 내용을 요청한다.
10) 모든 메일 내용을 받게 되면, 즉 메일을 봤으면 DELE 명령을 사용하여 불필요한 메시지를 지워주는 것이 좋다.
11) 모든 작업이 완료되면 QUIT 명령을 통해서 종료한다.

SMTP가 앞의 숫자 세 자리로 응답을 하는 반면에 POP3는 +OK, -ERR라는 제일 처음 글자로 응답의 성공, 실패 여부를 알 수가 있다. +OK는 명령이 성공했다는 뜻이고, -ERR은 명령이 실패했다는 뜻이다.

10.2 POP3의 실습 예제

예제 10.1 POP3Receiver.cpp

```
#include <stdio.h>
#include <winsock2.h>
#define POP3PORT   110

SOCKET sockServer;
char MsgUser[100];
char MsgPass[100];
char RecvMsg[10240] = {NULL};

int SendAndRecv(char* SendMsg, char* RecvMsg ) {
   int res;
   res = send( sockServer, SendMsg, (int)strlen(SendMsg), 0 );
   if ( -1 == res )
      return WSAGetLastError();

   if ( RecvMsg != NULL) {
      Sleep(1000);
      res = recv( sockServer, RecvMsg, 10240, 0 );
      if ( -1 == res )
         return WSAGetLastError();
   }
   return 0;
}

int Reply(int res, char* RecvMsg) {
   if ( 0 != res ) {
      printf("<Error Recv>\r\n%s\r\n", RecvMsg);
      return -1;
   }
   else {
      printf("<Recv>\r\n%s\r\n", RecvMsg);
      return 0;
   }
}
```

```
int main()
{
    WSAData wsa;
    SOCKADDR_IN ServAddr;
    char SendMsg[100] = {NULL};
    char temp[100] = {NULL};
    HOSTENT* Host;

    // 소켓 초기화
    if(WSAStartup(MAKEWORD(2,2), &wsa) )
        return WSAGetLastError();

    // 소켓 생성
    sockServer = socket(AF_INET, SOCK_STREAM, 0);
    if ( sockServer == INVALID_SOCKET)
            return WSAGetLastError();

    // 연결
    int res;
    while(1) {
        for(int i=0; i<100; i++) {
            temp[i] = NULL;
        }
        printf("접속 할 POP3서버 : ");
        fflush(stdin);
        gets(temp);

        // 도메인(메일 서버) 에 대한 정보 얻어옴.
        // 학교 메일 서버 pine.dju.ac.kr
        Host = gethostbyname(temp);
        if(Host == NULL)
            printf("서버를 찾을 수 없습니다. 다시 입력하시오.\r\n");
        else
            break;
    }

    // 소켓 주소 구조체 초기화
    ZeroMemory(&ServAddr, sizeof(SOCKADDR_IN));
    ServAddr.sin_addr = *((IN_ADDR*)*Host->h_addr_list);
    ServAddr.sin_port = htons(POP3PORT);
    ServAddr.sin_family = AF_INET;

    printf("연결 : %s\r\n", temp);
```

```
    res = connect( sockServer, (PSOCKADDR)&ServAddr, sizeof(SOCKADDR) );
    if ( 0 != res )
        return WSAGetLastError();

    if ( NULL != RecvMsg ) {
        // 데이터 수신
        res = recv( sockServer, RecvMsg, 10240, 0 );
        if ( -1 == res )
            return WSAGetLastError();
        else
            res = 0;
    }
    Reply(res,RecvMsg);

    // USER 송신, 응답 수신
    do{
        for(int i=0; i<100; i++) {
            temp[i] = NULL;
            SendMsg[i] = NULL;
        }
        for(int i=0; i<10240; i++) {
            RecvMsg[i] = NULL;
        }
        printf("메일사용자 : ");
        scanf("%s",temp);
        strcpy( MsgUser, temp );
        sprintf( SendMsg, "USER %s\r\n", MsgUser );

        res = SendAndRecv(SendMsg, RecvMsg);
        Reply(res, RecvMsg);
    }while(RecvMsg[0] == '-');

    // PASS 송신, 응답 수신
    do{
        for(int i=0; i<100; i++) {
            temp[i] = NULL;
            SendMsg[i] = NULL;
        }
        for(int i=0; i<10240; i++) {
            RecvMsg[i] = NULL;
        }
        printf("패스워드 : ");
        fflush(stdin);
```

```
        scanf("%s",temp);
        strcpy( MsgPass, temp );
        sprintf( SendMsg, "PASS %s\r\n", MsgPass );

        res = SendAndRecv(SendMsg, RecvMsg);
        Reply(res, RecvMsg);
    }while(RecvMsg[0] == '-');

    // 초기에 리스트를 먼저 보여준다.
    for(int i=0; i<100; i++) {
        temp[i] = NULL;
        SendMsg[i] = NULL;
    }
    for(int i=0; i<10240; i++) {
        RecvMsg[i] = NULL;
    }
    printf("[메일함상태]\r\n");
    fflush(stdin);
    sprintf( SendMsg, "STAT\r\n");
    res = SendAndRecv(SendMsg, RecvMsg);
    Reply(res, RecvMsg);

    // 내부 작업들
    while(1) {
        for(int i=0; i<100; i++) {
        temp[i] = NULL;
                SendMsg[i] = NULL;
        }
        printf("명령입력 : ");
        fflush(stdin);
        gets(temp);
        for(int i=0; i<10240; i++) {
            RecvMsg[i] = NULL;
        }
        sprintf( SendMsg, "%s\r\n", temp);
        res = SendAndRecv( SendMsg, RecvMsg );
        if((temp[0] == 'q' || temp[0] == 'Q') && (temp[1]
             == 'u' || temp[1] == 'U') &&(temp[2] == 'i' ||
             temp[2] == 'I') && (temp[3] == 't' && temp[3]
             == 'T')) {
            printf("!!~ See Ya ~!!\r\n");
            res = 0;
            Reply(res, RecvMsg);
            break;
```

```
163          }
164          else Reply(res, RecvMsg);
165
166          if(RecvMsg[0] == '-') {
167                printf("잘못된 명령\r\n");
168                fflush(stdin);
169          }
170      }
171      return 0;
172  }
```

① 10 ~ 23 : 사용자에게 입력받은 메시지를 Send, Recv 작업을 수행한다.

② 25 ~ 34 : 응답 메시지를 받아서 출력 해준다.

③ 38 ~ 42 : 윈속, 소켓 주소 구조체, 송신 메시지용, 사용자 입력용, 도메인 정보용 변수를 선언한다.

④ 45 ~ 46 : 윈속 초기화를 시킨다.

⑤ 49 ~ 51 : 소켓을 생성한다.

⑥ 55 ~ 70 : 사용자에게 입력받은 주소로 도메인 정보를 얻어 온 후 연결한다. 잘못된 주소인 경우 재입력을 요구한다.

⑦ 73 ~ 76 : 소켓 주소 구조체를 POP3 포트를 적용하여 초기화 한다.

⑧ 79 ~ 81 : 생성한 소켓과 소켓 주소 구조체를 이용, 연결을 시도한다.

⑨ 83 ~ 91 : 연결 후 응답 메시지를 받아서 출력한다.

⑩ 94 ~ 109 : 사용자에게 USER 아이디 값을 입력받는다. 전송 후 응답 메시지를 출력하고, 잘못된 입력 시 재입력을 요구한다.

⑪ 112 ~ 128 : 사용자에게 PASS 값을 입력 받는다. 전송 후 응답 메시지를 출력하고, 잘못된 입력 시 재입력을 요구한다.

⑫ 131 ~ 142 : 접속에 성공하면 메일함의 초기 상태를 STAT 명령을 이용해서 알려준다.

⑬ 145 ~ 170 : 사용자에게 명령을 입력 받아가며 POP3 작업을 수행한다. QUIT(종료) 메시지가 요청되면 접속을 끊는다.

소스 코드는 이러한 구조로 이루어져 있다. 데이터를 보내고 받는 부분에서 Sleep 함수를 적용시킨 것은 응답이 완전히 수신되기를 기다리는 의미로 사용하였다. 모든 것은 사용자의 입력에 의해 이루어지며 순수 POP3 프로토콜을 따르며 메일을 수신해서 보여주게 된다. 그림 10.3은 앞서 만들었던 SMTPMailSender 프로그램을 이용해서 메일을 보내 본 것이다. 그리고 그림 10.4는 방금 만들었던 POP3Receiver 클라이언트 프로그램을 이용해서 메일을 확인한 화면이다.

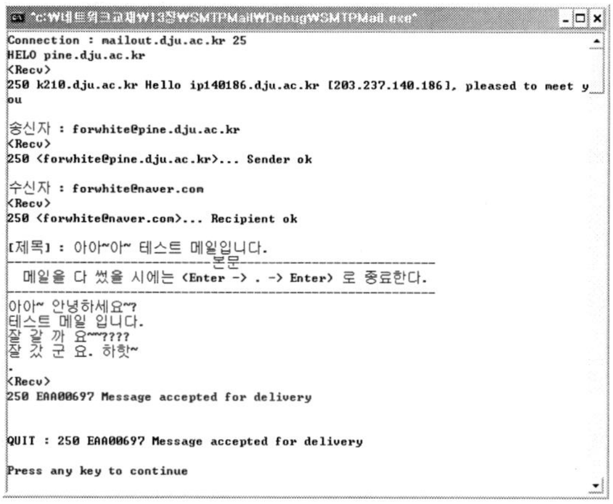

그림 10.3 SMTPMail로 메일 발송

그림 10.4 POP3Receiver로 메일을 확인하는 모습

CHAPTER

11 Raw 소켓

학습 목표

- Raw 소켓에 대하여 이해한다.
- ICMP 메시지에 대하여 이해한다.

선수 학습

- TCP/IP 동작 원리의 이해
- Visual Studio 7.0 툴 사용법

함수 및 구조체

- 윈도우즈 소켓 관련 구조체(WSAData, SOCKADDR_IN, HOSTENT등)
- setsockopt(SOCKET, int, int, const char*, int)
- AfxBeginThread(AFX_THREADPROC, LPVOID, int, UINT, DWORD, LPSECURITY_ATTRIBUTES)

예제

1. Ping
   - ICMP 헤더 생성
   - Ping 전송 스레드 생성
   - sendto로 ICMP 데이터 송신
   - recvfrom으로 보냈던 ICMP 데이터 수신

학습 후 점검 사항

- DNS의 동작 원리를 이해했는가?
- 설계된 모델을 토대로 프로그래밍 할 수 있는가?

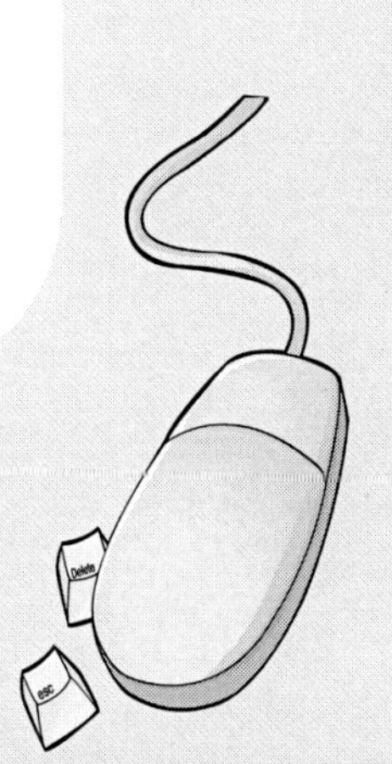

11.1 Raw 소켓

TCP 또는 UDP 소켓을 이용하여 데이터를 전송하면, 그림 11.1과 같이 운영체제가 프로토콜 헤더(TCP, UDP 등)를 덧붙여서 전송하게 된다.

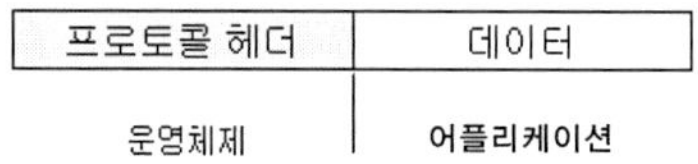

그림 11.1 TCP 또는 UDP 소켓의 데이터 전송

Raw 소켓은 데이터를 전송할 때 그림 11.2와 같이 어플리케이션에서 프로토콜 헤더의 일부를 직접 생성하고, 여기에 운영체제가 나머지 프로토콜 헤더와 데이터를 덧붙여서 보내게 된다.

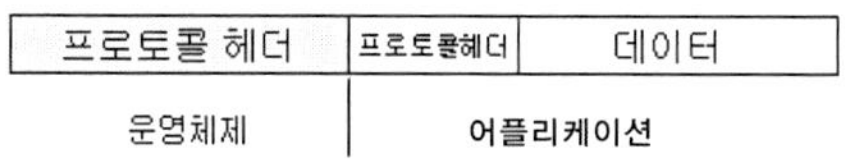

그림 11.2 Raw 소켓의 데이터 전송

Raw 소켓을 사용하면 어플리케이션 레벨에서 프로토콜 헤더를 직접 조작할 수 있으므로, 기존의 TCP 또는 UDP 소켓을 사용하는 방식보다 세부적인 제어가 가능하다. 하지만 프로토콜 헤더의 구조와 동작 원리에 대한 이해를 필요로 하므로 프로그래밍이 상대적으로 어렵고, 해킹에 악용할 가능성도 있다.

이 장에서는 Raw 소켓을 다루기 위한 기초를 다지고, Raw 소켓의 대표적인 응용으로 Ping 어플리케이션을 작성하고 분석할 것이다.

11.1.1 Raw 소켓 생성

다음은 Raw 소켓을 생성하는 방법이다.

```
SOCKET sock = socket(AF_INET, SOCK_RAW, protocol);
```

socket() 함수의 세 번째 인자인 protocol에 프로토콜의 번호를 넣으면, 이 프로토콜 헤더를 어플리케이션이 직접 생성하겠다는 뜻이 된다. 이 프로토콜 번호는 데이터를 보낼 때 IP 헤더에 그대로 들어가므로 기존의 프로토콜 번호와 충돌하지 않도록 선택해야 한다.

표 11.1은 Raw 소켓의 종류를 내열하고 있는데 대표적인 프로토콜의 번호는 첫 번째 열에 나열되어 있다. 두 번째와 세 번째 열은 각각 어플리케이션과 운영체제가 생성할 헤더를 나타낸다.

표 11.1 Raw 소켓의 종류

protocol	애플리케이션이 생성할 헤더	운영체제가 생성할 헤더
IPPROTO_ICMP	ICMP(IP+CIMP)	IP
IPPROTO_IGMP	IGMP(IP+IGMP)	
IPPROTO_TCP	TCP(IP+TCP)	
IPPROTO_UDP	UDP(IP+UDP)	
사용자 정의	사용자 정의 헤더(IP+사용자 정이 헤더)	

표 11.1에서 괄호로 표시한 부분은 IP_HDRINCL 옵션을 설정한 경우이다. IP_HDRINCL 옵션을 설정하게 되면 어플리케이션이 직접 IP 헤더도 생성할 수 있게 된다. 옵션의 설정방법은 다음과 같다.

```
#include <ws2tcpip.h>
...
BOOL optval = TRUE;
setsocketopt(sock, IPPROTO_IP, IPHDRINCL, (char*)&optval,
   sizeof(optval))
```

다음은 Raw 소켓 생성과 관련하여 기억해둘 사항을 정리한 것이다.

① 운영체제에 따라 Raw 소켓을 생성할 수 있는 권한에 대한 제약 사항이 다르다.

- 윈도우즈 95/98/Me에서는 모든 사용자가 Raw 소켓을 생성할 수 있다.
- 윈도우즈 NT 4.0에서는 관리자(administrator) 그룹에 속한 사용자만 Raw 소켓을 생성할 수 있다. 그렇지 않을 경우 socket() 함수 호출시 오류가

발생한다.

- 윈도우즈 2000에서는 관리자 그룹에 속한 사용자만 Raw 소켓을 생성할 수 있다. 단, ICMP를 사용하는 Raw 소켓은 일반 사용자도 생성할 수 있다.
- 윈도우즈 XP에서는 모든 사용자가 Raw 소켓을 생성할 수 있다.

② 운영체제에 따라 생성할 수 있는 Raw 소켓의 종류가 다르다.

- 윈도우즈 95/98/NT 4.0에서는 IPPROTO_ICMP, IPPROTO_IGMP 두 종류의 Raw 소켓만 생성할 수 있다.
- 윈도우즈 Me/2000/XP/2003에서는 표 11.1에 표시한 모든 Raw 소켓을 생성할 수 있다.
- 윈도우즈 CE 계열에서는 Raw 소켓을 생성할 수 없다.

이 장에서는 ICMP(internet control message protocol)만을 다룬다. ICMP를 사용하기 위한 Raw 소켓은 다음과 같이 생성한다.

```
SOCKET sock = socket(AF_INET, SOCK_RAW, IPPROTO_ICMP);
```

11.1.2 Raw 소켓 입출력

Raw 소켓 입출력을 할 때는 IP 패킷의 구조를 알아야 한다. 그림 11.3은 IP 패킷의 구조를 보여주고 있다. 표준 헤더 20바이트에 옵션과 데이터가 실리도록 되어 있다.

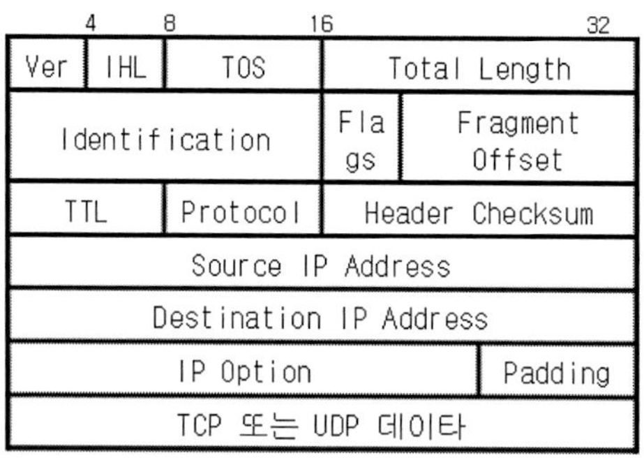

그림 11.3 IP 패킷의 구조

각 필드의 의미는 다음과 같다.

- Ver : IP 버전을 나타낸다.
- IHL : IP 헤더의 길이를 4바이트 단위로 나타낸다. 예를 들어, 헤더 길이가 20바이트면 이 값은 5(20바이트/4바이트)가 된다. IP 옵션이 있다면 5보다 큰 수가 된다(이 계산에 데이터는 포함되지 않는다).
- TOS(type of service) : IP 패킷별로 적용되는 서비스 특성(우선순위, 지연시간 등)을 나타낸다.
- Total Length : IP 패킷의 전체 길이를 바이트 단위로 나타낸다.
- Identification : 운영체제가 IP 패킷마다 부여하는 고유번호이다.
- Flags, Fragment Offset : IP 패킷의 분할(fragmentation)과 재조립(reassembly)에 사용한다.
- Time To Live : 줄여서 TTL이라 부르며, IP 패킷이 도달할 수 있는 라우터의 최대 개수를 의미한다. 라우터를 통과할 때마다 TTL 값은 1씩 감소하며, 0이 되면 IP 패킷은 버려진다.
- Protocol : IP 패킷에 실린 데이터가 어느 프로토콜에 속하는지를 나타낸다. 예를 들어 TCP가 주고받는 데이터라면 IPPROTO_TCP(6), UDP가 주고받는 데이터라면 IPPROTO_UDP(17) 값이 여기에 저장된다. IP 위에서 구동되는 새로운 프로토콜을 위해 사용자 정의 프로토콜 번호를 넣을 수도 있다.
- Header Checksum : IP 헤더의 오류를 검사하기 위한 체크섬 값이다. 체크섬은 IP 헤더부분을 16비트 단위로 더한 후 1의 보수를 취한 값이다.
- Source IP Address, Destination IP Address : 각각 송신자와 수신자 IP 주소를 나타낸다.
- IP Option, Padding : 표준 IP 헤더(20바이트)에 추가되는 옵션이다. 옵션의 길이가 32비트의 중수배가 아니면 패팅비트가 추가된다.
- 데이터 : IP의 상위 계층 프로토콜 헤더와 어플리케이션 데이터가 저장된다.

소켓 프로그래밍에서는 IP 헤더를 다루기 위해 다음과 같은 형태로 구조체를 정의하여 사용한다. 주의할 점은 리틀 엔디안을 사용하는 시스템(x86 계열)에서는 Ver과 IHL 순서가 바뀐다는 것이다.

```
typedef struct __IPHEADER
{
    u_char ip_hl:4;          // header length
    u_char ip_ver:4;         // version
    u_char ip_tos;           // TOS
    short   ip_len;          // total length
    u_short ip_id;           // identification
    short   ip_off;          // flags & fragment offset
    u_char ip_ttl;           // time to live
    u_char ip_proto;         // protocol
    u_short ip_checksum;     // checksum
    IN_ADDR ip_src;          // source ip address
    IN_ADDR ip_dst;          // destination ip address
} IPHEADER;
```

11.2 Ping

우리는 네트워크의 상태를 알아보기 위해서 ICMP를 이용한 Ping 유틸리티를 사용한다. 이러한 Ping 유틸리티를 사용할 때는 다음과 같은 주의사항을 유념하여야 한다.

- Ping 응답이 없더라도 실제로 해당 호스트는 정상적으로 동작하고 있을 수 있다. 현재는 거의 모든 호스트가 방화벽(firewall)을 사용하여 Ping 응답을 하지 않도록 하고 있기 때문이다.
- Ping 응답이 있다는 것은 해당 호스트의 TCP/IP 프로토콜 스택이 동작 중이라는 것을 의미한다. 그러나 이 사실만으로 이 호스트에서 사용자가 원하는 기능을 제공하는 서버가 실행 중인지는 알 수 없다. 예를 들면, 특정 호스트가 Ping 응답을 한다고 해서 결코 이 호스트에서 웹 서버가 정상적으로 동작한다고 말할 수는 없기 때문이다.

윈도우즈 운영체제에서 제공하는 Ping 유틸리티는 그림 11.4와 같은 모습을 보여 준다. Ping 유틸리티는 호스트의 IP나 Domain Name을 입력하여 인터넷에 연결된 호스트의 동작 여부를 확인할 수 있다.

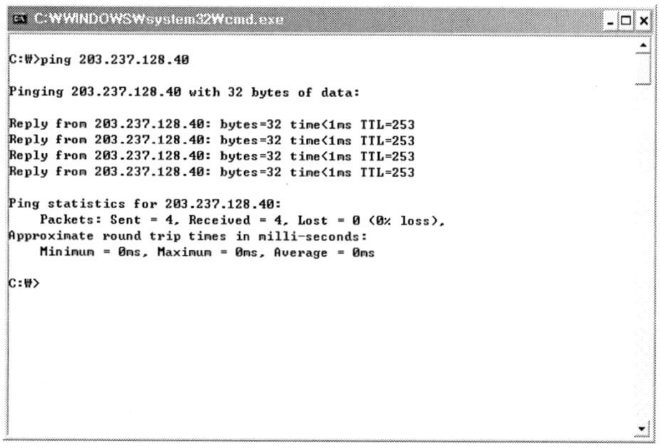

그림 11.4 Ping 유틸리티의 실행화면

11.2.1 Ping의 동작 원리

Ping 어플리케이션은 ICMP가 제공하는 서비스를 그대로 사용한다. ICMP는 인터넷에 연결된 호스트간에 유용한 정보(오류발생, 라우팅 정보 등)를 알리는 용도로 사용된다.

ICMP의 기본 형태는 그림 11.5와 같다.

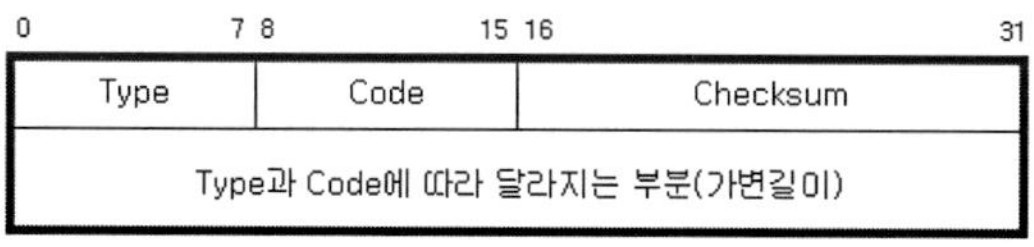

그림 11.5 ICMP 헤더

- Type : ICMP의 타입(하는 일)에 대한 정보를 가지고 있다.
- Code : Type 값에 따라 다르며 Type의 정확한 의미를 가진다.
- Checksum : ICMP의 오류를 검사하기 위한 값

소켓 프로그래밍에서는 ICMP 메시지를 다루기 위해 다음과 같은 형태로 구조체를 정의하여 사용한다.

```
typedef struct __ICMPMESSAGE
{
    u_char  icmp_type;         // type of message
    u_char  icmp_code;         // type sub code
    u_short icmp_checksum      // checksum
} ICMPMESSAGE
```

Ping 어플리케이션은 ICMP 메시지 중 에코 요청, 에코 응답 두 개를 사용하여 구현한다. 그림 11.6과 같이 에코 요청 ICMP 메시지를 상대 호스트에 보내면, 상대 호스트는 에코 응답 ICMP 메시지를 다시 보냄으로써 자신이 동작하고 있음을 알려주는 것이다.

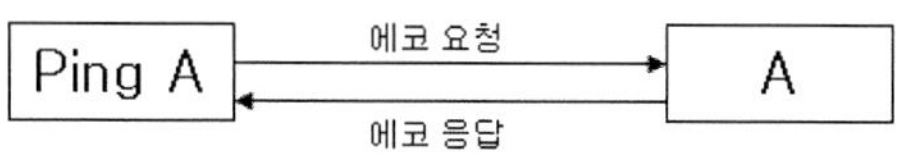

그림 11.6 Ping 어플리케이션 동작 원리

Ping 어플리케이션에서 사용할 ICMP 메시지의 구조는 그림 11.7과 같다.

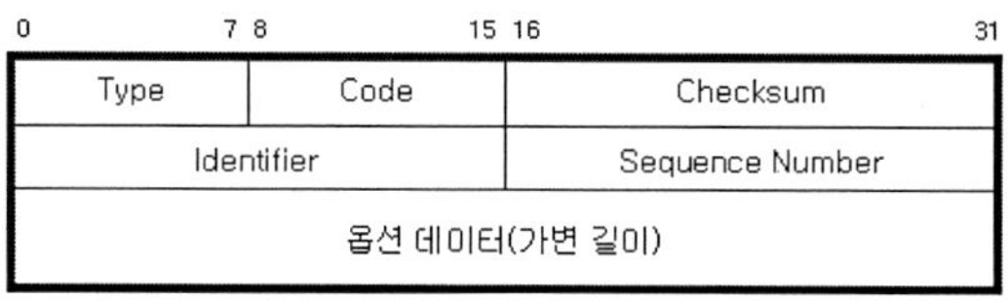

그림 11.7 에코요청, 응답 ICMP 메시지

- Type : 에코 요청이면 8, 에코 응답이면 0이다.
- Code : 항상 0이다.
- Checksum : ICMP의 오류를 검사하기 위한 값
- Identifier : 서로 다른 프로그램이 보내는 에코 요청 메시지를 구분하기 위한 고유한 값을 넣는다. 프로세스 또는 스레드 아이디를 넣으면 된다.
- Sequence Number : 프로그램이 보내는 서로 다른 에코 요청 메시지를 구분하기 위해 0부터 시작하여 1씩 증가시킨다.
- 옵션 데이터 : 어플리케이션이 자유롭게 사용할 수 있는 부분이다.

에코 요청 메시지에 포함된 Identifier, Sequence Number, 옵션 데이터는 내용 변경없이 에코 응답 메시지로 되돌아온다. 이러한 특성을 활용하면, 옵션 데이터 부분에 현재 시각을 저장해서 보내고, 받아서 네트워크 지연시간을 측정할 수 있다.

11.2.2 Ping 어플리케이션 예제

앞서 배운 내용을 토대로 하여 Raw 소켓을 이용한 Ping 어플리케이션을 작성하도록 하자. 윈도우즈에서 제공하는 Ping 유틸리티는 다양한 옵션을 제공하지만, 우리가 작성할 Ping 어플리케이션은 코드를 이해하기 쉽도록 최소한의 기능만을 구현할 것이다.

Ping 어플리케이션을 작성하기 위해서는 ICMP(internet control message protocol)를 직접 다루어야 하므로 Raw 소켓을 사용해야 한다. 이제 Raw 소켓을 이용하여 최소한의 기능을 제공하는 Ping 어플리케이션을 작성해 보도록 하겠다.

1) Visual Studio .net 2003을 사용해서 앞선 예제와 같은 방법으로 PingTestApp라는 이름의 프로젝트를 생성한다.
2) MFC 응용 프로그램 마법사 대화상자가 나타나면 [응용 프로그램 종류] 탭에서 [대화 상자 기반]을 선택하고, [고급기능] 탭에서 [Windows 소켓]을 선택한 뒤 마침 버튼을 클릭한다.
3) 프로젝트를 생성하면 대화상자의 디자인을 구성하는 화면을 볼 수 있다. 여기서 그림 11.8과 같이 대화상자의 디자인을 구성한다.

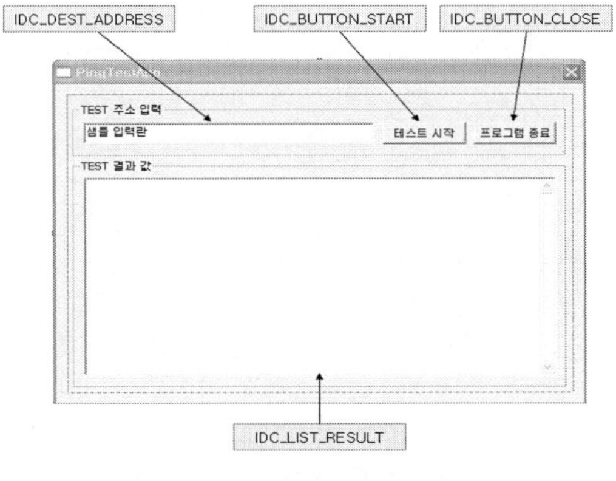

그림 11.8 대화상자 디자인 구성

먼저 TEST 주소 입력과 TEST 결과 값은 그룹 박스이고, IDC_DEST_ADDRESS는 Edit Control이며, IDC_BUTTON_START와 IDC_BUTTON_CLOSE는 Button이다. 마지막으로 IDC_LIST_RESULT는 List Box이다.

4) 대화
상자 디자인의 컨트롤 배치가 모두 끝났으면 각각의 컨트롤을 선택한 다음 마우스 오른쪽 버튼을 클릭하면 나타나는 메뉴에서 [변수추가]를 선택한 후 표 11.2와 같이 컨트롤들을 변수와 매칭시킨다.

표 11.2 PingTestApp의 컨트롤과 변수 매칭

변수 형식	컨트롤 ID	범주	변수 이름
CString	IDC_DEST_ADDRESS	Value	m_strAddr
CListBox	IDC_LIST_RESULT	Control	m_ListBoxResult

변수 추가에 대해 잘 모르는 사항은 이전 장들을 참고하기 바란다.

5) 컨트롤을 변수와 매칭시켰으면, 이번에는 컨트롤의 속성을 알맞은 상태로 바꾸어 준다. IDC_LIST_RESULT컨트롤의 속성 중 표 11.3과 같이 바꾸어 준다.

표 11.3 IDC_LIST_RESULT 컨트롤의 속성 변경

속성	특징	선택
Sort	목록 상자에 추가되는 문자열을 자동으로 정렬한다.	FALSE
Disable No Scroll	목록 상자에 항상 스크롤 막대가 표시되도록 지정한다.	TRUE

6) 우선 클래스 뷰 탭을 선택한 다음 CPingTestApp 클래스의 헤더에 다음의 내용을 추가한다.

```
#define BUFSIZE 1500
typedef struct _IPHEADER
{
    u_char ip_hl:4;
    u_char ip_v:4;
    u_char ip_tos;
```

```
07        short ip_len;
08        u_short ip_id;
09        short ip_off;
10        u_char ip_ttl;
11        u_char ip_p;
12        IN_ADDR ip_src;
13        IN_ADDR ip_dest;
14    }IPHEADER;
15    typedef struct _ICMPMESSAGE
16    {
17        u_char icmp_type;
18        u_char icmp_code;
19        u_short icmp_cksum;
20        u_short icmp_id;
21        u_short icmp_seq;
22    }ICMPMESSAGE;
23    #define ICMP_ECHOREPLY 0
24    #define ICMP_ECHOREQUEST 8
```

① 01 : 에코 응답 메시지를 받을 수신 버퍼의 크기이다. 이 예제에서는 IP 헤더(20바이트)와 ICMP 메시지(8바이트)만 보내지만, Raw 소켓의 특성으로 인해 에코응답이 아닌 다른 종류의 ICMP 메시지를 받을 가능성이 있다. 따라서 수신 버퍼의 크기를 적당히 큰 값으로 설정해야 한다.

② 02 ~ 14 : IP 헤더를 정의한 구조체이다.

③ 15 ~ 22 : 에코 요청과 에코 응답 ICMP 메시지를 정의한 구조체이다.

④ 23 ~ 24 : 에코 요청과 에코 응답 ICMP 메시지 타입을 나타내는 상수값이다.

7) 리소스 뷰 탭을 선택하여 이전에 대화상자 디자인에서 [테스트 시작] 버튼을 더블클릭하여 다음의 코드를 작성하도록 한다.

```
void CPingTestAppDlg::OnBnClickedButtonStart()
{
    // TODO: 여기에 컨트롤 알림 처리기 코드를 추가합니다.

    InitSock();

    UpdateData();

```

```
09          IN_ADDR addr;
10          if(GetIPAddr(m_strAddr,&addr))
11            destaddr.sin_addr = addr;
12
13          AfxBeginThread(StartPingProc,this);
14          GetDlgItem(IDC_BUTTON_START)->EnableWindow(FALSE);
15          GetDlgItem(IDC_BUTTON_CLOSE)->EnableWindow(FALSE);
16      }
```

① 05 : 윈도우즈 소켓을 사용함을 알리고, 소켓을 초기화 하는 코드를 포함하고 있는 함수이다.

② 07 : 대화상자에서 주소를 입력하면 컨트롤의 값을 변수에 저장한다.

③ 09 ~ 11 : IP 어드레스에 접근할 수 있도록 IN_ADDR 구조체 변수를 생성한다. GetIPAddr() 함수는 주소 입력 창에서 IP 주소가 아닌 URL이 입력되었을 경우에 IP 주소를 반환 해주는 역할을 하는 함수이다.

④ 13 : 에코 요청 메시지를 보내게 될 스레드를 실행한다. 여기서 시작할 스레드의 이름은 StartPingProc이며, 보내는 인자로 이 클래스의 포인터를 넘겨준다.

⑤ 14 ~ 15 : 에코 요청 메시지를 보내고 받은 메시지를 화면에 출력하는 동안 버튼을 비활성화 상태로 만들어 준다.

8) 우선 소켓 초기화에 사용될 몇 가지 변수들을 추가한다. 추가할 변수의 [변수 형식]과 [변수 이름]은 표 11.4와 같이 한다.

표 11.4 변수의 추가 (1)

변수 형식	변수 이름
SOCKADDR_IN	destaddr
SOCKET	sock
int	retval

9) 소켓을 초기화할 InitSock() 함수를 추가한다. 추가하는 방법은 역시 이전 장들을 참고하길 바란다. 반환형식은 void이며 추가할 매개 변수는 없다. 함수를 추가한 다음 아래와 같은 코드를 작성한다.

```
01   void CPingTestAppDlg::InitSock(void)
02   {
03       WSADATA wsa;
04       if(WSAStartup(MAKEWORD(2,2),&wsa)!=0)
05           MessageBox("WSAStartup Error");
06
07       sock = socket(AF_INET, SOCK_RAW, IPPROTO_ICMP);
08       if(sock == INVALID_SOCKET)
09           MessageBox("socket() Error");
10
11       int optval =1000;
12       retval = setsockopt(sock, SOL_SOCKET, SO_SNDTIMEO,
            (char *)&optval, sizeof(optval));
13       if(retval == SOCKET_ERROR)
14           MessageBox("setsockopt() Error");
15
16       retval = setsockopt(sock, SOL_SOCKET, SO_RCVTIMEO,
17           (char *)&optval, sizeof(optval));
18       if(retval == SOCKET_ERROR)
19           MessageBox("setsockopt() Error");
20
21      ZeroMemory(&destaddr, sizeof(destaddr));
22      destaddr.sin_family = AF_INET;
23   }
```

① 11 ~ 12 : SO_SNDTIMEO, SO_RCVTIMEO 소켓 옵션을 설정하는 부분이다. SO_SNDTIMEO 옵션은 설정하지 않아도 대부분 문제가 없지만 SO_RCVTIMEO 옵션은 매우 중요하다. SO_RCVTIMEO 옵션을 설정하면, 상대 호스트가 응답을 하지 않더라도 recvfrom() 함수가 일정 시간 후 반환하므로 블러킹을 방지할 수 있다.

이외에 소켓 초기화에 대한 부분의 설명은 이전 장들에서 다루었으므로 따로 설명하지는 않겠다. 소켓 초기화에 대해 잘 이해가 안가거나 모르는 부분은 앞 장을 참고하길 바란다.

10) 다음은 도메인 이름이 입력되었을 경우 IP 주소로 반환을 해주는 함수를 추가한다. 반환 형식은 BOOL이며 함수의 이름은 GetIPAddr이며 [매개 변수 형식]과 [매개 변수 이름]은 각각 CString name과 IN_ADDR* addr이다. 함수를 추가하였으면 다음과 같은 코드를 작성해 준다.

```
01   BOOL CPingTestAppDlg::GetIPAddr(CString name, IN_ADDR* addr)
02   {
03      HOSTENT* ptr = gethostbyname((LPCTSTR)name);
04
05      if(ptr == NULL)
06      {
07         MessageBox("gethostbyname() Error");
08         return FALSE;
09      }
10
11      memcpy(addr, ptr->h_addr, ptr->h_length);
12      return TRUE;
13   }
```

① 03 : gethostbyname() 함수를 호출하여 HOSTENT형 포인터를 얻는다.

② 05 ~ 09 : 오류가 발생하면 오류를 출력하고 FALSE를 반환한다.

③ 11 ~ 12 : IP 주소를 복사한 후 TRUE를 반환한다.

여기서 gethostbyname() 함수는 도메인 이름이 입력되었을 경우 IP 주소를 반환 해주는데 만일 IP 주소가 그대로 입력된다면 따로 IP 주소를 검색하지 않고 그대로 HOSTENT 구조체의 IP 리스트에 복사하게 된다.

11) ICMP 메시지를 보내고 받기 위해서, 보낼 메시지를 저장할 변수와 메시지를 보내온 상대방의 IP 주소를 저장하기 위한 변수, 그리고 IP 주소의 크기를 저장할 변수를 표 11.5와 같이 추가한다.

표 11.5 변수의 추가 (2)

변수 형식	변수 이름
char	buffer[BUFSIZE]
SOCKADDR_IN	peeraddr
int	addrlen

12) 이제 ICMP 메시지를 보내고, 에코 응답으로 ICMP 메시지를 받을 코드를 실행될 스레드 안에 구현해 준다. 스레드는 함수 추가와는 달리 바로 CPingTestAppDlg.cpp에 직접 코드를 작성한다.

```
UINT StartPingProc(LPVOID lParam)
{
    CPingTestAppDlg* dlg = (CPingTestAppDlg*)lParam;
    ICMPMESSAGE icmpmsg;

    for(int i=0; i < 4; i++)
    {
        ZeroMemory(&icmpmsg, sizeof(icmpmsg));

        icmpmsg.icmp_type = ICMP_ECHOREQUEST;
        icmpmsg.icmp_code = 0;
        icmpmsg.icmp_id = (u_short)GetCurrentProcessId();
        icmpmsg.icmp_seq = i;
        icmpmsg.icmp_cksum = dlg->checksum((u_short*)
            &icmpmsg, sizeof(icmpmsg));

        dlg->retval = sendto(dlg->sock, (char*)&icmpmsg,
            sizeof(icmpmsg),0, (SOCKADDR*)&(dlg->
            destaddr), sizeof(dlg->destaddr));
        if(dlg->retval == SOCKET_ERROR)
        {
            if(WSAGetLastError() == WSAETIMEDOUT)
            {
                dlg->m_ListBoxResult.AddString("Send
                    Timed out !\n");
                continue;
            }
            dlg->MessageBox("sendto() Error");
            break;
        }
        dlg->addrlen = sizeof(dlg->peeraddr);
        dlg->retval = recvfrom(dlg->sock, dlg->buffer,
            BUFSIZE, 0, (SOCKADDR*)&(dlg->peeraddr),
            &(dlg->addrlen));
        if(dlg->retval == SOCKET_ERROR)
        {
           if(WSAGetLastError() == WSAETIMEDOUT)
           {
              dlg->m_ListBoxResult.AddString("Request
                  timed out!\n");
              continue;
           }
           dlg->MessageBox("recvfrom() Error");
```

```
37              break;
38            }
39            dlg->DecodeICMPMessage(dlg->buffer,dlg->retval,
                &(dlg->peeraddr));
40          Sleep(1000);
41        }
42        dlg->GetDlgItem(IDC_BUTTON_START)->EnableWindow(TRUE);
43        dlg->GetDlgItem(IDC_BUTTON_CLOSE)->EnableWindow(TRUE);
44        dlg->CloseSocket();
45        return 0;
46    }
```

① 03 : 스레드 생성시 전달 받은 CPingTestApp 클래스의 포인터를 dlg 변수에 저장한다.

② 04 : ICMPMESSAGE 구조체 변수이다.

③ 06 : ICMP 에코 요청 메시지를 네 번 반복해서 보내게 된다.

④ 10 ~ 14 : 에코 요청 ICMP 메시지를 초기화 한다. icmp_type은 에코 요청이기 때문에 미리 정의해둔 ICMP_ECHOREQUEST를 넣고, icmp_code는 항상 0이기 때문에 0을 넣고, icmp_id는 프로세스 ID를 넣고, icmp_seq는 0에서 시작해서 1씩 증가하게 된다. 헤더와 데이터 전체에 대해 계산한 체크섬 값은 제일 나중에 계산한다는 점에 유의한다.

⑤ 16 ~ 26 : sendto() 함수를 이용해서 에코 요청 ICMP 메시지를 보낸다. 만일 오류가 발생한다면 그에 따른 오류 처리를 한다.

⑥ 27 ~ 38 : recvfrom() 함수를 이용하여 ICMP 메시지를 받는다. 여기에서도 오류가 발생할 수 있으므로 그에 따른 오류 처리를 한다.

⑦ 39 : 에코 요청 ICMP 메시지를 보내고 그에 따른 응답을 받은 ICMP 메시지를 분석하여 리스트 상자에 출력하는 DecodeICMPMessage() 함수를 호출한다. 이때 전달할 인자로 받은 메시지와 메시지의 길이 그리고 송신지의 IP 주소가 저장된 소켓 주소 구조체의 포인터를 전달한다.

⑧ 42 ~ 44 : 스레드의 수행 시 비활성화 시킨 버튼을 스레드의 수행을 마치면 다시 활성화 시키도록 한다. 스레드의 수행을 마치면 CloseSocket() 함수를 호출하여 소켓 사용의 마침을 알리고 할당된 자원을 운영체제로 반납한다.

13) ICMP 메시지를 보낸 후 에코 응답으로 다시 돌려 받은 ICMP 메시지를 분석하여 화면에 출력하는 함수를 추가한다. 함수의 [반환 형식은] void이며, [함수 이름]은 DecodICMPMessage이다. 그리고 [매개 변수 형식]과 [매개 변수 이름]은 char* buf, int len, SOCKADDR_IN* from이다.

```
01  void CPingTestAppDlg::DecodeICMPMessage(char* buf, int
       len, SOCKADDR_IN* from)
02  {
03      IPHEADER *iphdr = (IPHEADER *)buf;
04      int iphdrlen = iphdr->ip_hl * 4;
05      ICMPMESSAGE *icmpmsg = (ICMPMESSAGE *)(buf + iphdrlen);
06
07      if((len - iphdrlen) <8)
08      {
09          m_ListBoxResult.AddString("ICMP Packet is too
               short !\n");
10          return;
11      }
12      if(icmpmsg->icmp_id != (u_short)GetCurrentProcessId())
13      {
14          m_ListBoxResult.AddString(
               "Not a response to our echo request! \n");
15          return;
16      }
17      if(icmpmsg->icmp_type != ICMP_ECHOREPLY)
18      {
19          m_ListBoxResult.AddString("Not a echo reply
                packet !\n");
20          return;
21      }
22      CString strReply,strBytes,strSeq,m_strResult;
23
24      strReply.Format(inet_ntoa(from->sin_addr));
25      strBytes.Format(("%d"),len);
26      strSeq.Format(("%d"),icmpmsg->icmp_seq);
27      m_strResult = "ReplyFrom : "+strReply+" Total Bytes
          = "+strBytes+" Seq = "+strSeq+"\r\n";
28
29     m_ListBoxResult.AddString(m_strResult);
30  }
```

① 03 : Raw 소켓으로 받은 데이터는 항상 IP 헤더로 시작한다.

② 04 : IP 헤더의 크기를 계산한다. IP 옵션이 있을 때는 20바이트보다 큰 값이 될 수 있다.

③ 05 : ICMP 메시지 시작 주소를 얻는다.

④ 07 ~ 11 : 전체 길이(len)에서 IP 헤더 크기(iphdrlen)를 빼면 ICMP 메시지의 크기를 얻을 수 있다. 이 값이 ICMP 메시지의 최소 크기(8)보다 작으면 오류로 처리한다.

⑤ 12 ~ 16 : icmp_id 값이 프로세스 ID가 아니면 자신이 보낸 에코 요청에 대한 응답이 아니므로 오류로 처리한다.

⑥ 17 ~ 21 : icmp_type이 ICMP 메시지 응답인지 확인하여 ICMP 응답이 아니면 오류로 처리한다.

⑦ 22 ~ 29 : ICMP 메시지의 내용을 리스트 상자에 출력하기 위한 변수를 선언하고, AddString 함수를 이용하여 결과를 리스트 상자에 출력한다.

14) 그 다음은 체크섬을 계산하는 함수를 추가하고, 그에 따른 코드를 추가한다. 함수의 [반환 형식]은 u_short형이며 [매개 변수] 형식과 [매개 변수 이름]은 u_short* buf와 int len이다.

```
u_short CPingTestAppDlg::checksum(u_short* buf, int len)
{
    u_long cksum = 0;
    u_short *ptr = buf;
    int left = len;

    while(left>1)
    {
        cksum += *ptr++;
        left -= sizeof(u_short);
    }

    if(left == 1)
        cksum += *(u_char*)buf;

    cksum = (cksum >> 16) + (cksum & 0xffff);
    cksum += (cksum >> 16);
    return (u_short)(~cksum);
}
```

① 03 : 최종 합과 반환될 값을 저장할 변수
② 04 : 인자로 전달 받은 ICMPMESSAGE 구조체의 주소를 저장할 변수
③ 05 : 인자로 전달 받은 ICMPMESSAGE 구조체의 크기를 저장할 변수
④ 07 ~ 11 : left가 1보다 작을 때까지 주소값을 cksum에 더해준다.
⑤ 13 ~ 14 : left가 홀수라서 값이 남을 경우 추가로 더해준다.
⑥ 16 : 상위 16비트와 하위 16비트를 더한다.
⑦ 17 : 캐리 비트값을 더한다.
⑧ 18 : 최종적으로 나온 cksum에 1의 보수를 취하여 반환한다.

위의 함수는 체크섬을 계산한다. IP, ICMP, IGMP, TCP, UDP에서 사용하는 체크섬은 모두 동일한 알고리즘을 따르므로, 이 함수를 그대로 사용할 수 있다.

15) 다음은 소켓의 사용의 마침을 알리고 운영체제로 자원을 반납하는 함수인 CloseSocket() 함수를 추가한다.

```
void CPingTestAppDlg::CloseSocket(void)
{
    closesocket(sock);
    WSACleanup();
}
```

이 함수도 앞서 분석한 내용을 보면 쉽게 이해할 수 있기 때문에 따로 설명은 하지 않겠다.

16) 이번에는 [프로그램 종료] 버튼을 구현해 보도록 하겠다. 리소스 뷰 탭을 선택하여 이전에 대화상자 디자인에서 [프로그램 종료] 버튼을 더블클릭하여 다음의 코드를 작성하도록 한다.

```
void CPingTestAppDlg::OnBnClickedButtonClose()
{
    // TODO: 여기에 컨트롤 알림 처리기 코드를 추가합니다.
    DestroyWindow();
}
```

이 함수는 간단하게 DestroyWindow() 함수를 호출함으로써 프로그램 시작 시 생성된 다이얼로그 창을 없애는 역할을 한다.

17) 다음은 좀 더 프로그램을 완벽하게 만들어 주기 위해서 주소를 입력하고 바로 엔터키를 눌러도 실행이 되도록 함수를 구현한다. 함수의 구현은 클래스 뷰 탭을 선택하고 그 중 CPingTestAppDlg 클래스를 선택하여 우측 하단 재정의 버튼을 눌러 그 중에서 PreTranslateMessage를 선택하고 [<추가> PreTranslateMessage]를 선택하여 함수를 재정의하도록 한다.

```
BOOL CPingTestAppDlg::PreTranslateMessage(MSG* pMsg)
{
// TODO: 여기에 특수화된 코드를 추가 및/또는 기본 클래스를 호출합니다.
    if(pMsg->message == WM_KEYDOWN)
    {
        switch(pMsg->wParam)
        {
        case VK_RETURN:
            if(GetDlgItem(IDC_DEST_ADDRESS)->GetFocus() != NULL)
            {
                OnBnClickedButtonStart();
                return TRUE;
            }
            break;
        }
    }
    return CDialog::PreTranslateMessage(pMsg);
}
```

PreTranslateMesage 함수는 해당 윈도우즈에서 발생한 메시지가 정상적으로 해석되고 적절한 메시지 처리기 함수로 분기되는 과정을 거치기 이전에 호출되는 함수이다. 즉, 윈도우즈로 전달된 메시지를 해당 윈도우즈가 처리하기 전에 가로채서 특정 작업을 수행해야 할 필요성이 있을 때 재정의하여 사용하면 된다. 여기서는 엔터키가 입력되었을 경우 OnBnClickedButtonStart() 함수를 실행하게 된다.

18) 모든 코드를 작성하였으면 컴파일을 수행하고, 오류가 없다면 그림 11.9와 같은 화면을 볼 수 있을 것이다.

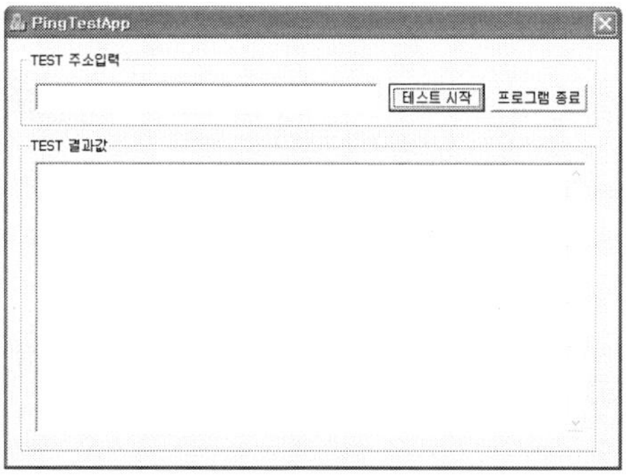

그림 11.9 PingTestApp의 실행화면 (1)

실행이 되면 먼저 IP 주소를 직접 입력해 본다. 필자가 입력한 IP 주소는 대전대학교의 DNS 서버의 IP 주소이다. IP 주소를 입력한 후 직접 엔터를 치거나 [테스트 시작] 버튼을 누르면 그림 11.10과 같은 화면을 볼 수 있다.

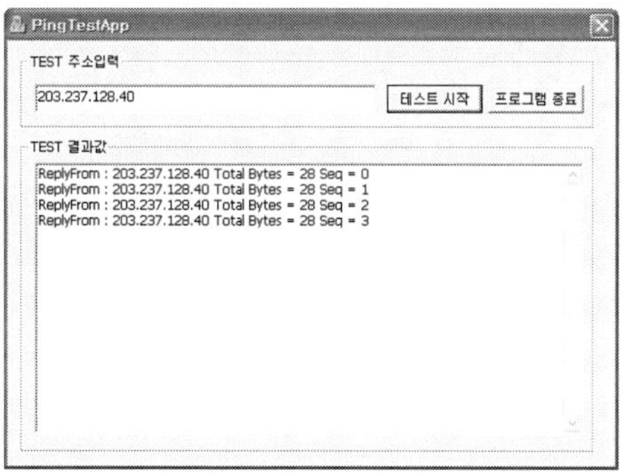

그림 11.10 PingTestApp의 실행화면 (2)

이번에는 IP 주소 대신 도메인 이름을 입력해 보자. 대전대학교의 URL인 www.dju.ac.kr을 입력한 후 마찬가지 방법으로 엔터키를 치거나 [테스트 시작] 버튼을 클릭하면 그림 11.11과 같은 화면을 볼 수 있다.

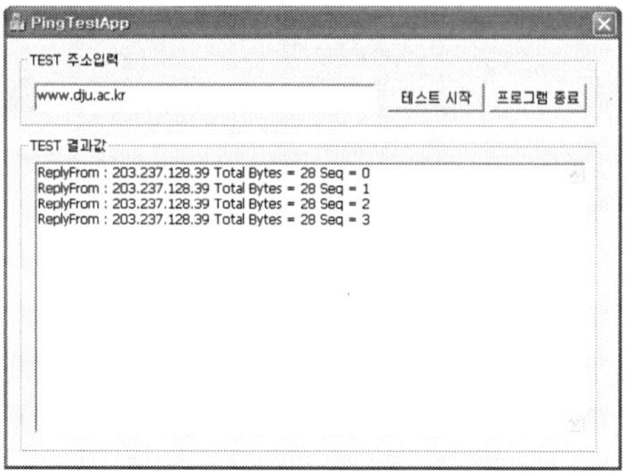

그림 11.11 PingTestApp의 실행화면 (3)

만일 ICMP 메시지의 세부 항목을 더 알고 싶다면, 헤더에 선언한 ICMP-MESSGE 구조체나 IPHEADER 구조체를 참조하여 리스트 상자에 출력하면 된다.

Part II

Ubuntu 기반 네트워크 취약점 진단도구 활용

CHAPTER

01 소개

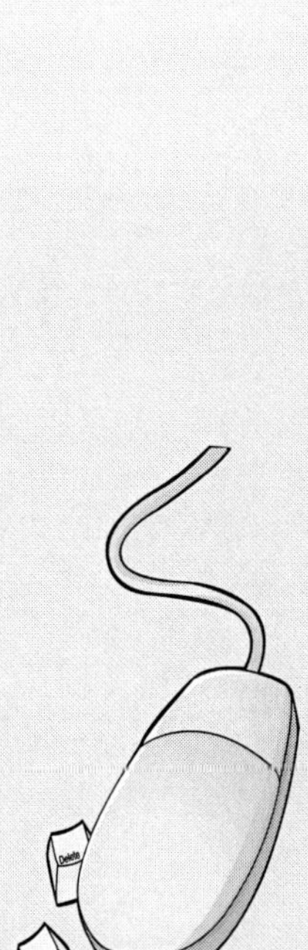

기존의 네트워크 프로그래밍 수업에서는 이론 강의 및 프로그래밍 실습을 통해 네트워크 프로그래밍 기술을 습득하여 각종 모바일 프로그래밍, 보안 프로그래밍, 웹 프로그래밍 등에 응용할 수 있는 역량을 길러주는데 초점이 맞추어 졌다.

하지만 네트워크의 전반적인 개념을 습득하여 네트워크 프로그래밍의 원리를 깨닫는 것 이상으로 시스템 엔지니어로서의 역량을 함양하는 데는 운영체제(OS)에 대한 지식, 프로그래밍 언어 및 하드웨어, 데이터베이스(DB) 등의 전산지식들 외에 해커의 침입을 방지하는 보안기술 및 정보를 지속적이고 효율적으로 수집할 수 있는 능력이 필요하다.

Part II에서는 시스템 엔지니어로서 능력을 키우기 위해 네트워크 보안에 관련한 해킹 관련 소프트웨어, 취약점 분석 소프트웨어, 바이러스 탐지 소프트웨어, 네트워크 모니터링 소프트웨어, IDS, IPS 등등의 공개 소프트웨어에 대한 정보를 수집하여 각 소프트웨어별 특징을 기술하고, 실무에서 많이 사용하는 소프트웨어에 대한 사용방법을 수록하고 있다.

이 Part II는 일반 사용자들이 네트워크 서버 운영에 필요한 기초적인 지식들을 익힐 수 있도록 내용을 수록했지만, Linux와 같은 환경의 운영체제를 사용해 본 적 없는 사용자라면 모든 것이 낯설 것이다. 하지만 본 교재는 Linux용 네트워크 보안관련 책일 뿐 Linux 설명서가 아니기 때문에 Linux에 대한 기초적인 사항을 많이 언급하고 있지는 않다. Linux에 대한 설명이 부족하다고 느낀다면 따로 Linux에 대해 공부하길 권한다.

또한 서버 운영 시 필요한 기초적인 보안설정 방법과 보안설정 상태를 확인할 수 있는 정보보호 툴을 설명하고 있다. 정보보호 툴이란 반대로 말하면 해킹 툴이다. 네트워크 모니터링을 통해 네트워크 트래픽을 분석할 수도 있지만, 패킷을 캡처하여 정보를 수집할 수도 있다. 비록 인터넷에 공개된 공개 소프트웨어이지만 잘 만 사용한다면 막강한 기능을 사용할 수 있다.

2장은 Ubuntu 다운로드 및 설치법을 설명하고 있다. Ubuntu는 어떠한 운영체제보다 설치 단계가 짧고 단순하기 때문에 누구나 쉽게 따라할 수 있을 것이다. 또한 Redhat 계열의 Fedora Linux를 사용해 본 사용자라면 Ubuntu Linux가 힘들게 느껴질 수도 있다. 그래서 Ubuntu와 Fedora Linux의 차이점을 설명하고 있다.

3장은 Ubuntu 시스템의 설치를 완료하고, 기본적으로 정보보호 도구들을 사용하여 사용자 환경을 구축할 수 있도록 설명하고 있다. 네트워크 설정을 통해서만 Ubuntu 소프트웨어 관리 툴을 사용할 수 있으며, 정보보호 도구 중에는 Ubuntu 버전을 지원하지 않는 경우가 있기 때문에 소스코드를 다운로드하여 자신의 시스템에 맞게 컴파일해야 한다. 그래서 윈도우 환경의 비주얼 스튜디오와 같은 GUI 환경을 제공하는 Code::Blocks 설치방법을 소개한다. 마지막으로 보안설정 방법을 다루고 있으며, 보안설정 방법은 Ubuntu 환경 뿐만 아니라 다양한 Linux 환경에서 체크되어야 할 보안설정 사항을 다루고 있다. 기본적인 사항들이기 때문에 운영체제에 국한되지 않고 기억해야 할 사항들이며, Ubuntu에서 몇 가지는 실제와 다를 수도 있다.

4장은 정보보호 도구들에 대한 사용법을 설명하고 있다. 정보보호 도구는 크게 IDS, Scanning and Enumeration, Network Monitoring, Network sniffers 등으로 분류하여 설명하고 있다. 분류된 공개 소프트웨어에 대해 의아해 할 수도 있지만 버전이 업데이트되면서 기존 영역의 기능들 외에 새로운 기능들이 추가되었기 때문이다.

Part II는 정보보호 도구에 대한 기본 사용법을 익혀 자신의 PC에 대한 취약점을 발견하고, 스스로 기술적인 보호를 할 수 있도록 돕기 위해서 만들어졌다. 교재에 나온 정보보호 도구들을 설치해보며 기본적인 사용법만 익히고, 그 밖에 인터넷에서 사용되는 여러 가지 도구들을 사용할 줄 알게 된다면 시스템 엔지니어로서의 기본적인 능력은 갖추게 될 것이다.

CHAPTER

02 Ubuntu

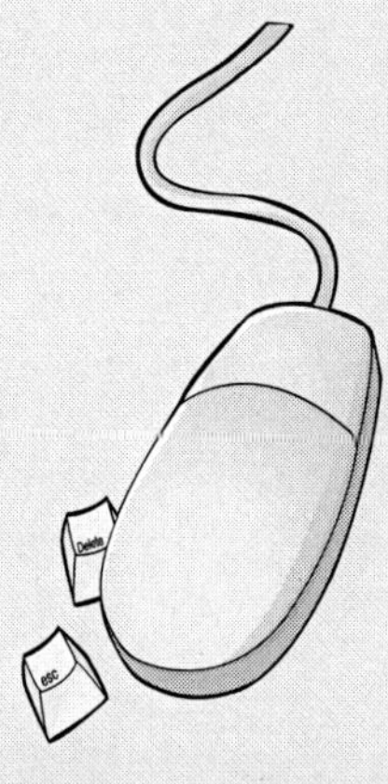

현재 국내에서 가장 많이 사용되는 X Window 환경의 Linux 배포판에는 Redhat 계열의 Fedora Linux와 Debian 계열의 Ubuntu를 많이 사용한다. 본 교재에서는 Debian 계열의 Ubuntu 9.0.4 버전을 사용한다.

Ubuntu라는 이름은 남아프리카 반투어에서 유래된 말로 "너가 있으니 내가 있다"를 뜻하며, Debian GNU/Linux를 바탕으로 만들어졌고, 카노니칼(Canonical Ltd.)의 지원을 받는다.

Ubuntu는 기본적으로 사용자가 손쉽게 운영체제를 설치하고 사용할 수 있도록 설계되었다. 기존 Linux 및 Unix들은 일반인들이 사용하기에는 너무 복잡하고 힘들어서 대부분 기업에서만 사용되어 왔다. 개선된 Ubuntu Linux는 윈도우와 같은 환경을 제공하여 누구나 쉽게 설치하여 사용할 수 있도록 해준다.

Ubuntu가 일반 Linux와 가장 큰 차이점은 "su" 명령어 대신 "sudo" 명령어를 사용하여 시스템 관리 권한을 얻어 작업을 한다는 것이다. 설치 시에도 root계정에 대한 암호를 따로 만들지 않는다. 또한 소프트웨어 패키지 관리 툴에서도 차이가 있기 때문에 다른 계열의 Linux를 사용했던 사용자에게는 이상하게 생각되어질 수도 있다.

표 2.1 Ubuntu 내역

회사 / 개발자	카노니칼(Canonical Ltd.) Ubuntu 재단(Ubuntu Foundation)
OS 계열	Linux
상태	계속 나오고 있음
최초 버전 출시일	2004년 10월 20일(2004-10-20)
최신 버전	9.04(Jaunty Jackalope)
최신 버전 출시일	2009년 04월 23일
업데이트 방식	Advanced Packaging Tool(APT)
패키지관리자	dpkg
지원되는 플랫폼	IA-32, x86-64, lpia, SPARC, PowerPC, ARM, IA-64
기본 UI	GNOME
라이선스	여러 종류임
웹사이트	Ubuntu.or.kr

버전넘버와 코드명

Ubuntu의 버전넘버는 나온 연도와 달로 매긴다. 예를 들면 9.04의 경우 2009년 4월에 나온 버전이며, 6개월에 한 번씩 배포되는 것을 알 수 있다.

표 2.2 Ubuntu 버전명 / 코드명

버전넘버	배포	코드명
4.10	2004-10-20	Warty Warthog(혹 난 혹멧돼지)
5.04	2005-04-08	Hoary Hedgehog(백발의 고슴도치)
5.10	2005-10-13	Breezy Badger(산들바람의 오소리)
6.06(LTS)	2006-06-01	Dapper Drake(날렵한 수오리)
6.10	2006-10-26	Edgy Eft(날카로운 영원)
7.04	2007-04-19	Feisty Fawn(기운찬 새끼사슴)
7.10	2007-10-18	Gutsy Gibbon(용감한 긴팔원숭이)
8.04(LTS)	2008-04-24	Hardy Heron(강건한 왜가리)
8.10	2008-10-30	Intrepid Ibex(용맹한 야생염소)
9.04	2009-04-23	Jaunty Jackalope(쾌활한 뿔토끼)
9.10	2009-10 중	Karmic Koala(숙명의 코알라)

시스템 요구사항

Ubuntu는 현재 Intel x86, AMD 64, ARM 등과 같은 CPU도 지원하며, 표 2.3과 같은 사양이 필요하다.

표 2.3 시스템 사양

장비	데스크톱 & 노트북		서버
	최소	권장	
CPU	300MHz(x86)	700MHz(x86)	300MHz(x86)
메모리	64MB	384MB	64MB
하드 드라이브 여유 공간	4GB	8GB	500MB
비디오 카드	VGA @ 640x480	VGA @ 1024×768	VGA @ 640×480

Ubuntu 종류

표 2.4 Ubuntu 종류

명칭	특징	사이트
우분투(ubuntu)	그랙픽 환경이 Gnome로 구성된 배포판	www.ubuntu.com
쿠분투(Kubuntu)	그래픽 환경이 KDE로 구성된 배포판	www.kubuntu.org
주분투(Xubuntu)	그래픽 환경이 Xfce로 구성된 배포판	www.xubuntu.org
에듀분투(Edubuntu)	어린이를 위한 교육용	edubuntu.org
우분투 스튜디오 (Ubuntu Studio)	그림, 소리, 동영상에 대한 작업에 특화되어 있고 용량이 좀 큰 편이다.	ubuntustudio.org
플럭스분투(Fluxbuntu)	그래픽 환경이 플럭스박스로 구성되고, 라이브 디스크 상태에서도 사용자의 이름과 암호를 입력해야 한다.	fluxbuntu.org
우분투 크리스챤 에디션 (Ubuntu Christian Edition)	기독교인을 위한 특수한 배포판으로 성경검색이나 교리를 쉽게 배울 수 있는 프로그램들이 내장되어 있다. 또한 유해 성인 사이트를 자동으로 차단하는 기능도 가지고 있다.	ubuntuce.com

1. Ubuntu Linux 설치하기

Ubuntu Linux의 특징은 몇 단계 거치지 않고 운영체제 설치를 완료할 수 있다는 것이다. 초기 Linux와 같은 번거로운 드라이버 설치과정을 거치지 않으며, 현재 사용되는 어떤 운영체제보다 사용자가 설치 시 설정해야 할 사항이 적다. 또한 설정사항도 쉽게 처리할 수 있는 것들이다. 이제 Ubuntu Linux를 다운받고 설치해 보겠다.

Ubuntu Linux를 설치하기 위해서 가장 먼저 해야 할 일은 Ubuntu 사이트를("www.ubuntu.com") 방문하여 최신 Ubuntu를 다운받는 것이다. Ubuntu 설치파일은 전 세계적으로 미러사이트가 존재하므로 빠르게 받을 수 있다.

Ubuntu 설치 파일 다운로드

❶ Ubuntu 설치 파일을 다운로드하기 위해서 "www.ubuntu.com"에 접속한다. 사이트 상단에 있는 버튼 중 "Download"를 클릭하면 다음 그림과 같이 나타난다.

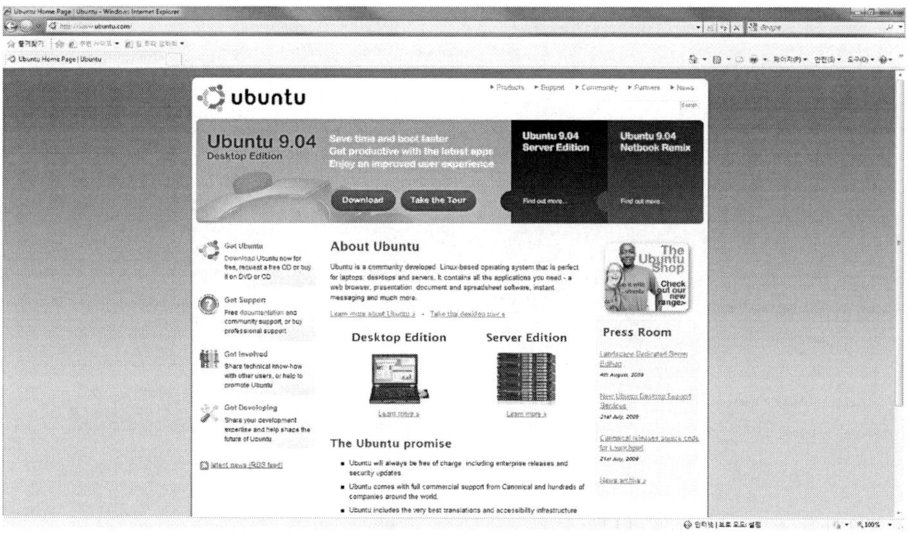

그림 2-1 Ubuntu 파일 다운로드 화면-1

❷ "Download"를 클릭한 후 메인 페이지의 "Download Ubuntu"에서 "Desktop Edition", "Netbook Remix", "Server Edition" 중에서 "Desktop Edition"을 선택한다.

Choose a version에서 기본설정인 "Ubuntu 9.04 Desktop(the lastes Version)"을 선택하고, "Choose a download location near you"의 Please select a location 콤보박스에서 자신이 다운로드 할 미러사이트를 선택한다. 본 교재에서는 "korea Republic of Daum Communication corp"을 선택한 후 "Begin Download" 버튼을 클릭하겠다.

※ 64bit CPU를 사용하는 운영체제를 설치할 경우 하단의 "Custom Options"에서 "64bit Version"을 선택한 후 "Begin Download" 버튼을 클릭한다.

그림 2.2 Ubuntu 파일 다운로드 화면-2

❸ "Begin Download" 버튼을 클릭하고 화면 상단의 설치 탭을 클릭하여 "파일 다운로드"를 클릭한다. 잠시후 파일 다운로드 다이얼로그가 나오면 "저장"을 클릭하며 파일을 다운로드한다.

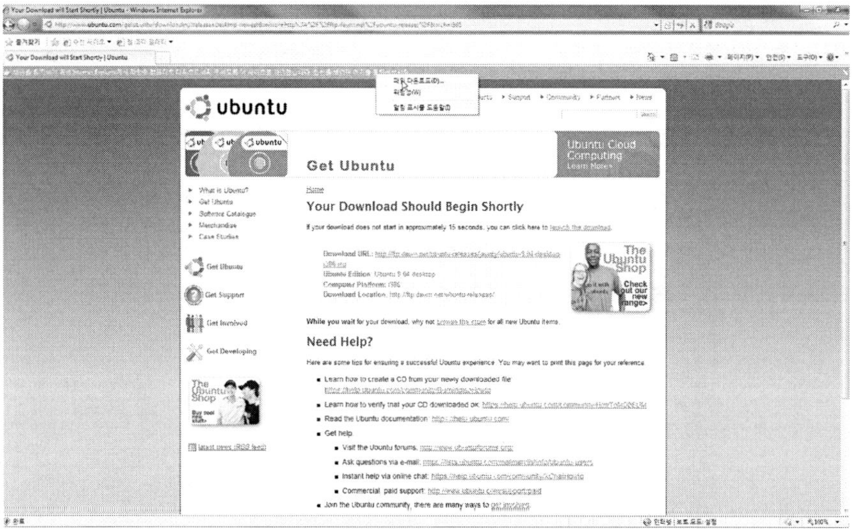

그림 2.3 Ubuntu 파일 다운로드 화면-3

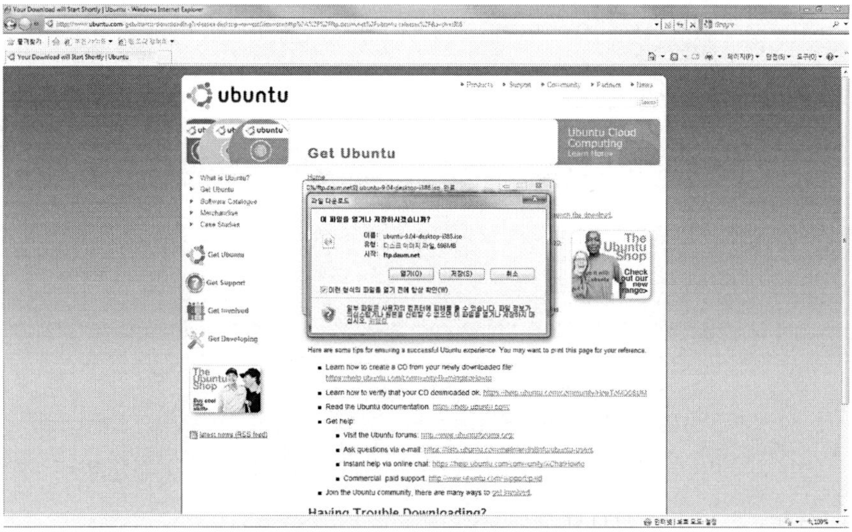

그림 2.4 Ubuntu 파일 다운로드 화면-4

Ubuntu 설치하기

다운로드가 완료된 설치파일을 레코더 프로그램을 이용하여 공 CD에 기록한다. Ubuntu 설치 CD를 넣고 부팅시킨다.

❶ 부팅이 되면 아래와 같은 화면이 나타난다. 화면은 언어선택 화면으로 "한국어"를 선택한다.

그림 2-5 설치시 언어선택 화면

❷ 메뉴가 나오면 "Ubuntu 설치"를 선택하여 Ubuntu 설치를 시작한다.

※ 메뉴에 "설치하지 않고 Ubuntu 사용해보기"가 있다. Live CD로 동작할 수 있다. Live CD란 하드디스크에 운영체제를 설치하지 않고 사용할 수 있는 것이다.

그림 2-6 Ubuntu 설치화면-1

그림 2-7 Ubuntu 설치화면-2

❸ 본격적인 설치가 시작되면 7단계 중 첫 단계가 시작된다. 설치과정에 사용할 언어 및 최종 시스템 기본언어 선택을 위해 좌측에서 "한국어"를 선택한 후 "앞으로"를 클릭한다.

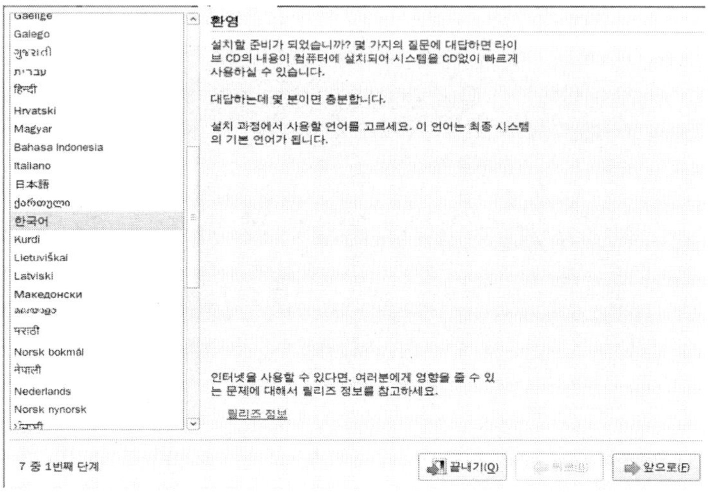

그림 2-8 시스템 언어 선택 화면

❹ 2번째 단계는 지역 선택(초기 설정값)으로 지역에 "Asia"와 도시에 "Seoul"로 설정되어 있다. "앞으로"를 클릭한다.

그림 2-9 지역 선택 화면

❺ 3번째 단계는 키보드 선택이다. 자신이 사용하는 것에 맞게 선택한 후 "앞으로"를 클릭한다. 화면 하단에 보면 "새 키보드 배치를 시험해 보려면 아래 상자에 입력해 보세요."에 키보드를 입력해 보면 키보드의 영문이 올바르게 동작하는지 확인할 수 있다.

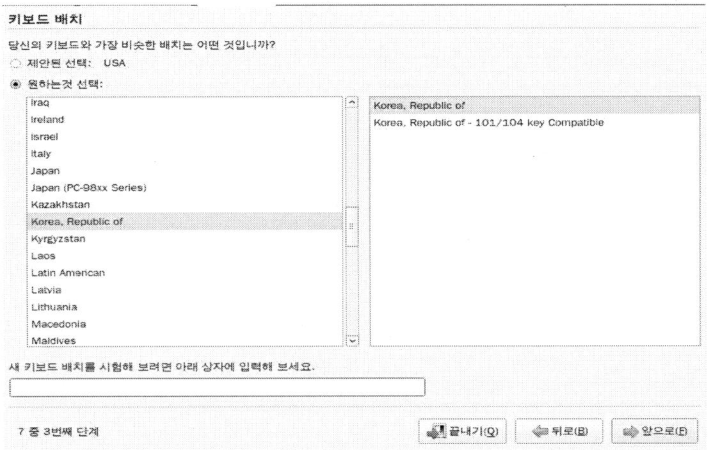

그림 2-10 키보드 선택 화면

❻ 4번째 단계는 디스크 공간 할당이다. 디스크 전체를 사용하는 방법과 수동으로 분할하는 2가지 방법이 있다. 디스크 전체 사용 시 Ubuntu가 설치될 파티션을 선택한다.

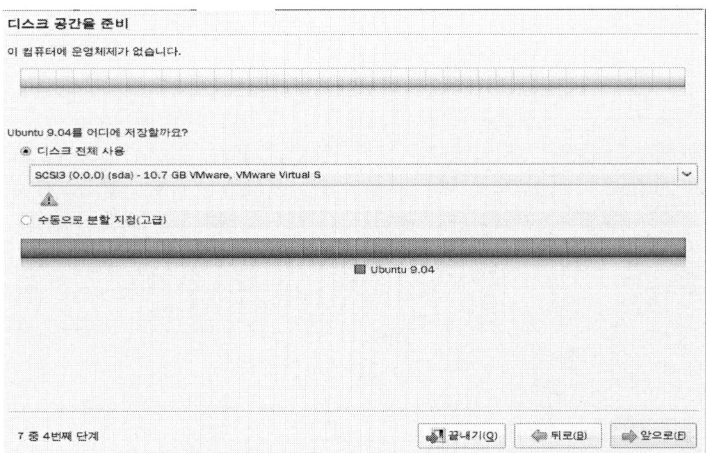

그림 2-11 파티션 선택 화면

✣ 수동으로 파티션 할당방법

1) 수동으로 분할 지정(고급)을 선택한 후 "앞으로"를 클릭한다.

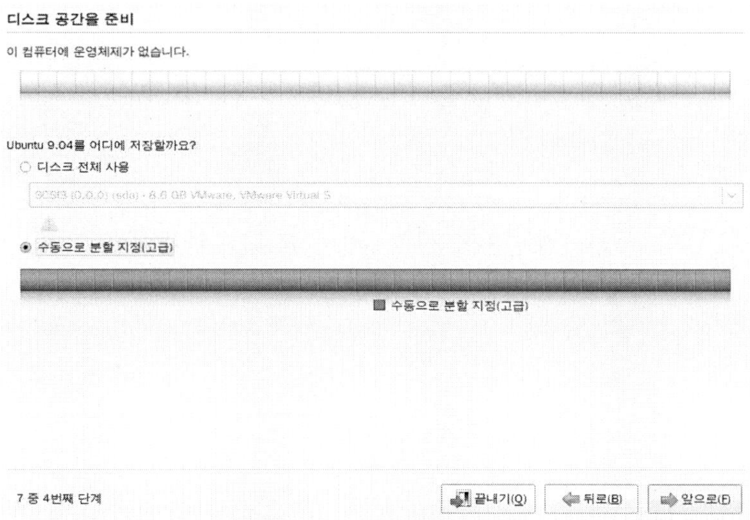

그림 2-12 수동 파티션 화면

2) 장치를 선택한 후 좌측 하단의 "새 분할 테이블"을 선택한 후 "앞으로"를 클릭한다.

그림 2-13 수동 파티션 화면-2

3) 남은 공간을 선택한 후 좌측 하단의 "새 분할"을 선택한다.

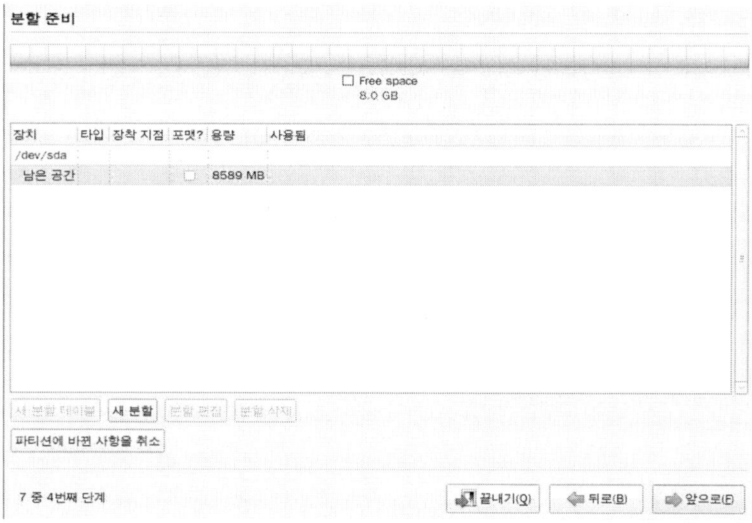

그림 2-14 수동 파티션 화면-3

4) 분할 생성 창이 나타나면, 새 분할 크기를 선택한다. 용도는 "EXT3 저널링 파일시스템"인지 확인하고, 마운트 위치를 "/"로 선택한다. "확인" 버튼을 클릭한다.

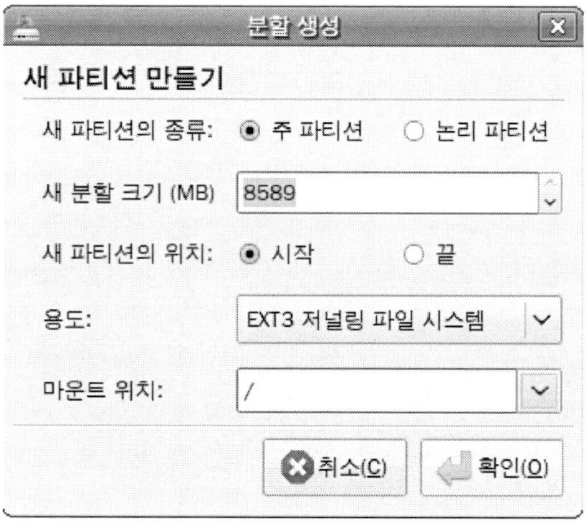

그림 2-15 수동 파티션 화면-4

5) 다음은 “스왑 영역”을 설정한다. 스왑 사이즈는 보통 메모리의 2배 정도를 잡는다.

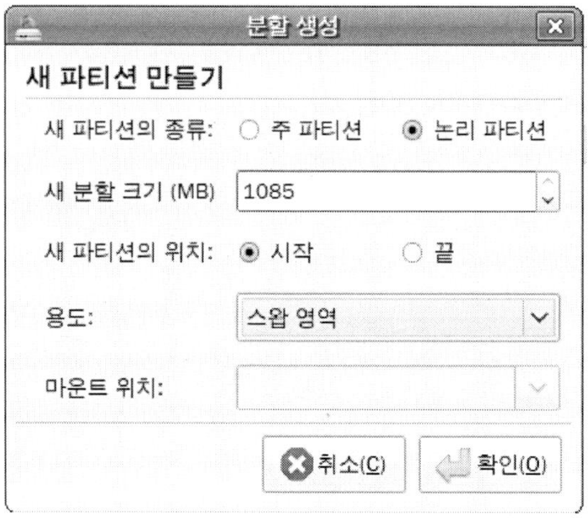

그림 2-16 수동 파티션 화면-5

6) 디스크 할당이 끝났다면 “앞으로”를 클릭한다.

그림 2-17 수동 파티션 화면-6

❼ 5번째 과정은 계정생성이다. 박스 안을 채우고, 자동으로 로그인을 할 것인지 로그인시 암호를 입력할 것인지를 선택한 후 "앞으로"를 클릭한다.

그림 2-18 계정생성 화면

❽ 6번째 과정은 설치준비 단계이다. 지금까지 선택한 사항을 볼 수 있다. 이전 단계에서 선택한 사항이 맞다면 "설치" 버튼을 클릭하여 설치한다.

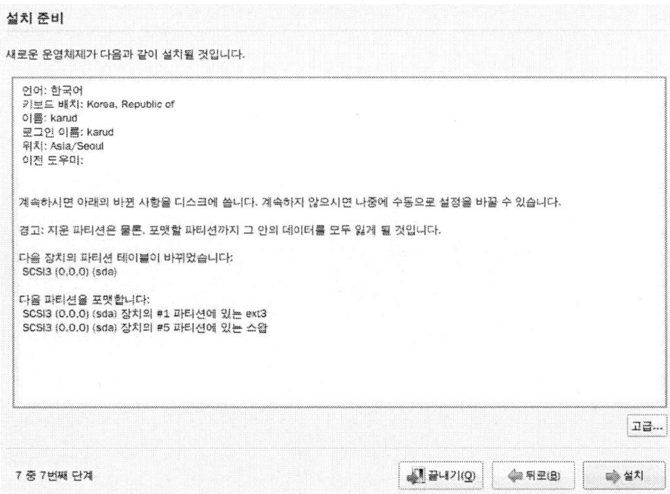

그림 2-19 Ubuntu 설치준비 화면

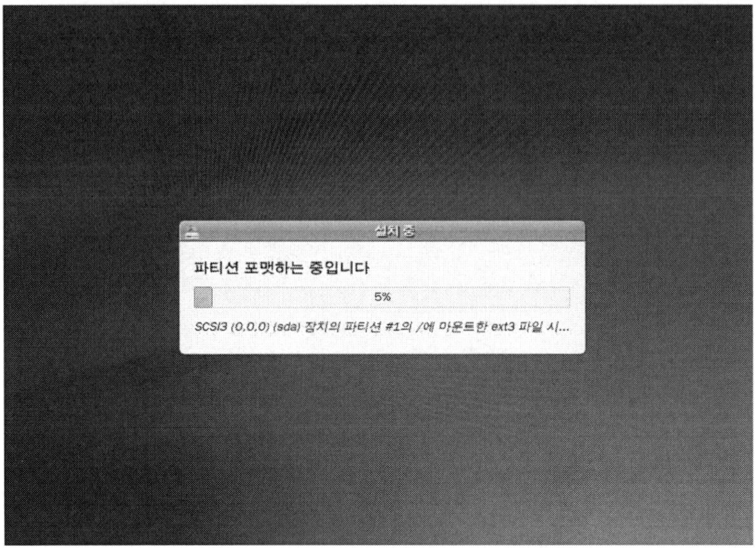

그림 2-20 Ubuntu 설치 중 화면-1

그림 2-21 Ubuntu 설치 중 화면-2

❾ 설치가 완료되면 "지금 다시 시작" 버튼을 클릭하여 재부팅을 시켜준다. 로그인 화면이 나타나면 Username창에 이전단계에서 입력한 계정과 암호를 입력한다.

그림 2-22 Ubuntu 로그인 화면

⑩ 로그인이 완료되고 아래와 같은 화면이 나타나면 Ubuntu 설치가 정상적으로 끝난 것이다.

그림 2-23 Ubuntu 메인 화면

2. Ubuntu와 Fedora의 차이점

일반 사용자들이 가장 많이 사용하는 Linux에는 Debian 계열의 Ubuntu와 Redhat 계열의 Fedora 등이 있다. 이들 Linux를 사용하다 보면 약간의 차이점이 존재한다는 것을 알게 될 것이다. 그 차이점은 설치 프로그램, 소프트웨어 관리 툴 등이다.

초기 버전 Linux들의 설치과정은 윈도우를 사용해 본 모든 사람이 어렵다고 느낄 정도로 복잡하다. Ubuntu는 앞서 보았듯이 전체 7단계로 나누어져 있으며, 몇 번의 마우스 클릭만으로도 설치할 수 있다. 반면 Fedora Linux의 경우 사용자에게 워크스테이션 또는 서버, 패키지 선택 등을 요구한다.

Debian 계열의 Ubuntu에서는 소프트웨어 관리도구로 APT(advenced package tool) 계열의 유틸리티를 사용한다. ATP를 사용하여 Debian 패키지(deb)를 설치, 삭제, 질의, 업데이트를 사용할 수 있다. Redhat 계열의 Fedora에서는 RPM(red hat package manager) 패키징 방식을 사용하여 RPM 패키지를 관리한다.

Ubuntu의 또다른 차이점은 root 권한을 얻기 위해 root 유저 계정을 의도적으로 사용하지 못하도록 한 것이다. 일반적인 Linux에서는 root로 로그인할 때 시스템에 대한 모든 권한을 획득할 수 있다. Ubuntu는 시스템의 보안을 위해 root 계정의 사용을 막고, 일반 유저가 "sudo" 명령어를 사용하고 자신의 계정 비밀번호를 사용해 root 권한을 획득할 수 있다. 반면 Redhat 계열 등 일반 Linux에서는 최고 권한을 획득하기 위해서 root 로그인 또는 "su -" 명령어를 사용한다.

이러한 차이점 때문에 Fedora 계열의 사용자는 소프트웨어 관리도구 사용에 불편할 것이다. Redhat 계열에서는 RPM 패키지를 통해 소프트웨어를 설치할 수 있지만 Ubuntu에서는 APT를 이용하기 때문이다. 다음 장에서는 APT 사용법과 명령어 사용법을 알아보겠다.

Ubuntu 소프트웨어 패키지 사용하기

대부분의 Ubuntu 소프트웨어는 Ubuntu 패키지 웹사이트(http://packages.ubuntu.com)에서 쉽게 찾을 수 있다. 시냅틱(synaptic), APT, 업데이트 관리자 같은 표준 툴들은 대부분 동일한 소프트웨어 설치방법을 사용하고 있다.

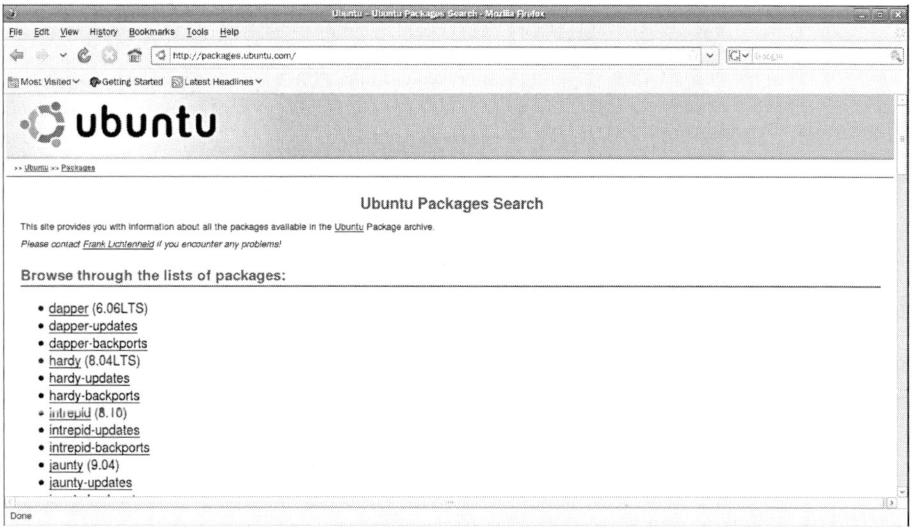

그림 2-24 Ubuntu 패키지 검색 사이트 화면

시냅틱 패키지 관리자 사용하기

먼저 패키지를 설치하는 방법 중 GUI 환경에서는 시냅틱 패키지 관리자를 사용해보자. 시냅틱 패키지 관리자는 APT 패키지 관리자를 GUI 환경에서 사용할 수 있도록 만들어진 것이다. 즉, 터미널에서 sudo apt-get install 패키지명을 입력하던 방식에서 GUI 환경을 통해 좀 더 직관적으로 사용할 수 있도록 한 것이다.

상단의 상태바에서 "System"->"Administration"->"Synaptic Package Manager"를 클릭한다. root 권한을 얻기 위해 패스워드를 입력하면 Synaptic Package Manager가 실행된다.

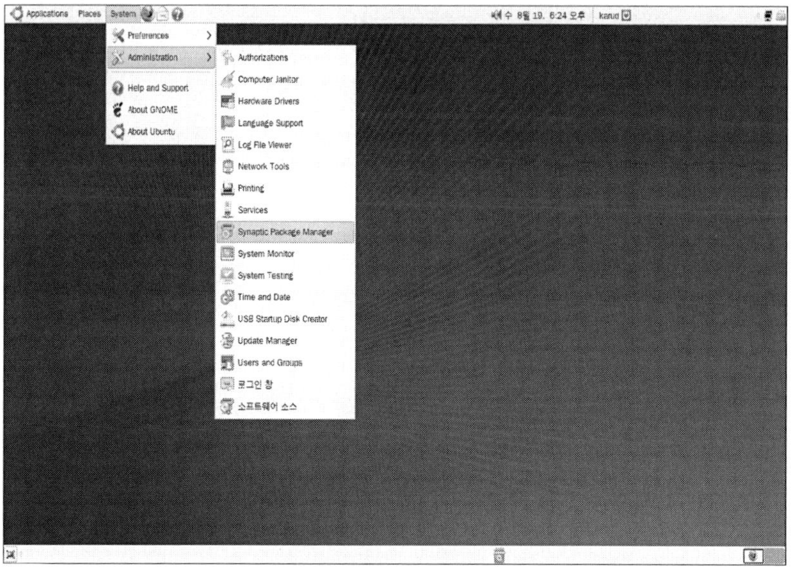

그림 2-25 Ubuntu Synaptic Package Manager 화면-1

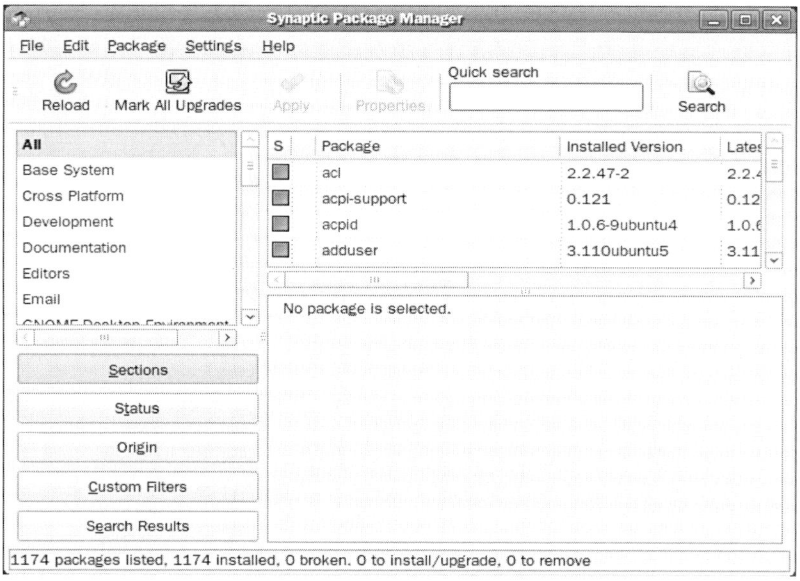

그림 2-26 Ubuntu Synaptic Package Manager 화면-2

시냅틱 패키지 관리자 상단에는 명령아이콘들이 있으며, 각각 다시 읽기, 업그레이드 모두 표시, 적용, 등록정보, 빠른 검색 등이 존재한다. 좌측에는 분류창과 분류 버튼이 있고, 우측에는 목록창과 설명창이 있다.

분류 버튼에 sections은 사용 분류에 따라 패키지 목록을 보여주며, Status는 설치 여부와 설치 형태에 따라 패키지를 분류해 보여준다. Origin은 저장소별로 갖추고 있는 패키지를 보여주고, Custom Filters는 미리 정의된 필터에 따라 패키지를 분류해 보여준다. Search Results는 빠른 검색 또는 검색으로 찾은 패키지를 보여준다.

목록창은 패키지 목록이 나타난다. 패키지 목록 앞에는 체크박스가 있고 클릭을 통해 설치/제거 등을 선택할 수 있다.

Ubuntu는 Debian 계열의 Debian 패키지 포맷을 사용한다. 확장자가 ".deb"인 Debian 패키지는 소프트웨어 파일과 소프트웨어의 의존성, 컴퓨터아키텍처, 벤더, 라이센스 등등 다양한 정보가 들어있다. Ubuntu 설치가 완료되면 시스템의 사용목적에 따라 다양한 .deb 파일을 추가/삭제할 수 있다.

표 2.5 사용목적에 따른 소프트웨어 추가/삭제

소프트웨어 추가/삭제	내용
APT	온라인 리포지토리에서 패키지를 다운로드받고 설치하는데 사용되는 프로그램이다.
dpkg	CD-ROM이나 다른 디스크 저장장치에 있는 .deb 파일을 제어하는 경우에 사용된다.
aptitude	커맨드 라인 명령어로 온라인 리포지토리와의 작업을 위해 사용된다. aptitude 도구는 APT나 dpkg를 사용할 경우 사용자가 직접 해주어야 하는 번거로운 작업들을 자동화해준다.

다른 Linux의 경우 소프트웨어 패키지 관리에 다양한 방법을 사용한다. Red-hat 계열의 경우 yum, rpm 등과 같은 소프트웨어 관리 툴을 사용한다. 이런 툴들의 차이점은 온라인으로부터 직접 패키지를 다운로드하여 설치하는 것과 실제 패키지를 디스크나 저장장치 등을 통해 설치하는 것이다.

APT(Advenced Package Tool) 명령어 알아보기

APT는 Debian에서 사용되는 소프트웨어 검색, 다운로드, 설치, 업그레이드 등을 하는데 사용되며, 실제적으로 apt 명령어를 가장 많이 사용한다. 실제 사용되는 apt 명령어를 알아보자.

표 2.6 apt 명령어

명령어	설명
apt-get -h	apt 명령어에 대한 명령어 및 옵션 설명
apt-get update	패키지 db 업데이트
apt-cache search 패키지명	이름에 패키지명을 포함한 패키지 찾기
apt-get install 패키지명	패키지 설치
apt-get -f install 패키지명	의존성 문제를 해결하기 위해서 패키지를 설치하고 삭제
apt-get remove 패키지명	패키지 삭제
apt-get remove --purge 패키지명	패키지와 설정 파일들을 모두 삭제
apt-get clean	로컬 저장소의 모든 .deb 패키지를 삭제
apt-get upgrade	모든 패키지를 새 버전으로 업그레이드
apt-get dist-upgrade	패키지를 업그레이드함과 동시에 새 패키지에 의해서 야기되는 의존성 문제를 다룸
apt-get source 패키지명	패키지의 소스 파일을 다운로드
apt-get -t unstable 패키지명	안정화되지 않은 패키지와 의존 패키지를 찾아서 설치
apt-cache show 패키지명	패키지에 관한 아주 자세한 설명

dpkg(Debian Package Management System) 명령어 알아보기

dpkg 유틸리티는 APT 툴보다 낮은 수준에서 작업을 수행한다. APT는 Ubuntu 시스템의 소프트웨어를 관리하기 위해 내부적으로 이 dpkg를 이용한다. APT와 dpkg의 관계는 Redhat 기반 Linux 배포판에서의 yum과 rpm의 관계와 유사하다. 보통은 APT 명령어가 가진 기능만으로도 충분하다. 그러나 시스템에 있는 특정 파일이 어떤 패키지에 포함되어 있는지 확인하는 등의 작업을 수행하기 위해서는 dpkq 명령이 필요하다.

표 2.7 dpkq 명령어

명령어	설명
dpkg –h	저장소 도움말 보기
dpkg –c 〈.deb 파일명〉	주어진 .deb 파일이 설치한 파일 목록 출력
dpkg –S 〈파일명〉	주어진 파일명 또는 경로가 포함된 패키지들을 검색
dpkg –l	설치된 패키지의 목록 출력
dpkg –L 〈패키지〉	패키지에 관련된 파일 목록
dpkg –s 〈패키지〉	주어진 패키지의 상태를 출력
dpkg –i 〈.deb 파일명〉	.deb 파일 설치
dpkg –r 〈패키지〉	.패키지 삭제
dpkg ––purge 〈패키지〉	패키지와 설정 파일 삭제
dpkg–reconfigure –plow 〈.deb 파일명〉	이미 설치된 패키지를 재설정

aptitude 명령어 알아보기

dpkg와 APT는 오랫동안 사용되어 온 도구들이다. aptitude 툴은 주요 패키지 작업 과정을 자동화하여 가능한 쉽게 설치할 수 있도록 해준다. aptitude 툴의 명령어는 apt-get 명령어와 유사하다.

표 2.8 aptitude 명령어

명령어	설명
aptitude install 패키지명	패키지 설치
aptitude remove 패키지명	패키지 삭제
aptitude remove ––purge 패키지명	패키지와 설정 파일 모두 삭제
aptitude search 패키지명	이름에 패키지명을 포함한 패키지 찾기
aptitude update	패키지 db 업데이트
aptitude upgrade	패키지를 새 버전으로 업그레이드
aptitude safe–upgrade	aptitude upgrade와 동일
aptitude full–upgrade	의존성을 고려해서 새버전으로 패키지를 업그레이드
aptitude hold 패키지명	패키지는 safe–upgrade 또는 full–upgrade할 때 삭제되거나 업그레이드 실행하지 않음
aptitude unhold 패키지명	패키지 홀드 해제

표 2.8 aptitude 명령어(계속)

명령어	설명
aptitude show 패키지명	패키지에 대한 긴 설명
aptitude clean	패키지 cache 디렉터리에 다운받은 모든 .deb파일을 삭제

명령어 찾기

Ubuntu 배포판을 사용하다 보면 명령어를 입력했는데 "command not found" 라는 에러 메시지를 보게 될 수도 있다. 이러한 경우 Ubuntu 시스템에 소프트웨어가 설치되어 있지 않기 때문이며, APT 등을 통해 소프트웨어 패키지를 설치하면 문제를 해결할 수 있다.

먼저 "apt-cache search"를 입력하여 시스템에 설치되어 있는지 확인한다. 설치되어 있지 않은 명령어라면 "sudo apt-get install <패키지명>"을 통해 인터넷으로부터 설치한다.

표 2.9 소프트웨어 설치 확인 명령어

명령어	설명
apt-cache search umount	패키지 캐시 목록에서 umount에 대한 명령어 또는 설명이 포함된 패키지를 보여준다.
dpkg-query -s umount	설치된 패키지에서 파일명에 umount를 포함하고 있는 패키지를 보여준다.
dpkg -L initscripts	패키지에 포함된 파일 목록을 보여준다.
sudo apt-get update	패키지 캐시 목록을 업데이트한다.

그 밖에 명령어들

표 2.10 기타 명령어

명령어	경로	사용유형	설명
.bash_history	각 계정의 홈 디렉터리	편집	사용자가 적었던 명령어 기록
.bashrc	각 계정의 홈 디렉터리	편집	bash 환경설정 파일
.bash_alias			단축키 지정

표 2.10 기타 명령어(계속)

명령어	경로	사용유형	설명
.profile	각 계정의 홈 디렉터리	편집	로그인시 실행될 항목
.vimrc	각 계정의 홈 디렉터리	생성->편집	vi 편집기 설정
apt-get			인터넷을 통한 프로그램 설치
at			예약 작업
at.allow	/etc	편집	특정 계정 at 허용
at.deny	/etc	편집	특정 계정 at 거부
atd	/etc/init.d		at 데몬
atq			예약 작업 보기
atrm			예약 작업 지우기
bc			계산기
cal			달력
cat			파일 생성, 내용 보기
cd			디렉터리 이동
chage			계정, 암호 만료일자 설정
chattr			속성 변경
chgrp			파일의 그룹 변경
chkconfig		설치->실행	데몬 설정
chmod			파일의 퍼미션 변경
chown			파일의 사용자, 그룹 변경
clear			화면 청소
cp			복사
cpuinfo	/proc	편집	cpu 정보 보기
cron	/etc/init.d		예약 작업 데몬
crontab		편집, 실행	예약 작업
date			날짜, 시각 보기
df			전체 용량 보기
dmesg			컴퓨터의 상세한 정보 보기
dpkg			프로그램 설치, 삭제
du			디렉터리별 용량 보기
exit			로그아웃
fdisk			파티션 설정
fg			포그라운드로 불러내기
find			찾기
free			메모리 사용량 확인
fsck.ext3			수동 시스템 검사(꼭 싱글모드에서 해야 함)

표 2.10 기타 명령어(계속)

명령어	경로	사용유형	설명
fstab	/etc	편집	마운트 설정
ftp			파일 서버
gcc			컴파일
grep			내용 찾기
group	/etc	편집	그룹 보기, 설정
groupadd			그룹 생성
groupdel			그룹 삭제
groupmod			그룹 수정
groups			유저가 속한 그룹 보기
gzip			압축
halt			컴 수동 종료
head			파일내용 앞부분 출력
history			사용 명령어 목록 출력
hosts.allow	/etc	편집	호스트 허용
hosts.deny	/etc	편집	호스트 차단
id			계정 정보 보기
ifconfig			ip보기, 설정
init			런레벨 실행
issue	/etc	편집	로그인 전 출력할 내용
jobs			작업 보기
kill			프로세스 종료
last			부팅 로그 보기
lastlog			마지막 접속로그 보기
ln			링크하기
login.defs	/etc		계정번호 설정
logout			로그아웃
ls			파일의 목록 보기
lsattr			속성 보기
man			매뉴얼 보기
mc		설치->실행	탐색기
meminfo	/proc	편집	메모리 정보 보기
menu.lst	/boot/grub	편집	부팅설정
messages	/var/log	편집	로그인 로그 파일
mkdir			디렉터리 생성
more			파일을 페이지 단위로 보기
motd	/etc	편집	로그인 후 출력할 내용

표 2.10 기타 명령어(계속)

명령어	경로	사용유형	설명
mount			장치 연결하기
mv			이동, 이름 변경
networking	/etc/init.d		네트워크 데몬
passwd	/etc	편집	계정 목록
passwd			암호 설정
patch			패치하기
ping			핑 보내기
profile	/etc	편집	로그인시 실행될 항목
ps			프로세스 보기
pwconv			쉐도우 패스워드 설정
pwunconv			쉐도우 패스워드 해제
python			파이썬(프로그래밍 언어) 실행
rc.local	/etc	편집	부팅시 이 파일 내용을 읽어들임
rcconf		설치->실행	부팅시 데몬 시작 여부 설정
reboot			재부팅
rm			파일, 디렉터리 삭제
rmdir			디렉터리 삭제
rpm		설치->실행	rpm 설치, 제거, 검색
scp			파일 주고받기
service			데몬을 시작시키거나 중지시킴
shadow	/etc	편집	계정 목록(컨버전 안된 암호가 표시됨)
shutdown			컴퓨터 종료
squid	/etc/init.d	설치->실행	프록시 서버 데몬
ssh			암호화를 지원하는 원격접속 프로그램
su	/etc/pam.d	편집	su 설정
su			사용자 변경
tail			파일내용 뒷부분 출력
tar			파일 묶기, 압축
tee			파일로 출력
telnet			원격접속 프로그램
touch			파일 생성
tty			터미널 번호 보기
tune2fs			자동 시스템 검사
umount			마운트 해제
uname			커널 버전 보기

표 2.10 기타 명령어(계속)

명령어	경로	사용유형	설명
useradd			계정 생성
userdel			계정 삭제
usermod			계정 수정
version	/proc	편집	운영체제 버전 보기
vi			편집기
vim			vi 편집기 향상판
vipw			vi /etc/passwd
w			시스템에 접속한 사용자 상황 표시
wall			메시지 보내기
who am I			자신의 상세 정보 보기
whoami			자신의 정보 보기
xinetd	/etc/init.d	설치->실행	수퍼 데몬
xinetd.conf	/etc	설치->편집	텔넷 설정

CHAPTER

03 시스템 설정

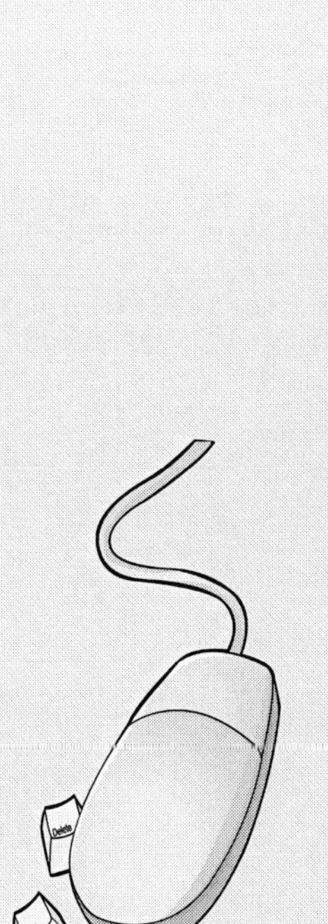

1. 네트워크 환경설정하기

네트워크는 기본적으로 Ubuntu 설치 시 DHCP를 사용해 네트워크가 설정된다. 따로 별도의 설정은 필요없지만 네트워크 수동 설정법을 알아보자.

❶ 네트워크 설정 방법은 화면 상단의 바에서 "System"=>"Preferences"=> "Network Connections"를 클릭한다.

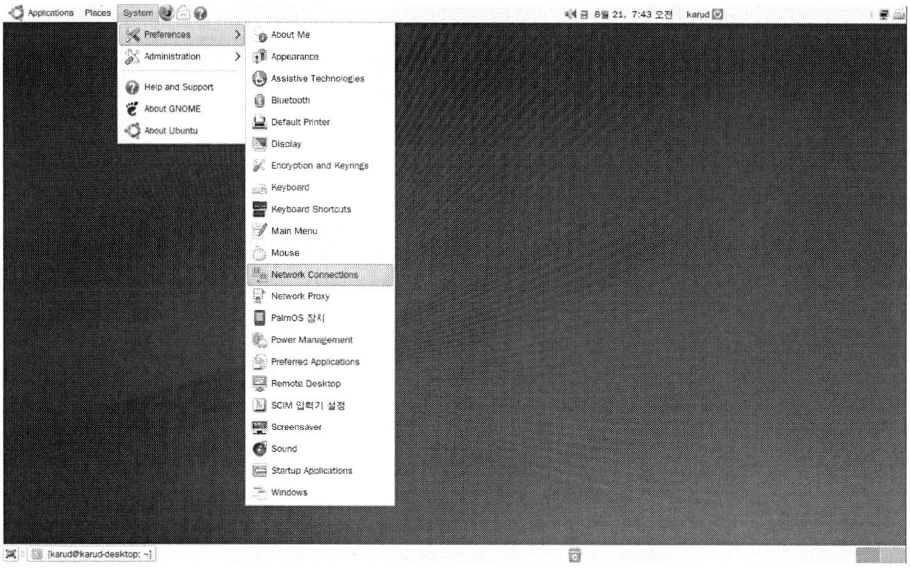

그림 3-1 네트워크 환경설정 화면-1

❷ Network Connections 창이 띄어지면, 상단 탭의 "Wired"는 유선랜을 뜻하며, "Wireless"는 무선랜을 의미한다. 본 교재에서는 유선을 사용할 것이므로 "Wired"를 선택한다.

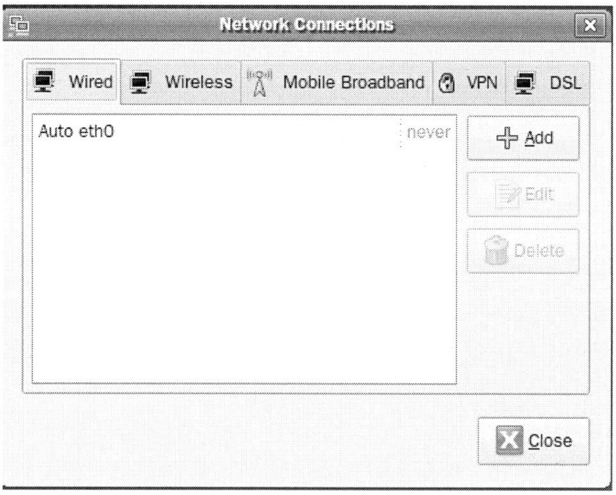

그림 3-2 네트워크 환경설정 화면-2

❸ Wired의 네트워크 드라이브 목록에서 인터넷에 사용할 드라이브를 선택한다. 좌측에 있는 "Edit" 버튼을 클릭한다.

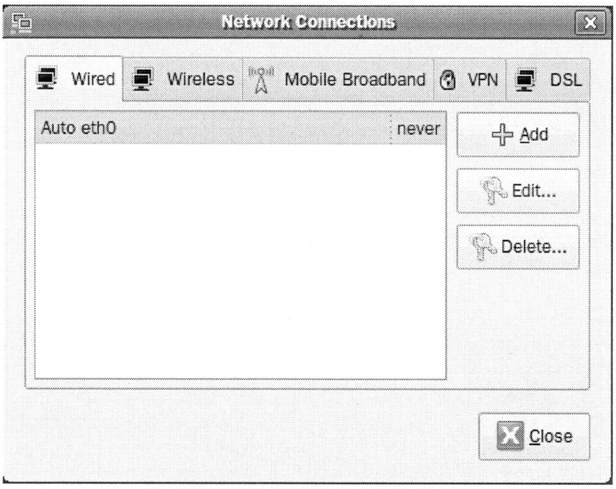

그림 3-3 네트워크 환경설정 화면-3

❹ "Editing Auto eth0" 창이 나타나면 Connection name과 선택 탭을 볼 수 있다. "Wired" 탭에는 MAC address를 보여준다. IP 주소를 수동 또는 자동으로 할당받기 위해서는 "IPv4 Settings" 탭을 선택한다.

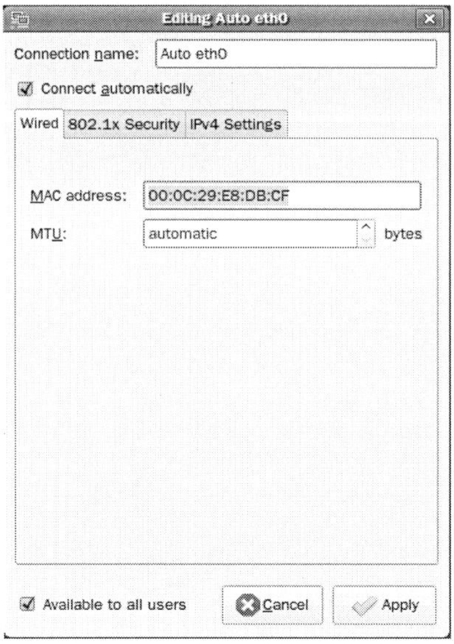

그림 3-4 네트워크 환경설정 화면-4

그림 3-5 네트워크 환경설정 화면-5

❺ Method가 “Automatic(DHCP)”로 설정되어 있는 것을 알 수 있다. “Manual”를 선택하여 IP를 수동으로 할당한다. 창 중단의 “+Add” 버튼을 클릭하면 좌측 중단의 Address 목록이 활성화 된 것을 확인할 수 있다.

그림 3-6 네트워크 환경설정 화면-6

❻ “Adress”에 host의 IP 주소를 입력한다. 본 교재에서는 “203.237.140.xxx”를 입력한다. Netmask는 망을 분리할 경우를 제외하고는 “255.255.255.0”로 설정하고, Gateway는 IP 주소의 마지막 자리를 1로 변경하여 “203.237.140.1”로 입력한다. DNS Servers는 자신이 아는 DNS Servers를 입력하면 되며, 본 교재에서는 학교의 DNS Server 주소를 입력한다. “Apply” 버튼을 클릭하면 수동 IP 할당 설정이 끝난다.

그림 3-7 네트워크 환경설정 화면-7

✣ 네트워크 장치 활성화

DHCP 설정시 또는 수동 설정시 네트워크 장치를 활성화 시키는 방법을 알아보자.

먼저 화면 상단의 컴퓨터 그림에서 마우스 우측버튼을 클릭하면 나오는 창에서 가장 위에 있는 "Enable Networking"을 선택하고, 마우스 좌측버튼을 클릭하여 "Auto eth0"을 선택하면 자동으로 IP가 할당된다.

그림 3-8 네트워크 장치 활성화 화면-1

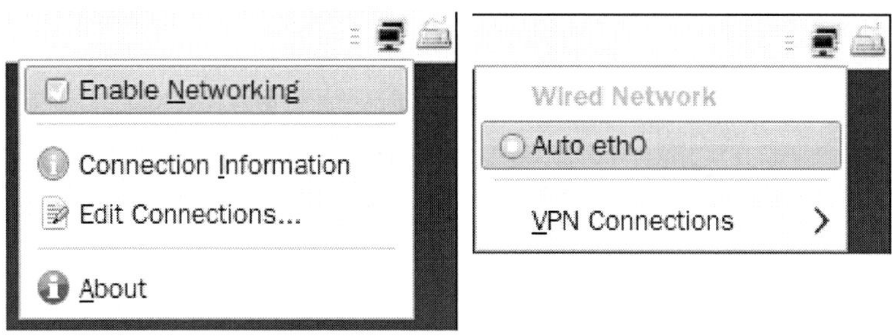

그림 3-9 네트워크 장치 활성화 화면-2

❖ 터미널을 통한 네트워크 설정 방법

1) 터미널을 실행하기 위해서 상태 바의 “Application”=> “Accessories” => “Terminal”을 선택한다.

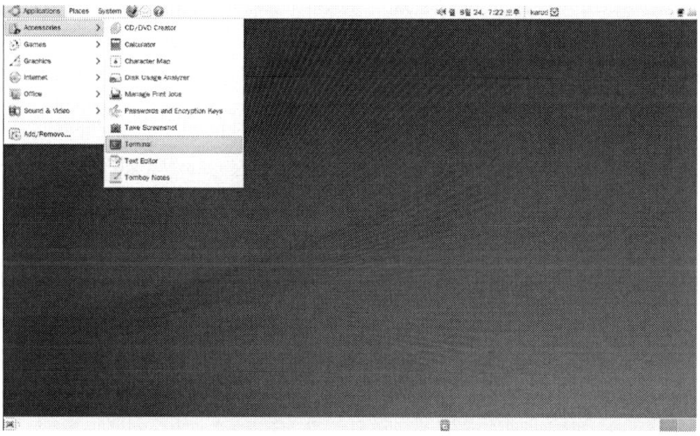

그림 3-10 터미널을 통한 네트워크 설정 방법 화면-1

2) ifconfig를 입력하여 이더넷 카드에 대한 정보를 알아보자. 첫 번째 줄에서는 HWaddr(MAC 주소)가 나타나며, 다음 줄에는 IP 주소, Subnet Mask 등이 나타난다.

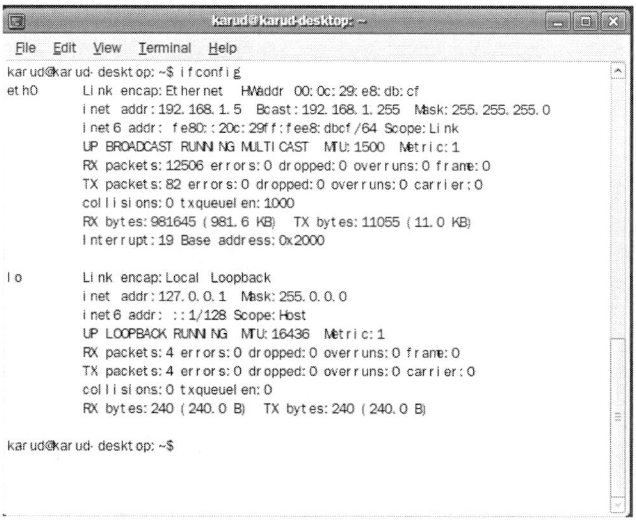

그림 3-11 터미널을 통한 네트워크 설정 방법 화면-2

3) IP 설정 파일을 변경하기 위해서는 "sudo vi /etc/network/interfaces"를 입력한다. 시스템 설정파일을 수정하기 위해서 sudo 명령어를 사용하고, 설정파일을 수정하기 위해서 vi툴을 사용한다.

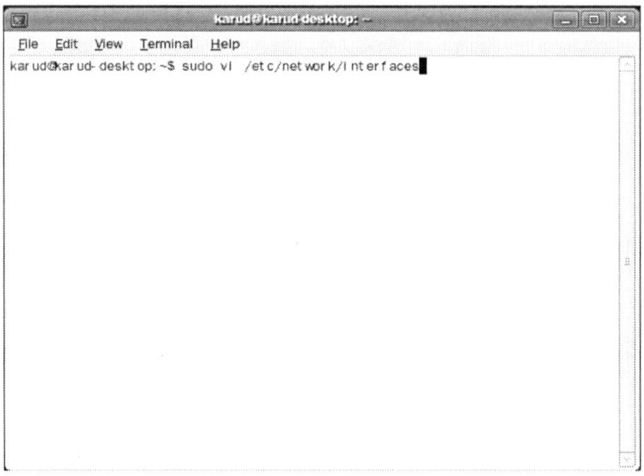

그림 3-12 터미널을 통한 네트워크 설정 방법 화면-3

4) 편집창이 뜨면 아래의 설정값을 입력한다.

수동 IP 설정
auto eth0
iface eth0 inet static
address 203.237.140.190
netmask 255.255.255.0
network 203.237.140.0
broadcast 203.237.140.255
gateway 203.237.140.1

DHCP를 이용한 IP 자동 할당
auto eth0
iface eth0 inet dhcp

5) DNS 설정은 "sudo vi /etc/resolv.conf"를 입력한다.

DNS 서버주소
nameserver 203.237.128.40

6) 네트워크 재시작을 실시한다. "sudo /etc/init.d/networking restart"을 입력한다.

2. 프로그래밍 환경구축

Linux 환경에서 프로그램 소스코드를 컴파일하기 위해서는 gcc 명령을 이용한다. 하지만 윈도우 환경에서 Visual studio를 사용했던 사용자라면, 콘솔창에서의 컴파일 작업을 답답하게 느낄 것이다.

Part II에서는 Linux 또는 윈도우 환경에서 프리웨어로 사용할 수 있는 Code :: Blocks를 사용해 보겠다.

❶ 터미널을 실행하고, “sudo apt-get install build-essential”을 입력한다.

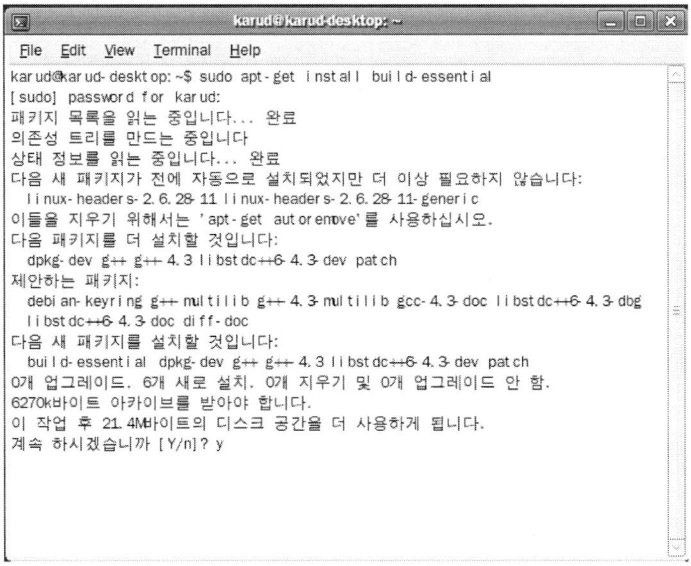

그림 3-13 gcc 설치 화면

❷ gcc와 g++이 정상적으로 설치되어 있는지 확인하기 위해 -v 옵션을 사용하여 버전명을 알아본다.

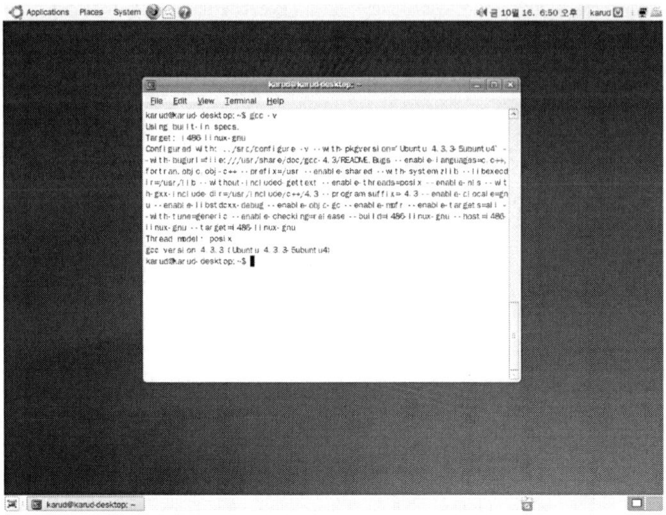

그림 3-14 gcc 설치 확인 화면

CodeBlocks 설치하기

❶ "Synaptic Package Manager"를 실행하고, Quick search에 "CodeBlock"를 입력한다. 관련된 패키지들이 출력되면 패키지이름 앞 체크박스를 클릭해 Mark for Installation를 선택하면 된다.

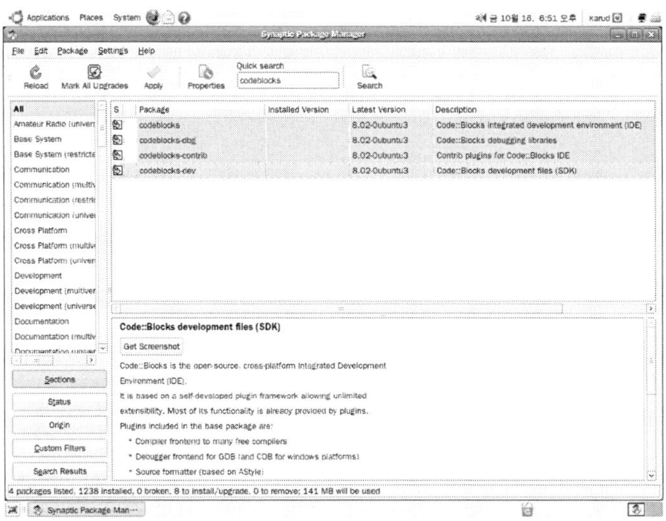

그림 3-15 Code :: Blocks 설치 화면-1

❷ 화면 상단의 툴바에서 “Apply”를 클릭하면 Summary창이 나타난다. 의존성이 있는 패키지들의 목록과 설치용량 등이 표시되며 확인 후 “Apply”를 선택하면 패키지가 설치된다.

그림 3-16 Code :: Blocks 설치 화면-2

❸ 설치가 완료되고 상태바의 Application>Programming을 클릭하면 Code::Blocks IDE 링크가 생성된 것을 알 수 있다.

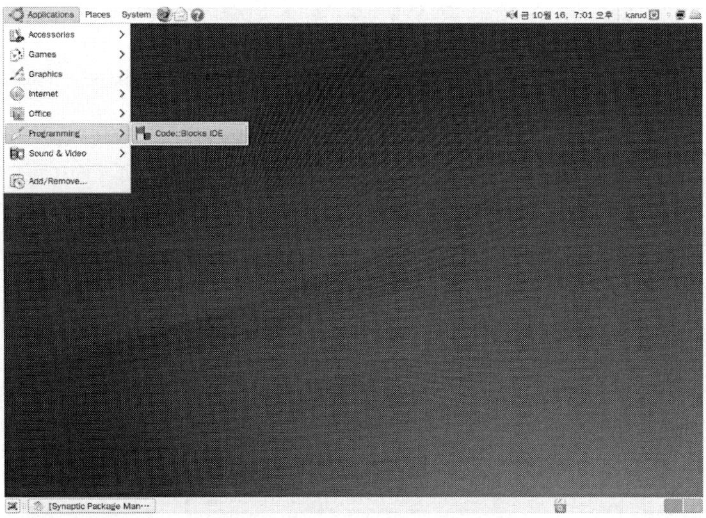

그림 3-17 Code :: Blocks 실행 화면

CodeBlocks 실행하기

❶ CodeBlocks을 실행하면 아래와 같이 기본 컴파일러를 찾았다는 화면이 나타난다. 이때 "GNU GCC Compiler"를 클릭하고 "Set as default" 버튼을 클릭하고 "OK" 버튼을 클릭한다.

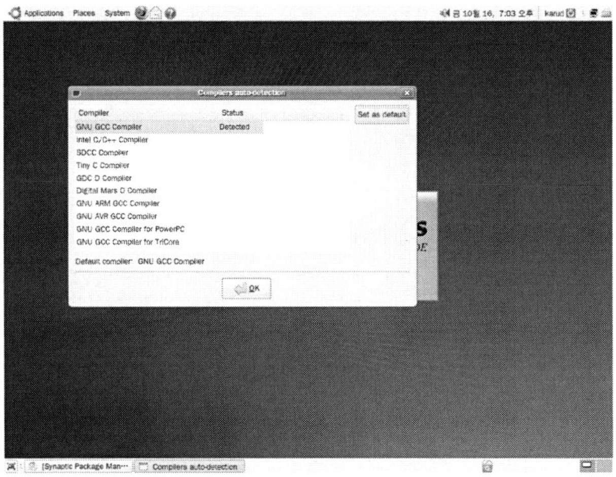

그림 3-18 Code :: Blocks 컴파일 설정 화면

❷ CodeBlocks가 실행되면 Visual Studio처럼 C++ 콘솔 프로젝트를 만들고 컴파일하면 Linux에서도 GUI 환경에서 프로그래밍을 실시할 수 있다.

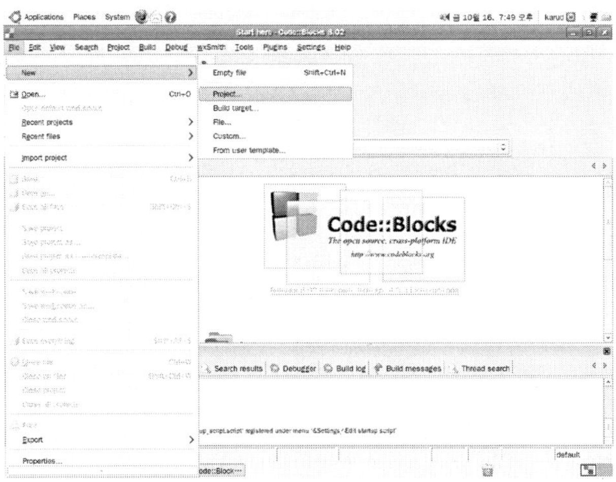

그림 3-19 Code :: Blocks 새프로젝트-1

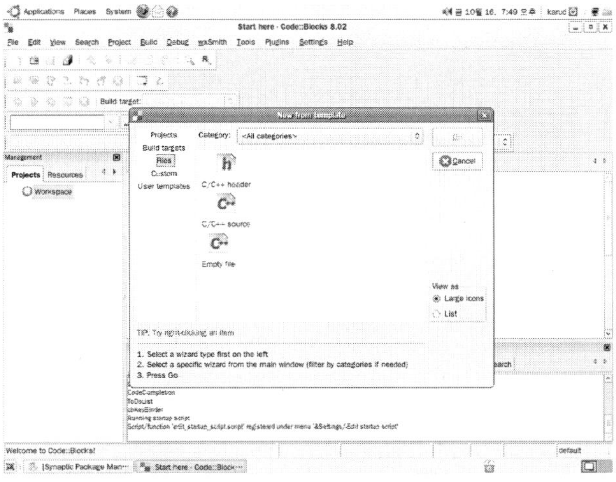

그림 3-20 Code :: Blocks 새프로젝트-2

Code::Blocks은 Microsoft Visual Studio에서 사용하던 대부분의 기능을 담고 있으며, 자세한 사항은 www.codeblocks.org 또는 wiki.codeblocks.org에서 참고할 수 있다.

3. 보안설정방법

침해사고를 대비해 대부분의 경우 소프트웨어나 하드웨어 장비를 통해 막으려고 한다. 하지만 Linux 운영체제의 기본적인 보안설정을 하는 것만으로도 비용이 많이 소요되는 것을 마련하는 것보다 효과적이다.

본 교재에서는 Linux 운영체제에서 기본적으로 사용되는 보안설정법을 소개한다. 소개된 설정법은 Ubuntu만이 아닌 대부분의 Linux 운영체제에서 고려해야될 사항으로 Ubuntu의 경우 고려하지 않아도 될 사항들도 있다. 하지만 자신이 사용하는 Linux 기반 운영체제가 항상 Ubuntu일 수는 없기 때문에 함께 공부한다면 충분히 도움이 될 것이다.

보안패치

1. 현재 사용하는 Linux 배포판의 커널 패치를 적용
2. 사용하고 있는 공개 소프트웨어는 최신버전으로 유지
3. SUID, SEUID가 설정된 파일 중에서 특히 Buffer overflow 등 공개된 취약점을 내포하고 있는 파일들은 최신 패치를 적용

불필요한 요소 제거

1. 사용하지 않는 서비스 지우기
   - /etc/inetd.conf 파일을 수정해서 사용하지 않는 서비스는 모두 주석처리(#)한 후, inetd를 재시동한다.
   - /etc/inetd.conf 파일을 600 모드로 바꾸어서 root만이 엑세스하도록 한다.

```
chmod 600 /etc/inetd.conf
chown root.root /etc/inetd.conf
```

   - inetd.conf를 수정한다. 예를 들어 ftp, telnet, shell, login, exec, talk, ntalk, imap, pop-2, pop-3, finger, auth 등 사용하지 않는 서비스들은 모두 주석처리한다.
   - inetd를 재시동한다. killall -HUP inetd
   - /etc/inetd.conf 파일을 immunize한다.
     chattr +i /etc/inetd.conf

다시 변경이 가능하게 하려면 chattr -i /etc/inetd.conf를 입력한다.

2. 불필요한 계정 삭제

3. /etc/hosts 파일에 불필요한 시스템이 포함되어 있지는 않은지 확인

4. 보안상 취약한 suid, sgid를 제거
   #find /-type f \(-perm -04000 -0 -perm -02000 \) -exec ls -lg {} \;

5. 소유자가 없거나 그룹 아이디어가 없는 파일 삭제
   #find /-type f -nouser -o -nogroup -print

6. 누구나 변경할 수 있는 민감한 파일(world-writable) 삭제
   #find /-type f -perm -2 -print

7. NFS를 사용하여 불필요하거나 민감한 디렉터리가 마운트되어 있는지 확인
   #showmount -e

8. Cron데몬에 불필요하게 자원을 낭비하는 사용자/프로세스 제거

9. 불필요한 포트가 오픈되어 리스닝하고 있는지 확인
   #netstat -a

안전한 설정

1. /etc/passwd 파일을 적절히 구성
   - 사용자 패스워드는 /etc/shadow에 존재
   - UID 또는 GID가 0인(root 권한) 사용자 제거
   - 추측하기 쉬운 패스워드는 변경 권고
   - 벤더 기본 계정(daemon, bin, adm, lp, uucp 등)에 shell이 부여 금지
   - 패스워드 에이징(aging, 일정기간 이상이면 변경 또는 잠금) 정책 사용
     /etc/login.defs
     ->PASS_MIN_DAYS, PASS_MAX_DAYS, PASS_MIN_LEN, PASS_WARN_AGE

2. 원격 접속시 root 로그인할 수 없도록 통제

3. /etc/xinetd.conf을 적절히 구성

4. 파일/디렉터리 권한은 표 3.1과 같이 설정되어 있고 정기적으로 점검

표 3.1 파일/디렉터리 권한 설정

파일/디렉터리	권한(소유자)
사용자 홈디렉터리, 히스토리 파일 로그인시 환경설정 파일 등	700(사용자)
Cron 데몬의 cron.allow, cron.deny, at.allow, at.deny, Initd.d 디렉터리, Rc.d 디렉터리	755 이하

표 3.1 파일 / 디렉터리 권한 설정(계속)

파일/디렉터리	권한(소유자)
/var/log 내 각종 로그파일(wtmp, dmesg, xferlog, messages, lastlog 등) /etc/services, /etc/aliases, /etc/motd, /var/log/wtmp, /var/run/utmp, /etc/syslog.conf, /etc/fatab, /etc/passwd, /etc/group	644(root)
/etc, /bin, /sbin, /usr/bin, /usr/sbin 등	741(Root)
/tmp, /var/tmp	1777(Root)

5. /etc/profile의 umask를 027로 설정

표 3.2 /etc/profile 권한 027로 설정

권한	umask	권한 통제
744	022	Group, Others 쓰기 권한
741	026	Group 쓰기 권한, Others 읽기/쓰기 권한
740	027	Group 쓰기 권한, Others 읽기/쓰기/실행 권한
700	077	Group, Others 읽기/쓰기/실행 권한

6. /etc/hosts.equiv, $HOME/.rhosts 파일 적절히 구성
   - "+", "++" 설정 금지
   - 사용하지 않는 것, /dev/null로 링크 금지
     #ln -s /dev/null /etc/hosts.equiv
     #ln -s /dev/null /.rhosts
   - 일반 사용자들이 자신의 홈디렉터리에서 생성할 수 없도록 통제

7. 서버 접근시(telnet, ssh, ftp 등) IP별 접근 제한을 설정

8. 비로그인 데몬은 root가 아닌 nobody 권한으로 동작시킴

9. 시스템 환경변수 PATH에 현재 디렉터리를 의미하는 .을 제거
   #echo $PATH

10. 일정시간이 지난 후 자동 로그아웃하는 session timeout이 설정
    /etc/default/login

11. 일반 사용자가 로컬 시스템에서 리소스 사용을 제한

12. 네트워크 서비스의 경우 배너 설정하여 버전 정보를 숨김

13. 보안에 관련된 적절한 커널 튜닝
    - Smurf 공격 대응
      #sysctl -w net.ipv4.icmp_echo_ignore_broadcasts=1
    - SYN Flooding 공격 대응
      #sysctl -w net.ipv4.tcp_max_syn_backlog=1280(백로그 큐 증가)
      #sysctl -w net.ipv4.tcp_syncookies=1(공격시 로깅 메시지 출력)
    - ICMP Redirect 비허용(임의의 라우팅 테이블 변경 방지)
      #sysctl -w net.ipv4.conf.eth0.accept_redirects=0
      #sysctl -w net.ipv4.conf.lo.accept_redirects=0
      #sysctl -w net.ipv4.conf.default.accept_redirects=0
      #sysctl -w net.ipv4.conf.all.accept_redirects=0
    - Source Route 패킷 비허용
      #sysctl -w net.ipv4.conf.eth0.accept_source_route=0
      #sysctl -w net.ipv4.conf.lo.accept_source_route=0
      #sysctl -w net.ipv4.conf.default.accept_source_route=0
      #sysctl -w net.ipv4.conf.all.accept_source_route=0
    - Proxy ARP 미설정
      #sysctl -w net.ipv4.conf.eth0.proxy_arp=0
      #sysctl -w net.ipv4.conf.lo.proxy_arp=0
      #sysctl -w net.ipv4.conf.default.proxy_arp=0

14. /dev에 디바이스 이외의 파일 존재 확인
    #find /dev -type f -exec ls -l {} \;

15. 일반 사용자가 Stack 상에서 프로그램 실행 방지를 위한 설정 확인
    /etc/system->set noexec_user_stack=1

16. 일반 사용자는 제한적인 Shell을 사용

17. 일반 사용자가 주요 시스템 명령어(su, last, ifconfig, gcc 등)를 사용하지 못하도록 접근 권한 설정

관리

1. 적절한 패스워드 정책을 사용
2. BIOS와 부트 매니저(존재시)에 패스워드를 사용
3. SUDO를 사용하여 root 권한을 제한
4. Root만이 Cron에 접근하도록 설정
5. 로컬/원격 시스템 접근시 적절한 배너 설정
   /etc/motd, /etc/issue, /etc/issue.net
6. 주요 파일들은 백업하고 복구하는 절차를 마련
7. 주기적으로 로그(messages, secure, maillog 등)를 분석
8. 침해사고가 발생했을 때 대응방법과 신고절차를 숙지

4. 관리자 권한설정

본 교재에서는 Ubuntu 환경에서 사용자가 직접 S/W를 컴파일 및 설치하기 위해서 root 권한 관리자 모드를 이용한다. 다음 장에 나오는 정보보호 도구 관련 설치에 대한 과정은 root 권한 관리자 모드에서 설치하였다.

root 권한에서 S/W를 설치하는 이유는 해당 프로그램의 추가적인 기능을 위해 다시 컴파일할 수도 있고, 만약 운영 방침을 컴파일한 소스를 일정기간동안 지우지 않는다고 정했다면 작업계정의 home보다는 소스만 모아놓는 디렉터리를 정해서 설치하는 것이 더 편리하기 때문이다. 단, root 권한에서 설치를 하게 되면, 프로그램에 문제가 있는 경우 시스템에 큰 영향을 줄 수 있기 때문이다(참고로 '$'는 일반유저용 프롬프트이고, '#'는 root용 프롬프트이다).

디렉터리	설명
/usr	시스템 공급업체가 제공하는 S/W가 설치되는 디렉터리
/usr/local	시스템 관리자가 추가로 필요한 S/W를 설치하는 디렉터리
/usr/local/src	사용자가 설치할 S/W를 설치하는 디렉터리(권장)

본 교재에서는 "usr/local/src/" 디렉터리에 S/W를 설치하였다. 직접 root 권한 설정과 S/W 컴파일 및 설치를 해보자.

1) root 권한 관리자 모드 설정

Ubuntu 운영체제가 초기 환경이라면 root 권한 관리자 모드에 대한 설정이 되어 있지 않다. 먼저 root 권한 관리자의 새 비밀번호를 설정한다. 설정이 완료되면, 이후에 나오는 프로그램 소스파일 컴파일 및 설치하기 위한 공통사항을 설정해 보겠다.

❶ 터미널을 실행하고, 다음 명령을 이용해서 설정한다.

```
# sudo passwd root
```

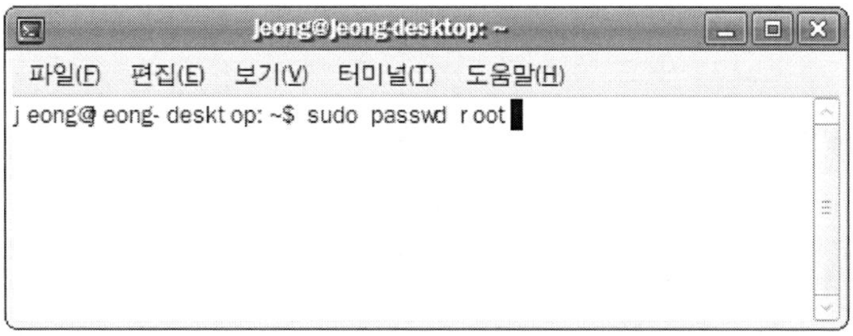

그림 3-21 root 권한 관리자 비밀번호 생성 및 변경

❷ 새 비밀번호를 입력한다(만약, 기존 비밀번호가 있다면 입력한 후 새 비밀번호를 설정한다).

```
Enter new UNIX password :
Retype new UNIX password :
```

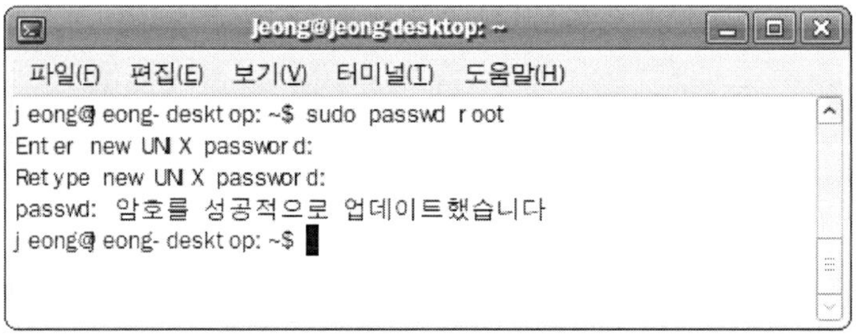

그림 3-22 새 비밀번호 입력

❸ 비밀번호 설정이 완료되면, 다음 명령을 이용해서 비밀번호를 입력하여 root 권한 관리자 모드로 변경한다.

```
# su
```

그림 3-23 root 권한 관리자 모드로 변경

❹ 아래와 같은 화면이 나오면 root 권한 관리자 모드로 변경이 완료된 것이다.

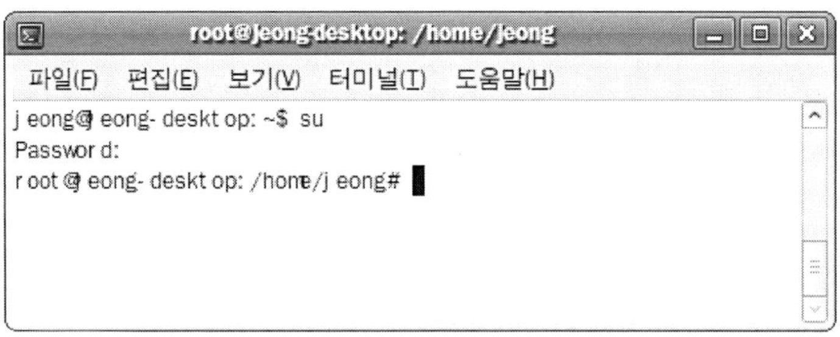

그림 3-24 root 권한 관리자 모드 완료

2) S/W 압축파일을 "/usr/local/src" 디렉터리에 설치

❶ root 권한 관리자 모드로 변경한다("su" 명령 사용).

그림 3-25 root 권한 관리자 모드

❷ 다운받은 S/W 압축파일이 있는 디렉터리로 이동한다(본 교재에서는 "바탕화면" 디렉터리에 S/W 압축파일을 다운받았다).

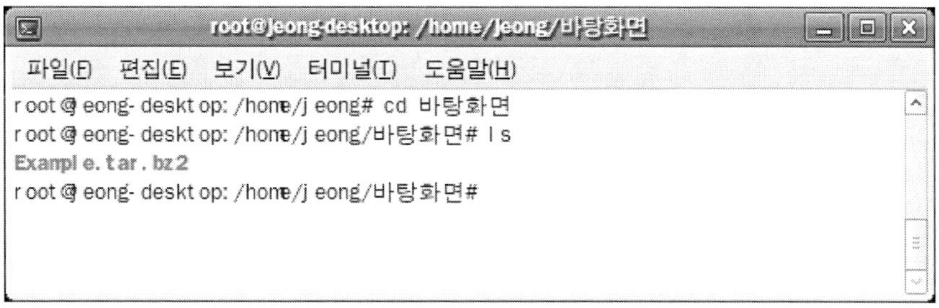

그림 3-26 S/W 파일 디렉터리

❸ 다음 명령을 이용해서 다운받은 S/W 압축파일을 "/usr/local/src" 디렉터리로 복사 또는 이동한다.

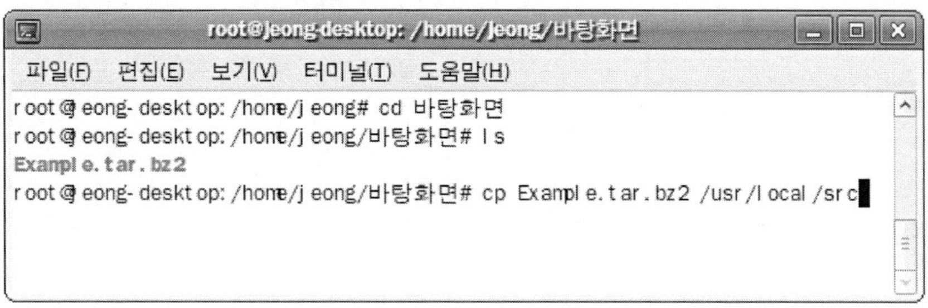

그림 3-27 S/W 압축파일 해당 디렉터리로 복사

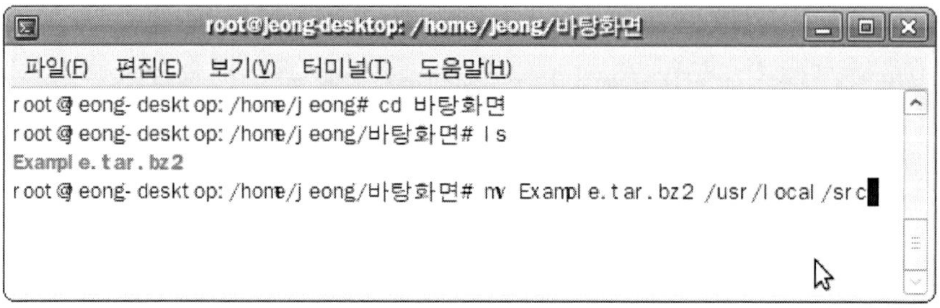

그림 3-28 S/W 압축파일 해당 디렉터리로 이동

❹ "/usr/local/src" 디렉터리에 복사 또는 이동한 압축파일을 확인한 후, 압축파일을 풀고 설치한다.

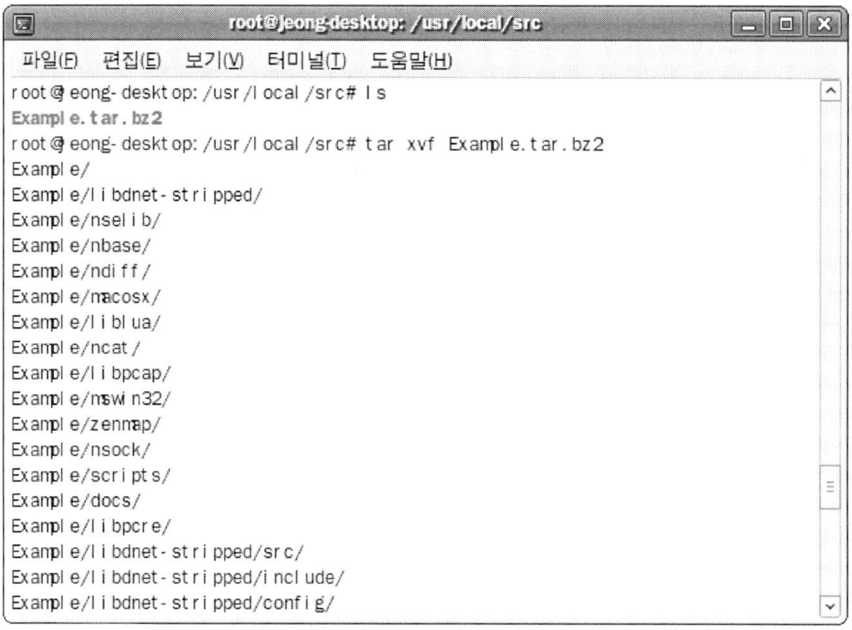

그림 3-29 S/W 압축파일 풀기

CHAPTER

04 정보보호 도구

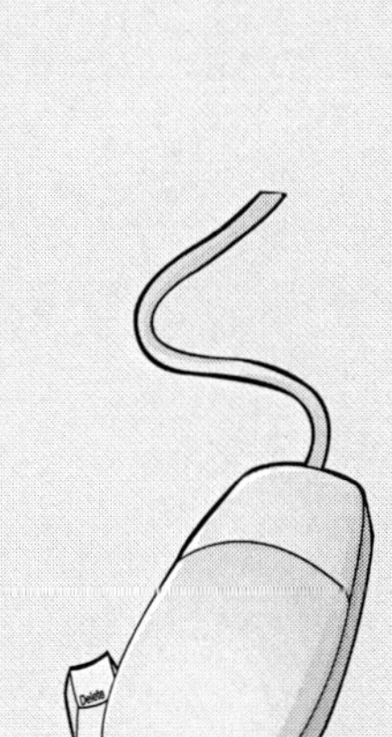

1. IDS

침입차단 시스템(firewall)은 보안제품으로써 가장 널리 알려져 있으며, 국내에서도 많은 기관에서 침입차단 시스템을 이용하여 보안을 강화하고 있다. 하지만 모든 보안제품을 100% 신뢰할 수 없는 것과 마찬가지로 침입차단 시스템만으로 완벽한 보안을 구축하였다고 장담할 수 없다.

보안은 방어(protect), 탐지(detect), 그리고 대응(react)으로 이루어진 defense-in-depth 접근법을 적용해야만 한다고 한다. 침입차단 시스템만으로는 완전한 방어가 이루어질 수 없으므로 침입시도나 침입에 대한 신속한 탐지와 대응이 동시에 이루어져야 한다. 이러한 공감대로 인해 최근 침입탐지 시스템이 보안분야에서 이슈화되고 있다. 국내에서도 많은 보안업체에서 침입탐지 시스템 개발에 노력하고 있다. 하지만 실제 국내 해킹 피해기관들은 대부분 중소규모의 업체들로써 고가의 상용 보안제품을 구매할 여력이 없는 경우가 많다.

침입탐지 시스템은 국내외에 많은 상용제품이 나와 있지만, 공개 S/W 중에서도 활용 가능한 침입차단 시스템들이 많다. 그 중에서 가장 대표적인 공개 침입탐지시스템이 Snort일 것이다. 국외에서도 Snort를 이용한 침입탐지 결과를 SANS 등에 알려 공격동향 정보를 공유하는 경우가 많다.

1.1 Snort

1) 개요

Snort의 개발자인 Marty Roesch에 의하면 “Snort는 실시간 트래픽 분석과 IP 네트워크 상에서 패킷 로깅이 가능한 가벼운(lightweight) 네트워크 침입탐지시스템”이라고 한다. Snort는 패킷 수집 라이브러리인 libpcap에 기반한 네트워크 스니퍼인데, 쉽게 정의할 수 있는 침입탐지 rule들에 일치되는 네트워크 트래픽을 감시하고 기록하며 경고할 수 있는 도구이다. Snort는 프로토콜 분석, 내용 검색/매칭을 수행할 수 있으며 overflow, Stealth 포트스캔, CGI 공격, SMB 탐색, OS 확인 시도 등의 다양한 공격과 스캔을 탐지할 수 있다. 또한 이러한 탐지 rule들은 보안 Community를 통해 지속적으로 업데이트되고, 본인이 쉽게 rule을 작성하여 추가할 수 있으므로 최신 공격에 적응이 쉽다.

2) 설치 및 실행

① "제3장 4-관리자 권한설정" 부분 참고

root 권한 관리자 모드로 설정한다.

② 필요한 라이브러리 설치

Ubuntu Linux에서 개발에 필요한 통합패키지를 다음 명령을 이용해서 설치한다(gcc, make, g++).

```
# sudo aptitude install build-essential bin86 kernel-package
```

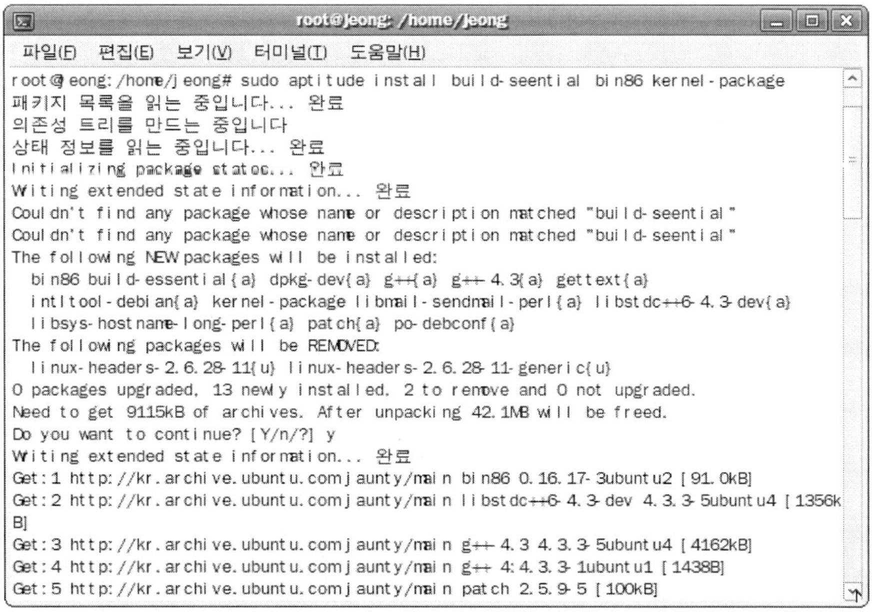

그림 4-1 aptitude를 이용한 통합패키지 설치 화면

③ libtool, flex, bison 설치

Snort는 펄-호환가능 정규식 라이브러리를 필요로 한다. 다음 명령을 이용해서 설치한다.

```
# sudo apt-get install libtool flex bison
```

④ libpcap 설치

Snort는 패킷을 수집하기 위해 네트워크 패킷 수집 라이브러리인 libpcap을 필요로 한다. 따라서 Snort를 설치하기에 앞서 libpcap이 설치되어 있어야 한다.

Linux 시스템에는 기본적으로 설치되어 있는데, 만약 설치되어 있지 않다면 http://www.tcpdump.org/에서 최신 libpcap 파일을 다운 받은 후 설치한다.

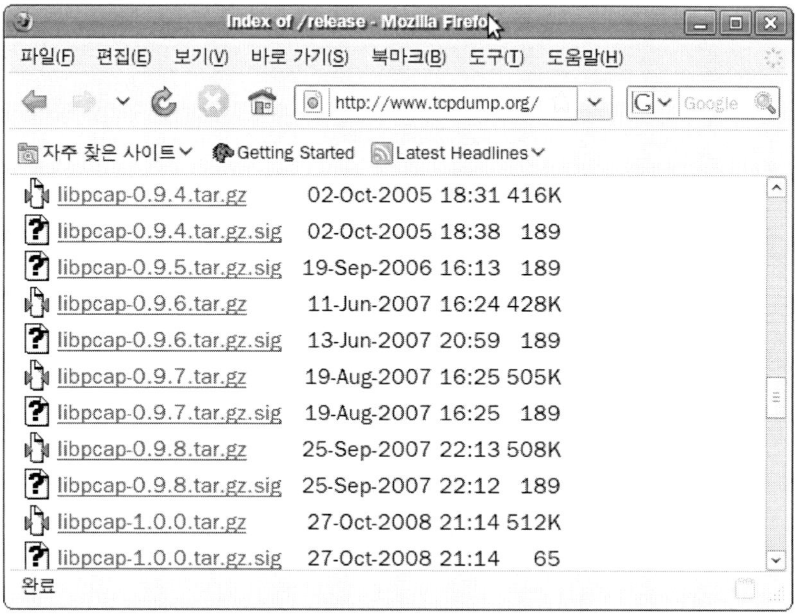

그림 4-2 libpcap 네트워크 패킷 수집 라이브러리 다운로드 화면

libpcap 파일의 압축을 풀고 설치한다(본 교재에서는 libpcap-1.0.0 버전을 설치하였다).

```
# tar xvfz libpcap-1.0.0.tar.gz
```

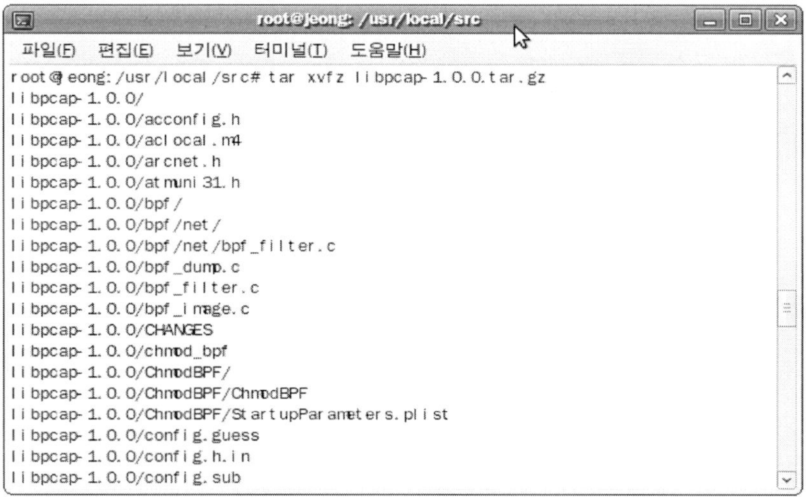

그림 4-3 libpcap 압축풀기 화면

```
# cd libpcap-1.0.0
# ./configure&&make&&sudo make install
```

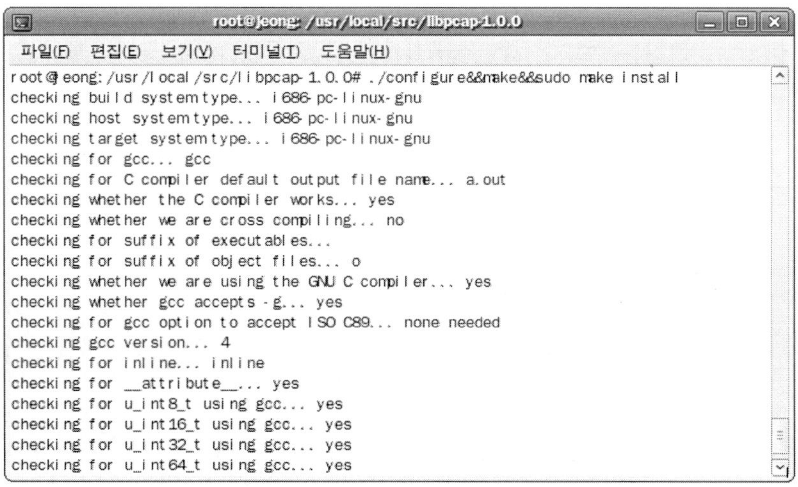

그림 4-4 libpcap 설치화면

⑤ pcre 설치

Snort는 펄-호환가능 정규식 라이브러리를 필요로 한다. ftp://ftp.csx.cam.ac.uk/pub/software/programming/pcre/에서 최신 pcre 버전을 다운받고 설치한다.

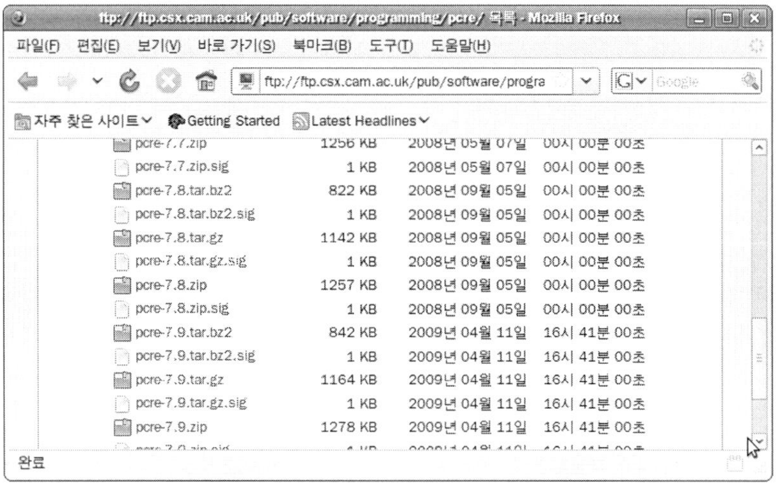

그림 4-5 pcre 라이브러리 다운로드 화면

```
# tar xvfz pcre-7.9.tar.gz
```

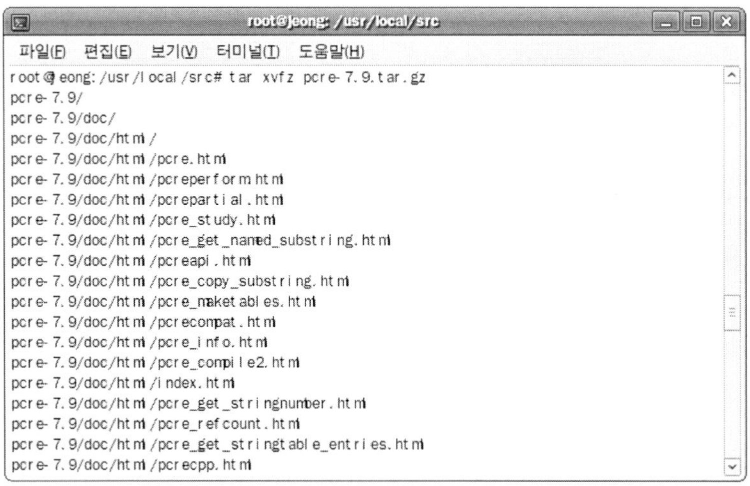

그림 4-6 pcre 압축풀기 화면

```
# cd pcre-7.9
# ./configure&&make&&sudo make install
```

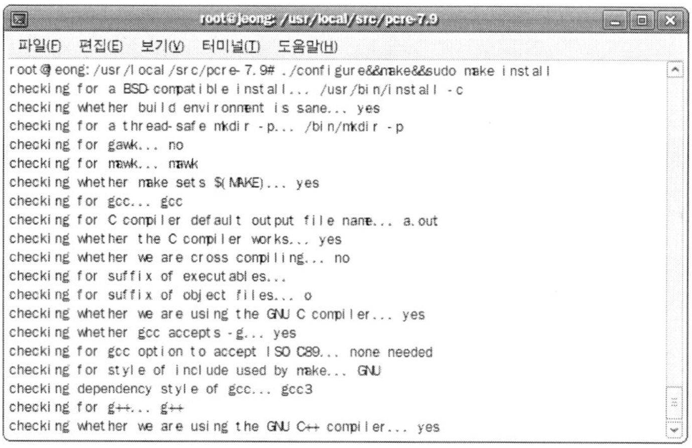

그림 4-7 pcre 설치 화면

⑥ Snort 설치

먼저 최신 버전의 snort를 다운로드 받는다. snort의 공식 홈페이지(http://www.snort.org/)에는 최신 버전의 snort 프로그램이 제공되고 있으며, snort 관련 문서들과 탐지 rule들이 있다. snort 다운로드 홈페이지에 접속하여 소스파일을 다운 받아 설치한다(2009년 8월 현재 snort 2.8.4.1이 최신 버전이다).

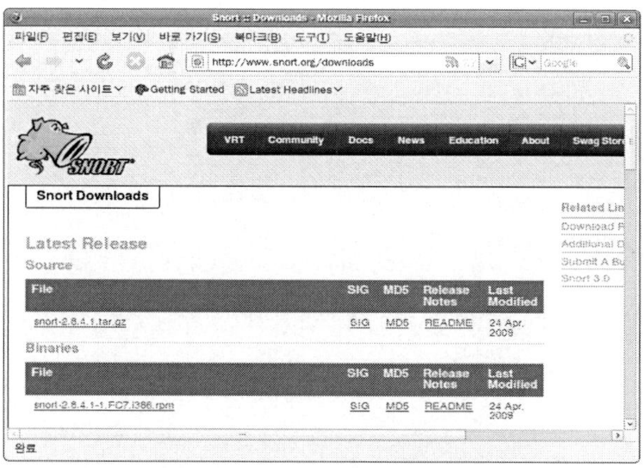

그림 4-8 Snort 파일 다운로드 화면

먼저 다운로드 받은 snort 압축 파일을 적당한 디렉터리에 옮겨놓고 풀어놓는다.

```
# tar xvfz snort-2.8.4.1.tar.gz
```

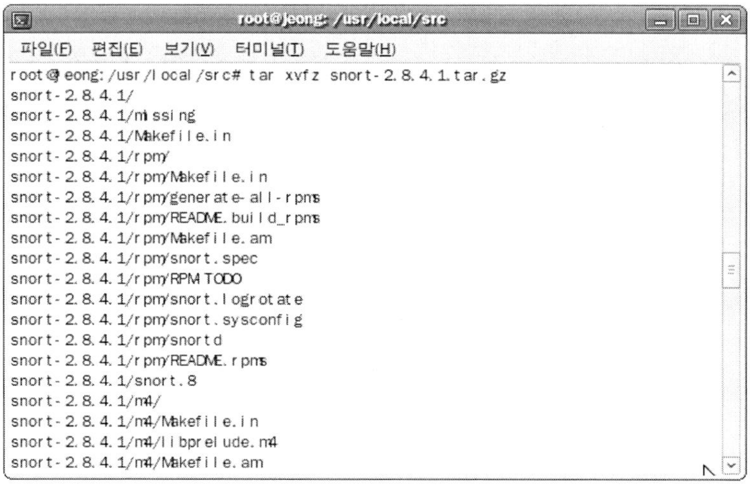

그림 4-9 snort 압축풀기 화면

```
# cd snort-2.8.4.1
# ./configure&&make&&sudo make install
```

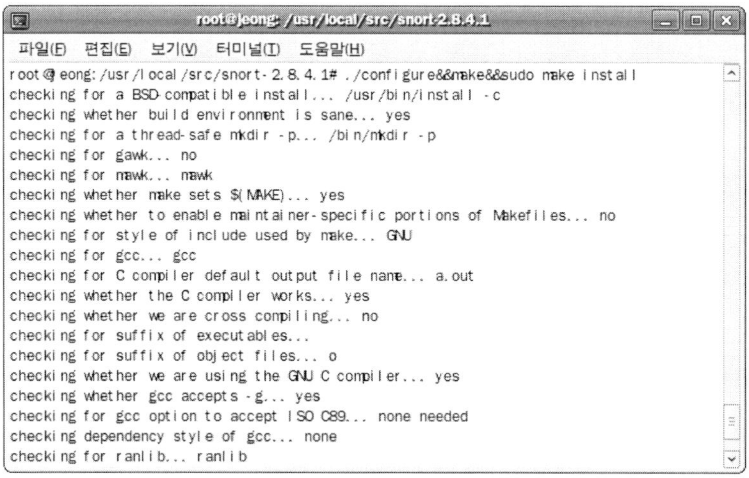

그림 4-10 snort 설치 화면

본 교재에 설치한 Snort 버전은 snort-2.8.4.1이고 운영체제(OS)는 Ubuntu Linux 9.04 환경에서 동작시켰다.

⑦ Snort 실행

```
$ sudo snort -vde
```

※ 만약, Snort 실행할 때 아래와 같은 에러 문구가 나타나는 경우에는

```
snort: error while loading shared libraries: libpcre.so.0
: cannot open shared object file: No such file or
directory
```

"/usr/local/lib/libpcre.so.0" 파일을 /lib 디렉터리로 복사한 후, Snort를 다시 실행한다.

```
$ sudo cp /usr/local/lib/libpcre.so.0 /lib
```

snort -<옵션>

표 4.1 snort 옵션

옵션	설명
−A fast, full, none, unsock	unsock − UNIX 소켓을 사용하여 로깅을 한다. fast − syslog 스타일의 경고 메시지를 로그 파일에 한 줄 남김 full − 경고 메시지와 함께 Full decoded header를 기록 none − 경고 기능을 해제
−a	ARP 패킷을 디스플레이한다.
−b	패킷을 tcpdump 파일로 저장. 이 모드에서는 모든 패킷이 있는 그대로 저장되며 snort 시작시 시간과 snort.log라는 이름을 결합하여 로그파일을 만든다. 결과를 text 형식으로 바꾸지 않기 때문에 snort의 빠른 운영이 필요한 곳에서 쓸 수 있다.
−c 〈rules〉	snort의 설정파일을 사용한다. snort −c /etc/snort/rules/snort.conf

표 4.1 snort 옵션(계속)

옵션	설명
–C	패킷의 사용자 데이터 부분(payload)을 문자만 프린트한다. Hex 형태로는 프린트하지 않고 패킷에서 16진수를 제외한 character 부분만을 출력한다.
–d	application layer의 패킷을 덤프한다.
–D	snort를 데몬 모드. 특별히 지정되지 않았다면 /var/log/snort/alert에 모든 경고가 기록된다.
–e	link layer의 패킷헤더를 출력한다.
–F 〈bpf〉	BPF 필터링식은 tcpdump에서 원하는 패킷만을 덤프하기 위해서 사용되는 식이다.
–g 〈gname〉	snort의 gid를 〈gname〉으로 그룹으로 설정한다.
–h 〈hn〉	홈네트워크 변수 HOME_NET를 〈hn〉의 값으로 세팅한다.
–i 〈if〉	지정된 네트워크 인터페이스를 모니터링한다. 패킷을 sniff할 인터페이스를 지정하는데 eth0, eth1
–l 〈ld〉	〈ld〉로 지정된 디렉터리에 로그 데이터를 저장. 모든 로그파일은 이 디렉터리 아래에 생성되며, 지정되지 않았을 경우 /var/log/snort/ 지정
–n 〈cnt〉	〈cnt〉개의 패킷만을 모니터링하고 프로그램을 종료한다.
–L	바이너리 로그파일의 파일 이름을 지정한다.
–N	로깅을 중지하는데, Alert만이 저장된다.
–o	룰셋 테스트 순서를 Pass, Alert, Log 순서로 바꾼다. 룰이 패킷에 적용되는 순서를 바꾼다. alert–〉pass–〉log ==〉 pass–〉 alert〉 log
–p	Promiscuous mode를 사용하지 않고 스니핑을 한다. 스니핑하는 호스트의 MAC 주소로 오는 패킷이나 브로드캐스팅 패킷만을 모니터링
–P 〈snap〉	〈snap〉 패킷의 스냅렌(snaplen)을 지정한다. 디폴트는 1514이다. 캡처할 수 있는 패킷의 최대 크기. 만약 스냅렌보다 큰 패킷을 캡처할 경우 스냅렌만큼만 캡처
–q	아무런 메시지도 뿌리지 않는다. 작업을 끝냄
–r 〈tf〉	〈tf〉로 지정된 tcpdump 파일의 패킷들에 대해서 IDS 엔진 돌림
–s	Alert 로그 메시지를 syslog 시스템을 통해 시스템에 보냄
–S 〈n〉	룰 파일의 var로 지정된 변수를 재정의할 수 있다. 룰파일의 변수 n의 값을 v로 지정
–t 〈dir〉	초기화 후 〈dir〉 디렉터리로 chroot
–u 〈uname〉	초기화 후 snort의 uid를 〈uname〉의 사용자로 바꿈
–v	패킷을 콘솔 화면으로 출력. 이 옵션은 수행속도를 하락
–V	버전 정보를 출력
–X	Link layer의 로우 패킷 데이터를 덤프
–?	도움말을 보여줌

3) Snort 사용 예

① "제3장 4-관리자 권한설정" 부분 참고
root 권한 관리자 모드로 설정한다.

② Snort 모드 사용하기
Snort 버전 확인을 위해서 다음 명령을 실행한다.

```
# snort -V (여기에서 'V'는 대문자)
```

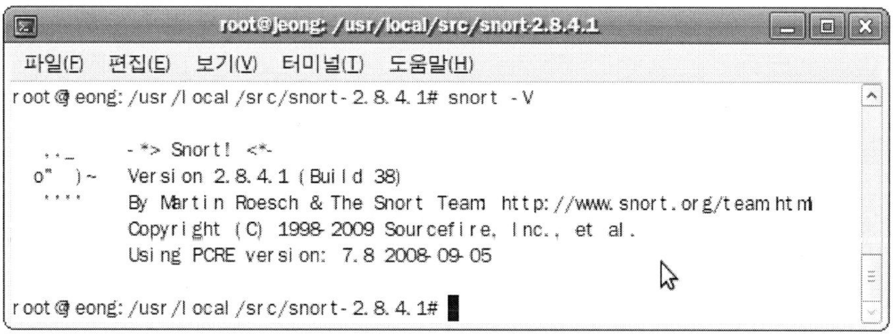

그림 4-11 snort 버전 확인 화면

OSI Layer에서 3계층과 4계층을 검사하기 위해서 다음 명령을 실행한다.

```
# snort -v (여기에서 'v'는 소문자)
```

```
root@jeong: /usr/local/src/snort-2.8.4.1
파일(F) 편집(E) 보기(V) 터미널(T) 도움말(H)
root@jeong:/usr/local/src/snort-2.8.4.1# snort -v
Running in packet dump mode

        --== Initializing Snort ==--
Initializing Output Plugins!
Verifying Preprocessor Configurations!
***
*** interface device lookup found: eth0
***

Initializing Network Interface eth0
Decoding Ethernet on interface eth0

        --== Initialization Complete ==--

   ,,_     -*> Snort! <*-
  o"  )~   Version 2.8.4.1 (Build 38)
   ''''    By Martin Roesch & The Snort Team: http://www.snort.org/team.html
           Copyright (C) 1998-2009 Sourcefire, Inc., et al.
           Using PCRE version: 7.8 2008-09-05

Not Using PCAP_FRAMES
08/14-18:30:21.386221 192.168.21.134:54206 -> 222.231.8.178:80
TCP TTL:64 TOS:0x0 ID:18838 IpLen:20 DgmLen:40 DF
```

그림 4-12 snort OSI Layer 3, 4계층 검사 화면

외부에서 'telnet'이나 'ftp'를 이용해서 연결을 시도하면 접근이 거부되고, snort가 외부에서 접근 시도한 해당 IP의 로그화면을 볼 수 있다.

```
roots@localhost:/
파일(F) 편집(E) 보기(V) 터미널(T) 도움말(H)
[root@localhost /]# telnet 192.168.21.134
Trying 192.168.21.134...
telnet: connect to address 192.168.21.134: Connection refused
[root@localhost /]# ftp 192.168.21.134
ftp: connect: 연결이 거부됨
ftp> by
[root@localhost /]#
```

그림 4-13 외부 컴퓨터에서 접근 시도한 IP 화면

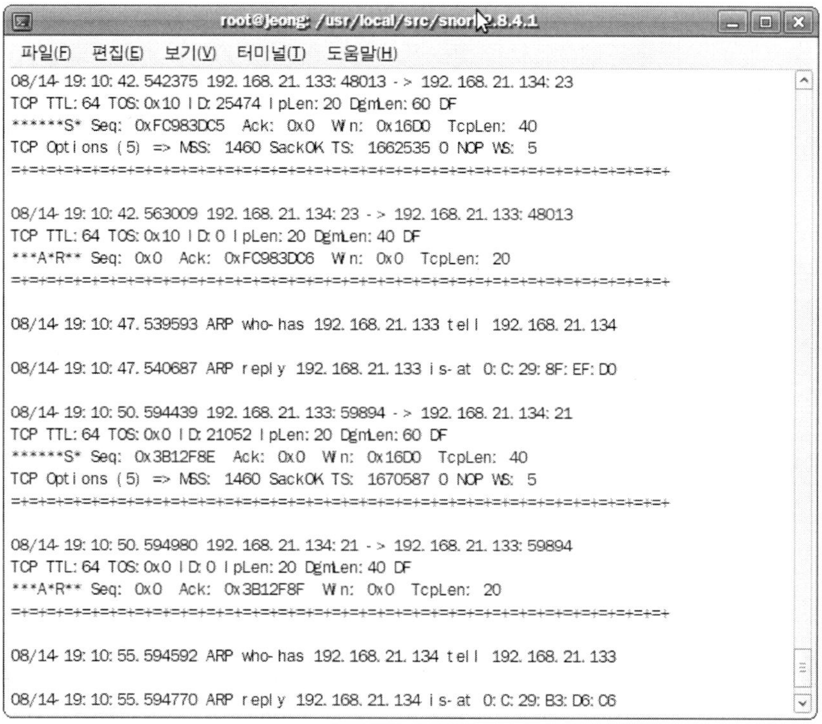

그림 4-14 snort 접근된 IP 분석 화면

snort를 중지시키려면 'Ctrl + z' 또는 'Ctrl + c'를 누르면 중지된다. 그러나 프로세스가 살아 있으므로 프로세스까지 종료시키기 위해서 다음 명령을 실행한다.

```
# ps -ef | grep snort
```

종료시킬 해당 프로세스 번호를 확인한 후에, kill 명령을 이용하여 snort 프로세스를 종료시킨다.

```
# kill -9 <종료시킬 해당 프로세스 번호>
```

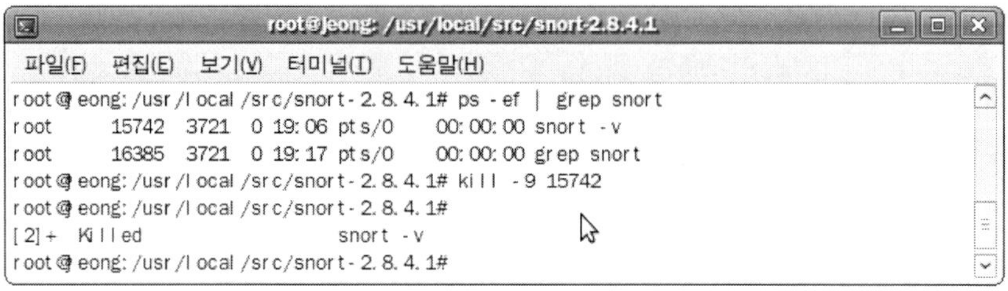

그림 4-15 kill 명령 사용 화면

③ 로깅 모드 사용하기(파일에 저장하는 방식)

```
# snort -vde -K ascii
```

```
-v : verbose
-d : dump the application layer
-e : display the second layer header info
-vde :
```

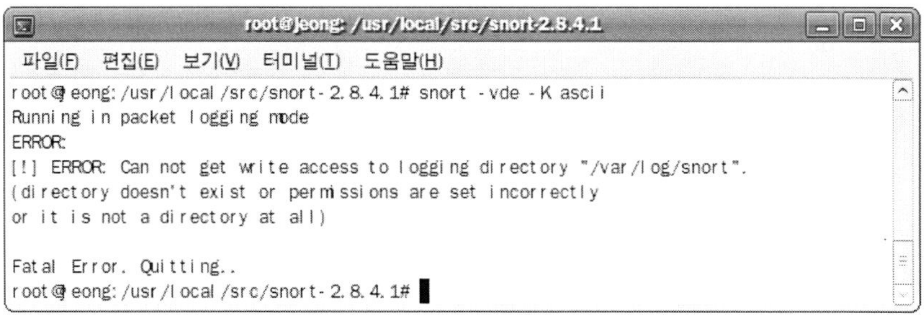

그림 4-16 snort 로깅 모드 사용 화면

Log 디렉터리가 존재하지 않으므로 오류가 발생한다. 이 문제를 해결하기 위해서 Log 디렉터리를 생성하면 해결된다.

mkdir 명령을 이용하여 "/var/log/snort" 디렉터리를 생성한다.

```
# mkdir /var/log/snort
```

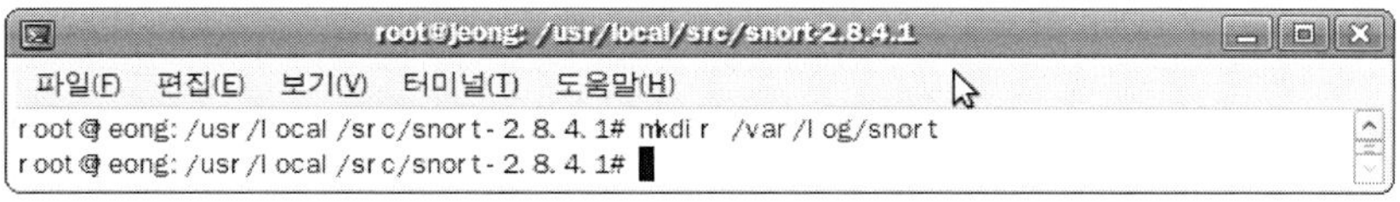

그림 4-17 mkdir 명령어 사용 화면

다시 snort 실행을 하면 문제없이 수행된다.

```
# snort -vde -K ascii
```

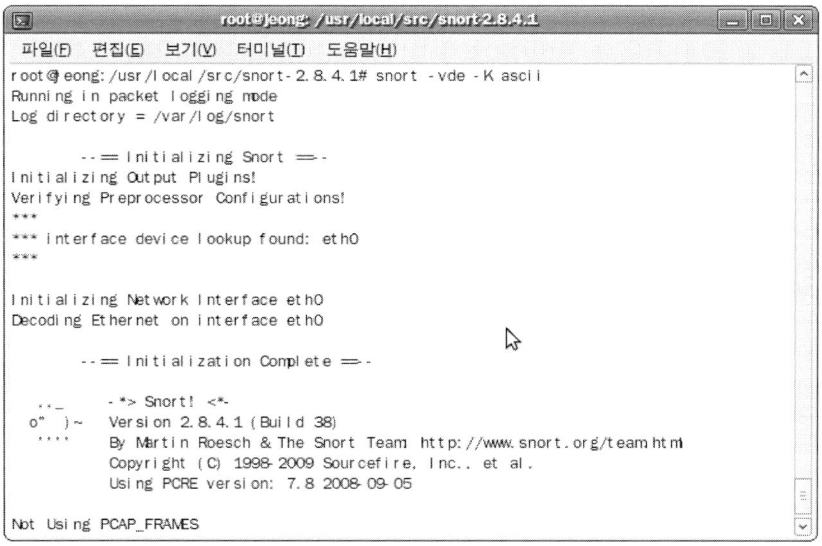

그림 4-18 snort 실행 화면

외부에서 접속을 시도한다.

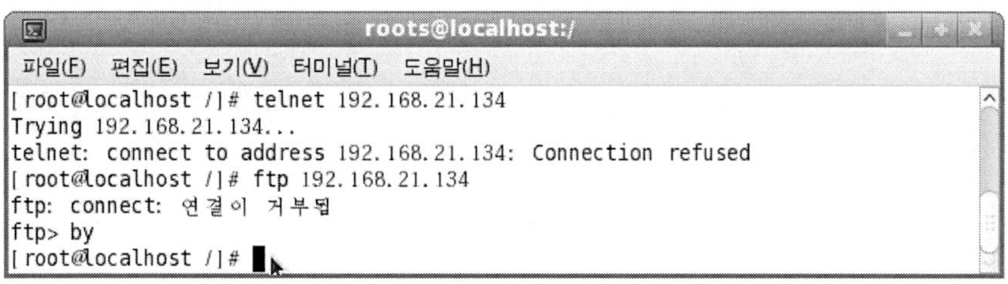

그림 4-19 외부 컴퓨터에서 접근 시도한 IP 화면

snort를 종료한 후, 다음 명령을 실행한다.

```
# cd /var/log/snort
# ls
```

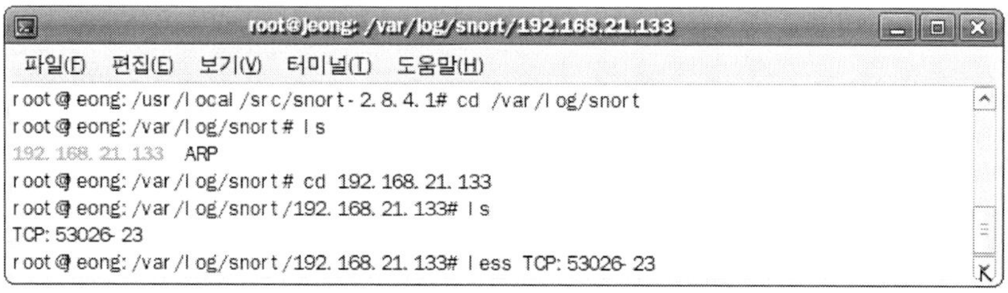

그림 4-20 snort log 폴더 화면

출력된 화면을 보면 외부에서 접근 시도한 IP 디렉터리가 생성된 것을 볼 수 있다. 생성된 디렉터리 안에 로그파일 내용을 vi, nano 등 기타 명령으로 확인이 가능하다.

④ NIDS 기반의 침입탐지 모드(rule을 이용하여 캡처된 패킷과 비교 후 경고 및 기록)

다음 명령을 차례대로 수행한다.

```
# cd snort-2.8.4.1/etc&&ls
# mkdir /etc/snort
# cp * /etc/snort -v
# cd /etc/snort
# vi snort.conf
    => 46 : var HOME_NET 192.168.21.0/24 로 변경
    => 114 : var RULE_PATH /etc/snort/rules 로 수정(절대경로)
```

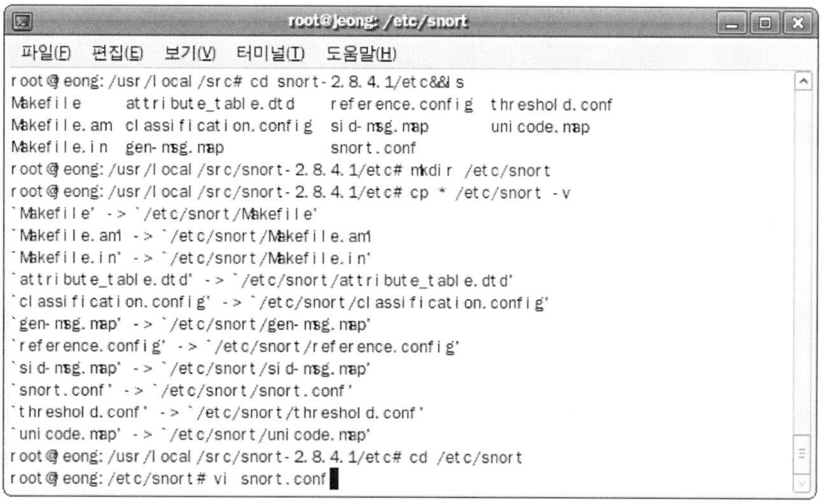

그림 4-21 snort 환경설정 변경 화면

snort.conf 내용 수정이 완료되면, 기존 캡처된 패킷을 삭제하는 명령을 실행한다.

```
# rm -rf /var/log/snort
```

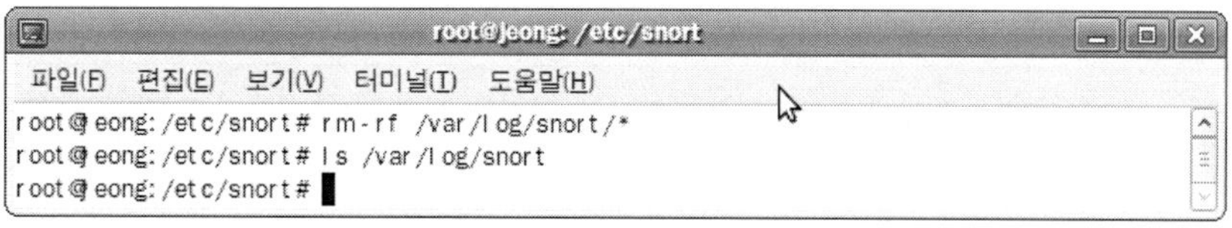

그림 4-22 snort 기존 캡처된 패킷 삭제 명령 확인

이제 "http://www.snort.org"로 가서 "rule"을 받는다(ID, Password를 등록하면 등록된 메일로 메일이 온다). 메일내용을 확인하여 적혀있는 사이트를 붙여넣기 해서 해당 사이트로 이동한 후, 로그인하고 메인 화면에서 "get_rules"로 들어가서 "rule" 파일을 다운받는다. 받은 파일을 scp 명령을 이용해서 외부 컴퓨터로 파일을 전송시킨다.

```
# scp snortrules-snapshot-2.8.tar.gz root@192.168.21.133:
```

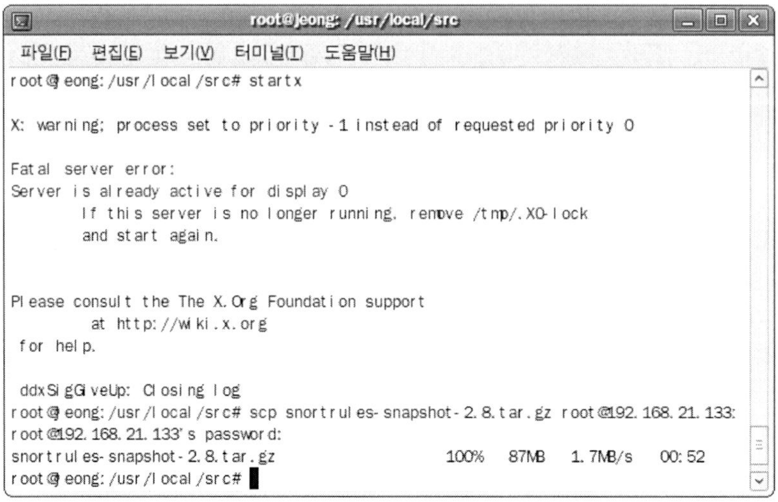

그림 4-23 scp 명령을 이용하여 외부로 파일 전송 화면

외부 컴퓨터에서 보낸 파일을 확인한 후에, 받은 파일을 적당한 디렉터리로 옮긴 후 압축을 풀고 snort를 수행한다.

```
# ls
# mv snortrules-snapshot-2.8.tar.gz /etc/snort
# cd /etc/snort
# tar xvfz snortrules-snapshot-2.8.tar.gz
```

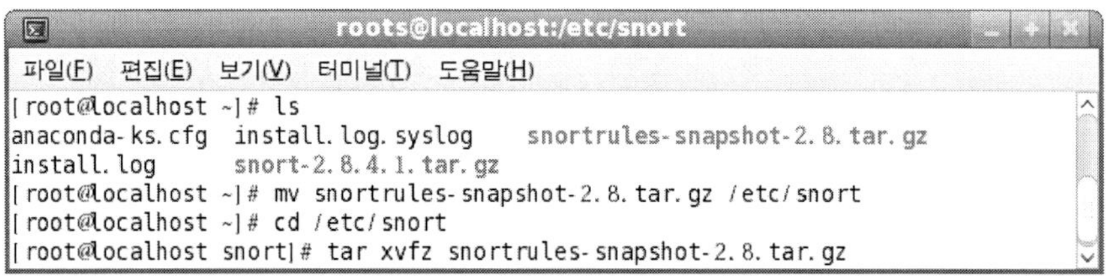

그림 4-24 외부 컴퓨터에서 받은 snort 파일 압축풀기 화면

외부 컴퓨터에서 snort 명령을 수행한다.

```
# snort -c snort.conf
```

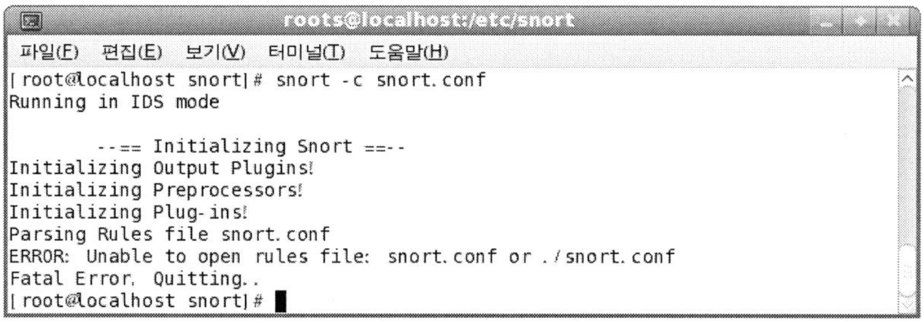

그림 4-25 외부 컴퓨터에서 snort 명령 실행 화면

만약 "rule"에 의한 오류가 생기는지 확인하여 오류가 발생할 경우에는 "web-misc.rules"을 인식하지 못해서 발생한 것이므로 다음 명령을 이용하여 내용을 변경한 후에 다시 snort 명령을 수행한다.

더 알아봅시다.

1. 본 교재에 나온 방법을 제외한 다른 설치 방법에 대해서 알아보고, 직접 설치해 보자.
2. snort 도구와 유사한 기능을 가진 도구들에 대해서 조사하고, 각각 설치하여 비교해보자.
3. Ubuntu 이외의 다른 운영체제인 Redhat-Linux, Windows 계열 등 여러 운영체제에 직접 설치가 가능한지 여부를 조사하여 비교해보자.
4. snort 도구를 사용하여 간단한 프로그래밍 연습을 해보자.

1.2 TripWire

1) 개요

공격자가 시스템 침입에 성공하면 다음번 침입을 쉽게 하기 위해 루트킷(root-kit)이나 트로이잔 목마(trojan horse) 프로그램을 설치하는 경우가 대부분이다. 루트킷에 포함되는 프로그램으로는 ps, ls, netstat, login 등의 시스템 프로그램들이 있는데, 이런 루트킷은 시스템에 원래 있었던 프로그램들과 바꿔치기 되어서 관리자가 시스템을 점검해도 이상없게 보이도록 하고 공격자의 행동을 숨기기도 한다.

예를 들어 ps를 바꿔치기 해서 시스템 관리자가 ps를 실행시켜도 공격자가 실행한 프로그램은 보이지 않게 한다든지, ls를 바꿔치기 해서 ls로 보더라도 공격자가 만든 파일은 보이지 않도록 하는 것이다. 또한 공격자는 공격이 성공한 후 시스템의 취약점을 찾아 패치를 해서 다른 공격자가 들어오는 것을 막기도 한다. 이렇게 침입 당한 시스템에서 어떤 파일이나 디렉터리가 수정, 변조되었는지 등을 찾는 것이 쉽지만은 않다. 혹 파일의 크기나 수정된 시간, 생성된 시간 등을 비교하여 알아낸다고 할지라도 파일의 크기나 시간정보 조차도 변조가 가능하므로 이를 믿을 수 없다.

따라서 원래 파일의 무결성을 체크할 수 있는 프로그램이 필요할 것이고, 이를 효율적으로 해주는 도구가 바로 tripwire이다. tripwire는 MD5, SHA, CRC-32 등의 다양한 해쉬 함수를 제공하고, 파일들에 대한 데이터베이스를 만들어 이를 통해 해커들에 의한 파일들의 변조 여부를 판별하므로 관리자들이 유용하게 사용할 수 있다. tripwire는 먼저 시스템에 존재하는 파일에 대해 데이터베이스를 만들어 저장한 후 생성된 데이터베이스와 비교하여 추가·삭제되거나 변조된 파일이 있는지 점검하고 관리자에게 레포팅 해주는 무결성 검사도구이다.

Tripwire은 자신의 linux 시스템을 외부의 크래커 공격과 내부의 악의적인 사용자의 공격으로부터 자신의 linux 시스템을 지켜내는 마지노선과 같은 역할을 하는 프로그램이다. 자신의 시스템이 방화벽과 다른 보안수단으로 보안을 강화하고 있다고 하더라도 어느 순간 크래커나 내부 사용자에 의해 시스템이 침투되어질 수 있다. 침투한 크래커나 악의적인 내부 사용자들은 다음을 위해 백도어를 만들어 놓거나, 시스템 파일을 변경해 놓거나, 아니면 지난번 야후나 아마존 등 유명한 사이트를 공격할 때 사용되어진 DoS attack 프로그램 등과 같은 악의적인 프로그램을 설치하여 크래커의 중간공격기지 역할을 하게 할 수도 있다.

이와 같은 침투로 인한 문제로부터 시스템을 보호하기 위해서 자신의 시스템의 전체적인 파일들이 자신이 처음 설치한 그대로 유지되고 있는가를 확인하기 위한 프로그램이 필요한데, 이러한 작업을 Tripwire가 해주게 된다. 즉 tripwire는 자신의 시스템 전체에 대해 디지털 방식으로 '스냅사진'을 찍어 보관해두고, tripwire을 다시 실행시킬 때마다 전에 찍어둔 원본 '스냅사진'과 현재의 파일

시스템을 비교함으로서 자신의 파일 시스템의 변경사항을 알아낼 수 있게 해준다. 시스템의 변경사항이 시스템 관리자에 의한 것이라면 원본 '스냅사진'-database file-을 업데이트 해주면 되며, 시스템 관리자 자신에 의한 것이 아닌 불법적인 변경이라면 자신의 시스템이 크래커나 악의적인 내부 사용자에 의해 변경되었다는 것을 알게 된다.

2) 설치 및 실행

① "제3장 4-관리자 권한설정" 부분 참고

root 권한 관리자 모드로 설정한다.

② 필요한 라이브러리 설치

Ubuntu Linux에서 개발에 필요한 통합패키지를 다음 명령을 이용해서 설치한다(gcc, make, g++).

```
# sudo aptitude install build-essential bin86 kernel-package
```

③ TripWire 다운로드

TripWire는 http://www.tripwire.org/에서 최신 버전을 구할 수 있다.

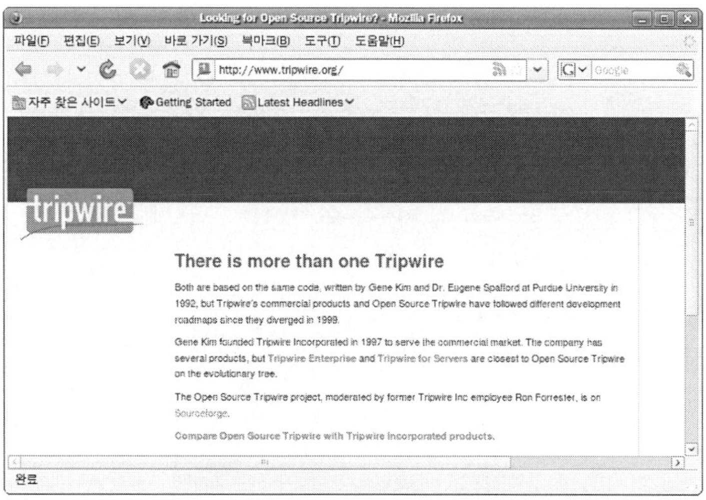

그림 4-26 TripWire 파일 다운로드 화면-1

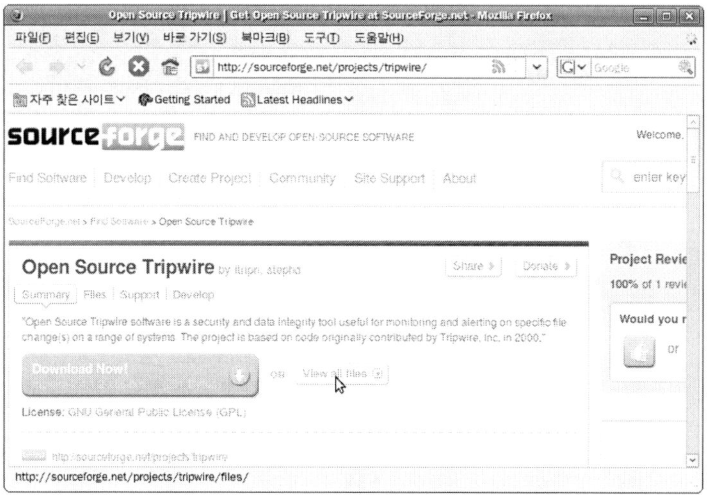

그림 4-27 TripWire 파일 다운로드 화면-2

본 교재에 설치한 TripWire 버전은 "tripwire-2.4.1.2"이고 운영체제(OS)는 Ubuntu Linux 9.04 환경에서 동작시켰다.

④ TripWire 압축풀기

다운받은 TripWire 소스 압축 파일을 적당한 디렉터리에 푼다.

```
# tar xvfj tripwire-2.4.1.2-src.tar.bz2
```

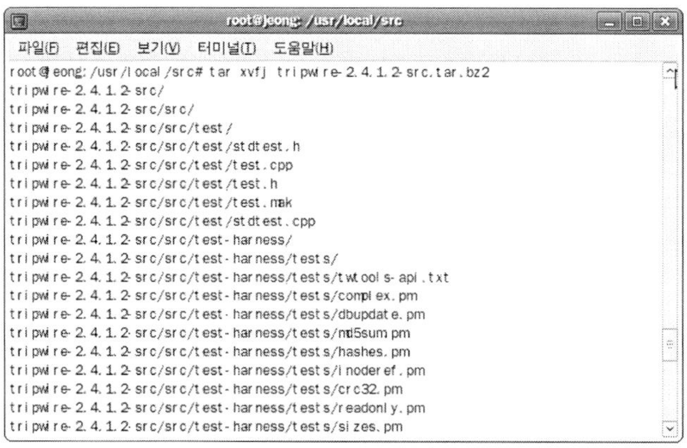

그림 4-28 TripWire 압축풀기 화면

⑤ TripWire 설치하기

압축을 푼 디렉터리로 이동하여 다음 명령을 실행한다.

```
# cd tripwire-2.4.1.2-src
# ./configure&&make&&sudo make install
```

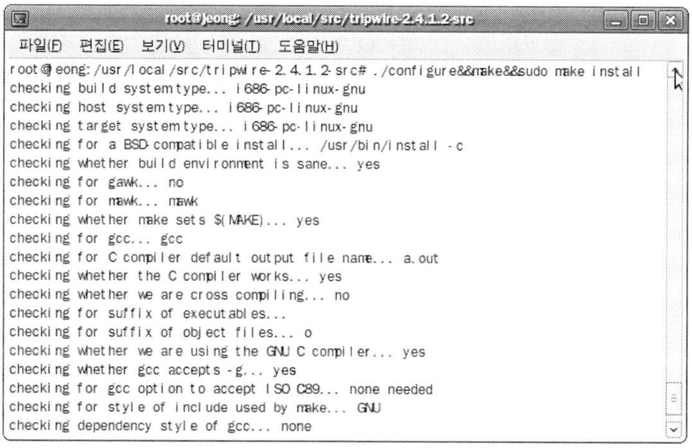

그림 4-29 TripWire 설치 화면-1

실행 도중에 입력하는 부분이 나온다. 이때 "accept"를 입력하고 엔터키를 누른다.

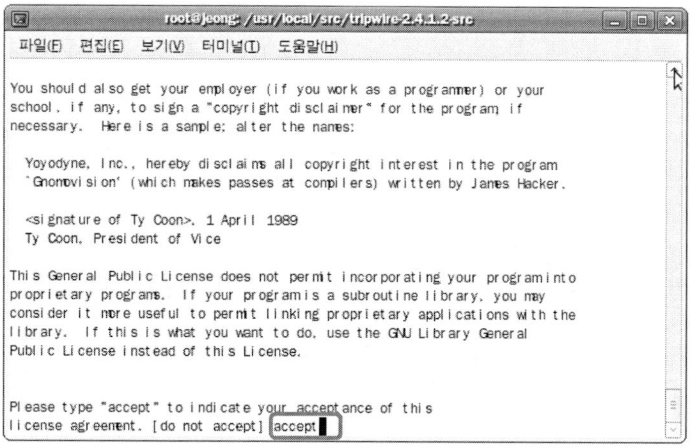

그림 4-30 TripWire 설치 화면-2

만약 실행 도중에 "SendMail" 경고 및 에러 메시지가 생길 경우에는 다음 명령을 실행하여 "SendMail" 관련 코드를 찾아서 각 코드 맨 앞줄에 "#" 주석처리하고 재실행한다.

```
# vi install/install.sh
```

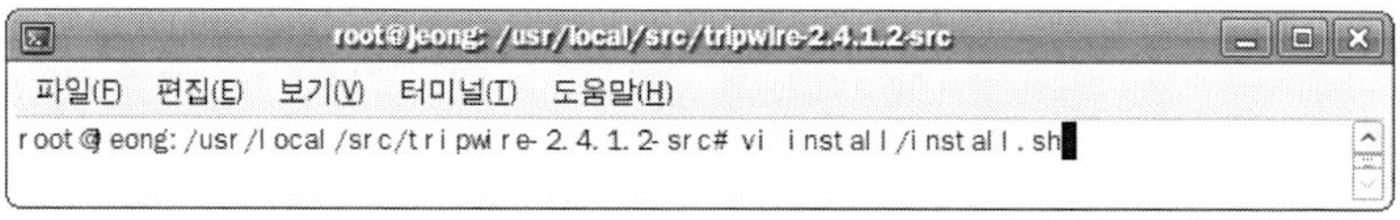

그림 4-31 TripWire 설치 오류시 환경설정 변경 화면-1

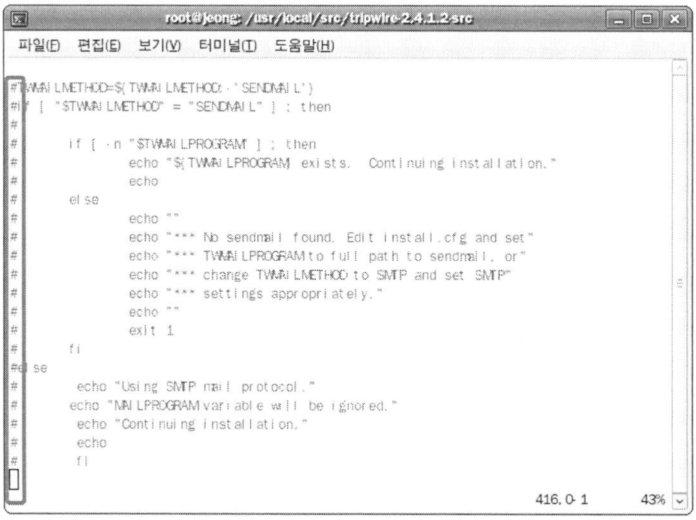

그림 4-32 TripWire 설치 오류시 환경설정 변경 화면-2

```
# ./configure&&make&&sudo make install
```

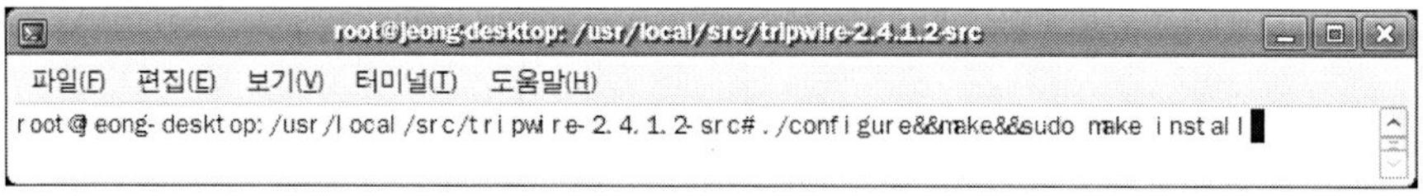

그림 4-33 TripWire 설치 오류시 환경설정 변경 화면-3

입력 부분이 나오면 “y”를 입력한다.

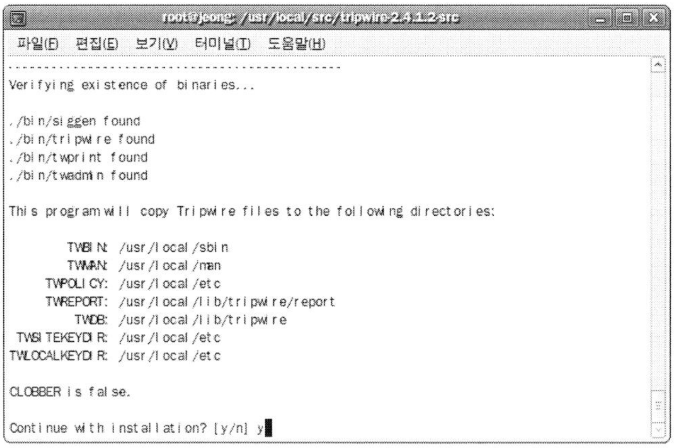

그림 4-34 TripWire 설치 화면-3

마지막으로 site passphrase 입력화면이 두 개 나온다. 각 화면에서 사용할 패스워드를 입력한다.

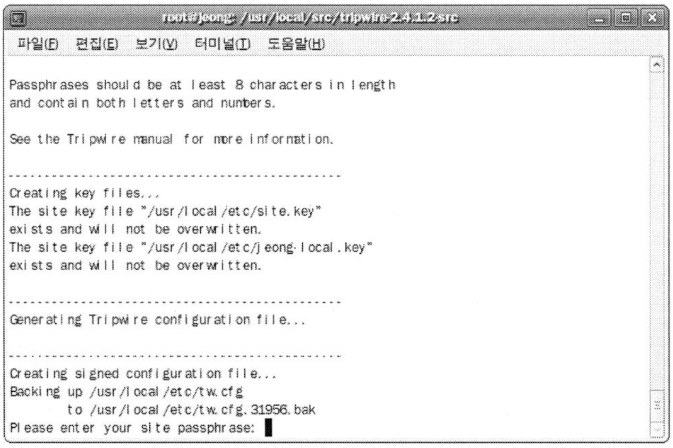

그림 4-35 TripWire 설치 화면-4

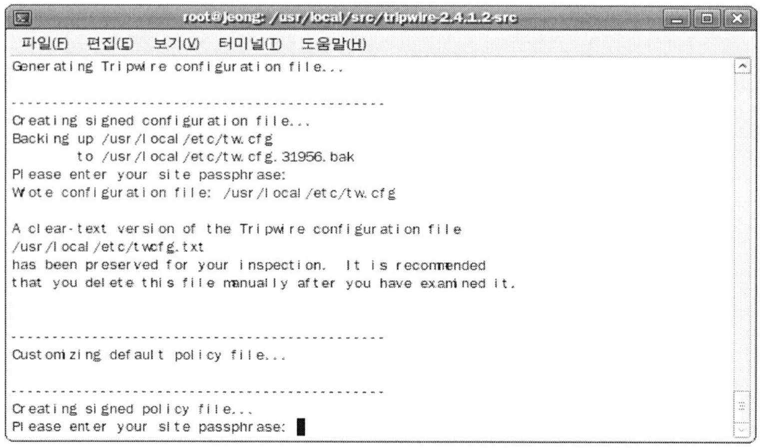

그림 4-36 TripWire 설치 화면-5

⑥ 초기 DB 생성하기(TripWire 초기화)

"tripwire --init"이란 명령어를 사용하면 tripwire를 초기화 할 수 있다. tripwire의 초기화의 의미는 마지막으로 점검했던 파일들의 무결성 점검결과를 저장하고 있던 DB를 초기화 한다는 것이다. 이것은 매우 중요한 의미를 내포하고 있다. 즉, 초기화 하기 전의 변동사항은 이후에는 적용되지 않는다는 것을 의미하기 때문이다. 초기화 할 때 반드시 passphrase를 입력해야 한다.

```
# tripwire --init
```

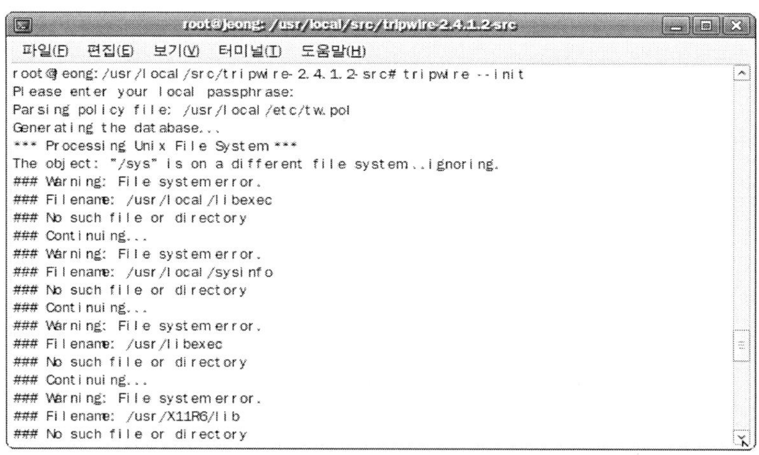

그림 4-37 TripWire 초기화 화면

새로 생성된 Database의 이름과 위치를 볼 수 있다.

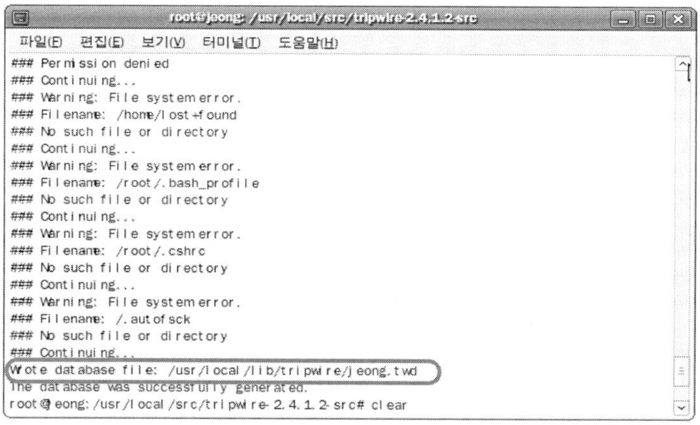

그림 4-38 생성된 Database 확인

⑦ 파일무결성 점검하기

이제 tripwire의 실질적인 목적인 파일무결성 점검을 해보도록 하자.

"tripwire --check"라는 명령어는 tripwire로서 서버에서 사용 중인 파일들의 무결성을 체크하여 보고서를 만들게 되는 명령어이다. 적용되는 정책파일은 위에서 설명한 "/usr/local/etc/tw.pol"이라는 파일이며, 결과보고서는 "/usr/local/lib/tripwire/report/" 디렉터리에 실행된 날짜를 가진 파일로 저장이 된다.

```
# tripwire --check
```

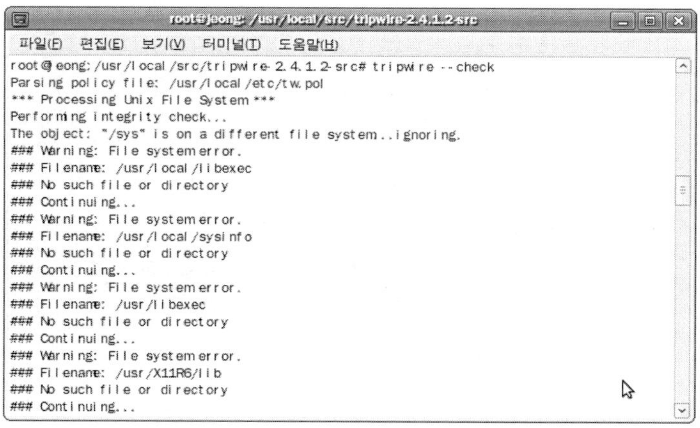

그림 4-39 TripWire 파일무결성 점검 화면

⑧ TripWire 실행 결과

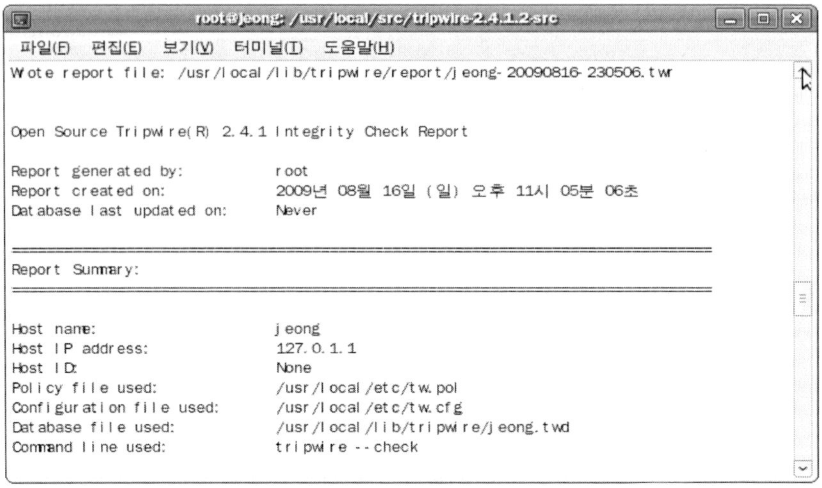

그림 4-40 TripWire 실행 화면-1

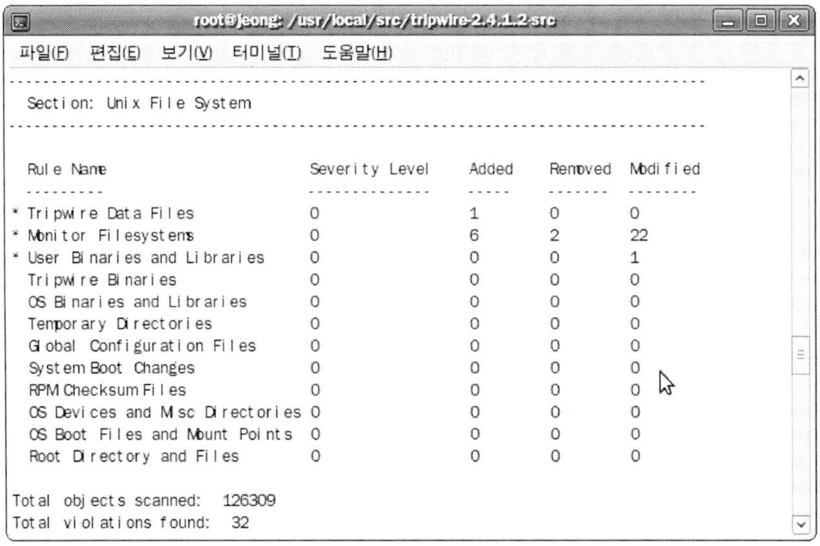

그림 4-41 TripWire 실행 화면-2

```
root@jeong: /usr/local/src/tripwire-2.4.1.2-src
파일(F) 편집(E) 보기(V) 터미널(T) 도움말(H)
===============================================================================
Object Summary:
===============================================================================

-------------------------------------------------------------------------------
# Section: Unix File System
-------------------------------------------------------------------------------

-------------------------------------------------------------------------------
Rule Name: Tripwire Data Files (/usr/local/lib/tripwire)
Severity Level: 0
-------------------------------------------------------------------------------

Added:
"/usr/local/lib/tripwire/jeong.twd.bak"

-------------------------------------------------------------------------------
Rule Name: User Binaries and Libraries (/usr/local/src)
Severity Level: 0
-------------------------------------------------------------------------------
```

그림 4-42 TripWire 실행 화면-3

```
root@jeong: /usr/local/lib/tripwire/report
파일(F) 편집(E) 보기(V) 터미널(T) 도움말(H)
root@jeong:/usr/local/src# cd /usr/local/lib/tripwire/report
root@jeong:/usr/local/lib/tripwire/report# ls
jeong-20090816-230506.twr
root@jeong:/usr/local/lib/tripwire/report#
```

그림 4-43 TripWire 결과보고 파일명 확인 화면

위의 결과를 살펴보면 변경된 파일과 새로 생성된 파일들의 내역을 확인할 수 있다. 이들 정보를 참조하여 파일들을 각각 확인하지 않아도 파일들의 변동 내역을 확인할 수 있다.

⑨ 설정파일 확인 및 변경

"/usr/local/etc/twcfg.txt" 파일을 보면 tripwire의 설정파일 내역을 볼 수 있다. 필요한 부분은 적당히 조정(수정 및 변경)하여 사용할 수 있다.

```
# cat /usr/local/etc/twcfg.txt
```

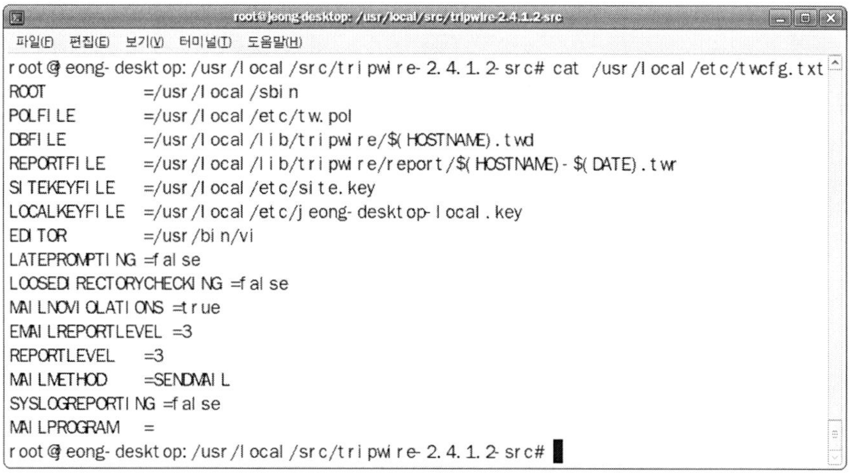

그림 4-44 TripWire 설정파일 화면

아래의 표는 설정파일 변수들과 그 변수들이 무엇을 나타내는지 등에 대해 요약한 것이다.

표 4.2 TripWire 설정파일 변수

설정파일 변수들		설명
Required Variables	POLFILE	정책 파일의 위치 지정 Initial value: /etc/tripwire/tw.pol
	DBFILE	데이터베이스 파일의 위치 지정 Initial value: /etc/tripwire/$(HOSTNAME).twd
	REPORTFILE	생성된 결과 파일의 위치 지정 Initial value: /var/lib/report/$(HOSTNAME)-$(DATE).twr
	SITEKEYFILE	사이트키 파일의 위치 지정 Initial value: /etc/tripwire/site.key
	LOCALKEYFILE	로컬키 파일의 위치 지정 Initial value: /etc/tripwire/$(HOSTNAME)-local.key

표 4.2 TripWire 설정파일 변수(계속)

설정파일 변수들		설명
Optional Variables	EDITOR	사용하고자 하는 편집기의 위치 지정 Initial value: /bin/vi
	LATEPROMPTING	tripwire가 패스워드를 요구하는 것을 가장 마지막에 하도록 설정 Initial value: false
	SYSLOGREPORTING	SYSLOGREPORTING이 true로 설정되면 database initi-alizations, integrity checks, database updates, and policy file 등의 update를 syslog에 알림. Initial value: true.
	LOOSEDIRECTORYCHECKING	디렉터리 변경사항이 있는지 출력해야 하는 것을 나타냄. 설정되어 있지 않으면 변화된 파일뿐만 아니라 그 파일이 있는 디렉터리도 결과에 출력되고 설정되면 파일의 변화만을 출력함. Initial value: false
	REPORTLEVEL	twprint —print-report command로 report를 출력할 때의 레벨로서 0-4까지의 레포트레벨이 있음. Initial value: 3
Email Notification Variables	MAILNOVIOLATIONS	무결성 검사시 아무런 변화가 없을 때에도 email notifi-cation을 할지를 나타냄. Initial value: true
	EMAILREPORTLEVEL	email report level로 0-4 Initial value: 3
	MAILMETHOD	email notification을 위해 사용할 protocol명시 Initial value: SENDMAIL
	MAILPROGRAM	특정 메일 프로그램의 위치 지정 Initial value: /usr/sbin/sendmail -oi -t

⑩ 정책파일 수정 및 변경

tripwire 정책파일(twpol.txt)은 tripwire가 감시할 대상(파일, 디렉터리)과 그 위치를 명시한다. tripwire의 기본 정책파일이 모든 시스템에 알맞게 적용되는 것은 아니다. 즉, 점검할 필요가 없는 파일이 있을 수도 있고, 또는 시스템에 없는 파일을 점검하는 경우도 있다. 이런 경우에 "/usr/local/etc/twpol.txt" 파일을 적당히 수정 및 변경하여 적용하면 된다.

관리하는 시스템에 맞게 정책파일(twpol.txt)을 수정할 수 있는데 이는 불필요하게 들어있는 파일을 제거하고 필요한 파일은 추가함으로써 tripwire에서 쓸모없는 결과물이 나오는 경우를 상당히 줄일 수 있도록 한다. 또한 configuration script를 실행시킨 후에 정책파일을 수정하면 데이터베이스 파일을 초기화하기 전에 configuration file을 재실행해야 하는 번거로움이 있으므로 tripwire를 설치하기 전에 시스템에 맞게 설정하는 것이 좋다.

```
# cat /usr/local/etc/twpol.txt
```

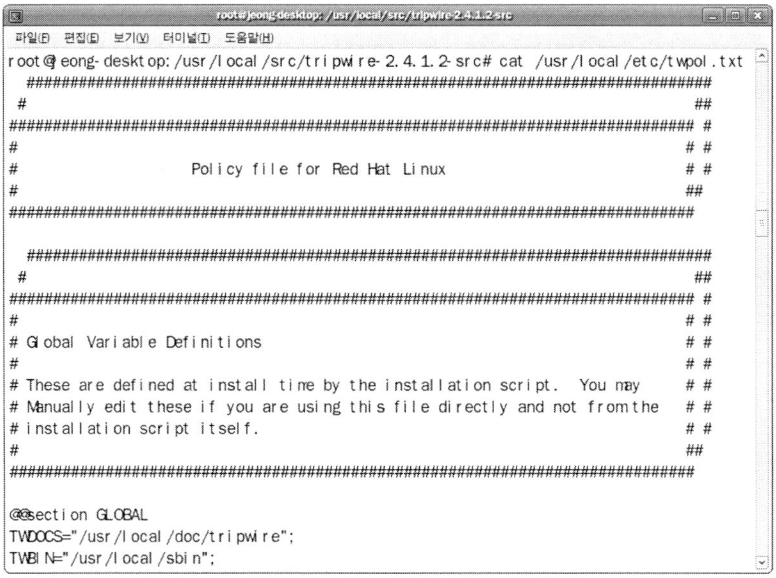

그림 4-45 TripWire 시스템 설정 화면

- policy file의 구성요소

  policy file의 기본적인 구성요소는 다음과 같다.

표 4.3 TripWire 정책파일 구성요소

policy file 구성요소	의미
Rules	policy file의 기본 구성요소로 무결성 검사시 시스템의 object에 대해 monitor할 properity를 명시해주는 것
Stop points	무결성 검사시 스캔하지 않을 시스템의 object 명시
Attributs	이메일을 보내거나 recursion을 조정하는 rule을 수정하는 부분
Directive	하나의 policy 파일을 네트워크 서버에서 사용할 때
Variable	관리자가 편리하게 정보를 바꾸도록 설정

3) TripWire 사용법

표 4.4 TripWire 사용법

구성요소	내용
# tripwire --help	사용법을 보여준다.
# tripwire -m c	시스템 변경을 검사한다. 시스템 체크 후 report/ 디렉터리로 *.twr 파일로 결과가 저장된다.
# tripwire -m u	위의 시스템 체크 후 데이터베이스(스냅사진)를 변경한다. 단, 크래커에 의한 변경이 아닌 자신에 의한 시스템 변경일 경우에만 업데이트한다. tripwire -m -u -a -r ../report/호스트-년월일-시분초.twr ex) # tripwire -m -u -a -r ../report/localhost-20000223-023354.twr
# tripwire -m p	policy파일을 업데이트한다. ex) # ./tripwire -m p ../policy/twpol.txt
# ./tripwire -m t	테스트 이메일을 보낸다. ex) # ./tripwire -m t --email root@localhost

그 이외의 자세한 사용법을 알고 싶은 독자는 사용자 설명서를 읽기 바란다. tripwire를 다운로드시 *.pdf로 된 사용자 설명서도 함께 다운받기 바란다.

더 알아봅시다.

1. 본 교재에 나온 방법을 제외한 다른 설치 방법에 대해서 알아보고, 직접 설치해보자.

2. tripwire 도구와 유사한 기능을 가진 도구들에 대해서 조사하고, 각각 설치하여 비교해보자.

3. Ubuntu 이외의 다른 운영체제인 Redhat-Linux, Windows 계열 등 여러 운영체제에 직접 설치가 가능한지 여부를 조사하여 비교해보자.

4. tripwire 도구를 사용하여 간단한 프로그래밍 연습을 해보자.

2. Scanning and Enumeration

최근 인터넷 침입사고에 관해서 많이 소개되고 있다. 그러나 간단한 컴퓨터 조작만으로 편리하게 시스템 접근권한을 얻어내는 간단한 방법은 거의 없다. 컴퓨터 시스템을 크래킹하기 위해서는 우선 계획이 필요하다. 크래커는 목표로 하는 서버를 찾아야 하고, 그 다음에 머신에 어떤 포트가 열려 있는지, 시스템이 문제를 해결하기 전에 찾아야 한다.

이것은 일반적으로 스캐닝이라고 하는 것으로, 스캐닝을 통하여 네트워크상에 있는 머신을 찾고, 무슨 포트가 열려있는가를 보기 위해 그 머신들을 테스트하는 작업(art)을 하게 된다. 크래커가 공격을 시작하기 전 첫 번째 전략은 바로 네트워크와 호스트들을 스캐닝하는 것이다. Nmap과 같은 도구를 이용한 스캐너들 즉, "bad guys"는 네트워크를 둘러보고 취약한 목표를 찾는다. 이러한 목표들이 한 번 확인되면, 침입자는 열린 포트를 스캔할 수 있다.

2.1 Nmap

1) 개요

Nmap(Network Mapper)은 네트워크 보안을 위한 유틸리티로, 대규모 네트워크를 고속으로 스캔하는 도구이다. 이 도구는 네트워크 보안을 위한 유틸리티로, 대규모 네트워크를 고속으로 스캔할 수 있다. Nmap 도구는 Linux, Open/Free/Net BSD, Solaris, IRIX, Mac OS X, HP-UX, Sun OS 등 대부분의 운영체제에서 사용할 수 있다.

Nmap은 raw IP 패킷을 사용하여 네트워크에 어느 호스트가 살아있고, 그들이 어떠한 서비스(포트)를 제공하며, 운영체제(OS 버전)가 무엇이며, filter/firewall의 패킷 타입이 무엇인지 등 네트워크의 수많은 특징들을 점검할 수 있다.

Nmap의 주요 특징을 살펴보면 다음과 같다.

표 4.5 Nmap 특징

특징	설명
Flexible	IP 필터, 방화벽, 라우터 등으로 구성되어 있는 네트워크를 점검하기 위한 도구로, 포트 스캐닝 메커니즘(TCP & UDP), OS 검색, pings sweeps 등을 점검할 수 있다.
Powerful	Nmap은 수천 수백 개의 호스트를 가진 거대한 네트워크를 고속으로 스캔할 수 있다.
Portable	Linux, Open/Free/Net BSD, Solaris, IRIX, Mac OS X, HP-UX, Sun OS 등 대부분의 운영체제에서 사용할 수 있다.
Easy	Nmap은 사용자들에게 강력하면서도 다양한 set을 제공함에도 불구하고 "nmap -O -sS targethost"와 같이 아주 간단하게 사용할 수 있다. 또한 command line 및 graphical(GUI) 버전 모두를 지원한다.
Free	Nmap의 주요 목적은 좀 더 안전한 인터넷을 만드는데 도움을 주고자 하는 것과 administrators/auditors에게 그들의 네트워크를 점검하기 위한 보다 강력한 도구를 제공하기 위한 것이다. Nmap은 http://www.insecure.org/nmap에서 무료로 다운받을 수 있으며, GNU General Public License(GPL)하에 모든 사람이 자유롭게 사용할 수 있다.
Popular	현재 네트워크 스캔 툴 중에서 가장 많이 이용되고 있는 툴이다.

Nmap에서 사용되는 대부분의 기술은 호스트의 어떤 포트가 listening되고 있는지를 스캔하기 위해 사용된다. 이 포트들은 통신 가능한 채널로 이들 포트들에 대한 매핑은 호스트에 대한 정보 교환을 용이하게 한다. 따라서 Nmap은 시스템 관리자는 물론이고 해커를 포함한 네트워크 환경을 점검하기 원하는 모든 사람에게 매우 유용한 도구로 사용된다.

Nmap은 방대한 네트워크를 점검하기 위한 강력한 포트 스캐너로 다음과 같은 것을 지원한다.

- Vanilla TCP connect() scanning
- TCP SYN (half open) scanning
- TCP FIN (stealth) scanning
- TCP ftp proxy (bounce attack) scanning
- SYN/FIN scanning using IP fragments(bypasses packet filters)
- UDP recvfrom() scanning
- UDP raw ICMP port unreachable scanning
- ICMP scanning (ping-sweep), and Reverse-ident scanning

2) 설치 및 실행

① "제3장 4-관리자 권한설정" 부분 참고

root 권한 관리자 모드로 설정한다.

② 필요한 라이브러리 설치

Ubuntu Linux에서 개발에 필요한 통합패키지를 다음 명령을 이용해서 설치한다(gcc, make, g++).

```
# sudo aptitude install build-essential bin86 kernel-package
```

③ Nmap 다운로드 및 설치

Nmap은 http://nmap.org/download.html에서 최신버전을 구할 수 있다. Nmap의 설치 방법은 매우 간단하다. 많은 Critical 커널 인터페이스들이 root 권한을 요구하듯이 Nmap 또한 가능하면 root 권한으로 운영되어야 한다.

- 소스 파일로 설치

```
#tar xvf nmap-4.76.tar.bz2
#cd nmap-4.76
#sudo ./configure&&make&&make install
```

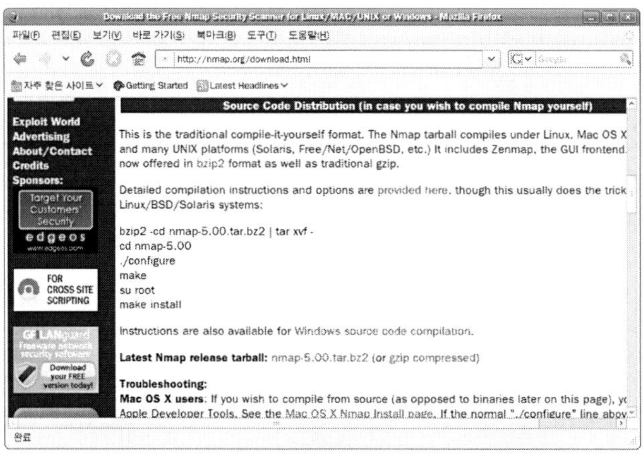

그림 4-46 Nmap 파일 다운로드 화면

```
# tar xvf nmap-4.76.tar.bz2
```

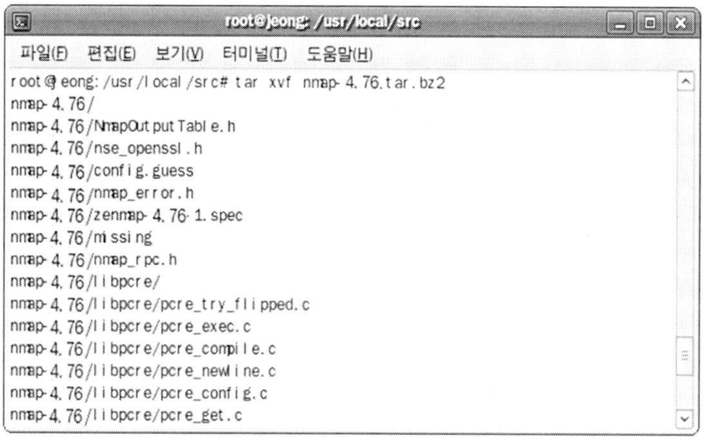

그림 4-47 Nmap 압축풀기 화면

```
# cd nmap-4.76
# ./configure&&make&&sudo make install
```

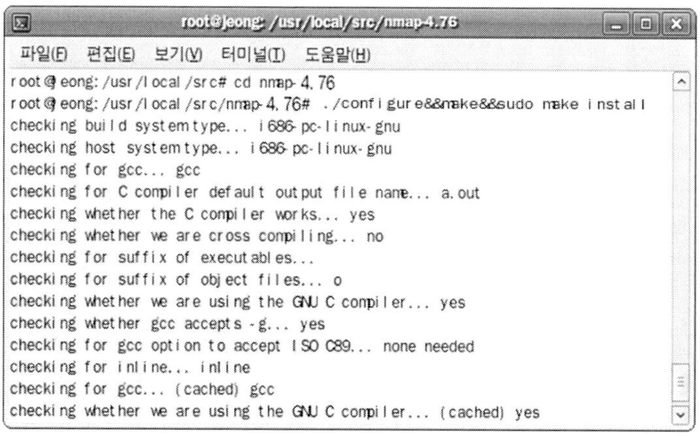

그림 4-48 Nmap 설치 화면

❖ Ubuntu Linux에서 설치가 안 될 경우 "apt-get"을 이용해서 설치

```
#sudo apt-get install nmap
```

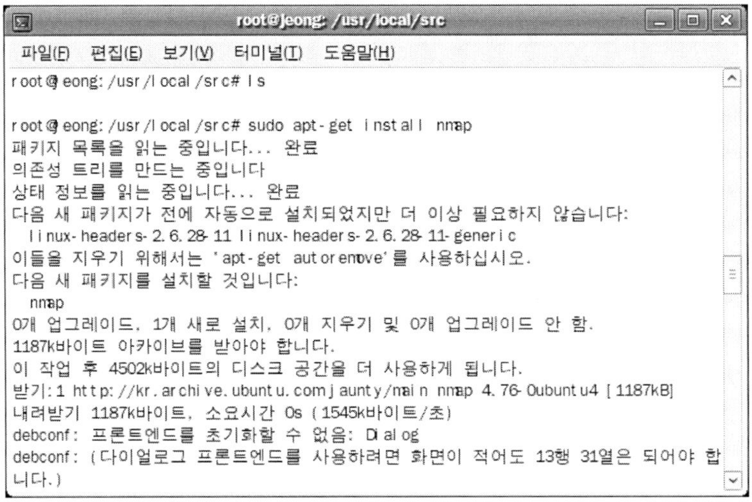

그림 4-49 apt-get 명령을 이용한 Nmap 설치 화면

본 교재에 설치한 Nmap 버전은 nmap-4.76이고 운영체제(OS)는 Ubuntu Linux 9.04 환경에서 동작시켰다.

④ Nmap 실행

Nmap의 사용방법은 다음과 같다. scan type 및 option에 대해서는 nmap의 man page에 자세히 나와 있다.

표 4.6 Nmap 명령어 형식

USAGE	./nmap [Scan Type(s)] [Options] 〈host or net [#1] ... [#N]〉
명령어 형식	#nma [스캔 유형][옵션]〈호스트 또는 네트워크〉

다음은 Nmap 의 주요 스캔 유형에 대한 설명은 다음과 같다.

표 4.7 Nmap 스캔 유형

스캔 유형	설명
-sT (TCP Connection Scan)	가장 기본적인 형태 포트가 listenning 상태라면 Connection, 그렇지 않으면 rechable되지 않는다. TCP 연결을 사용한 포트를 스캔한다.
-sS (TCP SYN Scan)	TCP 헤더의 SYN 비트를 이용한 스텔스포트 스캔 기법에 사용한다. root 권한으로 실행되어야 한다.
-sF (Stealth FIN) -sX (Xmas Tree) -sN (Null scan)	SYN 패킷을 막아놓은 방화벽이나 패킷 필터 또는 Synlogger와 Courtney 같은 스캔을 탐지하는 프로그램들을 무사히 통과할 수 있게 한다. root 권한으로 실행되어야 한다.
-sP (Scan Ping)	ping을 이용한 스캔으로 ping 명령을 사용하여 해당 호스트가 살아 있는지만 확인한다.
-sU (Scan UDP)	UDP 포트를 스캔한다. root 권한으로 실행되어야 한다.
-sA (Scan ACK)	방화벽의 룰셋을 정밀하게 계획하기 위해 사용된다.
-sW (Scan Window)	TCP Window 크기의 변칙 때문에 filtered/nonfiltered 뿐만 아니라 open 포트도 스캔한다.
-sR (RPC Scan)	이 스캔 방법은 nmap의 다양한 포트 스캔 방법을 조합해서 사용한다. TCP/UDP 포트에 대해 그들이 RPC 포트인지, 서비스를 제공하는 프로그램은 무엇이며, 버전은 무엇인지 등을 확인하기 위해 사용한다.
-b (FTP Bounce Attack)	ftp 바운스 공격을 위한 포트스캔이다.

Nmap의 주요 옵션 설명(옵션은 여러 개의 옵션을 조합 사용가능)은 다음과 같다.

표 4.8 Nmap 옵션

옵션명	설명
-P0	방화벽에 의해 ICMP echo requests(or responses)를 막아놓은 네트워크의 스캔을 가능하게 한다. ping을 막아놓은 호스트를 스캔하기 위해서는 -P0나 -PT80을 사용해야 한다.
-PT	어느 호스트가 살아 있는지를 알기 위해 TCP "ping"을 사용한다. 이것은 ICMP echo request 패킷을 보내고 응답을 기다리는 대신에, 네트워크에 TCP ACK를 보내어 응답오기를 기다린다. RST 응답이 오면 호스트는 살아 있는 것이다. 이 옵션은 ping 패킷을 차단하는 네트워크나 호스트을 스캔하는 동안은 호스트가 살아 있는 것과 같다. -PT (port number)를 사용하며, 디폴트 포트는 80이다.

표 4.8 Nmap 옵션(계속)

옵션명	설명
-PS	이 옵션은 root 사용자를 위해 ACK 패킷 대신에 SYN(connection request)을 사용한다. 호스트가 살아 있다면 RST(or, rarely, a SYN|-ACK)로 응답한다.
-PI	오리지날 ping(ICMP echo request) packet을 사용한다. 살아있는 호스트를 찾으며 또한 네트워크의 subnet-directed broadcast addresses를 찾는다. 이들은 들어오는 IP 패킷을 컴퓨터의 서브넷으로 브로드캐스트하기 위한 IP 주소이다. 따라서 denial of service attacks(Smurf is the most common) 가능성이 있다면 이들은 제거되어야 한다.
-PB	ping 기본 형태로 ACK(-PT)와 ICMP(-PI) 모두를 사용한다.
-O	TCP/IP fingerprinting을 통해 리모트 호스트를 확인하는데 사용된다. 다시 말해 리모트 시스템의 운영체제를 점검해 준다. root 권한이 필요하다.
-I	RFC 1413에 정의되어 있는 ident 프로토콜을 사용해 open되어 있는 포트가 어떤 사용자에 의해 열려 있는지 검사한다.
-v	verbose mode : interactive한 사용에 매우 유용한 옵션이다.
-h	nmap의 'quick reference'이다.
-p 〈port ranges〉	점검하고자 하는 포트를 지정하는 옵션이다. 예로 23번 포트를 점검하려면 '-p 23'하면 된다. 또한 '-p 20-30,139,60000-'은 20~30사이의 포트와 139번 포트, 60000번 이상의 포트에 대해 스캔하라는 뜻이다.
-F	nmap-services에 나열된 포트만 스캔한다.
-n / -R	DNS lookup을 하지 않는다. / DNS lookup을 한다.
-S 〈IP_Address〉	패킷의 source 주소를 지정한다.
-e 〈interface〉	네트워크의 인터페이스를 지정한다.
-g 〈portnumber〉	패킷의 source 포트번호를 지정한다.
-oN 〈logfilename〉	스캔한 결과를 로그 파일에 남긴다(사람이 읽기 편한 포맷).
-oM 〈logfilename〉	스캔한 결과를 로그 파일에 남긴다(컴퓨터가 읽기 편한 포맷).

3) Nmap 사용 예

본 교재에서는 내부 네트워크 주소(192.168.58.0/24)를 이용하였다. 자신의 컴퓨터 내부 네트워크 주소를 이용하여 Nmap을 사용해보자. 자신의 컴퓨터 주소를 확인하는 방법은 "제3장-1.네트워크 환경설정"을 참고하자.

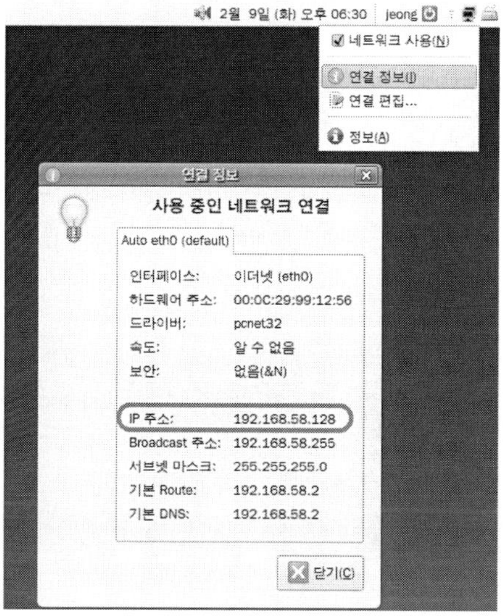

그림 4-50 IP 주소 확인

- Ping Sweeping

Nmap을 가지고 전체 네트워크의 상태를 볼 수 있다. 옵션에 "-sP"를 입력하고 실행하면 ping scan을 하는 것이다. 일반적으로 Nmap은 ICMP echo와 TCP ACK를 각 호스트에 보내어 검색을 한다. 그런 다음에 Nmap이 보낸 패킷에 반응을 한 호스트들이 나타나게 된다. "0/24"는 0부터 255까지의 범위를 나타낸다.

```
#nmap -sP 192.168.58.0/24
```

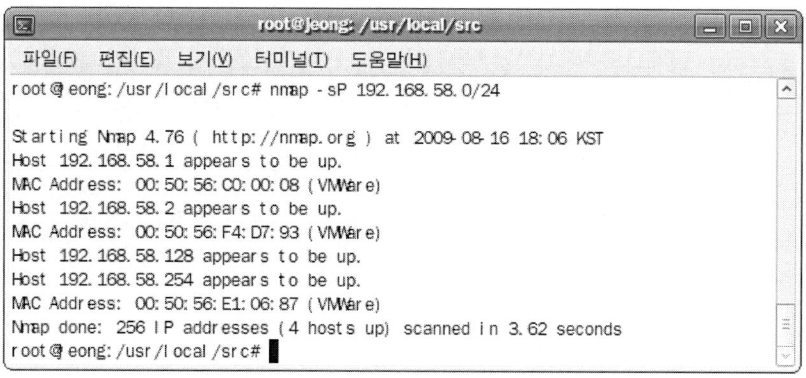

그림 4-51 Nmap 네트워크 상태 화면

단지 ICMP echo request를 보낼 필요 없이 시스템이 동작하는지 만을 파악하길 원할 때, TCP "ping"을 이용한 스캔을 사용한다.

아래의 예제에서는 80번 tcp port(http)를 target port로 이용해 보도록 하겠다. 이것은 목표 라우터들, 심지어 firewall 조차도 통과할 수 있을 것이다. 주의할 것은 머신이 살아있는지 죽어있는지를 결정하는데 호스트의 target port가 열려 있을 필요가 없다.

```
#nmap -sP PT80 192.168.58.0/24
```

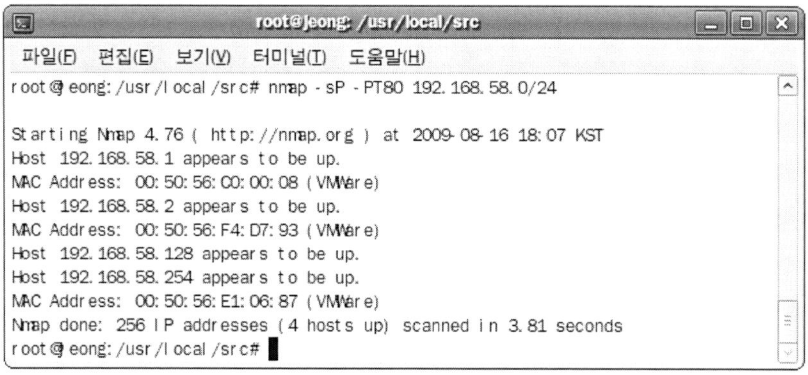

그림 4-52 Nmap 80번 포트를 이용한 Ping 스캔 화면

- Port Scanning

Nmap은 Connect() system call을 이용해 목표 호스트의 지정한 port에 접속을 하고, TCP의 3-way handshake를 완결 짓기 때문에 TCP 접속을 이용한 침입자는 쉽게 탐지된다. 호스트 머신의 Log 기록들에 침입자에 의해 열려진 port들이 나타날 것이다.

TCP connect scan은 "-sT" flag를 이용하여 사용한다.

```
#nmap -sT 192.168.58.1
```

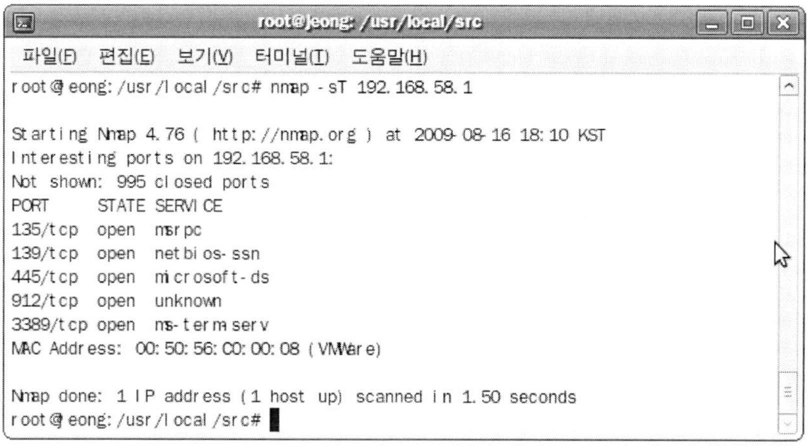

그림 4-53 Nmap 포트 스캔 화면

- Stealth Scanning

공격자가 Target 머신의 시스템 로그 기록에 요청한 것들을 남기지 않고 스캔하길 원할 때 사용한다. TCP SYN scans는 목표 머신에 Log 기록을 거의 남기지 않는다. SYN scan은 TCP 연결경로의 첫 번째 패킷으로 SYN packet을 보냄으로써 시작한다. 열린 port들은 SYN | ACK으로 응답을 할 것이다. 그러나 이때 공격자가 ACK 대신 RST를 전송하면 연결은 종료되게 된다.

장점은 3-way handshake가 절대 완성되지 않는다는 것과 이런 타입의 로그 기록을 남기는 사이트는 거의 없다는 것이다. 한편 닫혀 있는 port들은 RST와 함께 처음의 SYN에 응답할 것이고 Nmap은 그 호스트의 port가 닫혀 있다는 것을 결정할 수 있게 된다.

SYN scan은 "-sS" flag를 이용하여 실행한다. 비록 SYN scan이 더 알아챌 수 없을지라도, 몇 가지 침입탐지 대책들을 이용하여 탐지해낼 수 있다.

Stealth FIN, Xmas Tree, 그리고 Null scan들은 packet filter나 firewall들을 피하는데 사용되어진다. 이런 3가지 스캔들은 닫힌 port들을 위해 RST를 리턴하고, 열린 포트들은 packet을 버린다.

FIN "-sF" 스캔은 FIN packet을 각각의 port로 보낼 것이고, 한편 Xmas Tree scan "-sX"는 FIN, URG, PUSH flag를 모두 켠다. 그리고 Null scan "-sN"은 모든 flag를 끈다. TCP 표준들에 Miscrosoft는 순종하고 있지 않기 때문에 FIN, Xmas Tree, 그리고 Null scan은 오직 Miscrosoft 운영체제가 아닌 경우에서만

영향을 발휘한다.

```
#nmap -sS 192.168.58.1
```

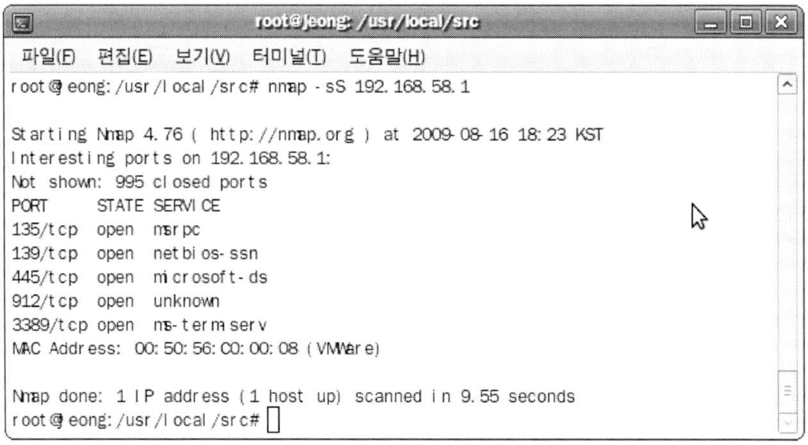

그림 4-54 Nmap Stealth 스캔 화면

- UDP Scanning

만약 침입자가 exploit(역자 주: 크래커들이 시스템을 침입하기 위해 사용하는 특정한 프로그램들을 지칭함)를 위해 특정 rpcbind hole이나 cDc Back Orifice 같은 UDP hole을 찾는다면, 침입자는 어떤 UDP port가 열려있는지 알기를 원할 것이다.

침입자는 UDP scan “-sU”를 사용하여 호스트에 어떤 UDP port가 열려 있는지 알 수 있다. 만약 호스트에서 “port unreachable” 메시지를 리턴하면 그 포트는 닫혀있는 것으로 간주된다. 대부분의 UNIX 호스트들은 ICMP 에러의 비율을 제한하고 있기 때문에 이런 방법은 시간을 많이 소비하게 된다.

다행히도 Nmap은 이런 비율을 탐지하고 그 자신의 속도를 낮추어 거부했을 때의 메시지로 인해 목표가 overflow되지 않도록 한다. 다음은 UDP scan의 실행결과이다.

```
#nmap -sU 192.168.58.1
```

```
root@jeong: /usr/local/src
파일(F) 편집(E) 보기(V) 터미널(T) 도움말(H)
root@jeong:/usr/local/src# nmap -sU 192.168.58.1

Starting Nmap 4.76 ( http://nmap.org ) at 2009-08-16 18:25 KST
Interesting ports on 192.168.58.1:
Not shown: 992 closed ports
PORT      STATE         SERVICE
123/udp   open|filtered ntp
137/udp   open|filtered netbios-ns
138/udp   open|filtered netbios-dgm
445/udp   open|filtered microsoft-ds
500/udp   open|filtered isakmp
1027/udp  open|filtered unknown
1900/udp  open|filtered upnp
4500/udp  open|filtered sae-urn
MAC Address: 00:50:56:C0:00:08 (VMWare)

Nmap done: 1 IP address (1 host up) scanned in 1.53 seconds
root@jeong:/usr/local/src#
```

그림 4-55 Nmap UDP 스캔 화면

- OS Fingerprinting

종종 침입자는 특정한 플랫폼에서만 실행되는 exploit를 실행하기 위해 그와 유사한 운영체제를 찾을 것이다. 일반적으로 TCP/IP fingerprinting은 "-O" 옵션을 포함하여 원격으로 운영체제를 탐지해낸다. 이것은 ping scan을 제외한 port scan과 결합하여 사용해야만 한다. Nmap은 호스트에 다른 타입의 조사를 행하여 OS를 찾아낸다.

원격으로 OS를 탐지해내기 위한 다른 방법과 마찬가지로 ICP initial Sequence Number(ISN)의 패턴을 찾기 위해 SYN packet과 함께 선언하지 않은 flag를 리모트 호스트로 보내고, BOGUS flag는 원격 호스트의 그 반응이 어떤 종류인가를 입증하기 위해 FIN 조사같은 기능을 사용한다. 그것은 TCP stack에서 포함하고 있고 이를 Fingerprinting하게 된다. 본 문서에서 stack fingerprinting까지 논의하는 것은 한계가 있으므로 관심이 있는 사람은 Nmap의 저자인 Fyodor에 의해 작성된 문서를 찾아보기 바란다(http://www.insecure.org/nmap/nmapfingerprinting-article.html).

Nmap의 OS 탐지기능의 특징은 매우 정확하며, SYN scan을 포함하여 Solaris 2.7 머신의 stack을 fingerprin-ting해서 증명하는 것과 같은 일에 효과적인 도구이다.

```
#nmap -sS -O 192.168.58.1
```

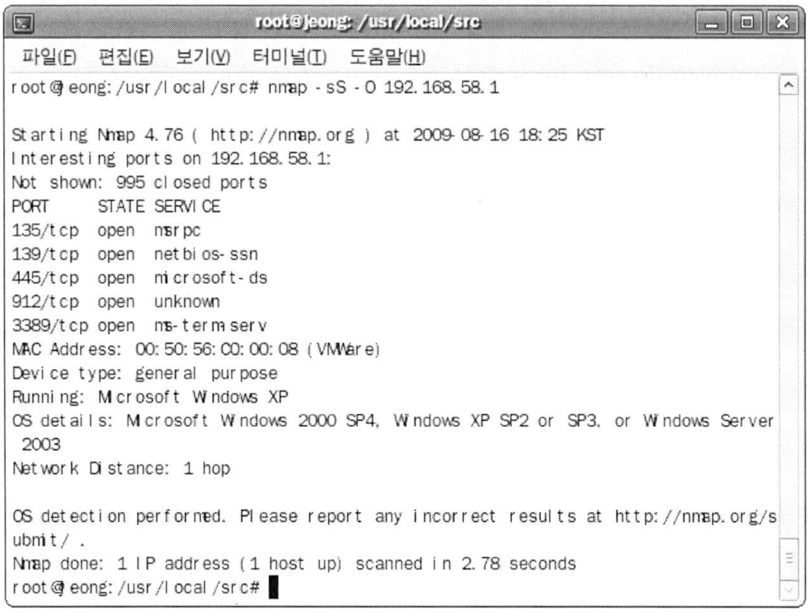

그림 4-56 Nmap OS Fingerprinting 스캔 화면

TCP Sequence Prediction 부분을 주의해서 보기 바란다. -O 옵션을 주어 Nmap을 실행시키게 되면 TCP Sequence Prediction이 얼마나 어려운지도 알려준다. 이것은 침입자가 호스트의 공격할 수 있는 위험성에 대한 정도로써 얼마나 침입할 가치가 있는가를 포함하고 있기도 하다.

- Ident Scanning

침입자는 종종 root로 돌아가는 web server와 같은 프로세스를 공격 대상으로 삼을 때가 있다. 만약 타겟이 identd를 돌리고 있다면 침입자는 Nmap을 사용하여 httpd 데몬이 어떤 소유자로 실행되고 있는지 찾아낼 수 있다. 이는 TCP connect scan에 "-I" 옵션을 포함하여 실행한다. 아래에 한 Linux 웹서버를 스캔한 예가 있다.

만약 당신의 웹서버가 실수로 root로 실행되도록 설정되었다면, 당신에게 회사에서 밤샐 일이 생길지도 모른다.

root로 apache를 실행시키는 것은 나쁜 보안 습관이다. /etc/inetd.conf에서 auth 부분을 주석 처리해서 ident 요청을 막아두어야 한다. 그리고 inetd를 다시 실행시킨다. ident 요청을 막는 다른 방법은 ipchains나 다른 firewall을 이용하여 당신의 네트워크에 장벽을 설치하는 것이다. 이것은 어떤 데몬이 누구의 소유로 동작하는지 당신의 사이트를 조사해보려는 호기심 많은 무뢰한 침입자들을 막을 수 있을 것이다.

```
#nmap -sT -p 80 -I -O 192.168.58.128
```

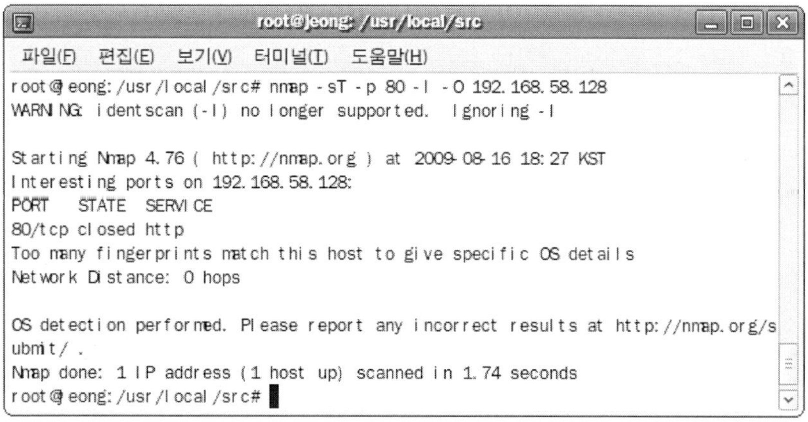

그림 4-57 Nmap Ident 스캔 화면

- Options

이런 scan들에 덧붙여서 Nmap이 제공하는 무수한 옵션들을 소개하겠다. 그 중 하나가 "-PT"이다. 우리는 이미 위에서 다루었다. 이 옵션은 타겟 머신이나 네트워크의 일반적으로 filter되지 않은 port들을 TCP ping으로 직접 ping scan할 때 사용된다. 유용한 옵션으로 "-P0"가 있다. Nmap은 port scan을 하기 전에 TCP "ping"과 5 ICMP echo 모두를 이용하여 타겟을 ping할 것이다. 만약 사이트에서 ICMP와 TCP 검색을 막아 놓았을 경우 보통 스캔되지 않을 것이다. 그래서 "-P0" 옵션을 이용하면 처음에 ping을 하지 않고 호스트를 스캔하도록 Nmap에서 지원하고 있다.

한 가지, 독자가 한 번 사용하면 습관처럼 사용하게 될 옵션이 있다. 바로 “-v” 자세한 옵션이다. 이 옵션은 모든 스캔타입들과 함께 사용할 수 있다. 이 옵션을 한 번 혹은 두 번 사용해서 타겟 머신에 관한 보다 더 자세한 정보를 얻을 수 있다.

특정한 port를 타겟으로 삼는 기능은 “-p” 옵션을 이용하여 실행된다. 예를 들어 침입자가 당신의 웹서버를 ftp(port 21), telnet(port 23), name service(port 53), 그리고 http(port 80)에 관해 조사하고, 어떤 OS를 쓰는지까지 알아보기를 원한다면 다음과 같은 SYN scan을 이용할 것이다.

```
#nmap -sS -p 21,23,53,80 -O -v www.yourserver.com
```

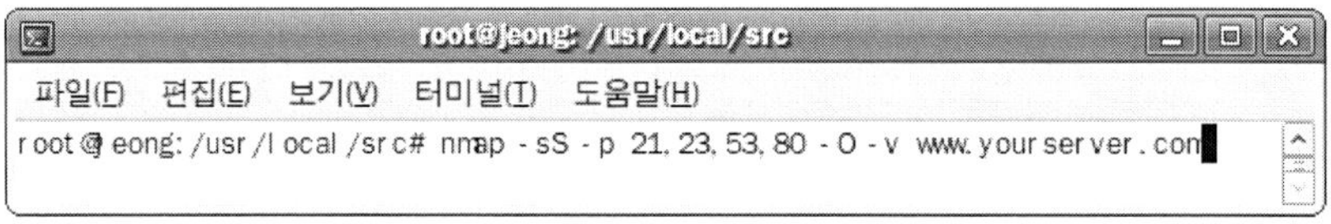

그림 4-58 Nmap 특정 타겟 주소 스캔 화면

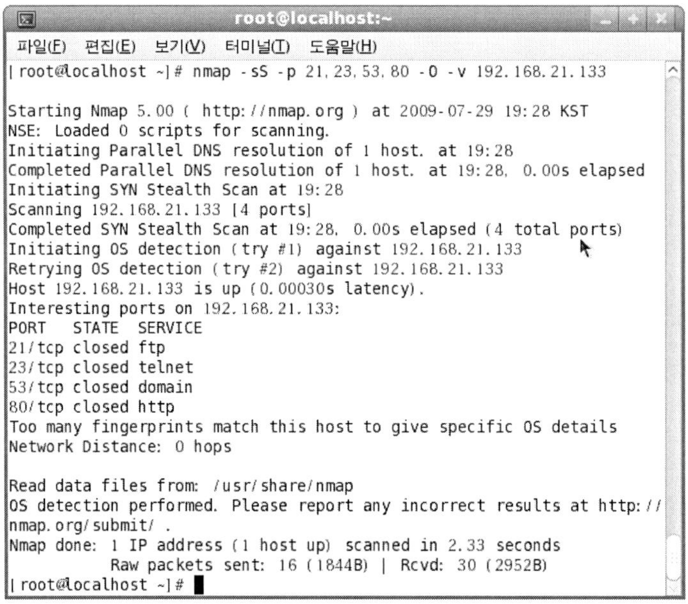

그림 4-59 외부에서 포트 스캔 화면

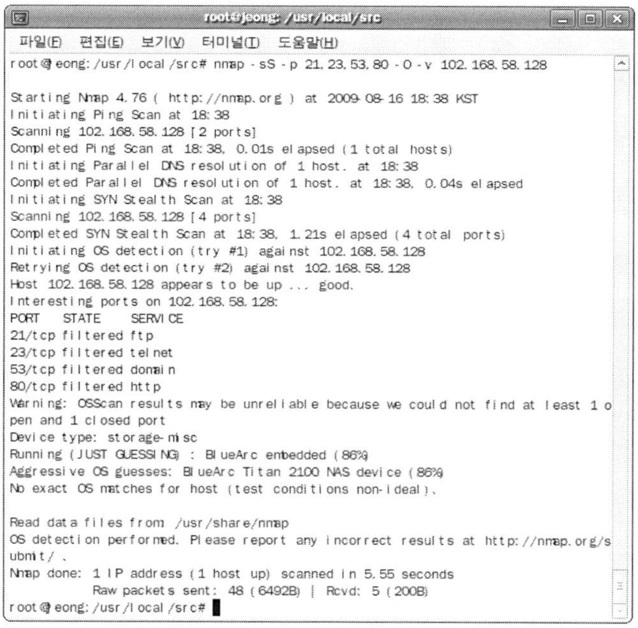

그림 4-60 내부에서 포트 스캔 화면

인기있는 exploit들이 모아져 있는 데이터베이스들에 의해 풋내기 크래커일지라도 당신의 머신에서 root 권한을 얻을 수 있는 방법을 곧 잘 찾아낼 수 있을 것이다.

더 알아봅시다.

1. 본 교재에 나온 방법을 제외한 다른 설치 방법에 대해서 알아보고, 직접 설치해보자.
2. Nmap 도구와 유사한 기능을 가진 도구들에 대해서 조사하고, 각각 설치하여 비교해보자.
3. Ubuntu 이외의 다른 운영체제인 Redhat-Linux, Windows 계열 등 여러 운영체제에 직접 설치가 가능한지 여부를 조사하여 비교해보자.
4. Nmap 도구를 사용하여 간단한 프로그래밍 연습을 해보자.

3. Network Monitoring

우리가 일상적으로 사용하는 인터넷 자체가 TCP/IP라고 할 수 있을 만큼 인터넷의 표준 프로토콜인 TCP/IP는 시스템이나 네트워크 분야에서 너무나 익숙하게 사용되고 있다. 하지만 그 내부를 조금만 들여다보면 TCP/IP는 자체적으로 많은 취약성을 가지고 있다는 것을 알 수 있는데, 이러한 취약성은 아무리 시스템을 패치하고 보안 설정을 한다고 하더라도 네트워크 자체의 취약성은 여전히 유효하므로 근본적인 대응에는 한계가 있다.

따라서 이를 악용한 공격 역시 끊이지 않고 있다. 더군다나 이러한 공격은 특별한 로그도 남지 않고 마땅한 모니터링 방법도 없어 인지하기가 쉽지 않아 관리자에게 여간 부담되는 것이 아닐 수 없다.

본 교재에서는 네트워크의 트래픽 등을 분석하여 현재 네트워크에서 어떠한 일이 벌어지는지 인식하도록 도와주는 네트워크 모니터링 공개 소프트웨어를 소개하겠다.

3.1 Zabbix

1) 개요

Zabbix는 기업 수준의 오픈소스 모니터링 솔루션으로 모니터와 트랙의 실행 및 네트워크 서버의 유효성, 장치 및 다른 IT 리소스를 위해 디자인되었다. 웹 모니터링, 자동복구 등의 기능을 갖추고 있다.

MRTG와 비견되는 다양한 네트워크 정보를 제공한다. 게다가 Nagious처럼 서버와 애플리케이션 정보까지 제공하는 장점을 가진다.

SMTP, IMAP, POP3, HTTP, SSHD, SNMP v1/v2는 기본 설치만으로도 가능하며, 동시에 독립적인 Agent도 가지고 있어서 Zabbix Agent 설치 시 기타 서비스가 가능하다. 이 Agent를 이용하면, SNMP로는 얻기 힘든 자세한 시스템 정보들을 얻어낼 수 있다.

MySQL이나 PostgreSQL, Oracle을 이용하여 모니터링 로그를 저장할 수 있다.

2) 설치 및 실행

① “제3장 4-관리자 권한설정” 부분 참고

root 권한 관리자 모드로 설정한다.

② 필요한 라이브러리 설치

Ubuntu Linux에서 개발에 필요한 통합패키지를 다음 명령을 이용해서 설치한다(gcc, make, g++).

```
# sudo aptitude install build-essential bin86 kernel-package
```

③ 필요한 라이브러리 업데이트 설치

Ubuntu Linux에서 Zabbix 개발에 필요한 통합패키지를 다음 명령을 이용해서 설치한다.

update는 저장소에서 이전보다 개선된 패키지가 나왔는지를 확인하는 명령이며, 컴퓨터에 설치된 페기지 중에 새로 게선된 내용이 있으면 지징소에시 가져다가 설치하라는 명령이다.

dist-upgrade는 컴퓨터에 설치된 패키지는 아니지만 Ubuntu 사용에 필요한 추가 패키지를 가져다가 설치하라는 명령이다. 이미 설치된 패키지를 최신판으로 바꿔주는 upgrade와는 차이가 있다.

```
# sudo apt-get update
```

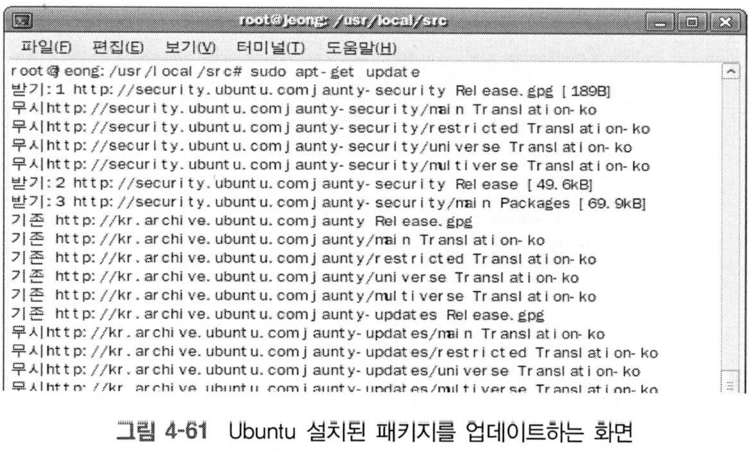

그림 4-61 Ubuntu 설치된 패키지를 업데이트하는 화면

```
# sudo apt-get dist-upgrade
```

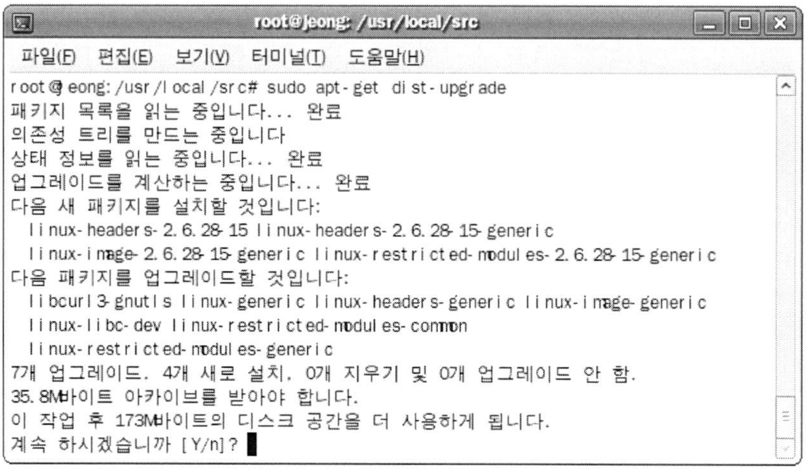

그림 4-62 Ubuntu 사용에 필요한 추가 패키지 설치하는 화면

Linux와 윈도우즈를 포함한 여러 가지 운영체제에서 구동 가능한 Objective-C의 대중화된 GNUstep를 설치한다.

```
# sudo apt-get install gnustep-make
```

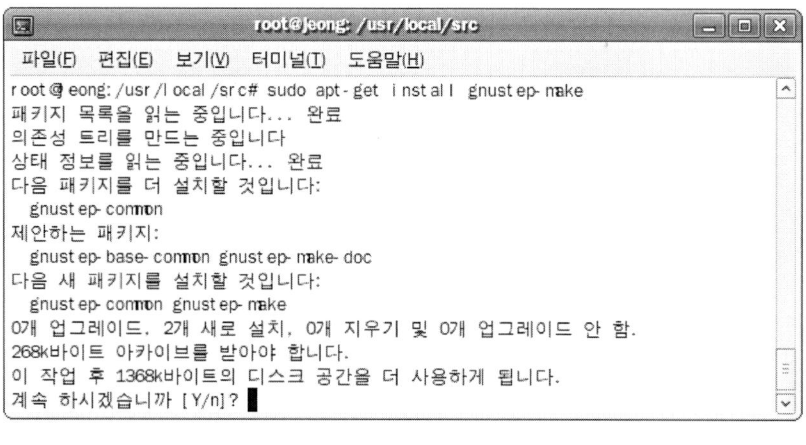

그림 4-63 GNUstep 설치하는 화면

linux-headers-커널버전 패키지를 설치하기 위해서 다음 명령을 실행한다.

```
# sudo apt-get install linux-headers-$(uname -r)
```

그림 4-64 커널버전 패키지 설치하는 화면

aptitude를 이용하여 NTP 관련 패키지를 설치하기 위해서 다음 명령을 실행한다.

```
# sudo aptitude install ntp ntp-simple ntpdate
```

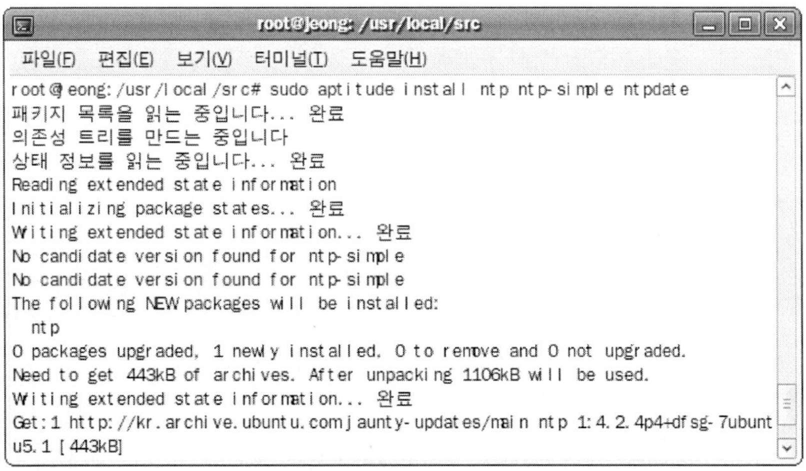

그림 4-65 aptitude 명령어를 이용한 NTP 설치하는 화면

NTP 설치가 완료되면 NTP 를 재시작하고 동작확인 후에 재부팅한다.

```
# /etc/init.d/ntp restart      OR      #reboot now
```

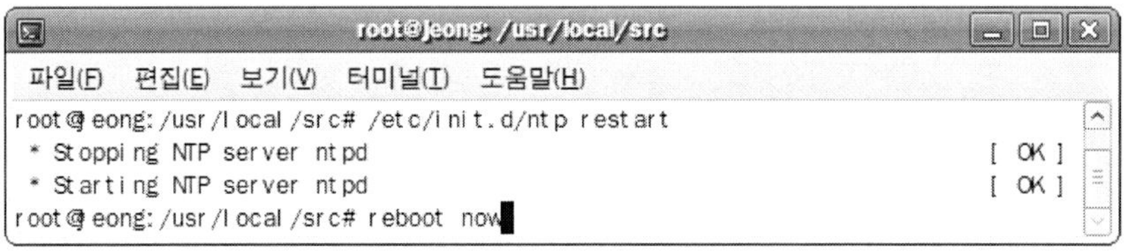

그림 4-66 NTP 재시작 / 재부팅

새로운 User ID(본교재에서 User ID : zabbix)를 다음 명령을 이용해서 추가한다.

```
# sudo adduser zabbix
```

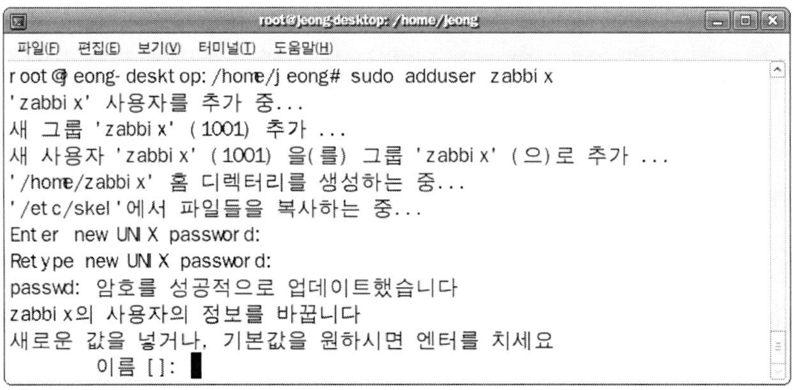

그림 4-67

apache2와 postgresql-server-dev-8.3를 다음 명령으로 실행한다.

```
# sudo apt-get install apache2 postgresql-server-dev-8.3
```

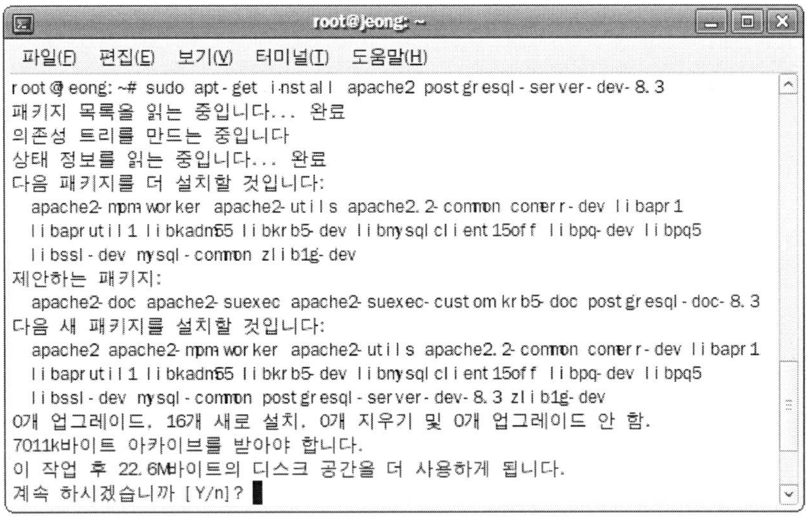

그림 4-68 apache2와 postgresql 설치하는 화면

PHP SNMP, fping, libiksemel, postgresql 등의 패키지들을 설치하기 위해서 다음 명령들을 실행한다.

```
# sudo apt-get install php5 php5-gd php5-pgsql snmp libsnmp-
      dev snmpd libcurl4-openssl-dev fping
```

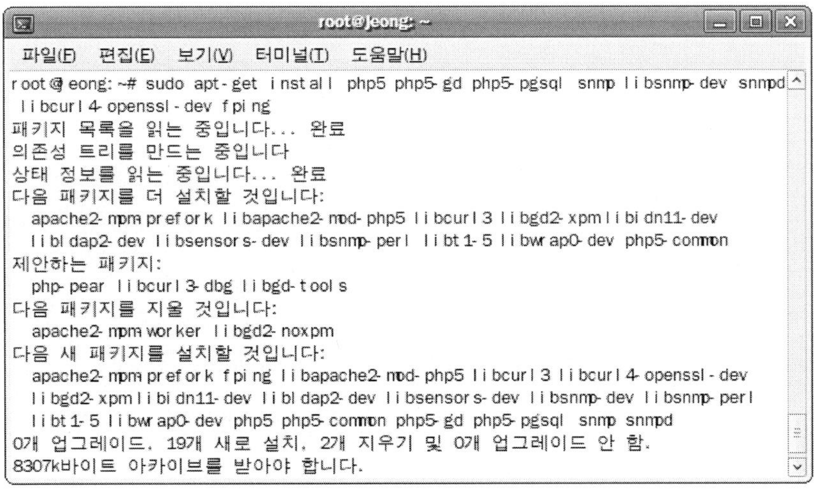

그림 4-69 apt-get 명령어를 이용한 관련 패키지 설치

```
# sudo apt-get install libiksemel3 libiksemel-dev phppgadmin
```

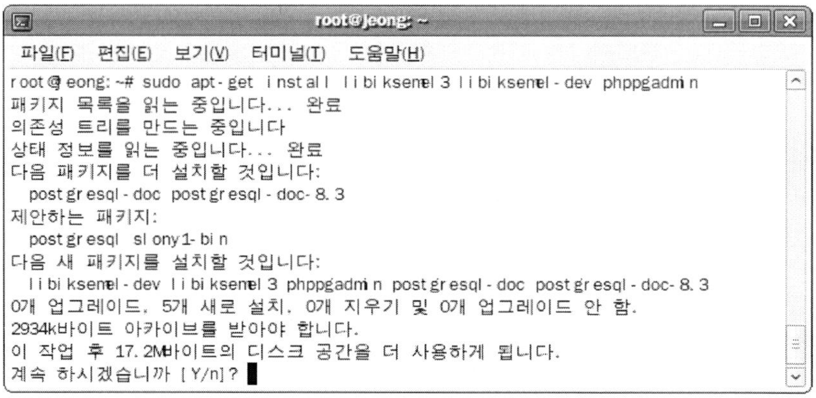

그림 4-70 apt-get 명령어를 이용한 관련 패키지 설치 화면

```
# sudo apt-get install postgresql pgadmin3
```

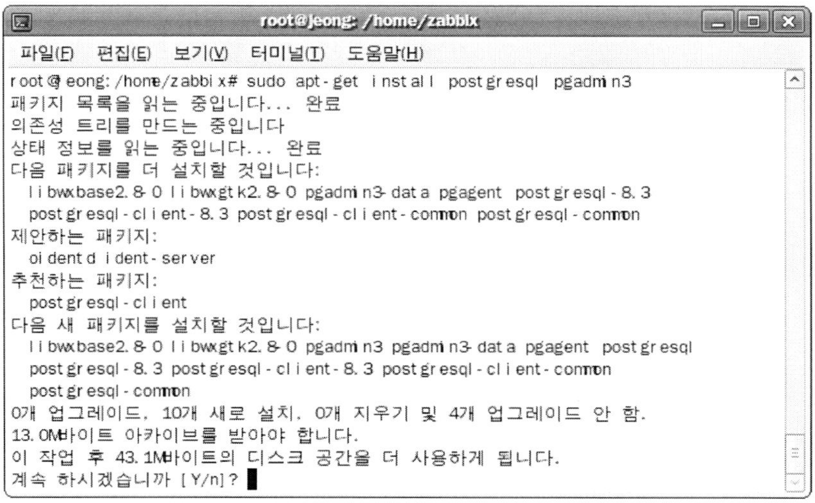

그림 4-71 apt-get 명령어를 이용한 postgresql / pgadmin3 설치 화면

④ Zabbix 다운로드

Zabbix 파일을 받기 위해 http://www.zabbix.org/를 통해서 최신 버전을 받을 수 있다. 본 교재는 Zabbix-1.6.5 버전을 사용하였다.

그림 4-72 Zabbix 파일 다운로드 화면-1

그림 4-73 Zabbix 파일 다운로드 화면-2

⑤ Zabbix 설치

다운받은 Zabbix 압축파일을 추가한 User ID인 "zabbix"의 "/home/zabbix/" 디렉터리로 복사 및 이동한다.

```
# cp zabbix-1.6.5.tar.gz /home/zabbix
# mv zabbix-1.6.5.tar.gz /home/zabbix
```

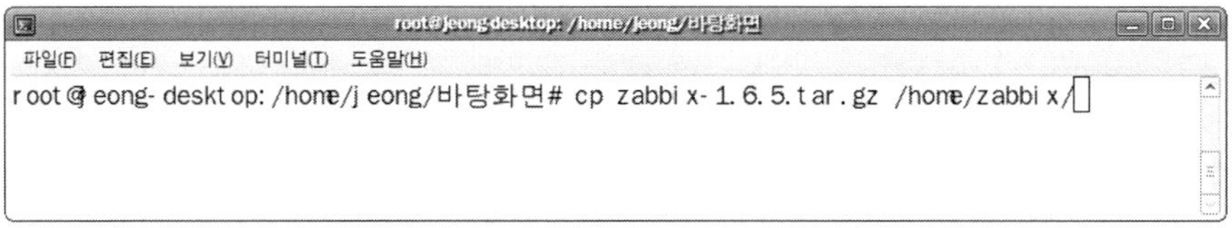

그림 4-74 Zabbix 압축풀기 복사

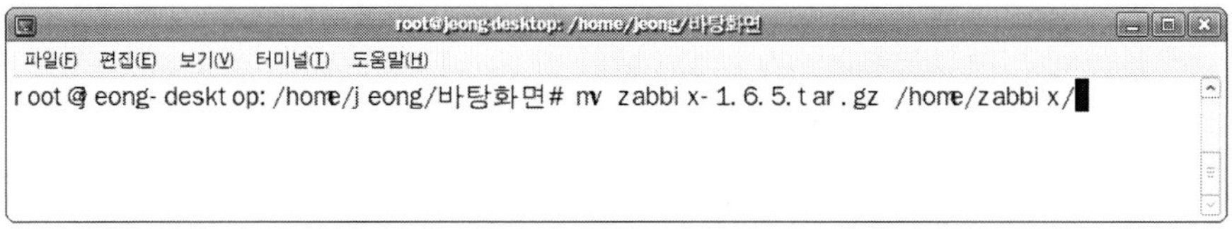

그림 4-75 Zabbix 압축풀기 이동

User ID가 "zabbix"인 디렉터리에 있는 Zabbix 압축파일을 풀고 설치한다(본 교재에서는 Zabbix-1.6.5 버전을 설치하였다).

```
# cd /home/zabbix/
# tar xvfz zabbix-1.6.5.tar.gz
```

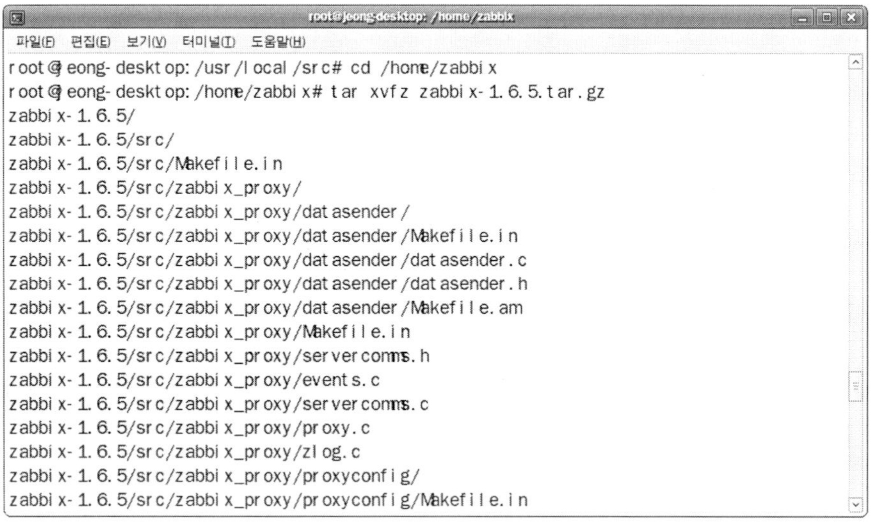

그림 4-76 Zabbix 압축풀기 화면

postgres의 패스워드를 설정하기 위해서 다음 명령을 실행하여 패스워드를 입력한다.

```
# sudo -u postgres psql postgres
```

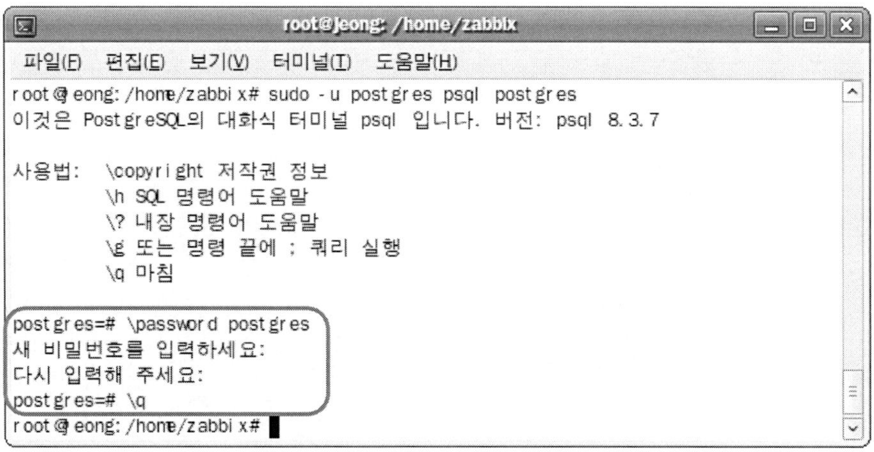

그림 4-77 postgres 패스워드 설정 화면

postgres에 User를 생성하고 슈퍼유저 권한을 지정하기 위해서 다음 명령을 수행하고 난 후에 "zabbix Database"를 생성한다(본 교재는 root과 zabbix 두 개 User를 슈퍼유저 권한을 부여하였다).

```
# sudo -u postgres createuser --superuser root
# sudo -u postgres createuser --superuser zabbix
# createdb zabbix
```

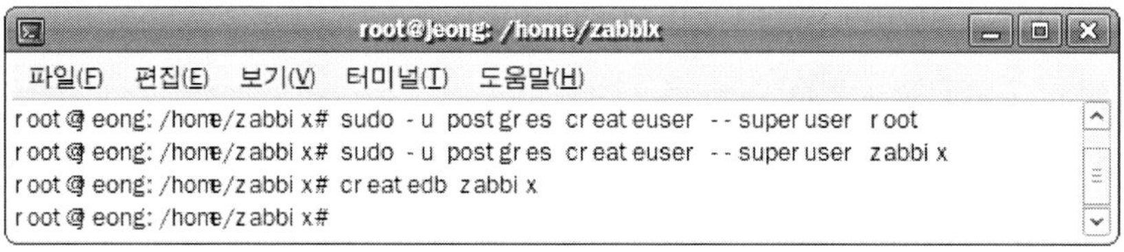

그림 4-78 Zabbix Database 생성 화면

설치된 zabbix 디렉터리에 "/create/schema" 디렉터리로 이동하여 cat 명령을 사용하여 다음 명령을 실행한다.

```
# cd zabbix-1.6.5/create/schema

# cat postgresql.sql | psql zabbix
```

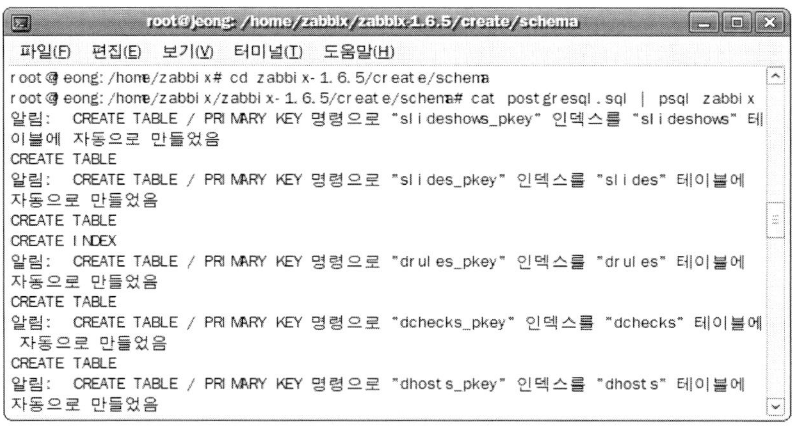

그림 4-79 Zabbix 디렉터리에 cat 명령어 사용 화면

다음으로 "/create/data" 디렉터리로 이동하여 cat 명령을 사용하여 다음 명령을 실행한다.

```
# cd ../data
# cat data.sql | psql zabbix
```

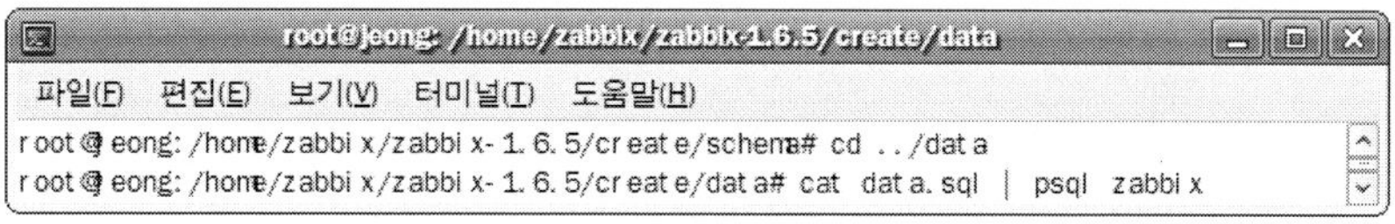

그림 4-80 이전에 생성된 디렉터리에서 cat 명령어 사용 화면-1

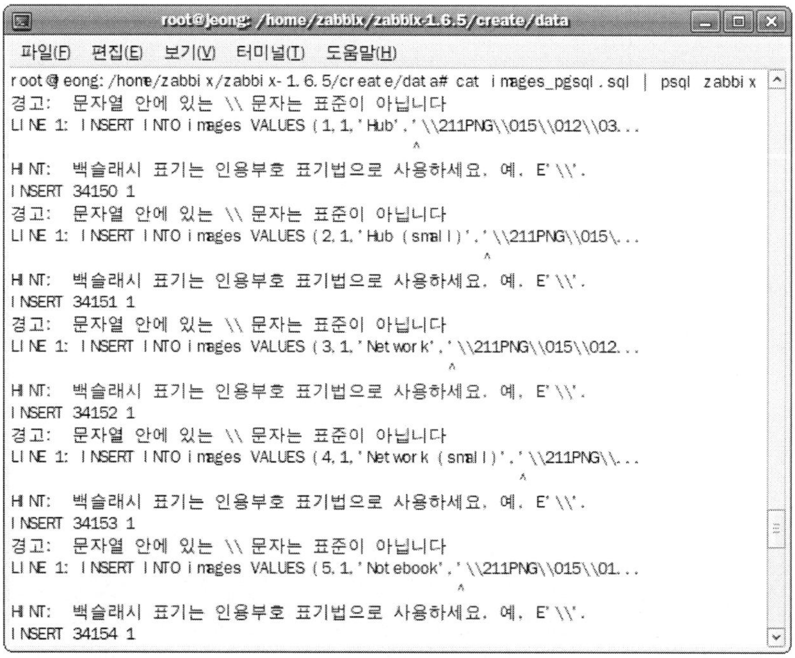

그림 4-81 이전에 생성된 디렉터리에서 cat 명령어 사용 화면-2

Zabbix 설치 폴더로 이동하여 다음 명령을 실행하여 컴파일을 수행한다.

```
# cd ..
# cd ..
# sudo ./configure --enable-server --enalbe-agent
      --with-pgsql
      --with-net-snmp --with-jabber=/usr/ --with-libcurl #
      for PostgreSQL + Jabber + WEB monitoring
```

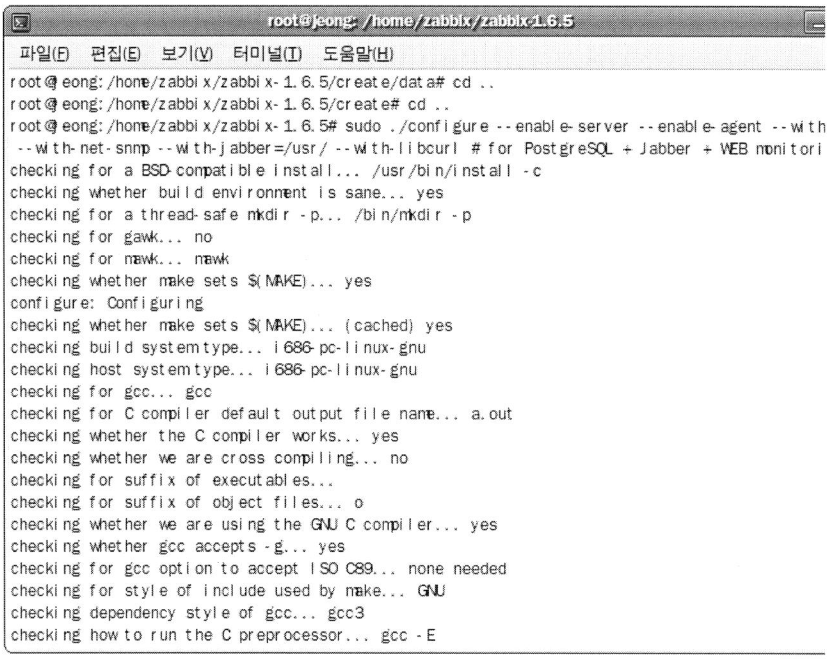

그림 4-82 Zabbix 컴파일 실행 화면

컴파일된 Zabbix를 설치하기 위해서 다음 명령을 실행한다.

```
# sudo make install
```

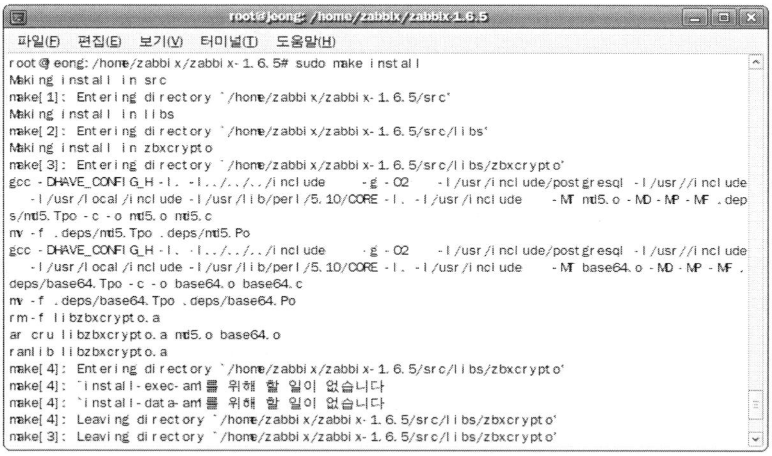

그림 4-83 Zabbix 설치 화면

nano 명령을 이용해서 "/etc/services" 파일을 열어서 파일 맨 아래 부분에 Zabbix 포트를 추가한다.

```
# sudo nano /etc/services
```

```
- 추가1 : zabbix_agent 10050/tcp       # Zabbix ports
- 추가2 : zabbix_trap  10051/tcp
```

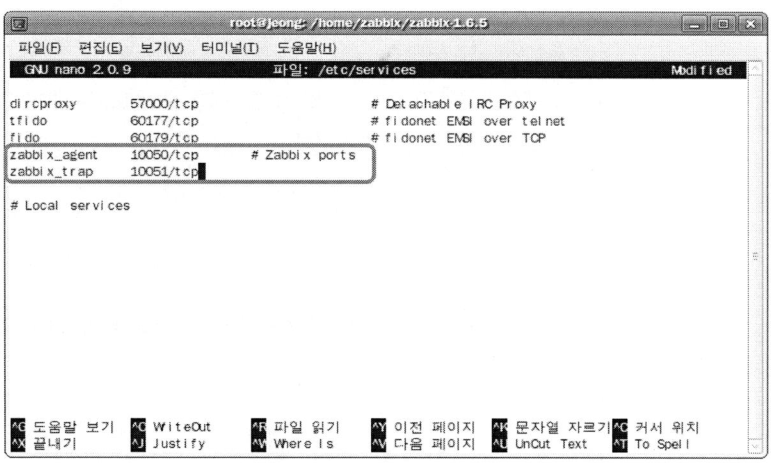

그림 4-84 Zabbix 포트 설정 화면

mkdir 명령을 이용해서 “/etc/zabbix” 디렉터리를 생성하고, 생성된 디렉터리를 chown 명령을 이용해서 root와 zabbix User에게 권한 변경을 실행한다. 권한 변경 후, cp 명령을 이용해서 “misc/conf/zabbix_*” 폴더 전체를 “/etc/zabbix/” 폴더로 복사한다.

```
# sudo mkdir /etc/zabbix
# sudo chown -R zabbix.zabbix /etc/zabbix/
# sudo chown -R root.root /etc/zabbix/
# cp misc/conf/zabbix_* /etc/zabbix/
```

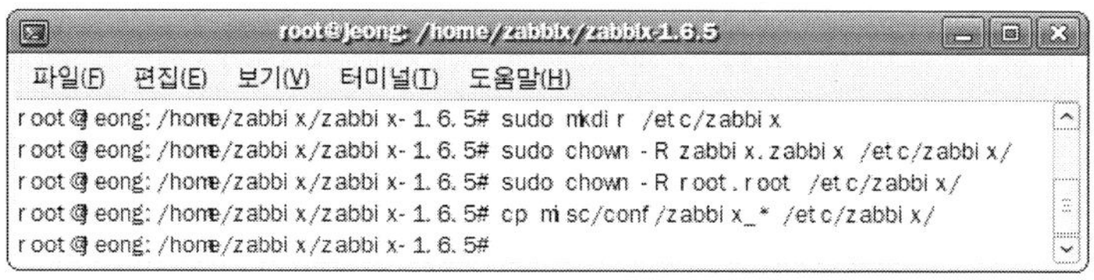

그림 4-85 Zabbix 디렉터리 권한 변경 화면

nano 명령을 이용하여 zabbix_agentd.conf 파일을 열어서 해당 부분을 변경한다.

```
# nano /etc/zabbix/zabbix_agentd.conf
```

```
- 변경 : Server = 127.0.0.1
```

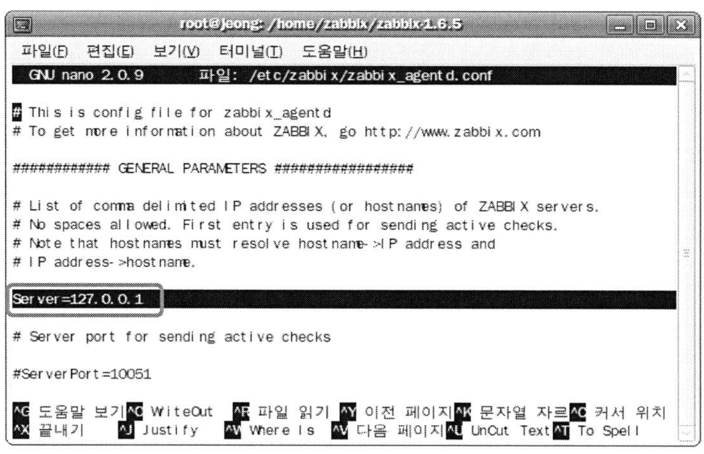

그림 4-86 nano 명령어를 이용한 agentd.conf 파일 변경 화면

nano 명령을 이용하여 zabbix_server.conf 파일을 열어서 해당 부분을 변경한다.

```
# nano /etc/zabbix/zabbix_server.conf
```

```
- 변경1 : DBUser = zabbix
- 변경2 : DBPassword = zabbix
```

그림 4-87 nano 명령어를 이용한 server.conf 파일 변경 화면

cp 명령을 이용하여 "misc/init.d/debian/" 디렉터리 안에 있는 "zabbix-server"와 "zabbix-agent" 파일을 "/etc/init.d" 디렉터리로 복사한다.

```
# sudo cp misc/init.d/debian/zabbix-server /etc/init.d
# sudo cp misc/init.d/debian/zabbix-agent /etc/init.d
```

그림 4-88 server / agent 파일 이동 화면

nano 명령을 이용해서 "/etc/init.d/" 디렉터리에 있는 "zabbix-server"와 "zabbix-agent" 파일을 열어서 해당 부분을 변경한다.

```
# sudo nano /etc/init.d/zabbix-server
# sudo nano /etc/init.d/zabbix-agent
```

```
- 변경 : DAMON=/usr/sbin/${NAME}
```

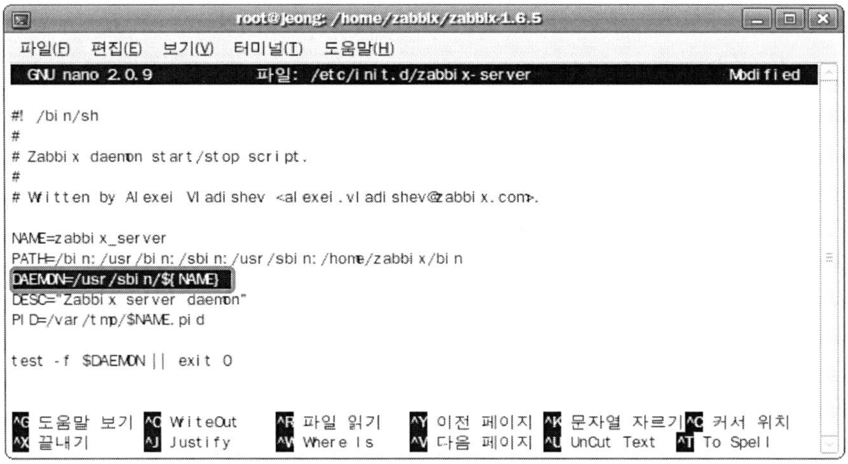

그림 4-89 nano 명령어를 이용한 server 파일 변경 화면

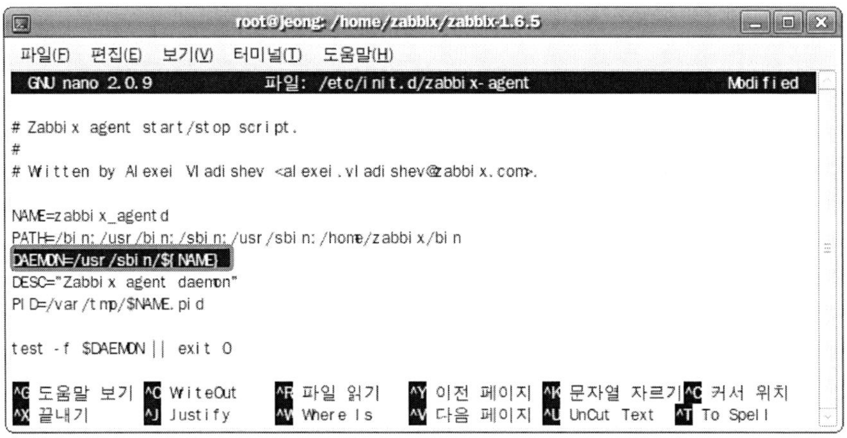

그림 4-90 nano 명령어를 이용한 agent 파일 변경 화면

chmod 명령을 이용하여 “etc/init.d/” 디렉터리에 있는 “zabbix-server”과 “zabbix-agent” 파일의 권한을 변경한 뒤에, update-rc.d 명령을 수행한다.

```
# sudo chmod 755 /etc/init.d/zabbix-server
# sudo update-rc.d zabbix-server defaults
```

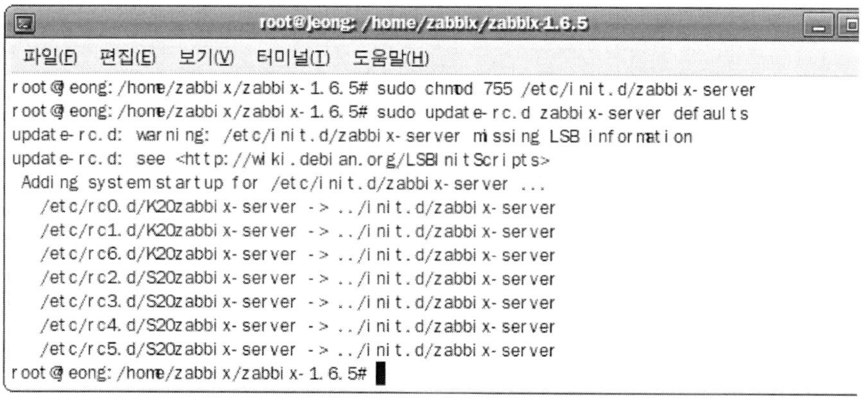

그림 4-91 server 파일 권한 변경 확인

```
# sudo chmod 755 /etc/init.d/zabbix-agent
# sudo update-rc.d zabbix-agent defaults
```

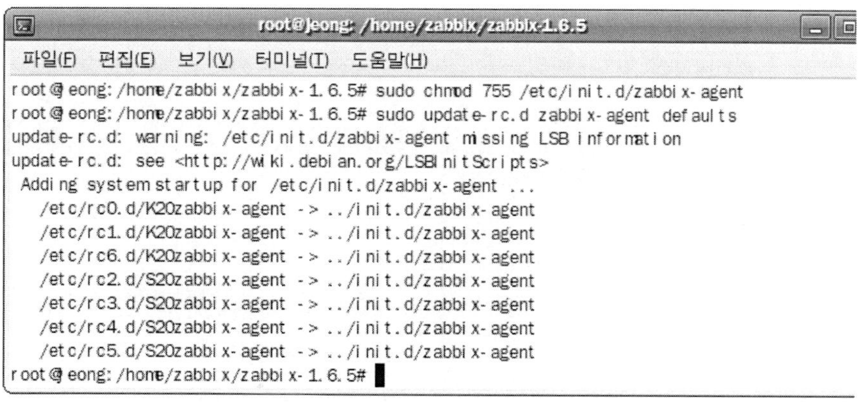

그림 4-92 agent 파일 권한 변경 확인

"etc/init.d/" 디렉터리에 있는 "zabbix-server"와 "zabbix-agent"를 실행한다. ps와 grep 명령을 이용하여 프로세스 상태를 확인한다.

```
# sudo /etc/init.d/zabbix-server start
# sudo /etc/init.d/zabbix-agent start
# ps -aux | grep zabbix
```

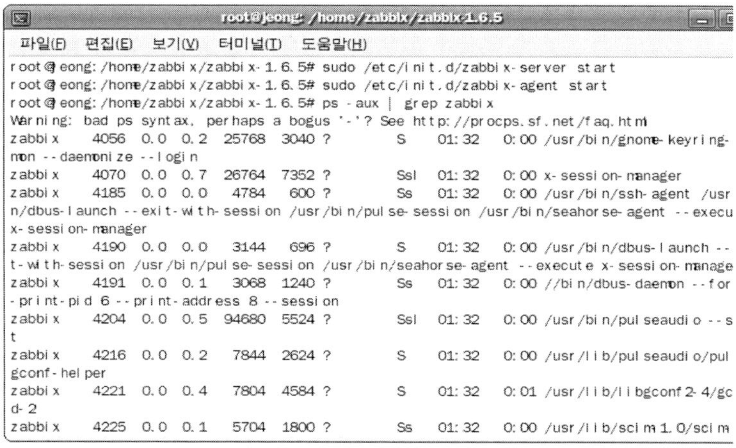

그림 4-93 Zabbix server / agent 실행하는 화면

Zabbix가 설치된 "/home/zabbix/zabbix-1.6.5" 디렉터리로 이동하여 mkdir 명령을 이용하여 "/home/zabbix/" 디렉터리에 "public_html" 디렉터리를 생성한다. 다음으로 cp 명령을 이용하여 "zabbix-1.6.5" 디렉터리에 있는 "frontends/php/"에 있는 전체 파일을 생성한 "public_html" 디렉터리로 복사한다.

```
# cd /home/zabbix/zabbix-1.6.5/
# mkdir /home/zabbix/public_html
# cp -R frontends/php/*  /home/zabbix/public_html
```

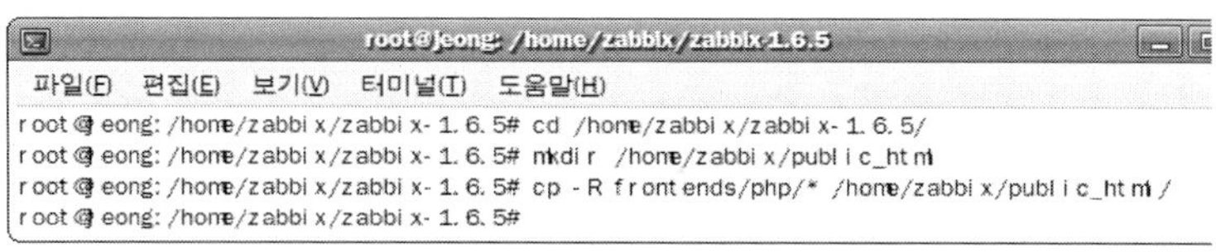

그림 4-94 파일 복사하는 화면

nano 명령을 이용하여 "/etc/apache2/sites-enabled/000-default" 파일을 열어서 해당 부분을 변경한다.

```
# sudo nano /etc/apache2/sites-enabled/000-default
```

```
- 변경 : DocumentRoot /home/zabbix/public_html
         <Directory />
            AllowOverride FileInfo AuthConfig Limit Indexes
            Options  MultiViews  Indexes  SymLinksIfOwnerMatch
              IncludesNoExec
         <Limit GET POST OPTIONS PROPFIND>
            Order allow,deny
            Allow from all
         </Limit>
         <LimitExcept GET POST OPTIONS PROPFIND>
            Order deny,allow
            Deny from all
         </LimitExcept>
         </Directory>
```

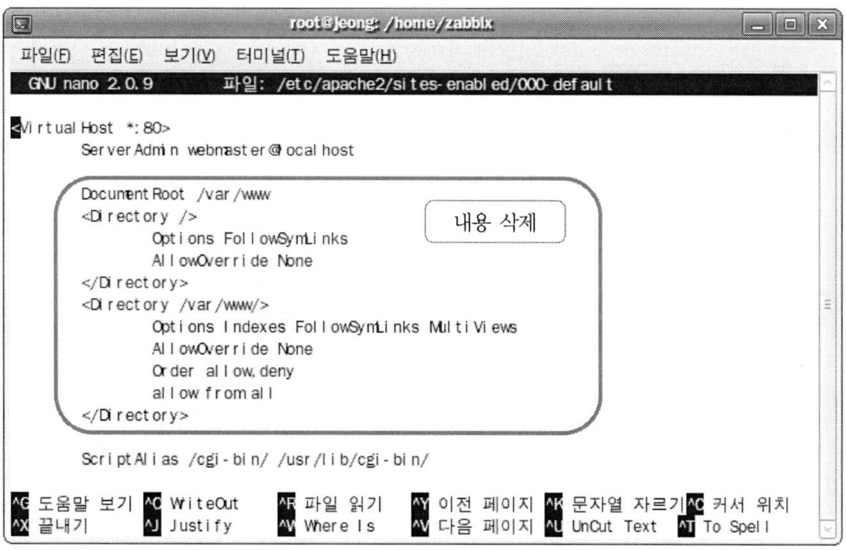

그림 4-95 000-default 파일 변경 전

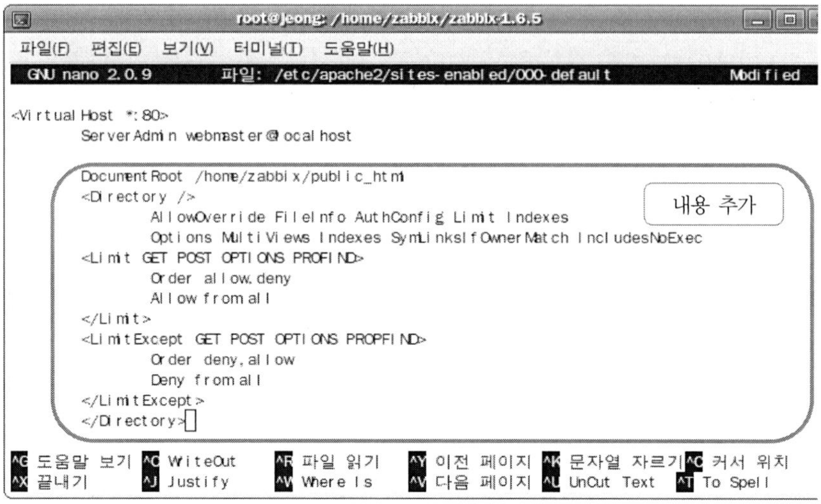

그림 4-96 000-default 파일 변경 후

PHP 환경변수를 변경하기 위해서 nano 명령을 이용하여 "php.ini" 파일을 열고 해당 부분을 변경 및 추가한다.

```
# sudo nano /etc/php5/apache2/php.ini
```

```
- 변경 : max_execution_time = 300
- 추가 : date.timezone = Europe/Copenhagen
```

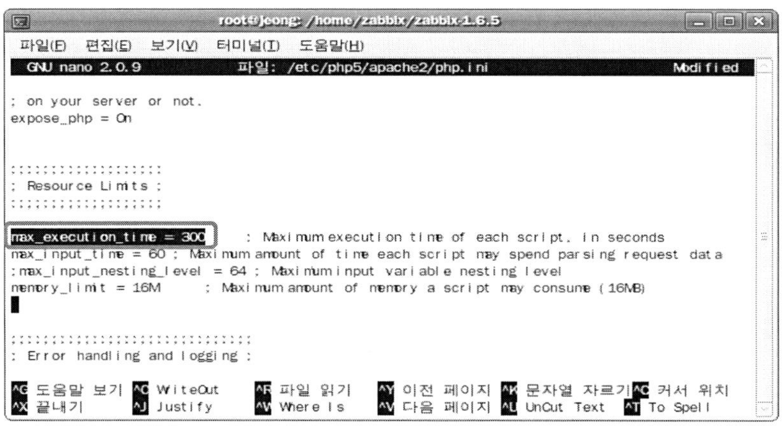

그림 4-97 nano 명령어를 이용한 php.ini 파일 변경 화면-1

그림 4-98 nano 명령어를 이용한 php.ini 파일 변경 화면-2

"/usr/share/phppgadmin/conf/config.inc.php" 파일을 변경하기 위해서 nano 명령을 이용하여 해당 부분을 변경 및 수정한다.

```
# sudo nano /usr/share/phppgadmin/conf/config.inc.php
```

```
- 변경 : $conf['extra_login_security'] = false
```

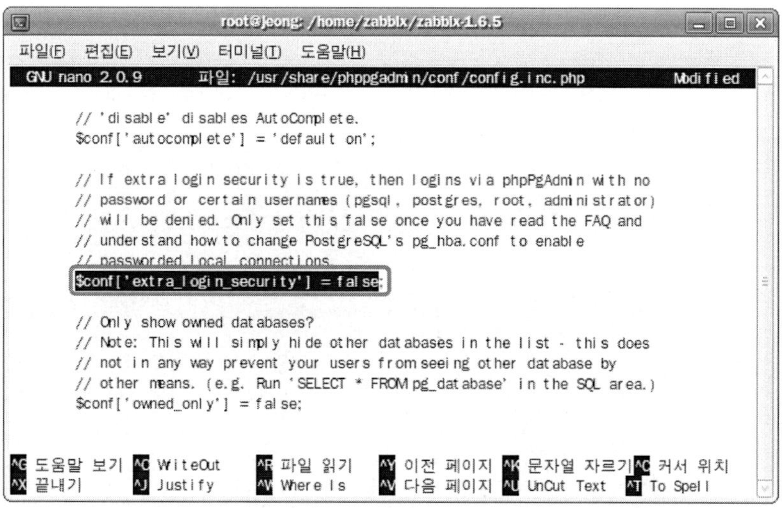

그림 4-99 nano 명령어을 이용한 config.inc.php 파일 변경 화면

"/etc/phppgadmin/apache.conf" 파일을 nano 명령을 이용하여 해당 부분을 변경 및 수정한다.

```
# sudo nano /etc/phppgadmin/apache.conf
```

```
- 변경 : allow from all
```

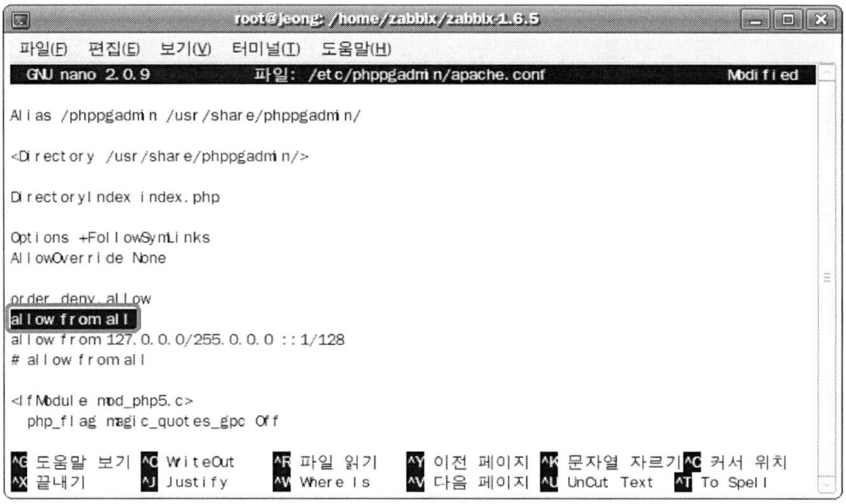

그림 4-100 nano 명령어를 이용한 apache.conf 파일 변경 화면

마지막으로 Apach를 재시작 명령을 실행하고 재부팅을 실행한다.

```
# sudo /etc/init.d/apache2 restart
# reboot now
```

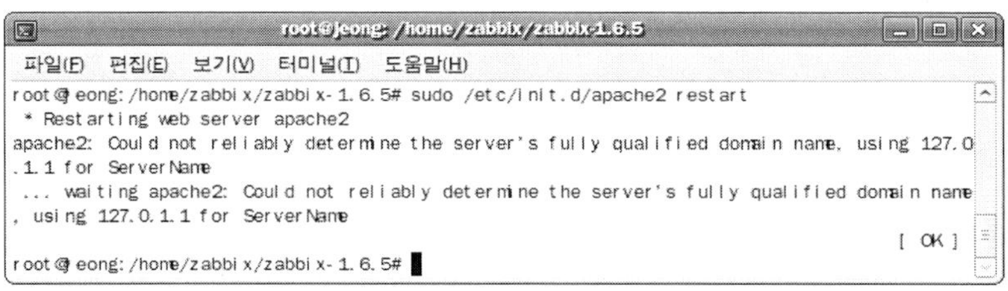

그림 4-101 apache2 재시작 화면

⑥ Zabbix 실행

Firefox와 같은 웹을 이용해서 Zabbix를 실행한다.

Firefox의 주소검색창에 "http://localhost/"를 입력하고 실행하여 지시에 따라 설치한다.

설치가 끝났다면, 웹 인터페이스를 통해서 로그인할 수 있다. 초기 아이디는 Admin이며, 패스워드는 설정되어 있지 않다. 만약 패스워드가 설정되어 있다면 Zabbix를 사용하면 된다.

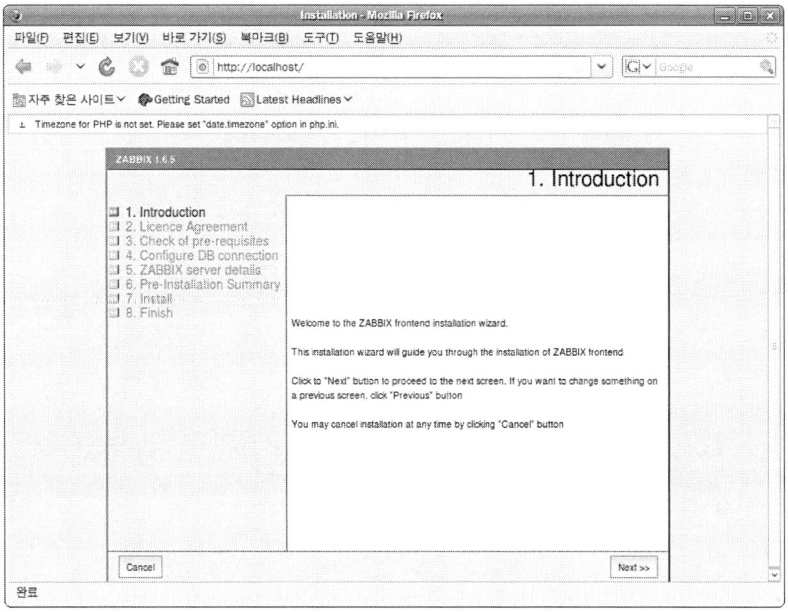

그림 4-102 Zabbix 웹 사이트 실행 화면

⑦ PhpPgAdmin 실행

Firefox의 주소검색창에 "http://localhost/phppgadmin"을 입력하고 실행하여 지시에 따라 설치한다.

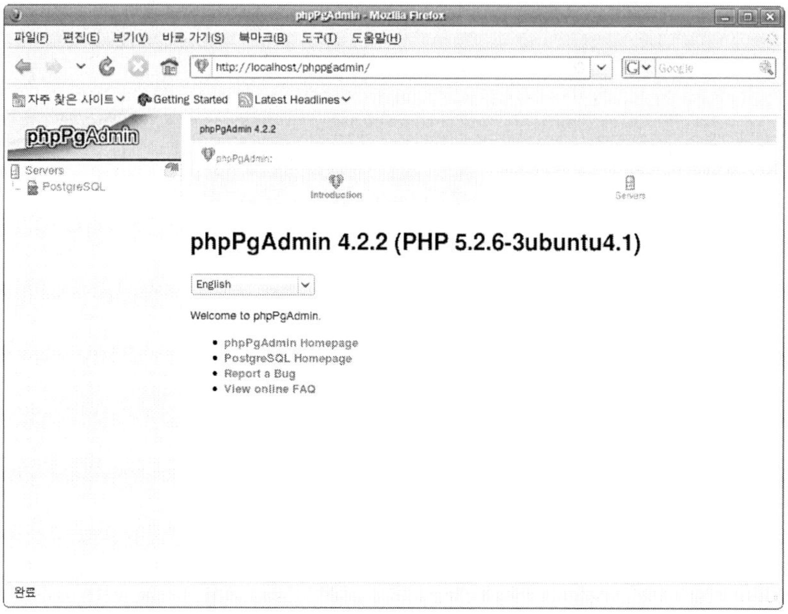

그림 4-103 PhpPgAdmin 웹 사이트 실행 화면

더 알아봅시다.

1. 본 교재에 나온 방법을 제외한 다른 설치 방법에 대해서 알아보고, 직접 설치해 보자.
2. Zabbix 도구와 유사한 기능을 가진 도구들에 대해서 조사하고, 각각 설치하여 비교해보자.
3. Ubuntu 이외의 다른 운영체제인 Redhat-Linux, Windows 계열 등 여러 운영체제에 직접 설치가 가능한지 여부를 조사하여 비교해보자.
4. Zabbix 도구를 사용하여 간단한 프로그래밍 연습을 해보자.

4. Network sniffers

패킷 분석은 네트워크 일부나 디지털 네트워크를 통하는 트래픽의 내용을 저장하거나 가로채는 컴퓨터 소프트웨어 및 하드웨어이다. 패킷 분석기, 프로토콜 분석기로도 불리며, 특정한 종류의 네트워크에서는 '이더넷 스니퍼(etherner sniffer) 또는 와이어리스 스니퍼(wireless sniffer)라고 불린다. 데이터 스트림은 네트워크를 통해 흐르며, 스니퍼는 각 패킷을 잡아내서 디코딩하여 직절한 RFC나 다른 규격에 따라 내용을 분석한다.

현재 시중에는 다양한 Packet Analyzer(sniffer라고 부르기도 함)가 나와 있다. 몇 가지 예를들면 dSniff, Ettercap, Microsoft Network Monitor, tcpdump 등을 들 수 있다. 하지만 그 중에서 가장 많이 쓰는 것은 바로 Wireshark이다.

4.1 WireShark

1) 개요

Wireshark라 하면 생소한 사람들도 있을 것이다. 그럼 이 이름은 어떤가? Ethereal. Wireshark는 실제로 Ethereal이라는 이름으로 더 잘 알려져 있다. 하지만 2006년 Wireshark의 개발자 Gerald Combs가 이직을 하게 되면서 전 회사가 가진 Ethereal의 상표권으로 인해 현재는 Ethereal이라는 이름이 아닌 Wireshark라는 이름을 사용하고 있다. 쉽게 말하면 Ethereal의 이름이 Wireshark로 바뀐 것이다. 이 Wireshark를 활용하면 packet capture를 통해 다양한 일을 할 수 있다. 예를 들면, Wireshark로 캡처한 패킷을 통해 책에서만 보던 프로토콜 구조에 대해서 직접 눈으로 확인도 가능하며, 직접 작성한 프로토콜을 테스트할 때도 프로토콜이 정상 작동하는지 알아볼 수 있다. 반면에 악의적인 용도로 활용할 패킷 캡처를 할 경우 packet 내 암호화하지 않은 정보는 모두 알 수 있다. 홈페이지를 로그인할 때 패킷을 캡처할 경우 아이디뿐만 아니라 심한 경우 패스워드까지 알 수 있다(홈페이지 제작 시 반드시 주요 정보는 암호화 하도록 하자). 본 교재에서는 Wireshark에 대해서 알아보고 설치 및 활용법에 대해서 소개하고 결론을 정리한다.

Wireshark는 공개된 packet sniffer 프로그램이다. 네트워크에 문제가 발생하거나 분석용 소프트웨어, 프로토콜 개발, 교육용으로 사용된다. 2006년 6월 상표권 문제로 인해 Ethereal 프로젝트에서 Wireshark로 이름이 바뀌었다.

Wireshark는 tcpdump와 매우 유사한 기능을 제공한다. 그러나 추가로 GUI (graphical user interface)를 지원하고, filtering option과 정렬을 통해 더 많은 정보를 제공한다. 그리고 network interface를 promiscuous mode1로 설정함으로서 네트워크를 지나다니는 모든 packet을 사용자가 볼 수 있게 해 준다. 그리고 알려진 프로토콜 중에서 일부분에 대해서는 직접 parsing을 하여 내용을 보여주기도 한다.

다음은 Wireshark에 대한 장점인데, 이것은 wireshark 공식 홈페이지(http://www.wireshark. org)에서 발췌한 내용이다.

- 몇 백 개의 프로토콜을 분석할 수 있으며 계속 추가되고 있음
- Live capture와 offline 분석이 가능
- Multi-platform에서 사용 가능(Windows, Linux, Solaris, MAC OS X 등)
- GUI 환경 지원
- 여러 개의 파일 포맷을 읽기/쓰기 가능(tcpdump, Microsoft Network Monitor 등)
- 캡처하면서 gzip으로 압축 가능
- Ethernet / IEEE 802.11, PPP/HDLC 등을 읽어 들일 수 있음
- IEEE 802.11(Wireless LAN)을 캡처하기 위해서는 별도의 라이브러리인 AirPCAP을 구매해야 함
- Packet을 분석하면서 색상을 적용해 구별 가능
- 암호화된 packet을 분석(IPsec, Kerneros, SSL/TLS 등)
- 캡처 결과를 XML 등으로 export 가능

2) 설치 및 실행

위에서 소개한 것처럼, Wireshark는 multi-platform을 지원한다. 즉 다시 말해 여러 OS(operating system)에서 사용이 가능하다. 거의 대부분 Linux의 경우 Wireshark는 기본 package로 포함되어 있다. 여기서는 Ubuntu에서의 설치법을 설명하도록 하겠다.

① "제3장 4-관리자 권한설정" 부분 참고
root 권한 관리자 모드로 설정한다.

② 필요한 라이브러리 설치
Wireshark를 설치하기 위해서 필요한 라이브러리가 존재하는데, 이에 해당하는 wireshark-dev, libgtk2.0-dev, bison, flex 등의 라이브러리가 필요하다. 다음 명령을 입력하여 설치를 계속 진행한다.

```
# sudo aptitude install wireshark-dev libgtk2.0-dev bison flex
```

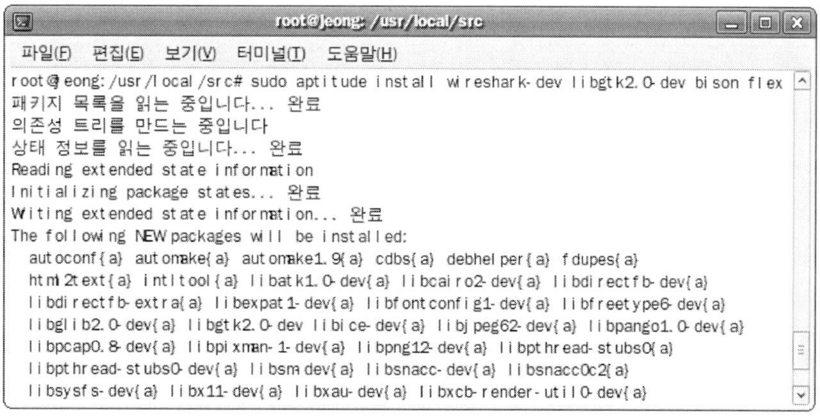

그림 4-104 Wireshark 설치에 관련된 라이브러리 설치 화면-1

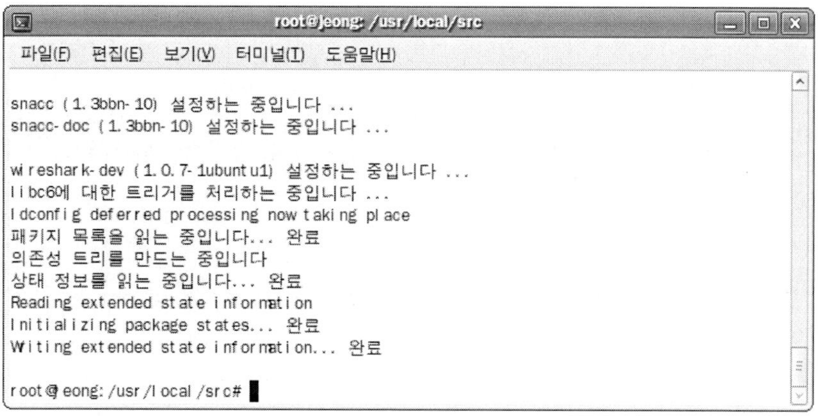

그림 4-105 Wireshark 설치에 관련된 라이브러리 설치 화넌-2

③ WireShark 설치

- Ubuntu 기본 패키지를 통한 설치

aptitude을 이용해서 WireShark 패키지를 다음 명령을 이용해서 설치한다.

```
# sudo aptitude install wireshark
```

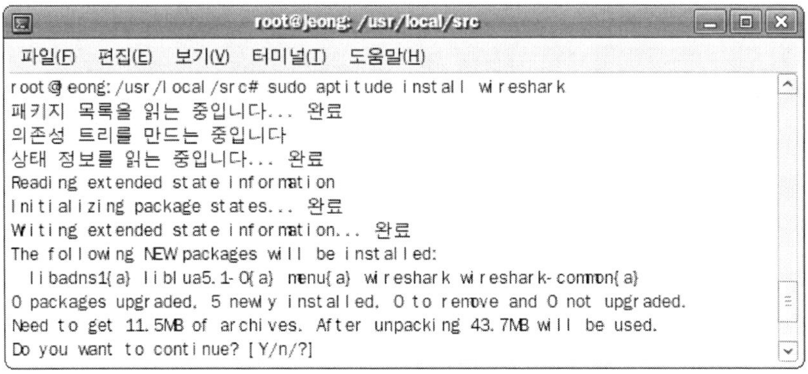

그림 4-106 Wireshark 설치에 필요한 기본 패키지 설치 화면-1

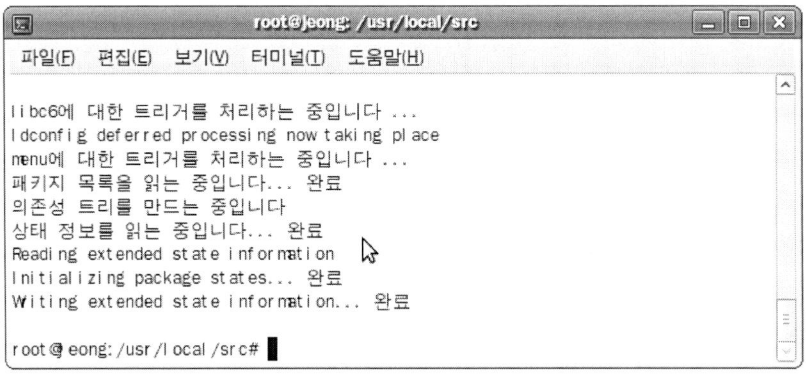

그림 4-107 Wireshark 설치에 필요한 기본 패키지 설치 화면-2

- WireShark 소스 파일로 설치

우선 WireShark 소스 파일을 http://www.wireshark.org/에서 최신 파일을 다운받은 후 설치한다.

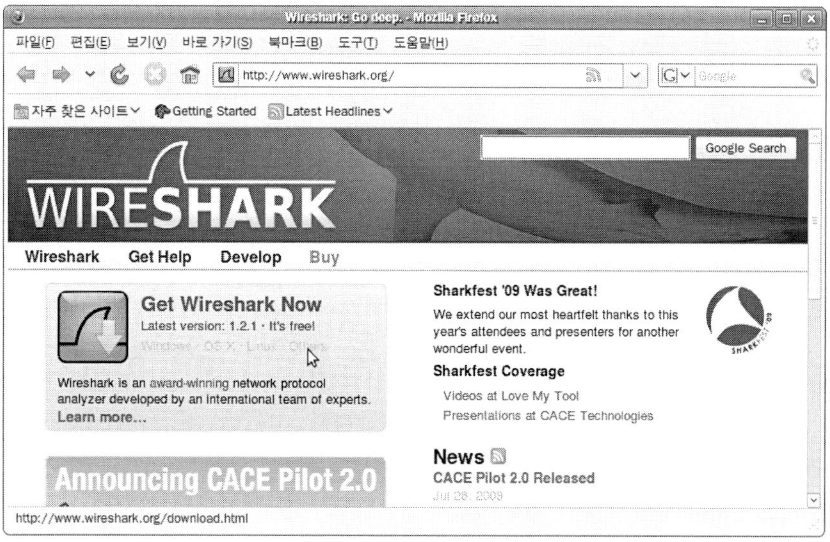

그림 4-108 WireShark 파일 다운로드 화면

wireshark 파일의 압축을 풀고 설치한다(본 교재에서는 wireshark-1.2.1 버전을 설치하였다).

```
# tar xvfj wireshark-1.2.1.tar.bz2
```

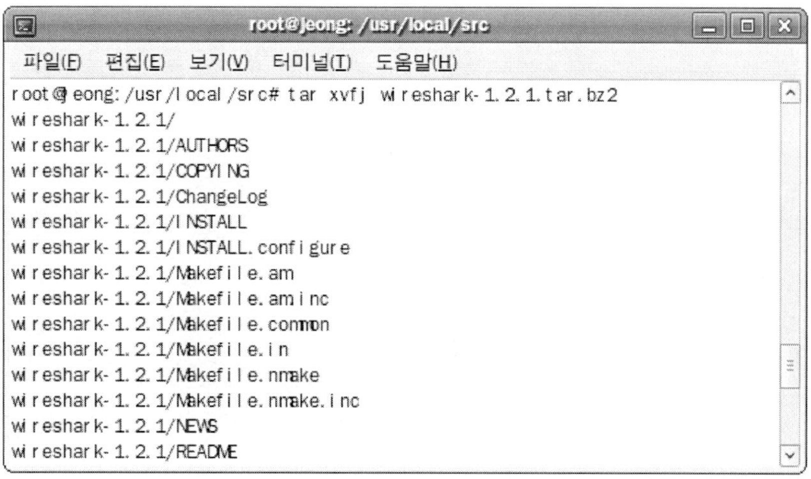

그림 4-109 Wireshark 압축풀기 화면

압축을 푼 디렉터리로 이동해서 "autogen.sh" 파일을 실행시킨 후 컴파일을 수행한다.

```
# cd wireshark-1.2.1
# ./autogen.sh
```

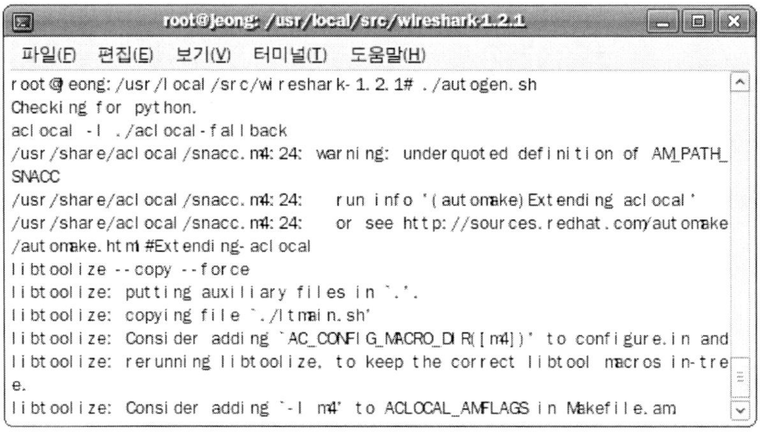

그림 4-110 Wireshark 컴파일 실행 화면-1

```
# ./configure&&make
```

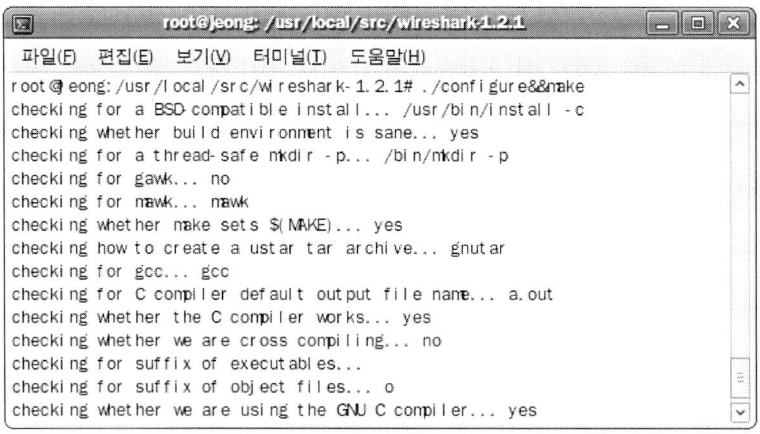

그림 4-111 Wireshark 컴파일 실행 화면-2

④ WireShark 실행

사용법은 Windows와 Linux 둘 다 동일하므로 Ubuntu-Linux를 기준으로 설명하겠다.

다음 명령을 실행하면 Wireshark 프로그램이 화면에 나타난다.

```
# ./wireshark
```

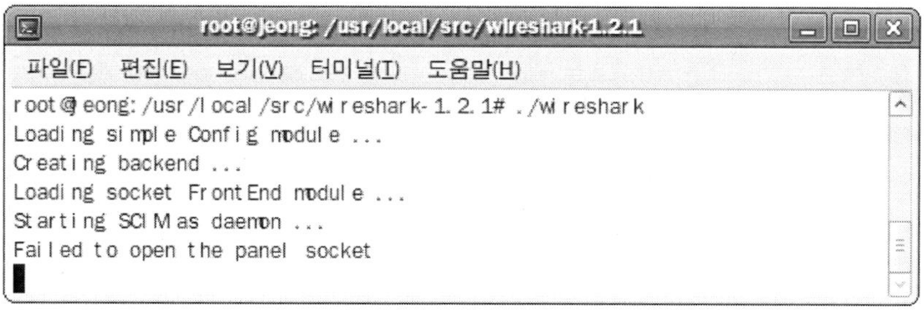

그림 4-112 Wireshark 실행 화면-1

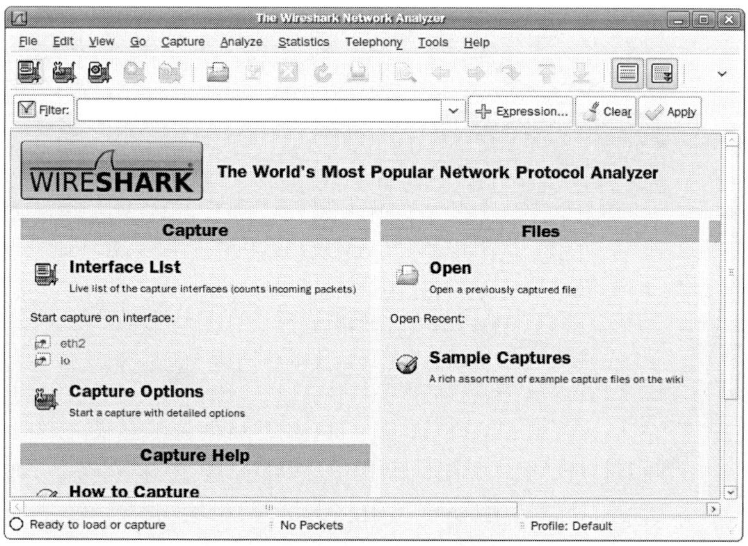

그림 4-113 Wireshark 실행 화면-2

기본적으로 캡처를 하는 방법과 캡처한 packet을 보는 법에 대해서 설명하겠다. 먼저 캡처를 하는 방법이다. 캡처는 interface별로 구분해서 캡처가 가능하다.

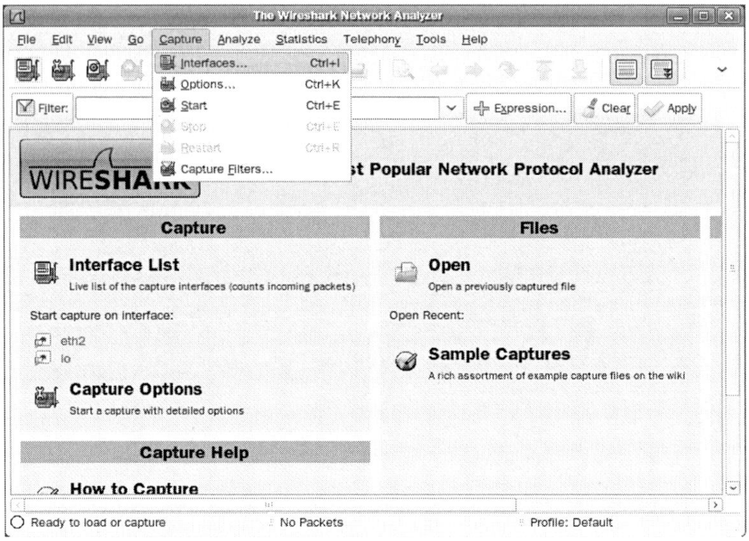

그림 4-114 Wireshark 실행 화면-3

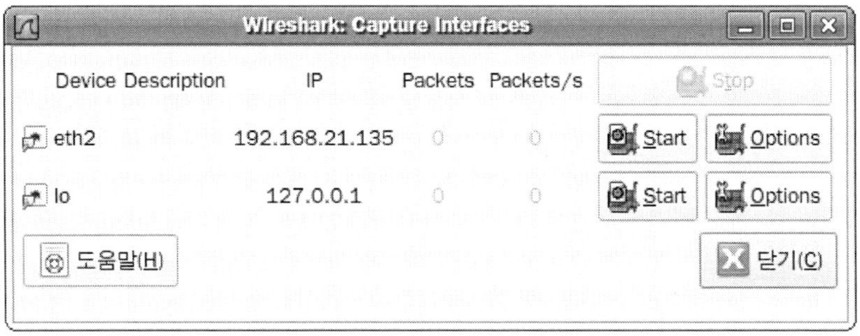

그림 4-115 Wireshark 실행 화면-4

Start를 누르면 캡처를 시작하고, Option을 통해 캡처할 Packet을 Filtering하거나 다양한 Option을 줄 수 있다.

그림 4-116 Wireshark 실행 화면-5

Option을 설정한 뒤 Start를 하게 되면 아래와 같이 packet이 캡처되는 것을 확인할 수 있다.

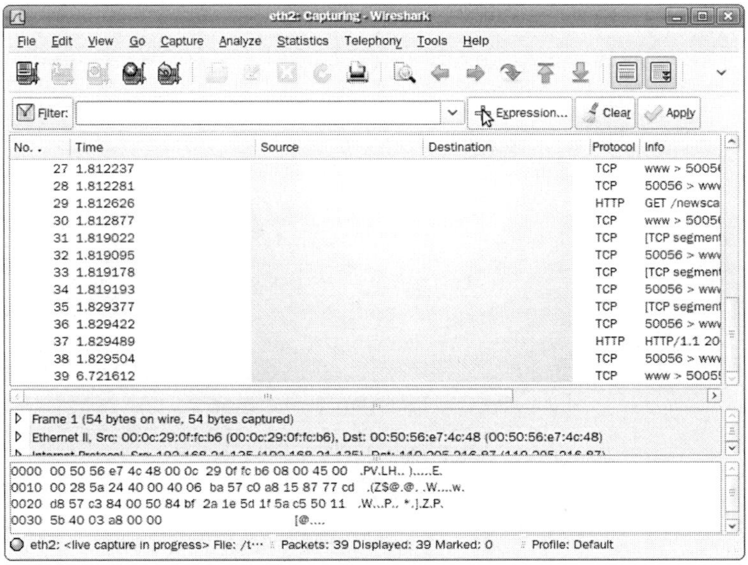

그림 4-117 Wireshark 실행 화면-6

Privacy 관계로 IP 주소 부분은 블라인드 처리하였다. 위의 화면처럼 캡처한 packet을 분석할 수 있으며, 잘 알려진 protocol의 경우 직접 분석해서 보여준다. 이를 저장할 경우 언제든 저장한 파일을 읽어와 볼 수 있다.

3) Wireshark 플랫폼

Wireshark가 성공적으로 실행되었으면, 실제로 사용하기 위해 Wireshark의 플랫폼에 대한 이해와 사용방법을 알아야 한다. 여기에서는 Wireshark의 각 플랫폼의 기능에 대해서 자세히 알아보자.

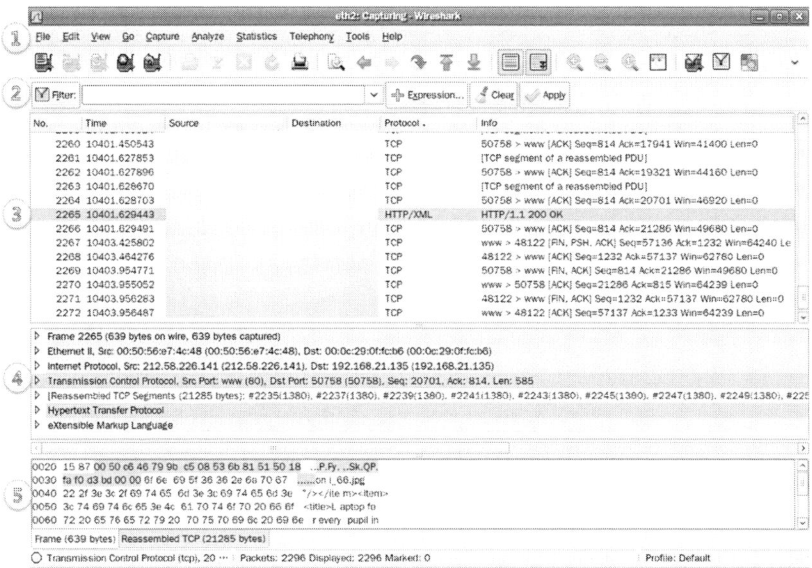

그림 4-118 Wireshark 기본 플랫폼 화면

① : Menu & Icon

② : Display Filter

③ : Packet List Panel

④ : Packet Details Panel

⑤ : Dissector Panel

① Menu & Icon

플랫폼의 상단에 보이는 10개 메뉴와 단축 아이콘은 Wireshark를 설정하는데 사용된다.

그림 4-119 Wireshark 메뉴 화면

- File : 캡처 데이터를 열거나 저장
- Edit : 패킷을 찾거나 표시, 프로그램 전역적인 속성들을 설정
- View : Wireshark 플랫폼에 보이는 모양을 설정
- Go : 캡처된 데이터의 특정 위치로 이동
- Capture : 캡처 필터 옵션을 설정하고 캡처를 시작
- Analyze : 분석 옵션을 설정
- Statistics : Wireshark의 통계 데이터 분석
- Telephony : 전화통화(음성통화)에 대한 패킷 설정
- Tools : Firewall ACL 규칙
- Help : 오프라인 혹은 온라인 도움말

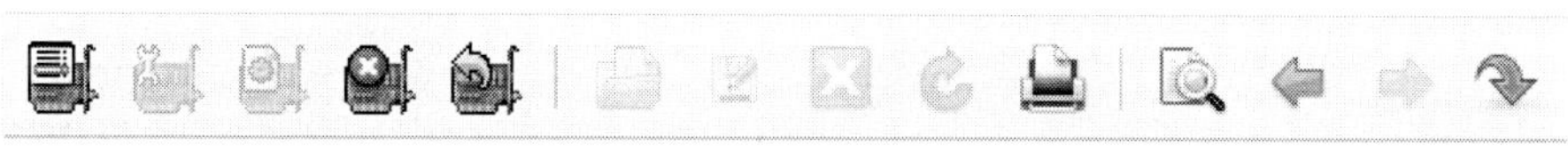

그림 4-120 Wireshark 기본 아이콘 화면

그림 4-121 Wireshark 단축 아이콘 화면

빠른 단축 아이콘을 사용하면 좀 더 유용하게 사용할 수 있다. 마우스 커서를 각 단축 아이콘 위에 올려놓으면 자세한 정보를 볼 수 있다.

② Display Filter

Display Filter는 캡처된 로그 정보에서 데이터를 찾을 때 사용된다. 캡처와는 다른 의미이다. Filter 기능에는 관련 단어를 입력하면 관련된 명령어가 나오기 때문에 쉽게 사용할 수 있고, 원하는 데이터를 정확하게 검색할 수 있다.

Filter 기능의 더 자세한 내용은 홈페이지 및 다른 문서를 통해서 참고하길 바란다.

- IP 주소가 “192.168.21.135”인 목록을 표시한다(Source와 Destination 주소 둘 포함).

그림 4-122 Filter 기능을 이용한 IP 탐색 화면-1

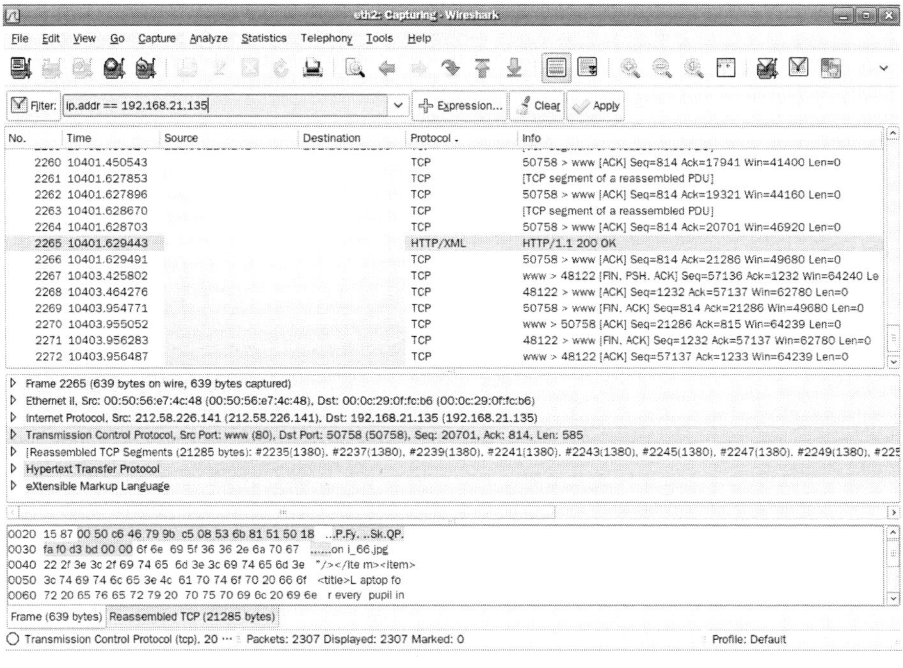

그림 4-123 Filter 기능을 이용한 IP 탐색결과 화면-1

- Source IP 주소가 “192.168.21.135”인 목록을 표시한다.

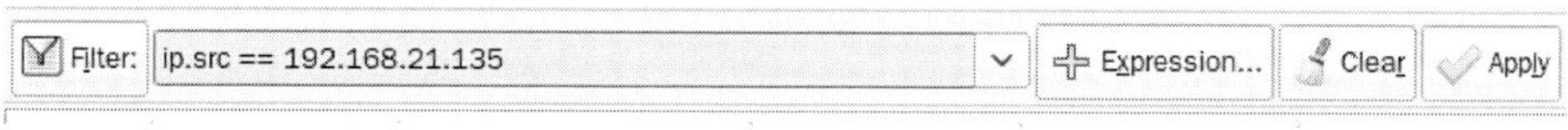

그림 4-124 Filter 기능을 이용한 IP 탐색 화면-2

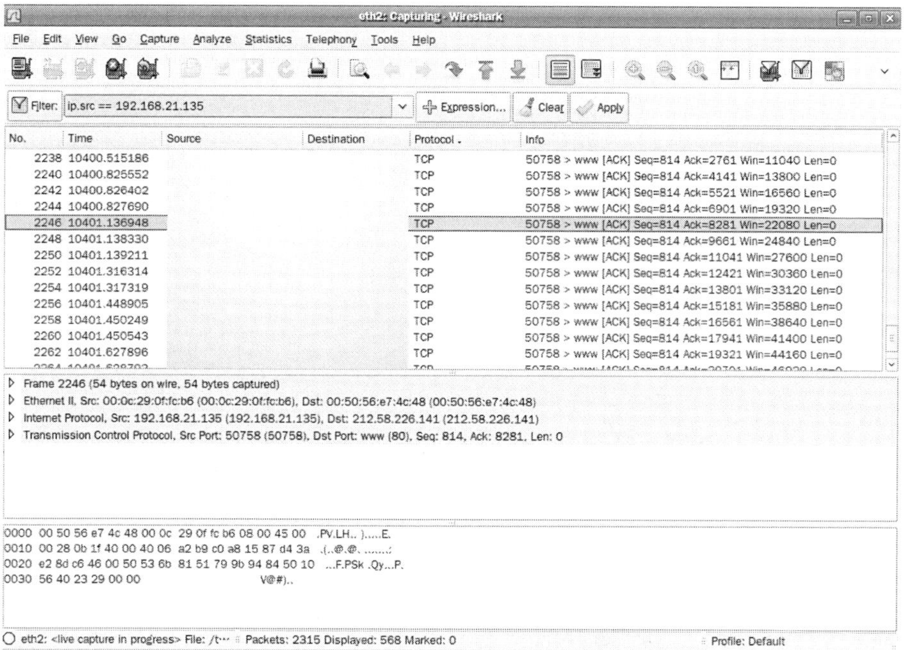

그림 4-125 Filter 기능을 이용한 IP 탐색결과 화면-2

③ Packet List Panel

Packet List Panel은 캡처된 모든 패킷을 보여준다. Source/Destination MAC/IP 주소, TCP/UDP 포트번호, 프로토콜, 패킷 내용 등의 정보를 얻어낼 수 있다.

OSI Layer 2 에서의 패킷이 캡처되었다면, Source / Destination열에서 MAC 주소를 확인할 수 있다. OSI Layer 3이나 상위 패킷이 캡처가 된다면, Source/ Destination열에서 IP 주소를 확인할 수 있다.

[Edit] -> [Preferences]을 통해서 열 추가 및 삭제할 수 있으며, Mark Packet Panel의 색상을 변경할 수 있다.

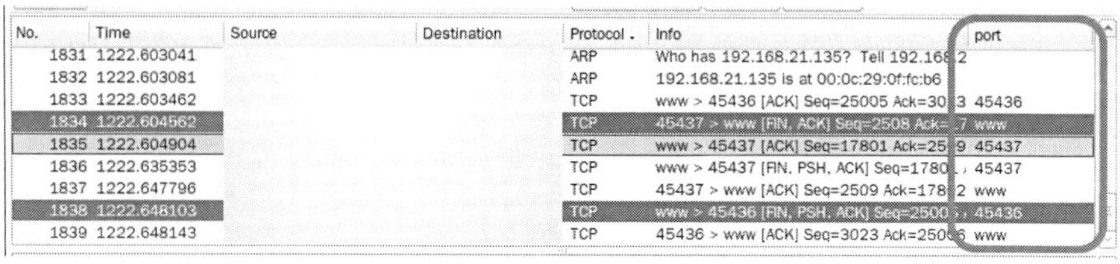

그림 4-126 열 추가 결과 화면

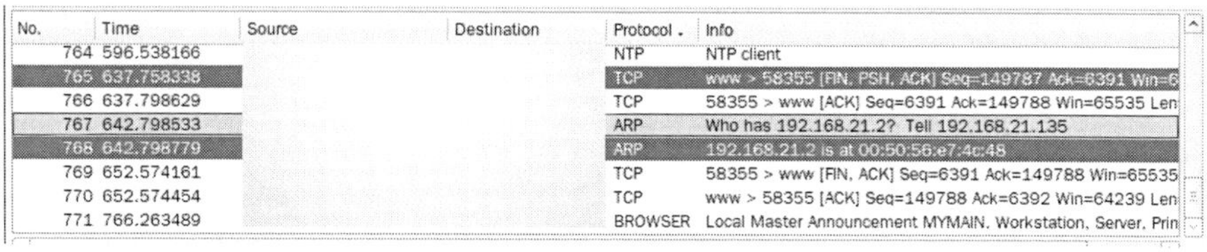

그림 4-127 Panel 색상 변경 결과 화면

④ Packet Details Panel

Packet Details Panel은 패킷 리스트에서 선택한 패킷에 대해 매우 상세한 정보를 제공한다. 상단 부분이 OSI Layer별로 표시되며, 자세한 정보들은 해당 리스트 부분을 확대 및 축소하여 볼 수 있다.

아래의 그림은 "HTTP / XML" 정보에 대한 결과화면을 볼 수 있다.

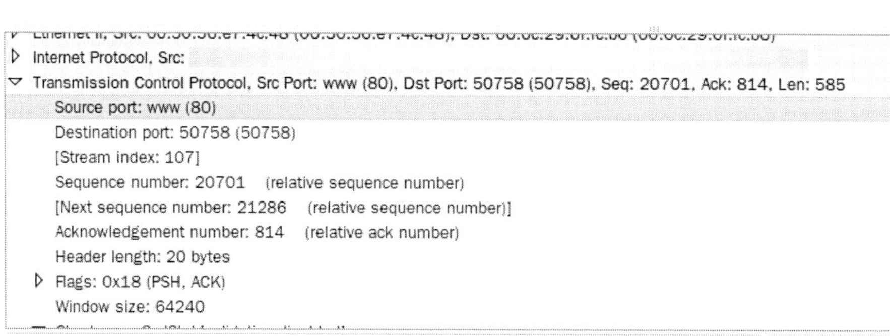

그림 4-128 HTTP / XML 정보 결과 화면

⑤ Dissector Panel

"Packet Bytes Panel"이라고도 하는 Dissector Panel은 Packet Details Panel과

내용은 같지만 데이터를 16진수로 나타낸다. 아래 그림에 보여진 예제에서 Packet Details Panel에서 TCP 포트 80을 선택하였고, 그에 대한 16진수 정보가 아래 Dissector Panel에 자동으로 표시된다(80 => 00 50).

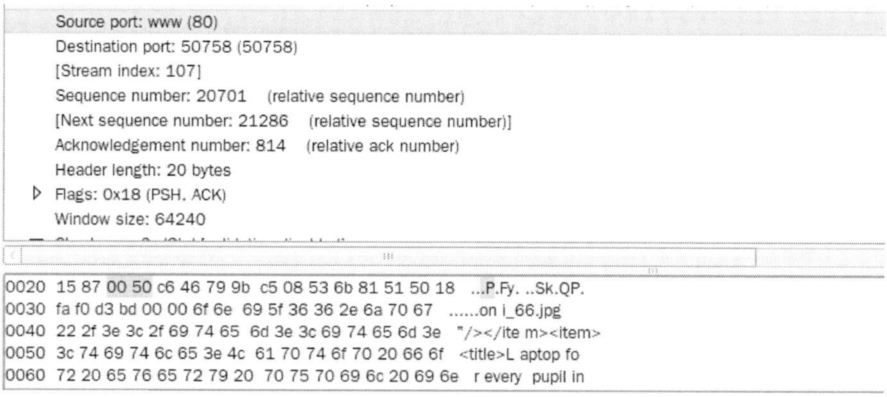

그림 4-129 Dissector Panel 예제 결과 화면

더 알아봅시다.

1. 본 교재에 나온 방법을 제외한 다른 설치 방법에 대해서 알아보고, 직접 설치해 보자.
2. Wireshark 도구와 유사한 기능을 가진 도구들에 대해서 조사하고, 각각 설치하여 비교해보자.
3. Ubuntu 이외의 다른 운영체제인 Redhat-Linux, Windows 계열 등 여러 운영체제에 직접 설치가 가능한지 여부를 조사하여 비교해보자.
4. Wireshark 도구를 사용하여 간단한 프로그래밍 연습을 해보자.

찾아보기

D

E

F

G

H

I

K

L

M

N

O

P

Q

R

S

T

U

V

W

X

Z

ㄱ

ㄴ

ㄷ

저자약력

박진섭

대전대학교 컴퓨터공학과 교수

관심분야 : 컴퓨터통신 및 네트워크, 네트워크 보안, 보안관리(정보보호관리체계)

안성진

성균관대학교 컴퓨터교육과 교수

관심분야 : 네트워크 관리, 인터넷 안전, 컴퓨터 교육

정가 21,000원

네트워크 프로그래밍과 취약점 진단도구 활용

2010년 3월 2일 초판 인쇄
2010년 3월 10일 초판 발행

저 자 : 박 진 섭 · 안 성 진
발행자 : 우 명 찬 · 송 준
발행처 : 홍릉과학출판사
주 소 : ㊚142-885 서울시 강북구 인수동 455-60
등 록 : 1976년 10월 21일 제5-66호
전 화 : 999－2274~5, 996－8341, 903－7037
팩 스 : 905-6729
ISBN : 978-89-7283-854-8

저자와의 협의하에 인지생략

hongpub@hongpub.co.kr
www.hongpub.co.kr